国家社科基金后期资助项目
出版说明

　　后期资助项目是国家社科基金设立的一类重要项目，旨在鼓励广大社科研究者潜心治学，支持基础研究多出优秀成果。它是经过严格评审，从接近完成的科研成果中遴选立项的。为扩大后期资助项目的影响，更好地推动学术发展，促进成果转化，全国哲学社会科学工作办公室按照"统一设计、统一标识、统一版式、形成系列"的总体要求，组织出版国家社科基金后期资助项目成果。

全国哲学社会科学工作办公室

国家社科基金
GUOJIA SHEKE JIJIN HOUQI ZIZHU XIANGMU
后期资助项目

基于投资者情绪和市场基础信息的行为资产定价研究

The Research on Behavioral Asset Pricing Based on Investor Sentiment and Market Fundamental Information

李进芳 著

上海三联书店

序　言

　　2021 年 9 月初,国家主席习近平宣布设立北京证券交易所,支持中小企业创新发展,打造服务创新型中小企业主阵地,优化"专精特新"企业的上市路径,助力实体经济更高质量发展。新发展阶段设立北京证券交易所,是持续培育发展新动能的重要举措,也是深化金融供给侧结构性改革、完善多层次资本市场体系的重要内容。12 月中央经济工作会议指出,要抓好要素市场化配置综合改革试点,全面实行股票发行注册制,发挥资本作为生产要素的积极作用,依法加强对资本的有效监管,支持和引导资本规范健康发展。股票市场对推动国民经济均衡协调发展影响巨大,能够优化金融资源配置,促进科技与资本深度融合,助力区域经济高质量增长。在一定意义上,股票市场是国民经济的晴雨表。

　　经济周期对股市周期的决定作用是内在的、长久的和根本的,但这两个周期不是完全同步的,甚至经常出现系统性的背离。尽管资产价格最终是经济系统的内生变量,但是资产价格的波动在很多时期里与经济体系完全脱节,表明非基本面因素时常左右股票价格(Bernanke and Gertler, 2000)。股票市场作为一个自行运转的资本市场,股票价格的波动有着自身的规律和特点。中国股票市场作为全球新兴资本市场重要代表,近年来始终摆脱不了大起大落的波动轨迹,并且表现出"缓升急降"的运行特征。虽然 A 股市场投资者"机构化"趋势稳步前行,目前散户投资者持股规模仍然高于机构投资者。个体投资者的交易行为很容易受自身心理因素的影响,市场过度投机的氛围浓厚。相对于西方比较成熟的资本市场,中国股票市场还处于发展阶段,股市的发行制度和监管制度有待进一步完善。此外,近年来中国股票市场投资者异常行为和市场异常现象层出不穷,对有效市场假说理论提出了强有力的挑战。中国股市的这些现实情况也暗示了非基本面因素的决定作用。

　　事实上,造成证券市场特殊现象的主要原因是金融资产定价异常,而资产定价理论是金融学的核心问题之一。为此,我们以拉斯·特维德

1

(Lars Tvede,2012)提出的"情绪加速器"概念为基础,结合目前行为金融学最新进展,研究中国股票市场的情绪加速器效应。情绪加速器机制的主要特征是投资者情绪对股票价格有系统性影响。情绪加速器理论突破了传统的股市周期理论,确立了投资者情绪在股市周期中的重要作用,以新的视角研究股市波动的生成原因和传导机制。另一方面,在开放的市场中资产的价格由和它相关的信息来决定。市场基础信息是理性知情投资者进行交易的基础,在股市信息不完全和市场环境不确定的条件下,理性不知情投资者通过观察市场上的交易行为推断知情者掌握的信息;非理性的投资者极易受自身情绪波动和周围环境的影响,通过自身心理因素的增强机制放大市场的泡沫。现代金融学面临着一边是没有严格的统计数据支持的传统资产定价模型,另一边是没有理论解释的实证数据的局面,在放松传统资产定价理论中"理性人"假设条件下,运用心理学、行为学来研究金融活动中人们决策行为的行为资产定价理论便成为了学术界的关注点(陈雨露,2013)。

因此,本书基于心理学实验、金融实验和信息传递理论,结合情绪加速器机制作用的主要特征,从投资者情绪、市场基础信息的角度来研究动态行为资产定价问题。从某种意义上说这一选题代表了当前行为金融领域研究的最新成果,涉及多学科交叉,触及层次很深,既有从投资者情绪的视角研究动态行为资产定价模型,更探讨了其在中国股票市场的应用实践。全面系统地探究这一课题,既是推动行为金融资产定价理论在我国学术界深入发展之需要,又是深入谋求增强资本市场有效性的治理对策之必要。本书展开的主要工作、创新性探索及结论如下:

第一,对股票市场的情绪加速器效应理论给出了一个逻辑自洽的脉络。首先论述了行为金融资产定价的两个理论基础:有限套利和有限理性。然后梳理了行为金融资产定价理论内在的演进脉络从基于噪音的资产定价理论到基于偏差的资产定价理论,进而过渡到行为金融学的最新研究进展——基于投资者情绪的理论研究和经验探索。最后归结到股票市场的情绪加速器效应理论研究,并归纳概括了情绪加速器机制作用的主要特征,找到本书研究成果的逻辑起点。

第二,建立了基于投资者情绪和市场基础信息的静态资产定价模型。模型中,情绪和信息是相对应的。理性知情投资者利用有价值的信息进行交易;另一方面,情绪投资者误把情绪当作信息,基于情绪进行交易。集中研究了理性知情投资者、理性不知情投资者和情绪投资者等三类投资者相互博弈时金融资产如何定价,并且论证了乐观情绪投资者与悲观情绪投资者、N 类情绪投资者的相互作用如何维持错误价格。

第三,把静态的经济环境拓展为动态的经济环境,构建了基于投资者情绪和市场基础信息的动态资产定价模型。把两期交易的均衡推广为多期交易的情绪资产定价模型。在离散交易的均衡中,得到了情绪均衡价格的解析解。风险资产的均衡价格由三项构成,第一项是前一期风险资产的价格,为当期价格的锚定值,第二项是理性投资者对当期价格的不充分调整,第三项是情绪投资者对当期价格的调整。通过模型的求解和数值模拟,解释了资产价格的短期动量和长期反转等金融异象,并且以第一期的期初价格为锚定点描述了动态的时间价格路径。

第四,把离散交易的均衡推广为连续交易的情绪资产定价模型。在连续交易的均衡中,情绪敏感性系数为一常数,而在离散交易的均衡中,情绪敏感性系数越来越小,说明情绪融入价格的速度越来越慢。此外,在连续交易的均衡中信息逐渐地融入价格之中,当交易结束时所有的基础信息融入了价格之中,而在离散交易的均衡中价格中的信息量参数逐渐减小,信息逐渐融入价格之中,交易结束后该参数为任意小的正数。

第五,构建了基于投资者情绪和市场基础信息的行为资产定价模型。首先建立了基于投资者学习信息行为的资产定价模型,重点探讨了理性不知情者、情绪投资者同时学习信息时信息和情绪融入价格的方式、价格系统的信息量以及行为市场的有效性等。其次建立了基于情绪宽度、拥挤交易行为的资产定价模型,集中研究了情绪投资者的拥挤交易行为对资产价格形成及其动态变化的影响机理,进而研究了理性投资者的拥挤交易行为对资产定价的影响机理。再次建立了基于高阶期望、锚定与调整行为的情绪资产定价模型,结合高阶期望和投资者情绪阐释了资产价格的形成机理,进而结合高阶期望的阶数,融入投资者的锚定与调整行为,探讨了在稀疏性的假定之下 N 类情绪投资者的特质情绪对资产定价的影响机理。

第六,针对理论模型的主要结论,研究了个股情绪影响个股价格的微观机理。首先论证了个股情绪对个股价格的横截面效应和时序效应。在构建综合个股情绪指数的基础上,实证分析了个股情绪对个股价格在不同市态下的时序效应以及对不同类别公司股票价格的横截面效应。其次研究了个股情绪的期限结构效应。运用主成分分析方法分别构建日、周、月三种频率的个股情绪指数,研究了不同频率个股情绪对个股价格的差异性影响。再次论证了混频个股情绪效应。在日、周、月三种频率个股情绪的期限结构分析的基础上,运用混合数据抽样模型把高频数据处理为低频数据,研究了混频个股情绪对个股价格的影响力和预测力。

第七,研究了市场情绪影响股票价格的宏观表现。首先阐明了市场情绪与货币政策对股价的动态效应。在构建综合市场情绪指数的基础上,运用 DCC‐MGARCH 模型论证了投资者情绪的重要性、媒介性和感染性。其次阐明了市场情绪与货币政策对股价的非对称效应。采用 Markov 区制转换 VAR 模型分析了中国股票市场的周期性以及在不同市场状态下市场情绪和货币政策对股票价格的非对称性效应。再次阐明了市场情绪对股价的动量效应和反转效应。应用非参数模型对投资者情绪温和变化时的动量效应和投资者情绪剧烈变化时的反转效应进行了计量分析,对股票价格的均值回归等给予了有效解释。

第八,结合实证研究结果与我国证券市场的实际管理,从金融市场异常现象和投资者异常行为两个层面对股票价格异常变化给予了有效解释。进而从信息非对称性、投资者心理、信用机制以及市场监管等方面给出增强股票市场有效性的对策建议。

总之,本书研究成果对股票市场的情绪加速器效应理论给出了一个逻辑自洽的脉络,并且归纳概括了情绪加速器机制作用的特征。结合情绪加速器机制作用的主要特征构建了基于投资者情绪和市场基础信息的动态行为资产定价模型,并进行了相应的仿真模拟、经验研究和政策建议。

本书可作为高等院校金融工程、金融学、工商管理等相关专业的教学和研讨用书,也可作为证券市场管理部门、银行业金融机构、基金公司、证券公司等专业研究人员以及散户投资者的学习和研究参考书。

目　　录

第一章 导论

1.1 研究背景与研究意义

1.1.1 研究背景

经济发展一直都在成长、繁荣、衰退和危机之间周而复始。经济发展从复苏、繁荣、衰退到萧条的周期性变化,是形成股票市场牛熊市转换的最根本原因,股票市场的周期性变化反映了经济发展的周期性变化,因此在某种程度上来说,股市是国民经济的晴雨表。但是现实实践中,股市的上涨下跌是否能够准确地反映经济发展的周期性变化呢?

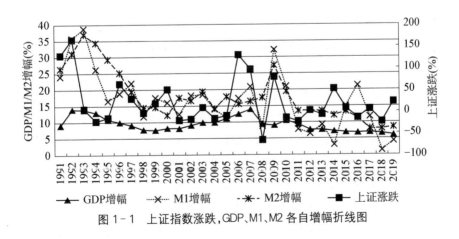

图1-1 上证指数涨跌,GDP、M1、M2各自增幅折线图

图1-1显示,从1992年到2007年的16年间,以GDP增长率为代表的中国大陆经济发展正好经历了一个完整的经济周期,即1992年至1999年的衰退萧条阶段,2000年至2007年复苏繁荣阶段,以及2007年之后的调整阶段转向高质量发展阶段。其中,从1999年到2007年的9年间,以

GDP 增长率为代表的宏观经济稳步增长,而股票市场以上证指数表示的股票价格却经历了过山车式的暴涨暴跌:1999 年到 2000 年股票价格整体上持续大幅度上扬;2001 年到 2005 年股票价格系统性地连续大幅度跌落,其中 2003 年股票价格上涨了 10.27%;2006 年到 2007 年股票价格再次持续大幅度上涨。2007 年之后中国大陆 GDP 增长率逐渐放缓,进入换挡增效高质量发展阶段,然而 2009 年上证指数却迎来了一个小高潮,特别是从 2014 年第三季度到 2016 年第一季度股票市场又一次经历了过山车式的暴涨暴跌。

从一个仅有三十年的时间窗口来看,股市周期与宏观经济周期出现了系统性的背离。在一个股票总市值大约占同时期 GDP 60% 的股票市场中(以 2016 年为例),股市周期与宏观经济周期系统性地出现偏离,就不得不引起我们的重视。长期内股票市场上涨下跌的最根本因素是由经济发展的潜在水平所决定的。然而,股市周期和经济周期很少呈现步调一致的现象。作为一个自行运转的资本市场,股市的价格波动有着自身的规律和特点。在现实运行过程中,股市周期体现经济发展状况存在着某种具体特征,从而导致了股市周期与经济周期步调不一致的现象,甚至相背离的情形。此外,中国的股票市场很多时候呈现出"缓升急降"的特征,股票市场的这些实际情况似乎蕴含着非基本面因素的决定作用。股票市场周期性转换过程的深层次原因是什么,又是什么重要因素引发了股票市场"缓升急降"的特点?

"资产价格,尤其是股票和房地产价格极易出现剧烈波动,尽管资产价格最终是经济体系的内生变量,但许多时期里,资产价格的波动似乎与总体经济状况完全脱节。非基本面因素时常左右资产价格,……关于资产价格因'非基本面因素'而动荡的根源,至少有两个可能性,一是金融监管制度失策,二是投资者的不完全理性,即所谓市场心理。……资产价格与基本价值的暂时偏离可能源于流动性过度,或者投资者过分乐观或悲观。"(Bernanke and Gertler,2000)因此,在短期内投资者心理因素和货币政策变量等非基本面因素有可能导致股票价格波动。

一般而言,当股票市场处于熊市阶段,非理性投资者出现低落的情绪扰动,对上市公司盈余预期比较悲观,公司股价下跌;而当股票市场处于牛市阶段,非理性投资者出现高涨的情绪冲击,对上市公司盈余预期相对乐观,公司股价上涨。由此可见非理性投资者的情绪周期与股票市场的周期性特征存在着一定程度的一致性。

中国证监会 2005 年 4 月发布了《关于上市公司股权分置改革试点有

关问题的通知》,考虑到股权分置改革对股票市场的重大影响效应,我们重点分析股票市场 2006 年之后的周期性变化情况。2006 年以来上证指数和沪市情绪指数(利用主成分分析方法构建综合市场情绪指数)二者的走势折线图如图 1-2 所示,从该图可以清楚直观地看出股市周期与情绪走势存在明显的一致性。

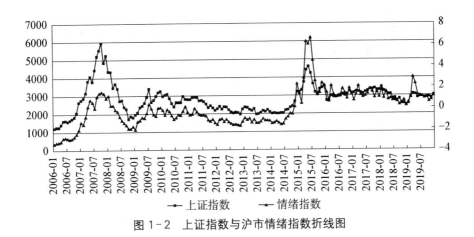

图 1-2 上证指数与沪市情绪指数折线图

为此,我们以拉斯·特维德(Lars Tvede,2012)[①]提出的"情绪加速器"概念为基础,结合目前行为金融学最新研究进展,来探讨中国股票市场的情绪加速器效应,以期掌握股票市场波动的真谛,揭开股市周期的神秘面纱。情绪加速器理论突破了传统的股市周期理论,确立了投资者情绪在股市周期中的重要作用,以新的视角研究股市波动的生成原因和传导机制。

事实上,造成股票市场自身特殊现象的主要原因是金融资产定价异常。资产定价理论(Asset Pricing Theory)在现代金融学理论体系中占有十分重要的地位,是金融学的核心问题之一。因此,我们基于行为金融资产定价理论的视角,结合情绪加速器机制作用的主要特征,来构建带信息的情绪资产定价模型,并进行相应的仿真分析和实证检验。

1.1.2 研究意义

传统金融理论的有效市场假说认为金融市场是信息有效的,理性投资者的套利行为会消除非理性投资者对资产价格的影响,使价格趋近内在价值(Fama,1965;Friedman,1953)。然而,自 20 世纪 70 年代后期以来,证券市场中涌现出了许多有悖于有效市场假说理论的投资者异常行为及

---

① 拉斯·特维德. 逃不开的经济周期(珍藏版)[M]. 董裕平,译. 北京:中信出版社,2012,11.

金融市场异象,对有效市场假说理论提出了强有力的挑战。金融学面临着一边是没有严格的统计数据支持的传统资产定价模型,另一边是没有理论解释的实证数据的局面,在放松传统资产定价理论中"理性人"假设条件下,运用心理学、行为学来研究金融活动中人们决策行为的行为资产定价理论便成为了学术界的关注点(Shiller,2014;陈雨露,2013)。

1. 理论研究方面

根据投资者非理性的表现形式,行为资产定价模型大致分为基于噪音、心理偏差、投资者情绪的资产定价模型。基于噪音、心理偏差的资产定价模型存在噪音、偏差难辨识,反应难测度,从而实证分析难以展开等不足;同时,对认知偏差的研究均以解释某种异象为目的,并且基于投资者决策时的某一特定认知偏差来展开,不具有分析的一般性。基于投资者情绪的研究可以克服以上两类研究的不足,投资者情绪可以被定量测度,进而可以进行相应的实证检验(Baker and Wurgler, 2006, 2007)[①]。近年来,大量的实证分析表明投资者情绪对资产价格具有重要的系统性影响,并且这些实证结论得到了心理行为实验和神经医学实验的支持。然而,基于投资者情绪的资产定价模型研究仍处于发展阶段。比较有代表性的研究工作是《金融经济学期刊》(*Journal of Financial Economics*)在2012年推出的一期关于投资者情绪的论文集,主体内容涉及有关投资者情绪的资产定价问题,特别注重金融市场上投资者情绪、投资者行为对资产定价的影响。目前国内外学者关于投资者情绪和投资者行为的资产定价研究相当宽泛,远远没有形成一个标准统一的框架。

另一方面,在开放的市场中资产的价格由和它相关的信息来决定。市场基础信息是理性知情者进行交易的基础,在股市信息不完全和市场环境不确定的条件下,理性不知情者通过观察市场上的交易行为推断知情者掌握的信息(Grossman and Stiglitz, 1980;Wang, 1993);非理性的投资者极易受自身情绪波动和周围环境的影响,通过自身心理因素的增强机制放大市场的泡沫(Shiller, 2014)。为此,投资者情绪和信息是影响资产定价的最为重要的两个因素。总结已有的情绪资产定价模型,或者是基于静态的经济环境,而在现实金融市场中投资者的决策行为是一个动态过程,我们需要对投资者情绪动态变化特征和投资者行为特征进行深入研究,在此

---

① "现在,问题不再像几十年前一样,是否投资者情绪影响股票价格,而是如何测度投资者情绪以及量化它的效应。"Baker, M., Wurgler, J. Investor sentiment in the stock market [J]. Journal of Economic Perspective, 2007, 21(2): 129-151.

基础上研究投资者情绪和投资者行为等"非理性"因素对资产定价的影响；或者没有包含基础信息和期初价格等重要因素,而基础信息反映风险资产基础价值的变动情况,是理性投资者制定交易策略的依据,期初价格可以给投资者提供一个决策的参考点,进而我们可以描述动态的价格路径。

2. 实际应用方面

行为金融资产定价研究不仅是一个重要的理论课题,而且是一个重要的实践问题。自 20 世纪 90 年代初上交所和深交所成立以来,中国的股票市场始终摆脱不了大起大落的波动轨迹,并呈现"缓升急降"的特征。以上交所 A 股为例,2005 年 6 月至 2007 年 10 月牛市阶段,涨幅高达 514％；2007 年 10 月至 2008 年 10 月熊市阶段,跌幅达 73％。相对于西方比较成熟的资本市场,中国股市还处于发展阶段,股市本身的发行制度和监管制度还不完善,尤其是投资者的交易行为极易受投资者情绪影响。情绪加速器效应问题,简言之就是外生冲击作用于投资者情绪,从而使投资者情绪对股市的影响在不同市态或在不同时间区间由于信贷限制、外部融资成本等因素的作用会有所不同。因此,探讨情绪加速器效应的微观基础和宏观表现等方面,进而从投资者情绪的视角解释投资者异常行为和金融市场异常现象,能够给证券市场的投资者、管理者、监管者以及政策制定者等提供一些现实的参考和指导,最终使得我国的证券市场向成熟的市场发展。

综上所述,无论是从行为金融资产定价理论体系的完善方面,还是从金融实践的实际应用方面,探讨股票市场的情绪加速器效应,构建基于投资者情绪和市场基础信息的动态行为资产定价模型,并且进行相应的实证分析,都具有极其重要的理论意义和深远的现实意义。

1.2 研究思路与研究方法

1.2.1 研究思路

本书结合心理学实验、金融实验和信息传递理论,沿着"文献梳理→理论分析→模型构建→经验研究→对策建议"的技术路线,研究基于投资者情绪和市场基础信息的动态行为资产定价问题。首先,从基于噪音、心理偏差、投资者情绪的行为资产定价理论研究归结到既贴近现实资本市场又能有效解释金融市场异象的情绪加速器效应研究；其次,针对情绪加速器机制作用的主要特征,探讨投资者情绪动态变化特征影响资产价格形成和资产价格动态变化的经济机理,进而研究投资者行为特征影响资产价格形成和资产价格动态变化的经济机理;再次,结合情绪加速器机制作用的特征和理论模型的主要结论,构建个股情绪指数,研究个股情绪影响个股价格的微观机理,进而构建市场情绪指数,研究情绪加速器效应的宏观表现;最后,结合实证研究结果与我国证券市场的实际管理,提出增强我国股票市场有效性的对策建议。全书的逻辑结构如图1-3所示。

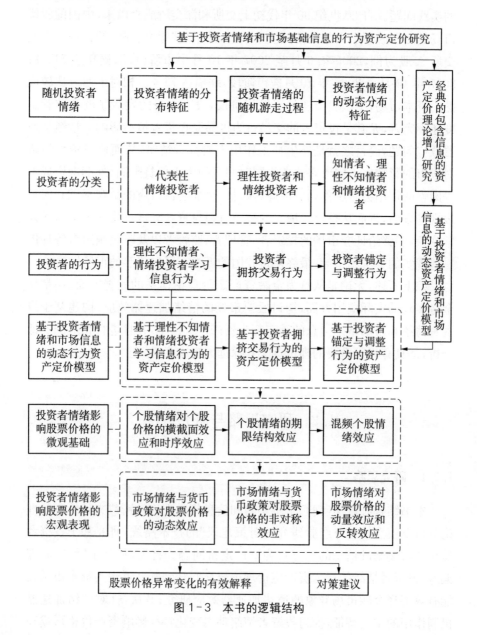

图1-3 本书的逻辑结构

1.2.2 研究方法

本书在研究过程中,用到了行为金融、金融工程、数学建模、随机过程、仿真模拟、计量经济学等有关理论知识与研究方法。具体采用的研究方法如下:

在理论模型构建方面,主要使用了动态均衡定价方法,采用随机游走过程或布朗运动过程等刻画投资者情绪的动态变化特征。在优化模型建立以后,运用动态规划和随机最优控制等技术手段对模型的最优投资策略进行求解;如果没有解析解,采用数值方法和模拟方法求得数值解。

在数值模拟方面,主要采用有限差分方法和蒙特卡罗模拟方法,研究投资者学习信息行为、拥挤交易行为、锚定与调整行为等对资产价格形成和资产价格动态变化的影响。

在实证分析方面,运用主成分分析方法构建综合的个股情绪指数和市场情绪指数,进而采用 Panel Data 模型、混合数据抽样模型、Markov 区制转换 VAR 模型、非参数回归模型等金融计量分析模型,借助 Matlab 或 SAS 编程实现。

在研究方法创新上,一是从单一要素分析到系统化研究,改变之前从噪音、偏差、投资者情绪等单一要素出发研究资产定价理论的视角,引入信息传递理论、投资者行为特征,把情绪资产定价理论研究拓展为基于投资者情绪和市场基础信息的动态行为资产定价理论研究。二是从静态分析到动态经验研究,改变基于时间截面研究投资者情绪影响股票价格的视角,深入分析不同时空维度个股情绪对个股价格的影响,市场情绪对股指价格的动态影响。

1.3 研究内容与重要观点

1.3.1 研究内容

本书共分为十二章,其中"导论"独立为一章。主要研究内容及创新性探索如下。

第二章:包含知情者、理性不知情者和情绪投资者的资产定价模型。基于格罗斯曼和斯蒂格利茨(Grossman and Stiglitz, 1980)的框架,考虑一类不知情的情绪投资者,构建包含市场基础信息的静态情绪资产定价模型。主要研究:(1)代表性情绪投资者模型。在开始研究一般化的情绪资产定价模型之前,先考虑同质投资者的情形,市场上所有的投资者都是情绪投资者。(2)两类投资者模型。分析市场上某两类投资者相互作用时的市场均衡,推导出均衡价格的解析表达式,进而分析均衡的性质,重点分析信息交易者和情绪交易者的相互作用如何维持错误价格。(3)三类投资者模型。构建包含知情者、理性不知情者和情绪投资者的资产定价模型,推导出均衡价格的解析表达式,并且分析均衡的性质,集中分析三类投资者相互博弈时金融资产如何定价。

第三章:异质情绪投资者、加总效应和资产定价模型。从异质情绪投资者加总效应的角度分析投资者的不同认知如何维持错误价格。主要研究:(1)乐观情绪投资者和悲观情绪投资者模型。研究乐观情绪投资者和悲观情绪投资者对风险资产的非线性需求影响资产价格形成和资产价格动态变化的经济机理。(2)N 类情绪投资者模型。研究 N 类情绪投资者的相互转化行为影响资产价格形成和资产价格动态变化的经济机理。

第四章、第五章构建离散交易的动态资产定价模型。把静态的经济环境拓展为动态的经济环境,对包含市场基础信息的动态情绪资产定价展开深入系统的研究。主要研究:(1)带信息的两期交易的情绪资产定价模型。在动态的经济环境下构建一个存在两期交易的带信息的情绪资产定价模型,推导出均衡价格的解析表达式,分析均衡的性质。(2)带信息的多期交易的情绪资产定价模型。把两期交易的均衡推广为多期交易的均衡,重点研究在多期交易的经济环境下各类投资者如何制定当前的交易策略,以及市场的稳定性和有效性以及动态的均衡价格路径等话题。

第六章:带信息的连续交易的情绪资产定价模型。把离散交易的经济环境拓展为连续交易的经济环境。主要研究:(1)连续交易的均衡。重点研究理性投资者的最优化问题、情绪投资者的交易规则以及市场出清价格等。(2)连续交易均衡的性质。在连续交易的均衡中,进一步研究信息和情绪融入价格的方式、价格之中的信息量和情绪内容以及市场的流动性特征等。

第七章:情绪投资者、学习信息行为和资产定价模型。主要研究:(1)知情者和学习信息的理性不知情者模型。研究理性不知情者的学习信息行为影响资产价格形成和资产价格动态变化的经济机理。(2)知情者和学习信息的情绪投资者模型。研究情绪投资者的动态适应性学习行为影响资产价格形成和资产价格动态变化的经济机理。(3)知情者和学习信息的理性不知情者、情绪投资者模型。研究理性不知情者、情绪投资者同时学习信息时信息和情绪融入价格的方式、价格系统的信息量以及行为市场的有效性等。

第八章：情绪宽度、拥挤交易行为和资产定价模型。主要研究：（1）基于情绪投资者拥挤交易行为的资产定价模型。研究情绪投资者拥挤交易行为对资产价格形成和资产价格动态变化的影响机理。（2）基于理性投资者拥挤交易行为的资产定价模型。研究理性投资者的拥挤交易行为对资产定价的影响，对资产价格偏离其基础价值的持续性、套利有限性等金融异象给予有效解释。

第九章：高阶期望、锚定与调整行为和情绪资产定价模型。主要研究：（1）基于高阶期望的情绪资产定价模型。结合高阶期望和投资者情绪来阐释资产价格的形成机理。（2）基于高阶期望、锚定与调整行为的情绪资产定价模型。结合高阶期望的阶数，融入投资者的锚定与调整行为，探讨在稀疏性的假定之下 N 类情绪投资者的特质情绪对资产定价的影响机理。

第十章：投资者情绪影响股票价格的微观基础。（1）个股情绪对个股价格的横截面效应和时序效应。在构建综合个股情绪指数的基础上，实证分析个股情绪对个股价格在不同市态下的时序效应以及对不同类别公司股票价格的横截面效应。（2）个股情绪的期限结构效应。运用主成分分析方法分别构建日、周、月三种频率的个股情绪指数，研究不同频率个股情绪对个股价格的差异性影响。（3）混频个股情绪效应。在日、周、月三种频率个股情绪的期限结构分析的基础上，运用混合数据抽样模型（MIDAS 模型）把高频数据处理为低频数据，研究混频个股情绪对个股价格的影响作用。

第十一章：投资者情绪影响股票价格的宏观表现。主要研究：（1）市场情绪与货币政策对股价的动态效应。在构建综合市场情绪指数的基础上，运用 DCC－MGARCH 模型论证投资者情绪的重要性、媒介性和感染性。（2）市场情绪与货币政策对股价的非对称效应。采用 Markov 区制转换 VAR 模型分析中国股票市场的周期性以及在不同市场状态下市场情绪和货币政策对股票价格的非对称性效应。（3）市场情绪对股价的动量效应和反转效应。应用非参数模型对投资者情绪温和变化时的动量效应和投资者情绪剧烈变化时的反转效应进行计量分析，对股票价格的均值回归等给予有效解释。

第十二章：减少非理性交易、提高股票市场有效性的对策建议。主要研究：（1）股票价格异常变化的有效解释。从股票市场的异常现象和投资者的异常行为两个层面来展开。（2）增强股票市场有效性的对策建议。从信息非对称性、投资者心理、信用机制以及市场监管等方面给出有效的治理对策。

1.3.2　重要观点

在非对称信息条件下,知情者利用有价值的信息进行交易,情绪投资者误把情绪当作信息,基于情绪进行交易。理性不知情者想要追逐由知情者引起的价格增长,与情绪投资者进行对赌。风险资产的均衡价格是知情者、理性不知情者和情绪投资者相互作用的结果。

在现实金融市场中投资者往往进行多次交易,在作当前的交易决策时会考虑将来的交易机会,投资者情绪随着时间的推移也会发生变化,最终风险资产的均衡价格是不同类型的投资者多期博弈的结果。为此,需要把两期交易的均衡推广为多期交易的均衡乃至连续交易的均衡。基础信息是理性投资者制定当前交易策略的依据,期初价格给投资者提供一个决策的参考点,据此可以描述动态的价格路径。

投资者的决策行为是一个动态过程,需要根据投资者情绪的动态变化特征设计投资者的动态适应性行为,深入研究投资者情绪的随机特性及其动态变化特征对投资者学习信息行为、拥挤交易行为、锚定与调整行为的影响,探讨投资者的行为特征影响资产价格形成和资产价格动态变化的经济机理。

情绪投资者比重越大,信息质量越低,情绪膨胀系数越大,情绪变异较高时,价格系统的信息量越小,市场越无效。理性不知情者学习信息时,偶尔误把情绪当作信息追逐情绪投资者,使得资产价格远远偏离它的潜在价值。在长期内情绪投资者学习信息时,价格系统的信息量不再依赖于信息的质量。为此,需要从信息非对称性、投资者心理、信用机制、市场监管等方面谋求提高我国资本市场有效性的对策。

1.4　传统金融资产定价理论研究概述

资产定价理论的发展与演进大致经历了从传统金融资产定价理论、行为金融资产定价理论到基于投资者情绪的相关研究的三个主要阶段,由此过渡至股票市场情绪加速器效应理论探究,并落脚至经典的、涵盖信息的资产定价理论研究。在对国内外相关研究成果进行归纳与总结的基础上,本研究首先明晰了情绪加速器效应理论分析在当前金融学研究领域中的重要性,其次,探讨了该理论相关研究中存在的不足之处,进而形成开展本成果持续深入研究的逻辑起点和核心议题。

1.4.1 传统金融资产定价理论基础

传统金融理论构建,基于"理性人"假设与有效市场假说两大基本前提。

1. "理性人"假设

"理性人"基本假设是经济学理论构建的核心前提,是对经济社会中从事经济活动主体的抽象概括。理性人具有充分信息、有序偏好以及完美的分析计算能力,能够根据自身条件在满足自己偏好的同时,实现效用及经济利益最优化。"理性人"是对经济学鼻祖亚当·斯密"经济人"内涵的补充、拓展与延伸。

现代传统金融学作为经济学理论的重要分支,承袭了"理性人"基本假设,在分析和研究金融市场时,首先应假定其主体是"充分理性"的,他们不会被市场表象特征所迷惑;能够充分利用自身所获取的信息对市场发展态势作出预期,并及时根据结果借助贝叶斯准则等对信息进行再评估;坚信风险高低与预期收益大小正相关,其投资决策行为始终在风险与收益之间寻求平衡。

2. 有效市场假说

(1) 假说形成渊源

法国经济学家巴舍利耶(Bachelier,1900)较早对市场有效性问题进行了探索分析,他率先利用统计学分析方法对股票收益率作了探讨,结果表明:其波动的数学期望值始终为零。之后,相关拓展性的研究表明股价变化存在随机性(Kendall,1953),但其随机序列与股票价格难以有效区分(Roberts,1959)。进一步地,奥斯本(Osborne,1959)利用物理学方法分析股价行为,发现其行为与流体中粒子的行为极其相似,而法玛(Fama,1965)在其文章《股票市场价格的随机游走》(*Random Walks in Stock Market Prices*)中深入探讨了股票价格随机漫步理论,这为有效市场假说的形成奠定了坚实基础。基于前人的研究成果,并吸收借鉴萨缪尔森(Samuelson,1965)、罗伯茨(Roberts,1965)等的研究方法及分类形式,法玛(Fama,1970)发展建立了有效市场假说,传统金融定价的根基得以形成。

(2) 假说基本前提

有效市场假说的建构包含三大基本假设:一是理性投资者。投资者是理性人,能够进行完全理性的预期,从而准确地估算有价证券;二是随机交易。一般来讲,投资者并非完全理性,也难以对股价作出合理估计,导致股价与理论值相偏离,但由于证券市场交易的随机性,股票价格被低估与被高估的部分可以相互抵消,使得股价能够回归至理论值。三是有效套利。通常情况下,非理性投资者交易并非随机的,他们会犯类似的错误或预判,但市场的理性投资者会对其行为进行纠偏,能够部分地消除非理性投资者的投机行为对股票价格的扰动。

（3）假说基本形式

有效资本市场中,有价证券价格能够充分反映全部信息,但实践中,这种市场是不存在的。鉴于此,依据证券价格对市场信息反应程度的强弱,法玛(Fama,1970)将其划分为如下三种主要形式:一是弱势有效市场。证券价格仅仅反映了与资产价格变化相关的历史信息,投资者难以通过技术分析手段就此获取较高收益,其市场有效性程度较其他市场程度最低。二是半强势有效市场。能够充分反映全部公开信息,但投资者利用这些公开的信息以获取投资利润的价值不高。三是强势有效市场。其市场的有效性程度最高,能够揭示证券价格的全部信息,包括历史的、当前的以及内幕信息等,由此获得较高收益。

1.4.2　资产定价理论发展演变

依据资产定价理论发展演变逻辑,可以将其划分为传统金融资产定价理论与行为金融资产定价理论。前者构建的基础是"理性人"假设和有效市场假说,认为理性人可以在有效市场上根据自身优势实现效用最大化。

18世纪,瑞士著名数学家伯努利(Bernoulli)在探索解答"圣·彼得堡悖论"问题时,率先提出了"预期效用最大化"概念以阐释经纪人投资决策行为。同时构建了效用函数: $U = \ln(x)$,以此解释投资人决策成效,并创新提出"边际效用递减"概念。在此基础上,冯·诺依曼和摩根斯坦(Von Neumann and Morgenstern,1947)提出了"预期效应理论",构建了期望效用的公理化体系,奠定了传统资产定价理论数理化研究的基础。1952年,马科维茨(Markowitz)系统化提出了"现代投资组合理论"(Modern Portfolio Theory,简称MPT),由此进一步夯实了传统资产定价理论的核心思想。

基于以上研究基础,夏普(Sharpe,1964)、林特纳(Lintner,1965)和莫辛(Mossin,1966)开创性构建了资本资产定价模型(Capital Asset Pricing Model,简称CAPM),标志着传统金融资产定价理论的诞生。该模型主要用于探究证券市场中资产的超额收益与对应风险之间的内在关联,以及各类金融资产怎样定价。资本资产定价模型给出了一个简约的研究资产风险与收益关联的分析框架,但由于其前提假设对完美性的约束,在解答现实市场行为中面临巨大挑战,如投资者同质性、信息充分以及市场完美等,这些条件在现实市场是不存在的。资本资产定价模型理论的缺陷和不足激发了后续研究者的极大兴趣,主要存在两大研究视角:一是局部均衡视角。布莱克(Black,1972)提出了零贝塔资本资产定价模型,罗斯(Ross,1976)发展了套利定价理论(Arbitrage Pricing Theory,简称APT),布莱克和斯科尔斯(Black and Scholes,1973)构建了期权定价模型(Option Pricing Model,简称OPM),法玛和弗伦奇(Fama and French,1993)建构了三因素模型等。二是一般均衡视角。默顿(Merton,1973)提出了跨期资本资产定价模型(Intertemporal CAPM,简称ICAPM),卢卡斯(Lucas,1978)、布里登(Breeden,1979)分别构建了基于消费的资本资产定价模型(Consumption-based CAPM,简称CCAPM),科克斯(Cox,1985)构建了基于生产的资本资产定价模型(Production-based CAPM,简称PCAPM)等,以上理论的共同之处在于:都是以"理性人"及有效市场假说为基本前提,并运用均衡分析与无套利分析方法探索建构了系统的传统金融资产定价理论分析框架。传统金融资产定价理论深入揭示了金融市场的运行规律,对金融市场发展以及企业财务管理实务均产生了重要影响(张峥和徐信忠,2006)。

总体来看,在资本资产定价模型(CAPM)形成与发展的短短几十年时间里,资本资产定价理论经历了从简单数学基本模型到完善理论体系的快速演进。从发展的先后顺序来看,尽管法玛(Fama,1970)提出的有效市场假说理论(Efficient Market Hypothesis,简称EMH)较之夏普(Sharpe,1964)等构建的资本资产定价模型相对较晚,但传统资产定价理论以有效市场假说理论为基本前提,假如市场是无效率的,资本资产定价模型就缺乏成立的核心条件,故而有效市场假说理论(EMH)是资产定价理论的基石。

直至20世纪70年代,证券市场出现了大量有悖于有效市场假说理论(EMH)的投资行为和投资异象。基于理性人假设和有效市场假说的传统资产定价理论难以对其给予合理解释,现有理论遭遇金融实践的严峻挑战。正如席勒(Shiller,2003)所描述的:有效市场假设理论于20世纪70年代达到其学术巅峰,但对于日益涌现的诸多市场异象而言,学术界对有效市场假说理论(EMH)的信念开始动摇了。由此,理论界开始接受市场并非如法玛(Fama,1970)描述的那样,总是信息完美的,投资者也并非充分理性,即便是理性套利也无法全部消除非理性投资对资产价格的扰动和影响。基于此,从有限理性和有效套利视角,学者探索提出行为金融资产定价理论,以阐释非完美市场行为,逐步建立起行为金融分析理论框架。由于行为金融资产定价理论能够对现实中的金融异象进行有效解读,得到学界普遍认可,成为传统金融理论的重要补充。

传统金融理论日趋成熟,行为金融理论创新发展,两者之间呈现出日益对立的格局,在基本假设、应用范围以及适用原则等方面存在较大差异,具体表现如图1-4所示:

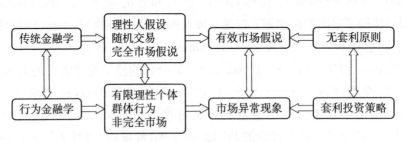

图1-4　传统金融学与行为金融学研究对象对比

资料来源:宋军和吴冲锋(2001)。

1.4.3　有效市场悖论

传统金融理论的基石是"理性人"假设和有效市场假说,由此衍生出现代投资组合理论、资本资产定价模型、套利定价理论和期权定价模型等理论。这些理论均以诸多严格假设为基本前提,因此在有效解释投资者实践活动和股价波动方面存在现实性困难。伴随金融理论的快速发展与证券市场的演变,出现了大量的与传统金融理论相悖的异常投资行为及金融市场现象。

1. 证券市场中典型异常现象

(1)孪生股票价格差异之谜

"一价定理"揭示内涵上类似的两个证券在估值方面应该没有本质差异,然而在实际资产交易过程中大量的相同证券在不同市场的交易价格存在较大差异,这种现象学术界称之为"孪生股票价格差异之谜"。典型的如皇家荷兰壳牌普通股和英国壳牌普通股的价格差异现象,而这类现象在中国A股和H股市场也较为常见,单纯利用有效市场假说无法给予合理解释。

(2)过度波动性之谜

有效市场前提下,股票价格能够全面反映所获取的信息,在无新信息冲击或干扰的情况下，投资者无须对股价进行调整，且理性投资者都具有相同或相似的投资预期，因此股票价格波动幅度不大。但实践中，席勒（Shiller，1981）运用美国股市数据检测市场有效性时发现，相对基本面来讲现实股价呈现剧烈波动现象，这种高度波动性难以在有效市场理论中寻找到合理答案，也即存在"过度波动"之谜。

（3）股权溢价之谜

根据资本资产定价理论，风险溢价是指股票收益率高出无风险债券的部分，是股票所承担额外的高风险应获得的补偿。但梅赫拉和普雷斯科特（Mehra and Prescott，1985）分析研究发现：股票投资的历史平均收益率较之债券投资却高出很多，远高于预期收益水平，标准金融风险溢价理论难以解释这一现象，存在"股权溢价"之谜。

（4）日历效应

股票收益率与时间有一定关联，在特定的时间区间，股票收益率呈现出某些特定的变动规律，即存在"日历效应"。例如，罗泽夫和金尼（Rozeff and Kinney，1976）研究发现，1904—1974 年间纽约股票交易所的股价指数在一月份的收益率明显高于其他月份，而克罗斯（Cross，1973）研究进一步揭示周五的收益率要高于周一的收益水平，以上现象表明股市存在一定的"日历效应"。

除此之外，股票市场还存在如股价短期惯性、长期反转、封闭式基金折价之谜、资产高波动性以及金融泡沫等种种现象，现实中我们无法运用有效市场理论对这些现象予以有效诠释。

2. 同质信念与交易动机

在有效市场假设前提下，投资者对股价的预期不存在任何偏差，均为理想预期，形成所谓的同质信念，由此导致的交易动机主要源于风险偏好而非信念差异。在投资实践中，投资者从事证券交易的动力来自信念差异：买涨不买跌，也即追涨杀跌。

3. 无交易定理

由于证券市场中有价证券的价格是随机的，其走向难以准确预测，投资者极有可能在高位买入，或者在股票低价时抛出，由此招致严重损失。信息不充分也显示理性投资者不应进行交易。投资者在无内幕信息情况下，其最佳投资策略就是不交易，以防范具有内幕信息及充分信息的投资者从自身获取利益。

若信息优势是促成交易的唯一动机，那么在理性预期下就不存在任何交易行为，这即是由同质信念所衍生出的"无交易定理"。

4. 格罗斯曼—斯蒂格利茨悖论

获取信息需要付出成本，竞争均衡与市场效率互不相容。若在有效市场，股票价格反映了全部信息，难么投资者就无须去收集信息。由此，若投资者不去主动获取信息，则市场价格就无法反映全部信息。

5. 理性假设面临严峻挑战

心理学家研究揭示众多投资者并非按照理性预期进行投资：在信念上，没有遵循贝叶斯法则（如启发式思维）；在风险偏好上也不遵循传统的期望效用函数（如凹函数，Risk Aversion），而投资者情绪及其认知偏差对其投资决策产生显著影响。

日渐增多的投资者异常行为以及不断涌现的金融市场异象给有效市场假说理论带来严峻的挑战，传统资产定价理论难以给予有效解释。由此，引发大量学者的广泛研究兴趣。尽管传统资产定价理论试图在"有效市场假说"范式下努力进行理论补充与拓展，但在解释这些金融市场异象层面依然存在不足之处。传统金融资产定价理论与投资者实践存在严重分歧，诱发学术界对其理论假设前提的深刻反思，行为金融学理论由此诞生。作为金融理论的重要组成部分，行为金融理论开辟了金融资产定价理论研究的新领域，并逐渐发展成为当前金融学研究的前沿领域。

1.5　行为金融资产定价理论研究动态

鉴于传统金融理论难以有效阐释投资者异常行为以及金融市场异常现象，学术界逐步接受市场信息不完全假设，投资者也并非完全理性，套利行为也难以全部消除非理性投资行为对股票价格的扰动和影响。由此，行为金融资产定价理论得以形成与发展。

1.5.1　行为金融资产定价理论基础

在传统金融理论分析框架下，完美套利行为能够有效消除股价波动，但在现实金融市场中，理性投资筑成的套利行为受制于诸多条件约束。现代金融理论与实践研究表明，风险资产的价格由理性投资行为与非理性投资行为博弈决定，其价格持续偏离基础价格水平。与此同时，金融学理论逐步与心理学、行为学以及神经医学实验等领域相交叉融合。大量证据显示：投资者具有部分理性，其投资决策和选择并非完全理性，非理性是常态，原因在于投资者相关决策主要受制于理性思维抑或受到情感因素支配。

基于此,行为金融理论形成主要依托两大基本假设:有限套利和有限理性。

1. 有限套利

套利是资产定价理论的核心概念之一,其内涵是投资者在两个不同的市场上同时买入和卖出相同的有价证券以获取差额利益的行为(Sharpe and Alexander,1990)。弗里德曼(Friedman,1953)研究指出,证券市场存在着大量理性套利者,倘若风险资产价格与其基础价格相偏离时,理性套利行为将迅速实施并对非理性投资行为作出纠偏,使得风险资产价格快速回归基础水平。相对于传统金融资产定价理论的"完美套利"行为,现实市场套利行为受大量因素约束和限制。伴随行为金融理论的发展与演进,更多证据显示:套利行为并非在完美市场中运行,套利需要付出高昂成本,且面临诸多的风险与挑战。在此基础上,施莱弗和维什尼(Shleifer and Vishny,1997)创新提出"有限套利"概念,指出在实际套利过程中,投资者需要缴纳保证金,若非理性投资博弈力量越来越强大,那么理性投资行为可能被战胜,甚至会被清算出场。之后,有限套利概念逐渐为学界所普遍接受,相关研究成果日渐丰硕,诸多学者尝试从套利风险、市场不完美以及委托代理等角度对其内涵进行补充与拓展。

(1)各种风险对套利的限制

金融资产投资中,投资者理性投资行为也面临诸多风险与挑战,主要涉及基础风险、模型风险以及噪音交易者风险等多重套利风险。

① 基础及模型风险。风险资产基本价值是决定其价格水平的关键因素,理性套利者在套利之前,应充分了解与之相关的套利证券的全部信息,同时对其进行准确估价。基于此,理性套利者如果对证券价格存在错误估计将面临如下风险:一是基础风险。由于理性套利者并非完全理性,难以有效真实地对证券基础价值作出预测,因此面临基础风险;二是模型风险。理性套利者在进行套利时,必须优选一个适宜的套利模型,即便如此由于模型存在统计误差等缺陷,套利者难以对证券价格给予准确估值,将面临模型风险。两大风险致使理性套利者的所谓理性套利行为受到一定约束和限制(Shiller,1984;De Long et al.,1990a)。

基于以上风险,理性套利者在买进一只股票的同时在另一个市场上卖出与其相似的另一只有价证券,即便如此仍难以完全规避这些风险。巴贝里斯和泰勒(Barberis and Thaler,2003)研究指出,在现实金融市场中替代证券是不完美的,一般情况下是高度不完美的,由此导致一个证券难以被其他证券所有效复制。

② 噪音交易者风险。在金融学研究领域中,噪音与信息两个关键词是相对而言的。信息表示与证券基本面有关的一些信号,而噪音是指与未来体验以及部门技术等相关的不确定性,是市场上杂乱无章的各类信号的统称。一般情况下,部分投资者根据有效信息进行交易,以获取其所期望的收益;部分交易者则利用噪音进行交易,将各种噪音看作信息,试图获取高额收益,这类群体就是噪音交易者。布莱克(Black,1986)分析认为,噪音交易者为有价证券市场注入了流动性,让市场变得更加不完美。也就是说,噪音为理性交易者提供了获利机会,但同时也增加了获利难度。正如德龙等(De Long et al.,1990a)所指出的,由于噪音交易者下一期信念的不确定性,可能使得风险资产的价格接连出错,从而给其他无风险资产带来风险,即形成噪音交易者风险。受制于套利交易的保证金与代理期限约束,由噪音交易者错误信念主导的交易时间有可能超出理性套利者期限,进而阻碍了套利交易,甚至存在将理性套利者逐出市场的风险。现实市场中噪音交易者风险,对弗里德曼(Friedman,1953)提出的完美市场的阐释(剔除噪音交易者)提出了挑战。

延续上述研究,德龙等(De Long et al.,1990b)考察了噪音交易者采取"正反馈"交易策略情形,即套利者愿意与噪音交易者共同行动,造成证券价格泡沫。高根等(Kogan et al.,2006)探讨了噪音交易者的存续问题,发现噪音交易者并不会被市场所淘汰,反而有日渐壮大的趋势。孟德尔和施莱弗(Mendel and Shleifer,2012)通过建构噪音模型,诠释绝大多数理性投资者偶尔会把噪音当成信息,并追逐噪音,进而将噪音放大至推动资产价格远远偏离其基础价值,形成噪音交易者风险。

除以上研究探讨外,部分学者还另辟蹊径对此进行补充和拓展。阿布瑞尤和布鲁纳梅尔(Abreu and Brunnermeier,2002)创新提出一致性风险(Synchronization Risk)理论,对理性套利者与其同行决策行为时机进行博弈,由于双方信息不充分,其套利也是极为有限的。沃格勒和茹拉夫斯卡娅(Wurgler and Zhuravskaya,2002)从资产特质风险视角,分析了对套利的影响。当然,市场上还存在操作风险、流动性风险等。

(2)市场不完备性

现实金融市场,由于其自身不完美,给理性投资者增添诸多限制和不确定性,典型的如替代品的不完美、交易成本约束及卖空机制等。为有效应对套利风险,投资者在抛空有价证券的同时必须在市场上同时买进预期本质相似的替代证券。巴贝里斯和泰勒(Barberis and Thaler,2003)分析指出,在套利者为风险厌恶和基础风险条件下,倘若存在错误定价的证券没有相似的替代品,那么理性投资者就会被置于基础风险之下,其套利行为将受到限制。在实际交易中,套利活动通常与卖空机制紧密相关。理性投资者先从中介机构或经纪人手中借出有价证券,才能进行卖空操作。即便在较为发达的市场上,卖空机制也会受到较大限制,诸如受法律约束、保证金制度等限制。格罗姆和瓦亚诺斯(Gromb and Vayanos,2002)研究发现,借出有价证券的保证金制度会制约理性投资者的套利行为,难以消除判断失误的可能。达沃里奥(D'Avolio,2002)研究显示,在市场处在熊市阶段,很多股票借出费用相对较高,致使套利者无法借到股票。巴贝里斯和泰勒(Barberis and Thaler,2003)强调,由于卖空机制受制于法律约束,部分基金的卖空行为是法律所不允许的。与此同时,在实施套利时,佣金、印花税以及个人所得税等也严重影响套利者收益预期,进而影响套利活动。德龙等(De Long et al.,1990a)分析指出,由于存在佣金以及卖空返还款等交易成本与不完全信息,造成负的"自有价值"持续存在。此外,在一些新兴市场上理性投资者的套利行为还会受制于"市场准入"等条件的限制。

(3) 委托—代理下的套利限制

伴随资产市场不断发展与创新,借用委托人资金进行金融资产交易的职业经纪人逐渐成为市场的主要套利者。在所有权与管理权相分离的背景下,资产市场形成了以委托人和经纪人为交易力量的委托代理问题。在委托代理背景下,经纪人的资本套利活动受制于套利时限、资本数量以及标的业绩等多重因素影响。

① 套利期限。在资本市场中理性套利者的套利行为受套利期限约束。如果套利时间较长,则套利者就会有较大机会和时间,将资产价格锁定在基础价值附近,市场就越有效率。倘若套利时间有限,则套利者将不会过早介入套利活动,直至套利时间逐步接近,理性投资者才会介入交易。在现实资本市场中,委托人与职业经纪人间的委托代理关系极为普遍,假若委托人提前回收资金,将导致套利活动提前终止。施莱弗和维什尼(Shleifer and Vishny,1997)分析指出,投资者可以依据业绩水平提前收回资金。当然,经纪人也可以借助合约锁定资金期限,但在现实市场中,这种合同比例相对较小。

② 有限资本。受制于委托代理关系约束,经纪人套利资金受到较大限制。如果市场低迷或不景气,投资者对未来充满悲观预期,将会提早收回投资资金,致使平均套利资金大幅降低,进而无法实现卓有成效的套利活动。在从事套利活动过程中由于需要投资者具备较为复杂且专业的金

融知识(Shleifer and Vishny, 1997),因此这种套利活动就理所当然地落到具有专业知识的经纪人身上,从而形成委托代理关系。一旦投资者对市场充满悲观预期,他们将根据职业经纪人损失状况而提前收回资金,套利资金不足将使得经纪人由于缺乏充足的保证金而被逐出市场。

③ 业绩导向。在现实资本市场中,受制于主体风险偏好、资金实力与专业基础知识等约束,利用自有资金的众多散户难以成为市场的主要套利者。职业经纪人利用自身专业基础知识优势逐渐成为市场套利的主要力量,这种资金所有权与管理权相分离的模式形成了委托代理关系。在信息不充分条件下,委托人会积极设计一定激励机制以限制和引导职业经纪人投资行为,促使经纪人套利活动能够实现双方利润最大化。绝大多数情况下,委托人会依据职业经纪人既往的投资历史业绩进行评价,进而决定是追加还是抽回资金,这就是所谓的"业绩导向性套利"。如果职业经纪人过往或实际业绩较差,委托人可以根据合约约定解除委托关系(Dow and Gorton, 1994)。施莱弗和维什尼(Shleifer and Vishny, 1997)在 DSSW 模型的基础上做了进一步的拓展,构建了"有限套利"委托代理模型,以此阐释经纪人在套利中所遭遇的套利因素限制问题。国内学者如王健和庄新田(2008)等也尝试从行为金融视角,建立有限套利委托代理模型,以诠释金融市场上的委托与代理关系。在市场不存在完全替代品时,经纪人进行套利后,如果证券价格偏离基本价值过多,在信息不充分情况下,投资人就会质疑职业经纪人的投资决策及资产管理能力,从而提前要求撤回资金,经纪人被迫提早平仓,退出市场,从而仅能开展中短期套利活动,造成套利作用失灵,形成业绩导向性套利风险。

2. 有限理性

在现实市场中不存在完全理性,所有决策者或代理商都是介于完全理性与不完全理性之间,即都是"有限理性"人(Simon, 1955),其投资决策都会受到信息不完全、知识有限以及计算能力不足等因素约束。有限理性是对理性人的批判、继承与发展。在实践中,投资者并非如理性经济人所描述的那样极具理性,而是带有一定的认知偏差或者说投资者情绪,投资者在进行投资决策过程中都会受到大量噪声信息的影响与干扰。有别于理性经济人,现实市场中的投资者都是有限理性的,宋军和吴冲锋(2001)将其描述为"天真的投资者"。

为准确刻画投资者非理性行为与理性经济人行为偏差,学术界通常采用预期效用理论或者贝叶斯规则等理论予以分析,部分学者还采用行为学、心理学以及神经医学等方面的研究成果,据此分析投资者的偏好和信念,研判其实际投资与决策行为。因此,与投资者信念及决策有关的投资心态和实验分析构成了行为金融研究领域的重要基石。

(1) 心理行为实验

行为金融理论强调从心理学和行为学视角探究人的心理行为,并采取实验方法来揭示人们认知、偏好以及心态的形成过程,深入研判其如何影响人们的判断和决策。凯恩斯(Keynes,1936)试图通过选美竞赛理论,分析研究心理预期在股市中对人们投资决策的影响,他指出专业投资犹如报纸上的选美竞赛,在整个竞赛过程中,竞争者必须从上百张相片中选取6位美女,只有其选择接近全部竞争者平均偏好时,才能够在参赛中胜出。因此,所有竞争者并非要挑选符合自己审美标准的漂亮女性,而是要挑选那些最具可能吸引竞争对手的喜爱的面孔,全部竞争者都会从相同的维度来对待这个问题。当心理预期以及高层信念来判断平均意见所期望的结果时,我们就进入到第三个层次,部分人可能进入了第四、第五层次甚至更高层次。伯勒尔(Burrell,1951)提出可以利用金融实验的方法以分析投资者行为,由此开辟了现代意义上的行为金融领域的探究。爱德华兹(Edwards,1968)分析指出,人们在获取信息后对先验概率的修正并非完全按照贝叶斯规则,依据现实实验环境,行为主体对待新证据要么过度反应,要么忽视它。斯洛维奇(Slovic,1972)剖析了心理因素对人们投资判断和决策的重要意义,并总结了心理因素在投资决策中的重要作用。

伴随心理行为实验的深入研究,卡尼曼和特沃斯基(Kahneman and Tversky,1979)在马柯维茨的"财富理论"以及阿莱(Allais)研究成果的基础上,创新提出"展望理论"(Prospect Theory)。在该理论中,投资决策主体的一般性总价值由价值函数与决策函数所决定。价值函数通过描述财富相较参考点的变化作为财富价值的测度,决策者并非单纯关注财富水平;价值函数是 S 型函数,在获利区域,价值函数呈现凹状,此时决策者为风险厌恶型,但在损失区域,函数表现为凸状,而决策者表现为风险追求型。价值函数在损失区域的斜率值高于获利区域斜率,并表现出非对称性特征。对决策权重函数,人们往往高估小概率事件,而倾向于低估中高概率事件,而对于中间阶段决策者对概率的变化不是很敏感。

心理学研究表明,情绪对投资者判断和决策具有重要影响。投资主体在情绪高涨时往往会作出较为乐观的判断和决策,在情绪不高时通常作出比较悲观的判断和决策。例如,阿克斯等(Arkes et al.,1988)、鲍尔(Bower,1981,1991)、赖特和鲍尔(Wright and Bower,1992)等心理学家均证实了这一观点。伊森等(Isen et al.,1978)、施瓦茨和布莱斯

(Schwarz and Bless，1991)等研究发现，人们在情绪高涨时倾向于出现启发式偏差，且较少采取批评方式处理信息，但在情绪不高时人们极易采取复杂分析方式，且存在常见的错误归因效应。福加斯（Forgas，1995）探索研究指出，风险及不确定性等因素是情绪在投资决策中发挥效用的关键。一般而言，时间存在的不确定性越大，则情绪在人们投资决策中作用越大。巴戈兹等（Bagozzi et al.，1999）进一步研究强调了情绪在市场中的作用，人们在情绪乐观时往往对过去的事件、生活态度及消费品等评价相对积极，但在情绪悲观时对负面信息的反应表现得极为显著。

德邦特（De Bondt，1993）借助金融实验方法研究了股票价格与投资者情绪之间的内在关联，结果显示：股票价格与投资者情绪之间存在正相关联，即股票价格上涨时投资者情绪比较乐观，并认为股价未来还会持续升高。因此，投资者情绪对股票价格预期影响显著。此外，奚（Hsee，1998）的心理实验也得出相似结论，其著名实验，用 10 盎司的杯子装 8 盎司的冰激凌，看起来比较吝啬，但用 5 盎司的杯子装 7 盎司的冰激凌，超出了 5 盎司的杯子。实验结果表明：人们对第一个杯子存在悲观情绪，愿意付出的价格较低，对后者情绪较乐观，愿意支付高价。总而言之，无论金融资产或实物资产，其价格均受投资者情绪影响。

接续前人研究，洛文斯坦等（Loewenstein et al.，2001）利用心理实验进一步考察情绪与投资决策之间的关联，在涉及不确定性与风险事件中，情绪显著影响投资者判断与决策。梅赫拉和萨（Mehra and Sah，2002）从情绪与投资者偏好视角分析发现，风险偏好越小，情绪对金融资产价格的影响就越显著，表明情绪对股价影响作用显著。席勒（Shiller，2000）以调查问卷方式考察投资者在牛市与熊市不同市态下对金融资产期望收益的差异，发现随市场行情变化，投资者情绪受到显著影响，从而说明投资者对期望收益认知的差异。

与传统金融理论所述观点"高风险、高收益"存在差异，金融实验分析表明金融资产确表现出"低风险、高收益"特征。甘扎克（Ganzach，2000）的心理实验证实了这一结论，即投资者意愿收益与认知风险之间存在负相关，典型表现为"高收益、低风险"。后续研究，如斯塔曼等（Statman et al.，2008）大样本调查实验的结果同样支持上述观点，并认为这与投资者情绪紧密关联。同样，肯普夫等（Kempf et al.，2014）利用行为实验研究分析表明：情绪较高涨的投资者表现出高预期收益与低预期风险认知。需要强调的是，投资者对金融资产风险的测度和评价与传统方法不同。杨春鹏（2008）基于中国样本分析发现，投资者在决策过程中对风险的度量并非遵循方差模式,而是基于亏损概率或者下偏距度量方式。由此表明,情绪对投资者进行金融资产风险预判具有重要影响。

心理因素对投资者判断和决策具有重要作用,特别是认知偏差、情绪及心态等因素将会影响其投资判断与决策(Kaufmann and Vosburg,1997)。总体而言,大多数心理实验均表明,情绪会影响投资者对金融资产价格、认知风险及预期收益等的研判,进而影响其投资决策。为深入揭示情绪对投资者决定金融资产价格的影响程度,还需要设计出更为具体而详细的心理实验,如为探讨不同市场下情绪对投资者对待市场态度的差异性和非对称性,需要对牛市和熊市在不同时段下设计相应的实验;为揭示情绪对人们对不同市值股票的异质性影响,需要单独设计出大市值与小市值股票的金融实验。

(2)神经医学实验

伴随大脑功能检测技术的日趋成熟与完善,依托功能磁共振成像、正电子断层扫描术以及事件相关定位等神经科学技术方法,大量证据彰显了大脑在人们投资决策判断中的作用及表现。由此,神经科学在人们心理、决策判断及相互作用方面的探索获得快速发展。

20世纪末,神经经济学(Neuroeconomics)采取神经科学技术检测方法,探索研究人类大脑对其情感及各类经济活动中的决策机制,并重点分析了神经—解剖学与金融经济之间的关联。在此基础上,衍生出情感神经科学(Affective Neuroscience),该理论主要聚焦于感情过程,是分析情绪与心境神经内在关联的重要科学分支。基于此,扎琼克(Zajonc,1980)研究显示,生物体对于刺激物的认知评估反应比对即时的情绪的反应相对滞后,根据情绪反应所提供的主要线索,生物体能够对此作出快速判断和选择,由此影响其行动进程。萨顿等(Sutton et al.,1997)基于正电子发射断层照相技术实验分析发现,乐观情绪和趋近行为与大脑左侧PFC区域紧密有关,而悲观情绪和退缩行为同右侧PFC区域密切相关。博勒加德等(Beauregard et al.,2001)的研究证实了这一结论。鲁施等(Rusch et al.,2001)分析强调,在控制组与抑郁组实验中,总体表现为右部的海马体积同特质焦虑呈现正相关。布雷特等(Breiter et al.,2001)通过功能成像技术分析不确定性下人们对财富收益与损失的期望以及经验反应,结果表明:伴随赌博期望值的增加,位于基底核和扣带回处的活动增加,并表现出在左半球对损失较活跃,而在右半球对收益较活跃。

此外,部分神经科学家的探索表明情绪不但与前额区域紧密有关,并与中脑的多数部位有关,这些部位之间存在复杂而紧密的关联。例如,勒杜(LeDoux,1996)研究指出,大脑具有从感觉输入到杏仁核的神经投射,这一结论为情绪的直接作用提供了有力的神经解剖层面的证据。进一步地,塞尔万-施雷伯和珀尔斯坦(Servan-Schreiber and Perlstein, 1998)通过静脉注射普鲁卡因以激活杏仁核,发现缺乏高水平认知的前提下接受注射的样本个体会产生恐慌甚至极其强烈的不安情绪。部分实验证实了这一结果,如有实验表明当杏仁核及恐惧区域受到电刺激时,人们表现出强烈不安情绪,如波浪从四面八方袭来,好似被人追逐。谢弗等(Schaefer et al., 2002)分析证明,情绪不高和杏仁核关系密切,在对消极或悲观图片反应中,杏仁核被激活。

在情绪与理性关系研究领域,达马西奥(Damasio, 1994)分析发现如果大脑皮层前沿中枢受损,对人们的记忆、智力与逻辑思维功能影响不大,但会严重伤害病人的感知能力。由此证实,情绪对理性具有重要作用,情感缺乏将大幅降低人们判断和决策的能力。此外,舒(Hsu, 2005)、罗西尼奥尔(Rossignol, 2005)等进一步利用事件相关电位和功能成像技术研究佐证,情绪对人们进行判断和决策行为具有重要影响。

综上分析,从心理学、行为学实验以及神经医学实验的研究,均说明实践中投资者仅是有限理性的,认知偏差或情绪都会对其投资的判断和决策产生重要的影响。由此,与投资者心态的相关研究,如个体信念、判断决策以及实验分析等,共同构筑了行为金融学理论发展与演进的基石。

(3) 有限理性的微观结构

根据行为金融理论基础及其演进发展逻辑,梳理总结出证券市场的微观行为结构,如表1-1所示。

表1-1　证券市场的微观行为结构

交易者类别	交易主体	基础假设	主要理论模型
理性投资者	知情者	拥有有效信息,并根据标准金融理论进行判断	夏普（Sharpe, 1964）等的CAPM,罗斯（Ross, 1976）的APT,默顿（Merton, 1973）的ICAPM
	理性不知情者	拥有不完全的有效信息,并根据标准金融理论进行判断	格罗斯曼和斯蒂格利茨（Grossman and Stiglitz, 1980）的信息效率市场的不可能性,王江（Wang, 1993）的跨期资产定价模型

交易者类别	交易主体	基础假设	主要理论模型
有限理性投资者	噪音交易者	拥有包含噪音的信息，并根据标准金融理论进行判断	德龙等（De Long et al.，1990）的 DSSW，孟德尔和施莱弗（Mendel and Shleifer，2012）的追逐噪音模型
	偏差交易者	过度反应或者反应不足	巴贝里斯等（Barberis et al.，1998）的 BSV，丹尼尔等（Daniel et al.，1998）的 DHS，洪和斯坦（Hong and Stein，1999）的 HS
	自然交易者	拥有包含噪音的信息，并根据经验、习惯和理论进行决策	凯尔（Kyle，1985）的序贯拍卖模型，德龙等（De Long et al.，1991）的长期生存性问题
情绪投资者	理性情绪投资者	拥有不完全信息，依据情绪进行交易，并根据标准金融理论进行判断	杨春鹏和谢军（Yang and Xie，2012）的情绪资本资产定价模型，杨春鹏和闫伟的（Yang and Yan，2012）的高涨情绪负向收益模型，目前研究热点
	有限理性情绪投资者	拥有不完全信息，依据情绪进行交易，并进行有限理性的最优化决策	梁汉超等（Liang et al.，2017）的选美竞赛有限理性模型，未来重点研究方向
	异质信念情绪投资者	一些投资者拥有乐观的情绪，另一些投资者拥有悲观的情绪；N 类情绪投资者	李进芳（Li，2017）的异质代理者模型，未来研究方向
	跨期情绪投资者	情绪投资者进行多期交易	李进芳（Li，2015）的多期交易情形资产定价模型，未来研究方向
	行为情绪投资者	情绪投资者不仅对情绪扰动极其敏感，而且具有各式各样的投资者行为	未来重点研究方向
总结	基于投资者情绪的有效市场假说，情绪加速器效应		未来需要进行进一步的概括、提炼及升华

行为金融资产定价理论从有限理性、有限套利等两大前提条件出发，重点从噪音交易、心理偏差和情绪扰动等不同维度探讨了资产定价问题。

1.5.2　基于噪音的资产定价理论研究

有关"噪音交易者"的长期存在性的议题及其对证券市场的相对作用,向上可以追溯至弗里德曼(Friedman,1953)和法玛(Fama,1965)提出的市场选择理论。他们强调,如果噪音交易者让证券价格偏离基础价值时,理性套利者将会做出快速反应,买进被低估的证券并同时卖出被高估的同质证券,进而推动证券价格回归基本价值。在此交易过程中,由于噪音交易者不断赔钱,最终被市场淘汰出局,这也就是所谓的市场选择理论。

在对传统金融理论的不断挑战中,行为金融理论得以形成与发展。该理论特别强调噪音交易者对市场流动性不可或缺,由于其能够创造风险,使得自身价值得以实现。格罗斯曼和斯蒂格利茨(Grossman and Stiglitz,1980)通过构建噪音理性预期模型予以研究,在该模型中假定存在两类交易者,由于知情者付出一定成本就可以获得有关风险资产收益相关信息,而理性不知情交易者仅能通过观测价格开展交易,得出结论:当获得信息要付出成本时,价格可以完全反映信息均衡的不可能性。之后,凯尔(Kyle,1985)利用构建的序贯拍卖动态模型,并设定模型中包含三类交易者:风险中性知情交易者、随机噪音交易者与竞争性风险中性做市商。动态交易情形下,知情交易者能够充分利用获得的私人信息实施策略交易,推动信息逐渐融入价格内,由于噪音交易者对做市商隐瞒其交易动机,促进噪音融入价格,做市商在获得知情者与噪音交易者交易订单的情形下敲定价格。

布莱克(Black,1986)对噪音问题做了深入研究,指出由于大量噪音因素作用远远超出了数量极少的大事件效果,噪音使得金融市场交易成为可能,进而可以让我们能够观测到经济资产的价格,噪音导致市场低效率甚至无效率,但经常阻碍我们使用市场的无效率进行获利。在此模型中,噪音与信息对应。一般情况下,部分交易者使用信息交易,但另外一部分人错把噪音作为信息,用噪音进行交易。总体而言,噪音为市场交易并套利提供了机会,但同样加大了以交易获得收益的难度。布莱克的研究思想深远、寓意深刻,为后续噪音交易相关研究提供了思想基础。在此基础上,学者们对噪音交易进行了大量研究。

学者们在噪音资产定价理论方面进行了大量研究,德龙等(De Long et al.,1990a)创新提出了噪音交易者模型(DSSW),该模型指出非理性交易者存在错误随机信念,由于噪音交易者信念具有不可预测性而衍生风险,即便在无基础风险前提下,资产价格也可能明显偏离基础价值。在同理性套利者博弈过程中,噪音交易提供了自身生存空间,进而实现较高预期收益。德龙等(De Long et al.,1990b)分析指出,当噪音交易者利用正反馈机制交易时,理性投资者可能会先于噪音交易者而交易,由此触发正反馈机制,放大市场波动性。基于此,德龙等(De Long et al.,1991)探索研究了噪音交易者在证券市场的长期生存性问题,强调在噪音不影响资产价格情况下,对诸多错误感知的噪音交易者而言,同样会使得具有风险厌恶的理性投资者获得较高收益。因此,大量噪音交易者可以长期存在并主导市场财富。之后,凯尔和王(Kyle and Wang,1997)、高根等(Kogan et al.,2006)等通过构建模型,重点分析与研究了噪音交易者的长期生存能力。

基于 DSSW 模型,学者们进行了大量探索与研究。帕洛米诺(Palomino,1996)放宽了 DSSW 模型关于完全竞争市场的基本假设,从市场不完全角度考察了非理性噪音交易者的长期生存性问题,由于噪音交易者要承担更高的风险,所以对获取更高利益的期望较高,并能实现高收入预期。布尚等(Bhushan et al.,1997)从 DSSW 模型的基本假设出发,分析指出套利限制期限问题并非重要,并强调 DSSW 模型是众多研究模型中的特例。此外,坎贝尔和凯尔(Campbell and Kyle,1993)、施莱弗和维什尼(Shleifer and Vishny,1997)、瓦亚诺斯(Vayanos,1998)、熊(Xiong,2001)、佩里等(Peri et al.,2013)及其他学者亦对金融市场中有关噪音问题进行了深入分析与探究。

在金融市场一般需要委托具备较高专业知识的代理商进行投资,但由于委托方与被委托方之间存在严重信息不对称性,进而产生委托代理问题,并由此衍生出噪音交易。特鲁曼(Trueman,1988)在分析噪音交易来源后发现,普通投资者对基金管理者的第一期交易行为具有一个包含噪音交易的事前臆测,但因投资者与基金管理者存在信息不对称性,即便在预期收益为负值的情况下,基金管理者依然会选择继续噪音交易,进而使事前的臆断成为现实。道和高顿(Dow and Gorton,1997)基于多因素一般均衡模型分析框架,研究证实涵盖噪音交易均衡的存在性。

与此同时,国内学者也对噪音和噪音交易者问题进行了拓展研究,典型代表有王美今和孙建军(2004)、庄正欣和朱琴华(2006)、伍燕然和韩立岩(2007)、张乐和李好好(2008)、张永杰等(2009)、张强和杨淑娥(2009)、陈军和陆江川(2010)以及陈其安等(2010),等等。

尽管从噪音交易的角度论述资产定价问题可以有效刻画资产价格变化,并对一些市场异象作了完美诠释。但是,涉及了实证研究层面的部分主要问题,如噪音如何辩识,如何评价和度量,目前尚未寻得满意的替代方案。因此,从噪音视角探讨资产定价议题,存在噪音评估、测度等难题,给后续经验研究带来巨大障碍。

1.5.3 基于偏差的资产定价理论研究

伴随金融理论的深入研究,从认知偏差视角来诠释资产定价理论的成果渐多。由于人们存在恐惧、贪婪等弱点以及计算能力差异等约束,在不完全信息条件下,人们进行判断和决策时就会存在不同类型的认知偏差。典型如信息获取过程中的易记性偏差,信息加工过程中的启发式偏差,信息输出过程中的过度自信,信息反馈阶段的自我归因以及损失厌恶等。卡尼曼和特沃斯基(Kahneman and Tversky, 1974)分析强调,为降低评估概率与预测数值的复杂性任务,在不确定前提下人们决策时极易依赖有限数目启发式法则——代表性启发法、可得性启发法与锚定及调整启发法等。

对于心理偏差议题,谢弗林和斯塔曼(Shefrin and Statman, 1994)在将市场代理者分类为噪音交易者与信息交易者的基础上构建起行为资产定价模型(Behavioral Asset Pricing Model,简称BAPM)。对于信息交易者(类同理性投资者)而言,他们受心理偏差作用较小,但噪音交易者很容易受到如代表性偏差等心理偏差影响。两类代理者相互影响、相互作用,共同决定资产均衡价格。当信息交易者在市场上发挥主导作用时市场趋近有效,噪音交易者占据市场主体地位时市场趋向无效。资产定价理论来自经济学中的"市场出清"思想,但在BAPM模型中市场出清条件受理性趋利特性与噪音交易价值感受双重影响。由此可见,BAPM模型难以战胜市场而接受市场有效性,同时从认知偏差视角拒绝市场有效性。

深入研究过程中,丹尼尔等(Daniel et al., 1998)从私人信息精度的过度自信与自我归因偏差双重维度,创新提出证券市场反应不足和过度反应理论,并指出在投资结果函数中自我归因偏差是造成投资者信心非对称转移的关键。模型将投资者划分为风险中性的知情者与风险厌恶的不知情者两大类,前者因低估残差方差存在过度自信(Overconfidence)与有偏自我归因(Self-attribution)现象,后者尽管能够正确估计残差方差,但其作用效果甚微。过度自信导致负向长期滞后自相关且过度波动。当管理行动和股票错误定价相关时,基于公共事件的收益存在可预测性。而自我归因偏差造成正向的短期滞后自相关,短期盈利出现漂移,从而引发未来收益和长期的过去的股票市场与会计盈余之间的负相关性。

此外,巴贝里斯等(Barberis et al., 1998)基于认知心理学的保守性偏差和代表性偏差两大基石提出 BSV 模型。模型强调：人们在判断与决策时经常会出现两种认知偏差：一是保守性偏差(Conservatism Bias)，即投资者面临新证据时由于模型更新缓慢，而造成对新信息的反应不足；二是代表性偏差(Representative Bias)，是指人们在评价事件时过度依赖代表性的一小类，而忽视概率法则，导致股票价格对一系列信息存在过度反应。BSV 模型基于这两个视角，对股票市场出现的短期惯性和长期反转现象给予了有力解释。

综上可见，多数模型都是从投资者认知偏差的某些维度展开分析，例如，闫宏君(Yan，2010)基于投资者偏差间的关联，以及偏差对收益的影响或风险的基本形式予以分析，给出了涉及大量偏差投资者的模型。模型明示：偏差通常对均衡影响显著，即便偏差对于不同投资者而言是独立的。假如投资者对风险资产需求有偏差且非线性的，在诸多存在独立偏差的投资者相互作用下，独立偏差对资产价格具有显著影响。但若投资者风险资产为偏差线性函数，尽管静态环境条件下独立偏差可以相互抵消，但在动态模型结构中，由于财富分布具有波动性，可能会对均衡产生显著影响。鉴于偏差评价和测度的困难，部分学者如闫宏君(Yan，2010)仅能对模型予以数值模拟，缺乏实证支撑。

从心理偏差角度构建相应模型分析资产定价议题，学者们进行了大量探讨，诸如洪和斯坦(Hong and Stein，1999)构建了 HS 模型，巴贝里斯等(Barberis et al.，2001)提出了 BHS 模型，还有洪等(Hong et al.，2006)建立的定价模型，等等。与此同时，国内学者也对此主题进行了拓展性论证，具有代表性的有景乃权等(2003)，董梁等(2004)，陈璐(2005)，熊虎等(2007)，李潇潇和杨春鹏(2009)，许年行、洪涛和吴世农等(2011)，许年行、江轩宇和伊志宏等(2012)，等等。

总之，无论是 BAPM 模型、DHS 模型和 BSV 模型，还是 HS 模型、BHS 模型与 YHJ 模型，均从认知偏差角度探索分析了资产定价问题。以下重点从市场假设、认知偏差类型、模型主要结论等几个方面对上述创新性研究进行归纳和总结，以使明确研究者成果的差异，详见表 1-2。

表 1-2 基于认知偏差的资产定价模型比较分析

模型简称	市场的假设	认知偏差	模型结论
BAPM	异质市场，区分噪音交易者和信息交易者	低估基础利率信息和概率误导	证券的预期收益是由"行为贝塔"决定的，解释价格偏离价值现象

模型简称	市场的假设	认知偏差	模型结论
DHS	异质市场,区分知情者和不知情者	对私人信息精度的过度自信、自我归因偏差	得到均衡价格的解析表达式,解释了短期动量和长期反转效应
BSV	同质市场	代表性偏差、保守型偏差	得到均衡价格的表达式,解释了短期惯性和长期反转现象
HS	异质市场,区分信息挖掘者和惯性交易者	隐含了信息挖掘者的保守思维,惯性交易者的代表性偏差	得到均衡价格的解析表达式,通过统计分析可以得到均衡状态下存在短期惯性和长期反转现象
BHS	同质市场	损失厌恶、私房钱效应	以基于消费的资本资产定价模型为基础,解释了短期惯性现象和长期反转现象
YHJ	异质市场,独立偏差的交易者	独立性偏差	得到均衡价格的数学期望表达式,独立偏差影响均衡价格

整体上看,从偏差视角构建模型固然可以部分解释金融市场一些异象,但由于认知偏差存在众多类型,且彼此之间相互交叉重叠、相互影响,再加上偏差本身的难以测度,给实证分析带来巨大挑战。希拉(Sheila,2011)分析强调,认知偏差与情绪关联密切,难以区分。从投资者情绪视角分析资产定价问题,为各类模型不过分依赖偏差提供了分析的可能性与可行性,而投资者情绪的可测度性也为经验研究提供了有力保障。

1.5.4 基于投资者情绪的资产定价理论研究

最近一段时期,部分研究学者试图将心理学相关研究成果与投资者情绪实证分析成果运用到资产定价理论。由此,从投资者情绪视角论述资产定价理论呈快速发展态势[①]。例如,劳伦斯等(Lawrence et al.,2007)提出的基于情绪因素的股票定价模型;梁等(Liang et al.,2006,2011)建立

[①] 投资者情绪为不确定性条件下非理性投资者对收益和风险的一种非贝叶斯信念,或者是一种对未来预期的系统性偏误。

了基于情绪化的 CCAPM 模型;舒(Shu,2010)创新提出改进的 Lucas 模型;孟德尔和施莱弗(Mendel and Shleifer,2012)建构了追逐噪音模型;李潇潇等(2008)、杨春鹏和闫伟(2012)等提出了情绪资产定价模型;杨春鹏和张壬癸(Yang and Zhang,2013a,2013b)构建了包含消费因素和情绪扰动的资本资产定价模型;杨春鹏和李进芳(Yang and Li,2013,2014)构建了包含信息因素和情绪扰动的资本资产定价模型等。此外,陈鹏程和周孝华(2016)基于机构投资者私人信息和散户投资者情绪两大视角,建构了 IPO 定价模型。

劳伦斯等(Lawrence et al.,2007)认为投资者是有限理性的,由此根据 DDM 模型构建了包括情绪的股票定价模型。该模型放宽了理性人假设,将情绪扰动纳入传统资本资产定价模型,进而得到包含情绪扰动的预期收益率:$E(r_i^s) = r_f + \beta^s E(r_m - r_f)$,该结构式融入了改进的贝塔值。

当投资者情绪高涨时,对企业的认知风险相对较小,进而向下修正贝塔值,降低预期收益率,反之则亦然。通常情况下,情绪投资者对未来股息增长率具有主观看法,投资者情绪高涨时的预期增长率升高,基于上述包括情绪的预期收益率,得到包含情绪的 DDM 模型:$P_0 = \dfrac{DIV_1}{r^s - g^s}$。

如果投资者对企业未来绩效存在高涨情绪,则预期贴现率 r^s 将减小,而预期增长率 g^s 将增大,使得股票的认知价值增加,反之亦然。模型很好地解释了高波动率、高交易量及股市泡沫等诸多金融市场异象。值得说明的是,DDM 模型也存在参数难以估计的问题,使得实证检验难以深入展开。

梁等(Liang et al.,2006)将心理因素纳入卢卡斯(Lucas,1978)分析框架,发现随机的投资者能够在不稳定和不确定的财富面前让消费量平滑,因为较情绪变化,资产收益呈现反向变化。同时,发现在动态均衡的市场中,投资者情绪进入随机贴现因子。除消费风险之外,变化的市场心理是与周期相反的系统因子。由此,股权溢价中包括了情绪溢价。模型在异质性情绪下形成普通市场现象,例如价格泡沫、证券发行市场时机选择与资产回购和交易。当情绪高涨时,对资产的需求也相应增加,进而预期的资产风险相应调低,投资者亟待一个更低的风险溢价。

梁(Liang,2011)基于交换经济构建了将消费者情绪纳入的随机市场模型,传统效应与消费者情绪共同决定代理人最优投资消费与分配。分析发现消费者情绪增长是顺周期的系统风险因子,与投资者情绪相似消费者情绪调和了消费模式与财富模式二者之间的不一致性。运用密歇根大学月度消费者情绪指数作为市场上的消费者情绪代理变量,分析发现在1%显著性水平下,股票市场中非预期消费者情绪增长需要正的横截面定价溢价。在检测过程中对市场因子、规模因子、账面市值比因子、动量因子以及流动性风险因子等予以控制。得出消费者情绪溢价拉低了1978年2月—2009年12月期间97.9%的隐含风险厌恶水平,降低至11.43。

舒(Shu,2010)改进了卢卡斯(Lucas,1978)的CCAPM模型,基于与投资者情绪相关的风险厌恶系数和时间偏好,间接探讨了情绪对资产价格及其预期收益的影响。结果显示:有价证券价格与投资者情绪呈显著正相关,但预期资产收益与投资者情绪存在负相关。进一步分析还深度表明,投资者情绪对股票市场的影响远超出对债券市场的影响,进而显示情绪是影响资产均衡价格与预期收益的重要因子。

孟德尔和施莱弗(Mendel and Shleifer,2012)构建了追逐噪音模型,并假定绝大多数投资者都是理性的,重视不同类型投资者之间的相互作用,且阐述投资者相互作用怎样维持错误价格。在模型中,大多数理性投资者会偶然将噪音作为信息,竞相追逐噪音,致使噪音交易者对市场均衡存在与噪音交易者数量不成比例的作用。因此,情绪放大冲击使得资产价格偏离基础价值,并得出大多数噪音交易者并非市场结果的基本条件。岑等(Cen et al.,2013)运用多资产模型分析和研究发现,宽度与收益之间的关系取决于投资者情绪和意见分歧的消长。

国内研究方面,部分学者对金融市场行为关于情绪因素的关系进行了分析和探究。李潇潇等(2008)基于DHS模型构建了包括投资者情绪的资产定价模型。模型指出,知情者受情绪影响进而放大了私人信号对资产定价冲击,对证券市场中的过度反应和高波动性等异常现象进行了解释。杨春鹏和闫伟(2012)探究了情绪认知价格模型,并创新构建了情绪投资者认知价格模型与包括正向和负向情绪的认知价格模型。数值模拟分析表明:当正向情绪投资者与负向情绪投资者之间相互作用,则正向情绪投资者人数的增加将推高资产价格。杨春鹏和张壬癸(Yang and Zhang,2013a)在坎贝尔和维塞拉(Campbell and Viceira,1999)研究的基础上,构建了包括消费因素的情绪资产定价模型。在一定条件下,给出了关于情绪均衡价格的表达式,指出均衡价格由理性定价与情绪定价共同决定。分析结果显示,投资者情绪对风险资产价格具有重要影响,投资者所拥有的财富量放大了情绪对资产价格的影响度,并由此进一步探讨了理性投资者、情绪投资者、乐观投资者和悲观投资者在权衡博弈时,风险资产价格如何被决定。这一模型对储蓄投向股市、价格泡沫和高波动性等金融异象给出了部分合理解释。

　　杨春鹏和李进芳(Yang and Li,2013)基于格罗斯曼和斯蒂格利茨
(Grossman and Stiglitz,1980)的分析框架,提出了包含信息的、静态的情
绪资产定价模型。模型主要说明了投资者情绪如何影响资产价格,以及对
资产价格的非均衡效应。在模型中,情绪和信息是相互对应的。理性投资
者基于信息交易,而情绪投资者利用情绪交易。根据情绪交易,理性使得
均衡价格部分回归均衡,但情绪导致资产价格远离预期价值。值得强调的
是,情绪投资者占比与信息质量水平可以放大情绪对资产价格的影响。最
后,假若投资者借助价格学习将所有信息融入资产价格。与单次交易形成
的均衡不同,在实践中投资者通常进行多次交易。绝大多数投资者在执行
当前交易前会考虑未来的交易机会。对此,杨春鹏和李进芳(Yang and
Li,2014)构建了包括信息的并涉及两期交易的情绪资产定价模型。模型
深入实证分析了情绪对金融资产价格的系统性与非对称性影响,并凸显信
息逐渐进入资产价格之中。在该模型中,情绪不但为市场注入更多流动
性,且情绪如果大于某一固定阈值,将会引发市场过度反应。因此,持续
的、过度的波动导致资产价格短期内的动量,以及长期内的反转。

　　根据上述研究,以下将从模型框架、模型优点以及模型不足等方面进
行比较分析,如表1-3所示。

表1-3　情绪资产定价模型的比较分析

模型简称	模型框架	模型优点	模型不足
SDDM	基于 CAPM & DDM	解释了高成交量、高波动率以及股市泡沫等异常现象	红利不好评估,间接地论述了股票价格关于情绪因素的变动情况,仅包含一类投资者
包含情绪的 CCAPM	基于 CCAPM	解释了股权溢价之谜、价格泡沫、证券发行的市场择时和资产回购等现象	模型只适用于长期和动态情况,在短期由于消费惯性,投资者并不会改变消费量
修正 Lucas 模型	基于 CCAPM	解释了市场高波动率,相对于债券市场,情绪变化对股票市场有更大的影响	模型适用于长期和动态情况,间接研究情绪对资产价格的影响,投资者是同质的
追逐噪音模型	基于 GS	说明了巨大数量的理性投资者的相互作用如何维持错误价格	针对理性不知情者犯错误的情况,适用于静态

模型简称	模型框架	模型优点	模型不足
带情绪扰动的资产定价模型	基于DHS	解释证券市场中的过度反应和过度波动等异常现象	无信息投资者也会受到自身情绪和市场噪音的影响
情绪认知价格模型	基于BSV	说明了正向情绪投资者数量的增加将导致市场平均情绪水平高涨	只考虑了情绪投资者,没有考虑其他类型的投资者
带消费的情绪资产定价模型	基于CCAPM	对储蓄转向股市现象、价格泡沫和高波动性等金融异象给出了部分解释	涉及了情绪均衡价格的特定案例,没有包含代表性的一类代理者

综合上述研究可见,从噪音维度研究资产定价理论的主要局限在于:非理性投资者的噪音冲击不好辨别,并且噪音反应程度大小不好度量,进而导致对模型具体结论难以进行实证检验。另一方面,从噪音或者噪音交易者角度论述定价理论在心理行为实验和神经医学实验等方面还需要进一步的验证。例如包含噪音扰动的 DSSW 模型。从心理偏差视角论述资产定价理论的主要约束为:关于认知偏差的绝大多数研究均以揭示某一类金融市场异象为宗旨,并从投资者决策时的某种特定认知偏差来展开,其分析缺乏一般性。此外,由于认知偏差存在多种类型,无法在现实市场中予以区分,且偏差同噪音一样难以评价和测度,给实证研究带来巨大难度。例如,融入心理偏差的 DHS 模型、BSV 模型和 HS 模型等。从投资者情绪视角出发,分析资产定价相关议题可以避免噪音扰动、认知偏差等因素造成的缺陷,使得相关研究具有一般性,而且多数行为金融实验以及神经医学实验研究显示,投资者情绪对资产价格影响显著(Statman et al.,2008;Kempf et al.,2014)。此外,情绪因素能够很好地被度量,从而可以对理论模型主要结论进行相应的经验分析。近年来,学术界陆续构建了一些纳入情绪因素的资产定价模型,以此来诠释资产定价问题,但是从投资者情绪角度研究资产定价理论还存在较大不足:一是大多数模型主要从静态视角探讨情绪资产定价问题,缺乏动态视角的系统研究;二是虽然杨春鹏和李进芳(Yang and Li,2014)构建了两期交易的情绪资产定价模型,但仍缺乏对投资者情绪动态变化和投资者行为特征的研判,并由此考量投资者情绪和投资者其行为等"非理性"因素对金融资产定价的作用。因此,无论在理论分析层面还是在经验研究层面对现实金融现象都缺乏足够的解释力。

1.6 情绪资产定价理论的实证研究与发展动态

由上述归纳可知,心理学、行为学和神经医学等领域关于情绪扰动的相关实验表明,在不确定性条件下情绪因素对投资者行为决策具有显著的作用,进而影响金融资产定价。鉴于投资者情绪相对容易评价和测度,国内外学者对此做了大量研究,并形成一定共识:投资者情绪对风险资产均衡价格形成影响显著,股票价格与情绪扰动呈正相关,当情绪高涨时,金融资产定价相对较高;相反,当情绪低落时,金融资产价格相对较低。

1.6.1 投资者情绪指数的测度研究

为深入揭示投资者情绪对金融资产价格的影响程度,需要进一步对投资者情绪进行相应的度量。伴随投资者情绪研究持续展开,在具体研究维度上也逐渐由宏观市场情绪转向微观个股情绪。

1. 市场情绪指数

目前关于投资情绪指数的表征方式可分四类。一是直接调查情绪指标。一些研究机构和个体设计出关于投资者和消费者心理预期方面的调查问卷,定期有组织地询问一些有代表性的投资者、分析师、研究者等对未来市场发展态势的看法,借助统计定量分析方法计算出看涨情绪、看平情绪以及看跌情绪。直接调查情绪指数如投资者智能指数、美国个人投资者协会指数、央视看盘投资者调查指数。二是间接单一性情绪指标。采集金融市场的相关交易数据,借助统计指数计算方法求得情绪指标。间接单一性情绪指标如封闭式基金折价率、调整换手率、买卖价差比。单一性情绪指标有时忽略了部分潜在的有用的交易信息,一些学者对它的有效性提出了质疑(Qiu and Welch,2004;Brown and Cliff,2005)。三是间接综合情绪指标。当前关于市场交易的各种数据是统计完整的和易于获取的,采集计算数个情绪代理变量,利用统计综合评价方法计算出综合情绪指标(Baker and Wurgler,2006,2007)。四是其他特殊情绪指标,利用与资本市场交易相关的非金融市场变量来预测情绪,如月运周期、球赛输赢结果、日照长短。

目前,在实证分析层面综合性市场情绪指数构建占据主导地位。例如,贝克和沃格勒(Baker and Wurgler,2006,2007)结合封闭式基金折价率、IPO数目、IPO首日收益、换手率、股息溢价和新股发行股本六个情绪代理变量,利用主成分分析方法求得它们的共同变异来表征综合市场情绪指数。之后,部分学者诸如贝克等(Baker et al.,2009)、库洛夫(Kurov,2010)、高晓辉等(Gao et al.,2010)、余剑峰和袁宇(Yu and Yuan,2011)、斯坦博等(Stambaugh et al.,2012,2014)、方和寿(Fong and Tho,2014)、麦克莱恩和赵(Mclean and Zhao,2014)等通常也采取以上六大变量尝试建构综合性市场情绪指数。国内研究方面,如伍燕然等(2016)、陆静等(2017)、许海川和周炜星(2018)等也从不同视角,对市场情绪指数构建进行了尝试性探究。

2. 个股情绪指数

关于个股情绪指数探索研究方面,库马尔和李(Kumar and Lee,2006)利用散户投资者交易活动的买卖不平衡(BSI)来衡量散户投资者的情绪水平。在累加水平上,股票层次的 BSI 大于零表示散户投资者是给定股票的净买人者,BSI 小于零表示散户投资者是该股票的净卖出者。伯格哈特等(Burghardt et al.,2008)利用欧洲权证交易所银行发行权证的交易数据计算散户投资者情绪指数。他们将订单分为被正向和负向投资者情绪所驱动的订单流,并计算每一种净订单流与总订单量的比率。弗拉齐尼和拉蒙特(Frazzini and Lamont,2008)使用共同基金流动性作为个人投资者对不同股票情绪的衡量标准,他们发现基金流通过在不同的共同基金之间进行重新分配是一笔傻钱(Dumb Money),从长远来看散户投资者会减少他们的财富。廖等(Liao et al.,2011)选取个股收益率、个股交易量、整体市场情绪指标和基金情绪指标来提取综合情绪指数。此外,钱晓琳(Qian,2014)、池丽旭和庄新田(2011)、俞红海等(2015)、宋顺林和王彦超(2016)等也从不同角度,对个股情绪指数进行了拓展性研究。

借鉴现有研究成果,并根据中国股票市场实际情况,本书拟从数个情绪代理变量中提取它们的共同变异来表示市场情绪指数,并在贝克和沃格勒(Baker and Wurgler,2006)情绪指数构建方式基础上加以改进,纳入能够体现我国股票市场投资者情绪变动的代理变量。与此同时,在个股情绪指数评价测度方面,我们将选取多个个股交易的代理变量来建构复合型个股情绪指数。

1.6.2 投资者情绪对资产定价影响的实证研究

当前,关于投资者情绪影响股票价格的探讨主要聚焦于总体效应(Aggregate Effects)、横截面效应(Cross-section Effects)以及个体效应(Individual Stock Effects)三个层面效应,并结合投资者维度、时间维度和空间维度三个层次维度。

1. 投资者情绪对资产价格影响的三个效应

（1）总体效应是非理性投资者的情绪扰动给股票市场所带来的整体性的系统性作用。对此,李等(Lee et al.,2002)运用投资者智能情绪指数,分析了投资者情绪对股票市场的条件方差和预期收益的影响,结果表明情绪是决定资产定价的重要影响因子,且超额收益与同期情绪转移存在正相关,当投资者情绪高涨时具有向下修正方差的作用,产生较高的超额收益。布朗和克里夫(Brown and Cliff,2004)从投资者情绪与股票市场近期收益关系出发研究指出,诸多通过间接测度的情绪与直接调查的情绪存在显著相关性,且历史的市场收益对情绪具有决定性作用。尽管,情绪变化及水平与同期的市场收益显著相关,但是情绪对近期股票未来收益的预测能力较弱。布朗和克里夫(Brown and Cliff,2005)基于投资者情绪与股票市场长期收益关系视角,分析发现情绪对人们投资评估资产价值有重要作用,情绪高涨能够驱动价格向上偏离内在价值。但在长期市场价格将回归至基础价值,导致低的预期收益,对涉及预测股票收益在内的其余变量结果也是稳健的。杨春鹏和张壬癸(Yang and Zhang,2014)将股票市场高频率的交易数据混合为低频率的情绪指数,探究了混频情绪指数对股票价格的影响作用。无论在整体股票市场层面还是在个体股票层面,与同频率的情绪指数相比较,混频情绪指数对股票价格有较大的作用,在某种程度上会大于市场溢价因素的作用。关于投资者情绪对股票市场总体效应的研究,还涵盖杨春鹏和闫伟(Yang and Yan,2011)、陈(Chan,2014)、杨春鹏和高斌(Yang and Gao,2014)、王美今和孙建军(2004)、张强和杨淑娥(2009)、谢军和杨春鹏(2015)等学者的探索分析。

（2）横截面效应是非理性投资者的情绪扰动施加于不同组合、不同类型股票的相异作用。针对股票市场横截面效应的研判可追溯至法玛和弗伦奇(Fama and French,1993)提出的三因子模型。由于传统市场因子难以有效解释横截面收益问题,但将市值因子及账面市值比因子纳入模型后,三因子模型的解释度达到90%以上,对股票市场的横截面收益予以了合理解释。贝克和沃格勒(Baker and Wurgler,2006)在探讨投资者情绪对股票的横截面收益影响度时,发现预言投资者情绪对于高主观估值以及难以套利的证券影响较大。实证分析结果与预言趋于一致,小盘股、年轻股票、高波动性股票、无盈利的股票、无红利支付的股票和极端成长性股票等股票对投资者情绪的变化更为敏感。格鲁什科夫(Glushkov,2006)基于埃克博和诺利(Eckbo and Norli,2005)提出的四因子模型(加入流动性因子),创新构建了五因子模型。指出因公司异质性情绪对部分公司股票的影响更为显著,且实证分析显示:小盘股、年轻的股票、高卖空限制的股票、高异质波动的股票和低红利回报率的股票等对情绪的变化相对敏感。裴和王(Bae and Wang,2010)将公司名称与公司估值建立关联,并利用在美国上市的包括"中国"字样的公司与不包含"中国"字样的公司对比分析发现,2007年中国股市处于繁荣时期,包含"中国"字样公司的股票价格明显高于其他公司的股票,但收益差异并非因公司特征、风险和流动性,而在于投资者情绪异质的影响。此外,关于投资者情绪横截面效应的分析,如洪和卡佩奇克(Hong and Kacperczyk,2009),高晓辉等(Gao et al.,2010),斯坦博等(Stambaugh et al.,2012),钱晓琳(Qian,2014),杨春鹏和周丽云(Yang and Zhou,2015),张强和杨淑娥(2008),蒋玉梅和王明照(2009,2010),刘维奇和刘新新(2014),张维、翟晓鹏、邹高峰和熊熊(2015),伍燕然等(2016)等也从不同角度对此进行了探索。

(3)个体效应是非理性投资者的情绪因素施加在具体某只股票上的显著性作用。总体来说,国内外相关研究主要从总体效应和横截面效应两大维度,论证了投资者情绪指标对股指价格、不同组合股票价格的特定影响,但针对个体效应的经验研究相对较少。库马尔和李(Kumar and Lee,2006)基于市场交易的数据,建构了个股买卖不均衡指标(BSI),并以此为基础建立了组合BSI。但其研究主要聚焦投资组合与组合BSI的联动性,并未涉及个体效应。伯格哈特等(Burghardt et al.,2008)采用衍生品市场交易数据,建构了德国DAX指数成分股中单只股票日度情绪指数,将30只成分股依据情绪排序,构建了高、中、低三类不同情绪的投资组合,并计算出各组合次日的平均收益率。实证分析显示低情绪股票的组合相对于高情绪投资组合具有明显的超额收益。池丽旭和庄新田(2011)利用面板数据模型,分析了投资者情绪与股票收益的内在关系,结果表明:情绪对股票收益具有显著性影响。李昊洋等(2017)经验研究表明,投资者情绪对股价崩盘风险具有显著性影响,无论在市场维度还是在公司维度,投资者情绪水平变化及其波动性都会加剧公司股价的崩盘风险。在现实投资过程中广大散户投资者由于流动性匮乏,一般较少购进某种类型的股票组合,更无从涉及指数层次的股票组合,相较于传统投资组合理论散户投资者风险分散程度远远不足(Blume et al.,1974)。因此,散户投资者特别关注个股投资者情绪对具体某只股票的影响效应。

2. 投资者情绪对资产价格影响的三个维度

(1)投资者维度。根据投融资规模、成熟老练程度将情绪因素划分为机构投资者情绪和个人投资者情绪两大类,以此来论证不同层级投资者情绪对股票价格的影响程度。科内利等(Cornelli et al.,2006)收集了欧洲灰色市场12个国家的IPO价格,以此代表散户投资者情绪水平进行经验分析,发现当散户投资者对市场充满乐观情绪时就会给出高于资产基本面的购买价格。运用欧洲权证交易所的交易数据,伯格哈特等(Burghardt et al.,2008)构造了散户投资者(Retail Investor)情绪指数,研究显示散户投资者情绪指数与市场收益之间存在显著负相关,能够较好诠释收益时间序列的方差,并能有力地预测其未来价格。基于直接调查数据,施梅林(Schmeling,2007)研究了个人投资者情绪与机构投资者情绪对股价的影响,结果表明两者对股票市场均有显著影响,其中,机构投资者情绪对预测股票市场收益效果明显,个人投资者情绪有助于研判市场反向走势。此外,孔令飞和刘轶(2016)运用开户数量数据构建了个人及机构投资者情绪指标。类似的研究还包括库马尔和李(Kumar and Lee,2006)、维尔马和维尔马(Verma and Verma,2007)、克林和高(Kling and Gao,2008)、张强等(2007)、刘维奇和刘新新(2014)、石勇等(2017)、胡昌生和陶铸(2017)等学者的补充和拓展研究。

(2)时间维度。相关研究主要分为两个方面,一方面从不同频率视角分析情绪扰动对股票价格的当期、短期、中期以及长期作用。如查伦鲁克(Charoenrook,2003)、伍燕然和韩立岩(2007)、伯格哈特等(Burghardt et al.,2008)、亨格布洛克等(Hengelbrock et al.,2011)。其中,查伦鲁克(Charoenrook,2003)基于密歇根大学消费者情绪指数,研究其年度变化以测度投资者情绪,并分析了投资者情绪与股票市场收益的关系,并深入研究情绪及其变化能否真实预测股市收益水平。结果显示,消费者情绪的变化无论在月度还是年度上都能够预测市场超额收益,但情绪预测能力与经济状况变化间不存在显著关联。亨格布洛克等(Hengelbrock et al.,2011)利用调查的投资者情绪数据,考量投资者情绪对资产价格的影响,结果表明:投资者情绪的价格预测能力仅存在短期效应。谢军等(2012)分析发现,在高频环境条件下的股指期货市场中,投资者情绪是影响股指期货定价的重要因子,投资者情绪对股指期货收益具有正向效应,并且投资者情绪对股指期货合约的影响具有显著的日内效应。

另一方面,从时间区间角度检验情绪扰动对股票价格的不同作用,通常划分为牛市和熊市或者情绪高涨和情绪低落区间。高晓辉等(Gao et al.,2010)分析发现,无论在横截面还是时序分析中,投资情绪对于特质风险与期望收益的关系均具有决定性作用,其中时间序列分析中股票收益与特质风险呈现负相关,但在情绪低落区间期望收益与特质风险并不存在显著相关性。余剑峰和袁宇(Yu and Yuan,2011)分析了投资者情绪对均值—方差交易的影响发现,股市超额收益在情绪低落区间与市场的条件方差存在显著正相关,但处于情绪高涨区间时与方差之间不存在相关性。库洛夫(Kurov,2010)研究指出,货币政策在熊市时期对某些股票存在显著影响,通常这些股票对投资者情绪以及信贷市场条件相对敏感,并强调货币政策显著影响投资者情绪,同时在货币政策对股市的作用中投资者情绪发挥了重要作用。钟等(Chung et al.,2012)研究表明,只有处在膨胀时期投资者情绪对样本内和样本外收益具有较好的预测能力,这有赖于对市值的大小、账面市值比率、股息率以及收益价格比率等因素重点关注,但在经济衰退期投资者情绪对股价的预测能力极为有限。麦克莱恩和赵(Mclean and Zhao,2014)分析表明,与时变的外部融资成本较为一致,在经济衰退期和低投资者情绪期,投资和就业对托宾"q"值的敏感性相对减弱,但对现金流敏感性相对较强,股票发行对以上效应具有显著作用。忽略托宾"q"值和现金流敏感性的替代作用研究表明,经济衰退以及低情绪使得外部融资成本增加,由此对投资和就业产生显著影响。闫伟和杨春鹏(2011)研究强调,在牛熊市状态下情绪的变化对股指收益都具有显著的影响,但熊市衍生的情绪对股市收益影响远远超出牛市状态的冲击。关于这一方面的研究如杨阳和万迪(2010)、杜志维(2010)、巴曙松和朱虹(2016)等都对此作了补充和扩展。

(3)空间维度。从不同空间、不同地域角度论述非理性投资者的情绪因素对股票市场的不同作用。例如,施梅林(Schmeling,2009)基于消费者信心指数建立的个人投资者情绪指标,并选取18个工业化国家的面板数据,探讨了投资者情绪与股票预期收益之间的关系,结果显示:整体而言,投资者情绪能够反向预测股市总体收益水平,当情绪高涨时未来的收益将变低,反之较高。这一结论对不同类型股票和不同预测期同样适用。此外,对市场诚信程度低和羊群行为倾向高的国家来讲,情绪对其股票收益的影响程度将更大。贝克等(Baker et al.,2012)从全球视角分析了情绪对股市的影响程度及其在不同市场之间的传播机理,并基于美国、英国、日本、德国、法国和加拿大六大股市构建投资者情绪指数,进一步将其分解为一个世界情绪指数与六个本土指数。实证分析佐证世界情绪和本土情绪对时序市场收益均具有反向预测作用,并呈现时序横截面收益反向预测效果。当全球情绪和本土情绪情绪高涨时,难以套利或估价股票的未来收益较低,主要原因在于资本流动驱动情绪在不同市场之间相互传染。

综上可见,关于投资者情绪指标构建及其实证分析取得了丰硕的成果,但对于个股情绪指数的相关研究尚处于起步阶段,无论在理论研究还是在经验分析方面尚缺乏深入研究。基于此,本书将基于拉斯·特维德(2012)创新提出的"情绪加速器"概念,并结合所构建理论模型的主要成果,以探索研究中国股市的情绪加速器效应。首先,考察情绪加速器效应的微观基础,也即个股情绪对个体股价的影响机理;其次,考量情绪加速器效应的宏观效应,也即市场情绪、极端情绪等对股价的非对称效应、动量效应以及反转效应等。

1.6.3 心理偏误的叠加——情绪加速器效应

1. 心理因素证据

对于投资决策行为与心理因素之间的关系,诸多心理学家、经济学家等借助特殊实验手段进行了分析。例如,庇古分析认为,人们倾向于利用近期趋势去研判未来,由此产生羊群行为自我强化。究其原因在于,人们获取信息存在较大困难,所以绝大多数人会选择加入最可能获利的一方,并效仿其行为。

马歇尔从心理学视角探讨,认为提高证券价格可能会吸引更多买家。凯恩斯基于心理预期和高阶信念创新提出了股市"选美比赛"理论,他将股票市场同美国的部分报纸选美竞争予以对比,竞争者在100名女性中作出选择,其挑选的肖像应与竞争对手所期望的一样。

同样,查尔斯·金德尔伯格和海曼·明斯基也强调了心理因素的重要价值。如金德尔伯格在其著作《狂热、恐慌与崩溃》中这样写道:"我认为,狂热与崩溃曾经是和普遍的非理性或者暴民心理结合在一起的。"①

2. 通往非理性的16种心理偏差

在长期的探索研究中,学者们找出了部分能够诠释金融市场不稳定性的常见偏误,这些偏误导致了人们羊群式从众心理。其中以如下16种现象最具代表性,具体为:

(1) 代表性效应:我们通常认为我们所观察到的趋势将会继续。

(2) 错误共识效应:我们通常会高估与我们所见略同者的人数。

(3) 后悔理论:我们企图避免能够证实我们已犯错的行为。

(4) 锚定/框架:我们的决策受制于某些暗示正确答案信息的影响。

---

① 拉斯·特维德. 逃不开的经济周期(珍藏版)[M]. 董裕平,译. 北京:中信出版社,2012,11.

（5）同化误差：我们会误解所接收的信息，以此信息佐证我们所做的事。

（6）选择性暴露：我们会让自己暴露在似乎认同我们行为与态度的信息之下。

（7）心理区隔：我们会把现象划分为不同的隔间，并尝试将每个隔间但非整体予以最适化。

（8）选择性认知：我们会曲解信息，并让其认同我们的行为与态度。

（9）过度自信行为：我们可能会高估自己做正确决策的能力。

（10）后见之明偏误：我们会高估原先预测过去一连串事件后果的可能性。

（11）确认偏误：我们的结论不恰当地偏向我们想要相信的事。

（12）适应性态度：我们会培养与我们熟识的人趋向相同的态度。

（13）社会比较：在面对一个我们感觉难以理解的主题时，我们往往会以他人的行为作为信息的来源。

（14）认知不协调：我们会尝试规避或有意扭曲表明我们假设错误的证据，也会试图避免强调这些不协调的行为。

（15）自我防卫功能：我们会主动调适自己的态度，以便让其能够认同我们所作出的决策。

（16）展望理论：我们通常存在一种不理性倾向，愿意赌亏损而非赌获利，这表明我们持有亏损头寸的时间将长于持有获利头寸的时间。

这些现象累加起来，有助于诠释投资行为为何会一意孤行，且最终抉择会超出通常人们所认知的合理水平，这些投资一般会出现在新兴产业与上市公司股权方面。以下将以股市的牛市状态为例，对此发展与形成过程予以说明。

3. 心理偏误的叠加

假设存在这样的场景：股票市场连续上扬了一段时间，由此产生了人们情绪激动的时点。伴随股票市场的进一步上涨，将出现以下心理现象：

（1）后见之明偏误与后悔厌恶：伴随市场持续上涨，我们误以为在股票上涨前自己就已经知晓了市场将会上涨，并由此形成强烈的后悔感，进而会尝试修正我们感知到的错误，并在市场价格稍微回调的节点增加仓位。

（2）以图形为基础的买进信号：股票价格上涨就会引起技术分析师入场，他们根据图形分析价格走势，并给出具体增仓的建议。

（3）代表性效应：伴随股票价格的持续上涨，我们想当然认为最近的

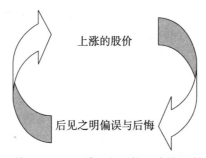

图 1-5 基于后见之明效应与后悔理论的正方向反馈环

走势预示了将来的发展情形,由此会倾向于增加更多的仓位。

(4)用庄家的钱玩:持续的牛市状态,产生了大批量高收益投资者,他们感觉这些钱都是从市场赚来的,无论如何都不会赔进本钱,因此会进一步大胆增仓。

(5)媒体理性:股票市场持续上涨时,稳赚不赔的赚钱效应快速扩张,引发媒体强烈关注,股票技术分析师也积极建议多多买进,从而吸引更多新手入市。在此背景下,认知不协调、选择性认知、适应性态度、选择性暴露、确认偏误、同化误差以及社会比较等效应不断衍生并发挥叠加效应。

(6)错误共识效应:牛市膨胀至价格泡沫较大时,市场将会发出一系列的预警信息,但是由于错误共识效应给多数人烙上了不正确的印记,仍然会有大量的投资人赞同关于牛市状态的一致性估计。

(7)空头止损买进指令:当市场发展到末期泡沫区间,多数技术老手将在市场上清仓,然而由于转机的选择相对复杂多变,伴随股价持续上涨,之前清仓的投资人将被动增加到以前的仓位,在这种作用力驱动下,市场将会再次发生一次戏剧化的加速行情,直至市场上涨至最高点之前。

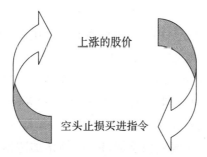

图 1-6 基于早期做空者的止损买进指令的正方向反馈环

到这里,我们就可以给"情绪加速器"下一个定义,造成非理性投资者的情绪交易的各种心理偏差叠加及其相互作用，并传导给股票价格系统的过程称为"情绪加速器"（或情绪股价螺旋）。

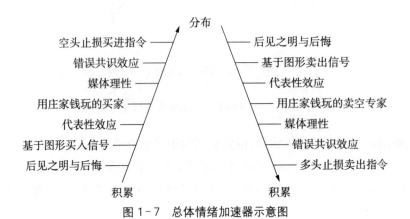

图 1-7　总体情绪加速器示意图

金融资产价格变化促使投资人交易风险资产，这种交易行为进一步强化了当前趋势。情绪加速器机制的主要特征表现为：

（1）情绪加速器具有正负两个方向的作用，由正向信息带来的情绪扰动致使资产价格远高于它的潜在价值，由负向信息引起的情绪冲击导致资产价格远小于它的内在价值。

（2）情绪加速器机制存在双重不对称性，情绪扰动对投资人判断及其决策的影响在经济衰退时期比繁荣时期大，存在时序效应；对小公司的作用明显大于大公司，存在规模效应。

（3）金融资产价格波动是关键动力。公开价格与个体情绪的叠加螺旋效应将个体态度反映于群体反馈过程。

（4）以前的交易者入场是由于他们了解基础价值。后来进场的交易者受到价格的强烈变动诱惑。因此，情绪加速器犹如涡轮增压发动机作用于市场。

（5）它涉及串联反应，由一系列因素共同作用以助推市场趋势。

（6）它极易发生突发的或者偶然的泡沫膨胀。

综上探讨，我们梳理归纳出了一个关于股票市场"情绪加速器效应"的逻辑自洽脉络。根据心理学实验、金融行为实验等，能够部分有效解释证券市场异象的心理偏差，这些偏误共同促成了"羊群式"从众心理。将形成非理性交易的全部心理偏差相叠加，称为"情绪加速器"，这经常引致市场价格远离价值中枢。

1.7 经典的包含信息的资产定价理论增广研究

夏普(Sharpe,1964)资本资产定价模型(CAPM)的创新提出,标志着传统金融资产定价理论的诞生。在 CAPM 模型提出后的十多年里,诸多学者以此为基础进行了补充、拓展和完善(Duffie,1992)。代表性的研究主要包括:默顿(Merton,1973)构建的跨期资本资产定价模型(ICAPM),罗斯(Ross,1976)提出的套利定价理论(APT)以及卢卡斯(Lucas,1978)基于消费构建的资本资产定价模型(CCAPM)等。另一方面,法玛(Fama,1965)创新提出了"有效市场"概念,并基于此概念于 1970 年凝练出了"有效市场假说"(EMH)。由此,潜在形成了传统金融资产定价理论的基本前提假设。如果资本市场是无效率的,资本资产定价模型将失去成立的基本前提,有效市场假说成为传统金融资产定价理论的核心基石。

法玛(Fama,1970)提出的有效市场假说强调,在一个有效率的资本市场中有价证券的价格系统完美地吸纳了全部有价值的信息。之后,大量学者探讨了信息在价格系统内的传递过程。格罗斯曼和斯蒂格利茨(Grossman and Stiglitz,1976)基于竞争性的价格系统,分析了信息如何从知情的个体传递至非知情的个体的过程。进一步地,格罗斯曼和斯蒂格利茨(Grossman and Stiglitz,1980)通过构建噪音理性预期模型表明,当获取信息需要付出成本时则价格不可能反映信息均衡,这就是著名的"格罗斯曼—斯蒂格利茨悖论"。模型强调完全理性的知情投资者需要付出成本才能观测到关于风险资产收益的有用信息,而理性不知情投资者借助价格系统进行交易。王江(Wang,1993)基于非对称信息构建了动态的资产定价模型,该模型在信息传播机制方面沿袭了格罗斯曼和斯蒂格利茨(Grossman and Stiglitz,1980)的逻辑思路,理性不知情者通过股息及价格来研判有价值的信息。此外,孟德尔和施莱弗(Mendel and Shleifer,2012)基于格罗斯曼和斯蒂格利茨(Grossman and Stiglitz,1980)的建模架构,建立了深化的追逐噪音模型。凯尔(Kyle,1985)提出了一个包含知情交易的序贯拍卖模型,对价格中的信息成分、投机市场的流动性以及知情者的私人信息价值进行分析。布莱克(Black,1986)强调,基于噪音的资产交易的不确定性提高了理性投资者利用垄断势力获利的困难,同时制造了理性投资者利用资产交易获利的可能性。模型中噪音冲击和信息因素是相互对应的。大部分情况下,理性投资者进行信息行为的资产交易,非理性投资者将噪音扰动视为信息因素，进行噪音方式的资产交易。此外，对涵盖信息的定价理论展开研究的还有谢弗林和斯塔曼（Shefrin and Statman，1994）、丹尼尔等（Daniel et al.，1998）、洪和斯坦（Hong and Stein，1999）、斯坦（Stein，2009）等。

在有效市场假说前提下，传统的金融资产定价理论难以对格罗斯曼—斯蒂格利茨悖论、过度波动性之谜以及股权溢价之谜等金融市场异象作出合理的解释。正如席勒（Shiller，2003）所描述的，"20 世纪 70 年代，有效市场假说理论达到其在学术界的巅峰，但伴随大量金融市场异象的出现，人们对有效市场假说理论（EMH）的信念就开始动摇了"。传统金融资产定价模型的主要局限在于：没有充分考量投资者情绪及其行为特征等"非理性"因素对金融资产定价的作用，但国内外诸多金融实验以及实证分析均显示投资者情绪及其行为对金融资产价格作用显著。市场基础信息是理性投资者交易的根本基础（Grossman and Stiglitz，1976，1980），而非理性的情绪投资者误将情绪扰动视为信息因素，并基于自身情绪展开交易。结合前面基于投资者情绪的行为资产定价理论研究的论述，我们将从投资者情绪与市场基础信息维度，并从动态视角来探究行为资产定价问题。

综上所述，国内外学者在有限套利和有限理性假设前提下，探讨了投资者情绪及其行为的不同假设下的资产定价问题，并取得了丰硕成果，为本研究提供了坚实的理论框架和方法论基础。但是，这些研究仍存在如下几点进一步研究的空间：

（1）基础信息能够充分揭示风险资产基础价值的变动情况，期初价格有助于为投资者提供一个决策参考点，但既往的情绪资产定价模型极少探讨交易前释放的基础信息、期初价格等关键要素。由此，我们主要构建包含投资者情绪和基础信息的同质投资者模型、两类投资者模型以及涉及知情者、理性不知情者和情绪投资者的三类投资者模型。

（2）在金融市场实践中，投资者通常进行多次交易，并且在作出当前投资决策时就对未来的交易机会予以考量，在此过程中投资者情绪随着时间推移而动态变化，但目前学术界对投资者情绪的随机特性和动态变化特性尚缺乏深入系统研究。基于此，我们将着力在动态经济环境下，构建涉及情绪扰动和信息因素的两期交易、多期交易和连续交易的资产定价模型。

（3）在现实金融市场中，投资者情绪是动态的、变化的，并对投资决策行为具有重要影响，但目前学术界关于投资者情绪及其行为如何影响资产价格形成的内在机制尚缺乏深入研究，尤其是在投资者学习信息行为、投资者拥挤交易行为、投资者锚定和调整行为等行为特征影响资产价格形成的经济机理方面的成果不多。

（4）结合拉斯·特维德（2012）提出的"情绪加速器"概念与理论模型的主要结论，目前学术界还缺乏研究情绪加速器效应的微观基础，如个股情绪影响个股价格的传导机理。此外，在情绪加速器效应的宏观表征层面也缺乏充分研究，如市场情绪、极端情绪对股指价格的非对称效应、动量效应、反转效应等。

由此可见，大量的理论研究与投资实践均表明，应将投资者情绪和市场基础信息纳入理论分析框架，以全面分析和深入研究其对资产定价的影响作用，并重点探究情绪投资者、理性不知情者和知情者的相互作用如何维持错误价格，探明情绪投资者和理性投资者在多次交易过程中将情绪扰动和信息因素融入价格系统的方式，搞清投资者行为特征对资产价格形成及其动态变化的作用机理，进一步针对理论模型的主要结论，从微观个股和宏观市场两个维度进行实证研究。

第二章 包含理性知情投资者、理性不知情投资者和情绪投资者的资产定价模型

2.1 引言

以有效市场理论(Efficient Markets Theory，EMT)为代表的传统观点认为,投机的资产价格总是吸收了关于基本价值的最佳信息,在理性投资者强大的套利行为下使得资产价格趋向于它的潜在价值,而价格的变化仅仅是因为良好的、合理的信息与当时的理论趋势相吻合(Fama，1965[①]；Friedman，1953[②])。20 世纪 70 年代,有效市场理论达到了学术界的主导地位,与此同时,不断出现的股票市场收益的序列依赖性、股票价格相对于效率市场模型的过度波动等金融异象似乎不符合有效市场理论,人们逐渐开始对效率市场的诸多模式产生一些不安情绪,转而采用一种更加折中的方式来看待金融市场(Shiller，2003)。从心理学和社会学等更广泛的社会科学视角来研究金融市场现象的行为金融学逐渐兴起。新兴的行为金融学转向与金融市场有关的人类心理学,着重于个体投资者的社会属性,由情绪感染、信息生成机制等导致的交易行为依赖,非理性的个体在一定程度上能够创造他们的生存空间(De Long et al.，1990a，1991)[③],[④]。

以投资个体的非理性表现形式为衡量标准,投资者在实际金融市场中

---

① Fama, E. The behavior of stock market prices [J]. Journal of Business, 1965, 38: 34 - 106.

② Friedman, M. The case for flexible exchange rates [M]. Essays in Positive Economics, University of Chicago Press, Chicago, 1953.

③ De Long, J., Shleifer, A., Summers, L., Waldmann, R. Noise trader risk in financial markets [J]. Journal of Political Economy, 1990a, 98(4): 703 - 738.

④ De Long, J., Shleifer, A., Summers, L., Waldmann, R. The survival of noise traders in financial markets [J]. Journal of Business, 1991, 64(1): 1 - 19.

可能会受到噪声、认知偏差或者投资者情绪的影响。一些学者提出了包含噪声交易者(或噪音)的资产定价模型来阐释噪声交易者对资产价格的重要影响(Black,1986；De long et al. ,1990a；Kyle,1985；Mendel and Shleifer,2012；Peri et al. ,2013；张永杰等,2009；陈其安等,2010；陈军和陆江川,2010)。此外,一些学者建立了包含心理偏差交易者的资产定价模型来论证投资者认知偏差对资产价格的显著影响(Barberis et al. ,1998；Daniel et al. ,1998；Hong and Stein,1999；Yan,2010；李潇潇和杨春鹏,2009；许年行等,2011,2012)。噪音定价模型的缺点是噪音难以识别,无法在现实的证券市场中进行测量,因而不能进行实证检验。心理偏差定价模型也不能得到实证检验,而且在现实金融市场中非理性投资个体存在诸如过度自信、确认偏差、狭隘框架等各种心理偏差,而单一的资产定价模型不能包含所有的认知偏差。

与金融市场中的噪声项和偏差因子相比较,我们可以定量衡量投资者情绪,并进行相应的实证分析(Baker and Wurgler,2006,2007)[1,2]。贝克和沃格勒(Baker and Wurgler,2006)采用主成分分析法从多个情绪代理变量中形成了一个综合市场情绪指数,它是代理变量的第一个主成分。情绪指数基于封闭式基金折价、换手率、IPO 数量、IPO 平均首日回报率、新股发行股本份额和股息溢价等六种情绪指标的共同变异。他们的研究结果表明,价格模型若要刻画得更为准确需要将投资者情绪因子纳入资产定价之中。什么是投资者情绪？一个狭义的定义是,投资者情绪是一部分投资者未来预期的系统性偏差。布朗和克里夫(Brown and Cliff,2005)指出,心理偏差是持续存在的,过度乐观的偏差会导致资产估值过高。贝克和沃格勒(Baker and Wurgler,2007)认为投资者情绪是反映投资者心理的一个重要因素,是一种基于对未来现金流和资产投资风险的预期的信念。尤其是沃格勒(Wurgler,2012)总结道,投资者情绪的大多数定义都涉及对风险和回报的非贝叶斯信念,它的边界很模糊。随着任何研究领域的发展,它的内涵随着新概念的吸收而变得更加科学。

近年来,关于投资者情绪的研究已成为行为金融学研究的热点。许多实证研究表明,非理性投资者的情绪扰动对金融资产价格具有系统的显著性影响,而且乐观情绪下的金融资产定价要高得多,悲观情绪下的金融资

---

① Baker, M. , Wurgler, J. Investor sentiment and the cross-section of stock returns [J]. Journal of Finance, 2006, 61(4): 1645 - 1680.

② Baker, M. , Wurgler, J. Investor sentiment in the stock market [J]. Journal of Economic Perspective, 2007, 21(2): 129 - 151.

产定价要低得多（Baker and Wurgler，2006；Brown and Cliff，2005；Kumar and Lee，2006；Yu and Yuan，2011；Baker et al.，2012；Seybert and Yang，2012；Kim et al.，2014；Kim and Park，2015；Stambaugh et al.，2012，2014，2015；Li and Yang，2017；Li，2020；伍燕然和韩立岩，2007；张强和杨淑娥，2008；易志高和茅宁，2009；蒋玉梅和王明照，2009，2010；伍燕然等，2016；刘晓星等，2016；张静等，2018）。一些金融实验的研究结论佐证了相关的实证结果。一些金融实验归结出，受到正向情绪冲击的非理性投资者会作出乐观的判断和决定，他们会提高感知的资产价值，反之亦然（Ganzach，2000；Statman et al.，2008；Kempf et al.，2014）。

　　另一方面，基于情绪的资产定价模型仍处于探索阶段。为了强调投资者情绪在资产价格中的系统作用，一些学者构建了情绪资产定价模型（Li，2017，2019；Yang and Li，2013；Yang et al.，2012；Yang and Yan，2011；Yang and Zhang，2013a；Cen et al.，2013；Liang et al.，2017）。例如，杨春鹏和闫伟（2011）建立了仅包含代表性情绪投资者的资产定价模型。岑等（Cen et al.，2013）考虑了一个动态多资产模型，发现宽度—回报关系可以是正向的，也可以是负向的，这取决于分歧和情绪的相对抵消力。梁汉超等（Liang et al.，2017）提出了一个包含投资者情绪、有限理性和高阶预期的资产定价模型，该模型侧重于两个时期的交易市场。然而，现存的情绪资产定价模型不具备分析的一般性，只关注投资者情绪，很少涉及基本面信息和初始价格等重要因素。

　　与以往关于情绪资产定价模型的文献有很大不同，我们在格罗斯曼和斯蒂格利茨（Grossman and Stiglitz，1980）[①]的框架基础上，提出了一个广义的涉及理性知情投资者、理性不知情投资者和情绪投资者的资产定价模型。我们纳入了一类不知情的情绪投资者，该类投资者极易受到自身情绪扰动的影响，因此我们的模型关注理性投资者和非理性投资者之间的互相博弈，并展示了这种互相博弈如何维持资产误定价。首先，情绪均衡价格的解析解可以区分为理性信息部分和非理性情绪部分，理性项使得资产价格靠近理性预期值，而情绪项导致资产价格偏离理性预期值，从而产生价格泡沫和高波动性。其次，风险资产最终价值中的期初价格成分为均衡价格提供了一个锚定值，反映了资产价格的初始状态。再次，我们设定了几个度量市场稳定性和有效性的统计指标，对均衡状态下的市场效率问题进

---

　　① Grossman, S., Stiglitz, J. On the impossibility of informationally efficient markets [J]. American Economic Review, 1980, 70: 393－408.

行了深入分析。最后,我们的基本模型考虑了理性不知情投资者的两难选择:一方面他们想要低买高卖,跟随理性知情投资者对赌情绪投资者,另一方面他们很可能受到情绪扰动的误导而跟随情绪投资者,极大降低了市场的有效性。

2.2 经济环境的假定

两种可交易的资产存在于一个经济体中:一种是以价格 p_1 交易且供给量为 M 的有风险资产(股票),另一种是利率为 r_f 的无风险资产,利率产生收益 $r = 1 + r_f$,它是完全弹性供给的。由三个日期 $t = 0, 1, 2$ 构成两个时期,在第一时期进行资产交易,在第二期末日期 2 风险资产支付其最终价值 V。股票的初始价格 p_0 是已知的。在日期 2 风险资产的最终价值是三项之和。无条件期望 p_0 构成它的第一项,即股票的初始价格;释放于第一时期的基础信息 θ 是它的第二项,该基础信息 θ 服从期望值为 0 方差为 σ_θ^2 的正态分布,即 $\theta \sim N(0, \sigma_\theta^2)$。直到日期 2 实现的随机扰动 ε 构成它的第三项,它也是服从正态分布,期望值为 0 方差为 σ^2,即 $\varepsilon \sim N(0, \sigma^2)$。因此,风险资产在日期 2 的最终价值可写为:

$$V = p_0 + \theta + \varepsilon \qquad (2-1)$$

有三类投资者在该市场中活动,第一类是完全理性交易的知情投资者,其人数为 I,能够观测到释放于第一时期的关于风险资产的基础信息 θ。第二类是完全理性交易的不知情投资者,其人数为 O,不能够观测到释放于第一时期的信息,但他们能够借助价格系统推测信息的价值。第三类是非理性的情绪投资者,其人数为 N,自身的情绪扰动很容易影响他们的交易行为。

三类投资者知道随机变量 θ 和 ε 的数字特征。情绪投资者很容易受到情绪扰动的攻击,在风险资产的认知价值中包含了情绪因素 S,该变量服从正态分布,期望值为 0 方差为 σ_S^2,即 $S \sim N(0, \sigma_S^2)$。三个随机变量 S、θ 和 ε 之间是相互独立的。一般而言,在乐观状态下的情绪投资者将会高估风险资产的最终价值,而在悲观状态下的情绪投资者会低估风险资产的最终价值,该观点得到了一些金融实验的有效佐证,参见甘扎克(Ganzach,2000)、斯塔曼等(Statman et al.,2008)和肯普夫等(Kempf et al.,2014)。因此,情绪投资者对风险资产最终价值的认知值可表示为：

$$V_S = V + f(S) = p_0 + \theta + f(S) + \varepsilon \qquad (2-2)$$

这里，情绪函数 $f(S)$ 为情绪变量的单调递增函数，它满足以下性质：(1)如果 $S > 0$，那么 $f(S) > 0$，即 $V_S > V$；(2)如果 $S < 0$，那么 $f(S) < 0$，即 $V_S < V$；(3)如果 $S = 0$，那么 $f(S) = 0$，即 $V_S = V$。

我们假设这三类代理人具有相同的常数绝对风险厌恶效用函数 (Constant Absolute Risk-Aversion, CARA)：$u(W) = -\exp(-\gamma W)$。这里，参数 γ 表示绝对风险厌恶系数，变量 W 表示代理人的财富水平，它服从正态分布。每一类代理人 i 在日期 0 被赋予初始财富 W_{0i}，在日期 1 根据自己所掌握的信息集来选择一个最优化财富水平 W_{1i}，使得预期效用最大化，即：

$$MaxE\left[-\exp(-\gamma W_{1i}) \mid \Omega_i\right] \Leftrightarrow Max\left[E(W_{1i} \mid \Omega_i) - \frac{1}{2}\gamma Var(W_{1i} \mid \Omega_i)\right]$$

$$(2-3)$$

在此，每一类代理人 i 在日期 1 所掌握的信息集用 Ω_i 表示。进一步，将日期 1 的财富 W_{1i} 转化对风险资产的需求量 X_i 可得：

$$E(W_{1i} \mid \Omega_i) - \frac{1}{2}\gamma Var(W_{1i} \mid \Omega_i)$$
$$= E((V - p_1 r)X_i + W_{0i} r \mid \Omega_i) \qquad (2-4)$$
$$- \frac{1}{2}\gamma Var((V - p_1 r)X_i + W_{0i} r \mid \Omega_i)$$

对上式关于需求量 X_i 求最大值，可得每一类代理人 i 对风险资产的最佳需求为：

$$X_i = \frac{E(V \mid \Omega_i) - p_1(1 + r_f)}{\gamma Var(V \mid \Omega_i)} \qquad (2-5)$$

此外，我们还考虑了一些衡量市场稳定性和效率的统计指标。首先，信息的质量指标，用信息相对于随机扰动的平均变异来表示，$n = \frac{\sigma_\theta^2}{\sigma^2}$。其次，价格系统的信息量指标，如格罗斯曼和斯蒂格利茨（Grossman and Stiglitz, 1980）所定义的，$\rho_{p_1, \theta}^2 = Corr^2(p_1, \theta)$。第三，价格变异的事前度量，如孟德尔和施莱弗（Mendel and Shleifer, 2012）所定义的，好的方差 (good variance)，$Var(p_1 \mid S)$；坏的方差 (bad variance)，$Var(p_1 \mid \theta)$。因

此,提高信息的质量,增加好的方差,减小坏的方差,增大价格系统的信息量,市场就变得富有效率。

2.3　基准情况:同质投资者

在开始论证广义的情绪资产定价模型之前,让我们首先考虑三种特殊情况。理性知情投资者构成市场上所有的投资者($N=O=0$);或者理性不知情投资者构成市场上所有的投资者($N=I=0$);或者情绪投资者构成市场上所有的投资者($I=O=0$)。

2.3.1　理性知情投资者

当知情交易者构成市场上所有的投资者时,这种情况在本质上类似于格罗斯曼和斯蒂格利茨(Grossman and Stiglitz,1976)分析过的市场情形。在这种情况下,理性知情投资者关于风险资产最终价值的条件期望和方差可分别表示为:

$$E(V \mid \theta)=p_0+\theta, \ Var(V \mid \theta)=\sigma^2 \qquad (2-6)$$

让风险资产的需求量等于供给量,强制市场出清得:

$$X_I \times I=\frac{p_0+\theta-p_1(1+r_f)}{\gamma\sigma^2} \times I=M$$

求得第一时期的均衡价格 p_1^I 为:

$$p_1^I=\frac{p_0}{1+r_f}+\frac{\theta}{1+r_f}-\frac{\gamma M\sigma^2}{(1+r_f)I} \qquad (2-7)$$

在这种情况下,在第一时期释放的信息全部被纳入价格之中,市场是完全富有效率的。这与法玛(Fama,1970)的观点一致,"价格总是'完全反映'可用信息的市场称为'有效率的'。……也就是说,当价格完全'反映'可用信息时,建立的模型很好地刻画了均衡的性质"。

2.3.2　理性不知情投资者

当理性不知情投资者构成市场上所有的投资者时,关于基础信息的任何成分没有被反映在价格体系中,因此理性不知情投资者借助价格体系获得不了任何有用的信息。在这种情况下,第一时期的市场均衡价格设定为

p_1^O，那么理性不知情投资者关于风险资产最终价值的条件期望和方差可分别表示为：

$$E(V \mid p_1^O) = p_0, Var(V \mid p_1^O) = \sigma_\theta^2 + \sigma^2 \qquad (2-8)$$

进一步，让风险资产的需求量等于其供给量，强加市场出清条件可得：

$$X_O \times O = \frac{p_0 - p_1(1+r_f)}{\gamma(\sigma_\theta^2 + \sigma^2)} \times O = M$$

解得第一时期的均衡价格 p_1^O 为：

$$p_1^O = \frac{p_0}{1+r_f} - \frac{\gamma M(\sigma_\theta^2 + \sigma^2)}{(1+r_f)O} \qquad (2-9)$$

在这种情况下，价格系统的信息量指标等于零，即 $\rho_{p_1^O,\theta}^2 = 0$，在第一期释放的信息没有一点点被纳入价格之中，市场是完全没有效率的。

2.3.3 代表性情绪投资者

在金融实践中，许多实证结果表明投资者情绪变量是影响金融资产定价的系统性因子。特别地，这些实证结论得到了一些金融实验的有效支持，受到正向情绪冲击的非理性投资者将会作出积极的投资决策，提高预期的资产价值；相反，受到负向情绪扰动的非理性投资者将会降低感知的资产价值(Ganzach, 2000; Statman et al., 2008; Kempf et al., 2014)。为了深入分析情绪变量对均价价格的影响效应，我们集中论证代表性的情绪投资者模型。根据前述假设，情绪投资者关于风险资产最终价值的认知值为 $V_S = p_0 + \theta + f(S) + \varepsilon$。在这种情况下，情绪投资者关于风险资产感知的最终价值的条件期望和方差可分别表示为：

$$E(V_S \mid S) = p_0 + f(S), Var(V_S \mid S) = \sigma_\theta^2 + \sigma^2 \qquad (2-10)$$

将情绪投资者的条件期望和方差代入 2.2 节的最优化需求函数可得：

$$X_N = \frac{p_0 + f(S) - p_1(1+r_f)}{\gamma(\sigma_\theta^2 + \sigma^2)} \qquad (2-11)$$

根据情绪函数 $f(S)$ 的单调递增性质，有需求量函数 X_N 关于情绪变量 S 单调递增。因此，增加情绪变量的取值相应地会增大风险资产的需求，减小情绪变量的取值将会降低风险资产的需求。强加市场出清条件 $X_N \times N = M$，解得第一时期的均衡价格 p_1^N 为：

$$p_1^N = \frac{p_0}{1+r_f} + \frac{f(S)}{1+r_f} - \frac{\gamma M(\sigma_\theta^2 + \sigma^2)}{(1+r_f)N} \qquad (2-12)$$

根据函数 $f(S)$ 的属性,可设定其为简单的线性形式 $f(S)=\phi S$,其中,参数 ϕ 为大于零的常量,体现了情绪膨胀的程度。风险资产均衡价格方程中,无风险贴现因子 $(1+r_f)^{-1}$ 出现在每一项。风险资产的基础价值成分由第一项式子所反映。情绪变量对资产价格的特定影响由第二项式子所描述,从中可以看出增加情绪变量可以提高资产的均衡价格,而减小情绪变量可以降低资产的均衡价格。均衡中总的市场风险溢价由第三项式子所刻画。因此,上述情绪资产定价方程所刻画的潜在性质与肯普夫等(Kempf et al. ,2014)的金融实验结论相互印证。在这种情况下,价格系统的信息指标等于零,即 $\rho_{p_1^N,\theta}^2=0$,市场是完全无效率的。因此我们可得如下命题。

命题 2-1:当仅有理性知情投资者在市场存在时,有价格的平均变异指标 $Var(p_1^I)=\frac{\sigma_\theta^2}{(1+r_f)^2}$,价格系统的信息量指标 $\rho_{p_1^I,\theta}^2=1$,均衡价格纳入了第一时期的全部信息,市场是完全有效率的;当仅有理性不知情投资者在市场存在时,其借助价格系统获得不了任何有用的信息,这种情况下价格系统的信息量指标 $\rho_{p_1^O,\theta}^2=0$,均衡价格没有纳入第一时期的任何有用信息,市场是完全无效率的;当仅有情绪投资者在市场上存在时,有价格的平均变异指标 $Var(p_1^N)=\frac{\phi^2\sigma_S^2}{(1+r_f)^2}$,价格系统的信息量指标 $\rho_{p_1^N,\theta}^2=0$,市场是完全无效率的。

2.4　两类投资者

在本节我们讨论只有两类投资者在市场上存在时的情况,即某一类型投资者在市场上缺失,以便层层深入地论证市场均衡的性质。

2.4.1　理性知情投资者和理性不知情投资者

当理性知情投资者和理性不知情投资者等两类投资者在市场上存在时,虽然理性不知情投资者不能直接观测到第一时期释放的有用信息,但他们可以借助价格系统来获得信息的推测价值。因此,推测的信息量将决定理性不知情投资者对风险资产的最优化需求(Grossman and Stiglitz,

1976；Wang，1993）。首先，我们预设一个线性结构的价格函数，然后根据假定的价格函数来求解理性不知情投资者的最佳化条件期望和条件方差（Grossman and Stiglitz，1980；Kyle，1985；Wang，1993）。在本章 2.2 节描述的经济下，均衡价格方程恰好是一个简单的线性形式。在这种情况下，第一时期的市场均衡价格预设为 $p_1^{IO} = m + n\theta$，则理性不知情投资者关于风险资产最终价值的条件期望和方差（证明过程见本章附录 2）分别为：

$$E(V \mid p_1^{IO}) = p_0 + \theta \qquad (2-13)$$

$$Var(V \mid p_1^{IO}) = \sigma^2 \qquad (2-14)$$

进一步，加总理性知情投资者、理性不知情投资者各自对风险资产的需求量，让风险资产的总需求等于其供给量，由市场出清可解得第一时期的均衡价格为：

$$p_1^{IO} = \frac{p_0}{1+r_f} + \frac{\theta}{1+r_f} - \frac{\gamma M \sigma^2}{(1+r_f)(I+O)} \qquad (2-15)$$

当情绪投资者在市场上缺失时，理性不知情投资者借助价格系统完美地学习到了所有有用信息，最终他们的行为表现类似于理性知情投资者。在这种情况下，有价格系统的信息指标 $\rho_{p_1^{IO},\theta}^2 = 1$，均衡价格纳入了在第一时期释放的全部有用信息，市场是完全有效率的。

2.4.2 理性不知情投资者和情绪投资者

当理性不知情投资者和情绪投资者等两类投资者在市场上存在时，理性不知情投资者的行为表现类似于本书 2.3.2 小节所描述的市场情形，由于第一时期释放的基础信息没有反映在价格上，他们借助价格系统不能学习到任何有用的信息。在这种情况下，第一时期的市场均衡价格预设为 $p_1^{ON} = d + eS$，则理性不知情投资者关于风险资产最终价值的条件期望和方差可分别表示为：

$$E(V \mid p_1^{ON}) = p_0, \quad Var(V \mid p_1^{ON}) = \sigma_\theta^2 + \sigma^2 \qquad (2-16)$$

累加理性不知情投资者、情绪投资者各自对风险资产的需求量，让风险资产的总需求等于其供给量，由市场出清可解得第一时期的均衡价格为：

$$p_1^{ON} = \frac{p_0}{1+r_f} + \frac{N\phi}{(1+r_f)(O+N)} S - \frac{\gamma M(\sigma_\theta^2 + \sigma^2)}{(1+r_f)(O+N)} \qquad (2-17)$$

进一步,对均衡价格方程关于情绪变量求偏导可得情绪敏感性系数为:

$$\frac{\partial p_1^{ON}}{\partial S} = \frac{N\phi}{(O+N)(1+r_f)} \tag{2-18}$$

由上式可以看出,增加情绪投资者的相对比重,就会增加均衡价格对情绪变量的敏感程度。这种结果是显而易见的,由于第一时期释放的有用信息完全没有反映在价格上,理性不知情投资者想要低买高卖,对赌情绪投资者做一个逆向投资者,他们累计的风险承受能力决定了其博弈力量大小。在这种情况下,有价格系统的信息量指标 $\rho_{p_1^{ON},\theta}^2 = 0$,市场是完全无效率的。

2.4.3　理性知情投资者和情绪投资者

结合本书2.3节所描述的单一理性知情投资者市场情形和单一情绪投资者市场情形,我们可以建立一个包含理性知情投资者和情绪投资者的资产定价模型。在这种情况下,情绪投资者对风险资产基本价值中信息认知的相对变异等价于信息质量的变化,所以在分析均衡性质时特别讨论信息质量的变化对均衡价格的影响效应。在这种市场情形下,第一时期的市场均衡价格预设为 p_1^{IN},累加理性知情投资者、情绪投资者各自对风险资产的需求量,让风险资产的总需求等于其供给量,得市场出清方程:

$$\frac{p_0 + \theta - p_1^{IN}(1+r_f)}{\gamma\sigma^2} \times I + \frac{p_0 + f(S) - p_1^{IN}(1+r_f)}{\gamma(\sigma_\theta^2 + \sigma^2)} \times N = M \tag{2-19}$$

由市场出清方程可解得第一时期的均衡价格 p_1^{IN} 为:

$$\begin{aligned}
p_1^{IN} = {} & \frac{p_0}{1+r_f} + \frac{I(\sigma_\theta^2 + \sigma^2)}{(1+r_f)[I(\sigma_\theta^2 + \sigma^2) + N\sigma^2]}\theta \\
& + \frac{N\phi\sigma^2}{(1+r_f)[I(\sigma_\theta^2 + \sigma^2) + N\sigma^2]}S \\
& - \frac{\gamma M(\sigma_\theta^2 + \sigma^2)\sigma^2}{(1+r_f)[I(\sigma_\theta^2 + \sigma^2) + N\sigma^2]}
\end{aligned} \tag{2-20}$$

上述风险资产均衡价格中,风险资产的基础价值成分由第一项因子所反映。信息因素对均衡价格的影响效应由第二项因子所描述,它刻画了在理性知情投资者的作用下资产价格靠近其理性预期值的情况。情绪扰动对均衡价格的系统性影响由第三项因子所反映,它描述了在情绪投资者的作用下资产价格偏离其理性预期值的情况。均衡中总的市场风险溢价由最后一项因子所反映。从中可以看出,风险资产的均衡价格由理性知情投资者和情绪投资者二者之间博弈的力量大小决定,如果理性知情投资者起主导作用,均衡价格靠近理性预期价值,如果情绪投资者起主导作用,均衡价格远离理性预期价值。均衡价格方程(2-20)表现出的特征支持了德龙等(De Long et al.,1990a)的论点,风险资产的误定价主要来源于理性投资者有限的套利能力和非理性投资者的错误认知等两个因素,驳斥了法玛(Fama,1970)的有效市场假说理论,所有可得的信息充分反映在价格之中。

风险资产的均衡价格在信息因素和情绪扰动共同作用下的数值模拟如图2-1所示。模型的参数设定如下:$p_0 = 20$,$r_f = 0.02$,$\gamma = 1.25$,$M = 1$,$I = N$,$\sigma_\theta^2 = \sigma^2 = 0.25$,$\phi = 1.5$,$S \in [-6, 6]$,$\theta \in [-4, 4]$。

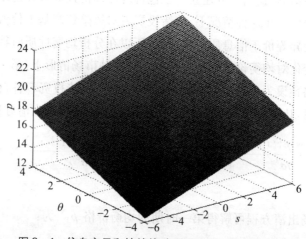

图2-1 信息变量和情绪扰动不同组合下的均衡价格

由图2-1可以看出,信息变量的数值大小和情绪冲击的程度高低共同决定了风险资产的均衡价格。当一个负向的信息因素伴随低落的情绪冲击时,资产均衡价格下降得较多。当一个正向的信息因素结合低落的情绪冲击时,由理性因素和非理性因素带来的价格效应相互抵消,此时均衡价格的变化不大。

1. 动量效应和反转效应

最终,风险资产在第二时期末的完全理性预期价格为 $p_2 = p_0 + \theta$。风险资产在不同条件下的预期价格路径如图2-2所示。

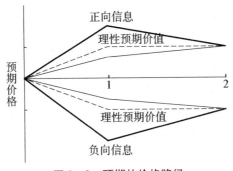

图 2-2　预期的价格路径

以正向信息为例,图形中上面的实线反映了情绪投资者起主导作用下的预期价格水平,中间的虚线描述了理性投资者在完全理性预期下的价格水平,下面的细线刻画了理性投资者起主导作用下的预期价格水平。

假定在第一时期有一正向的信息释放,在情绪投资者看涨情绪的作用下引起资产价格的上涨,如果情绪投资者数量的相对比值较小,导致资产价格的上涨幅度较低,到第二时期末清算风险资产时,其预期价格几乎等于理性预期价值,从而导致资产价格连续上涨的动量效应,即第二时期资产价格变化与第一时期资产价格变化之间的协方差为正值(证明过程见本章附录3),因此有:

$$Cov(p_2 - p_1^{IN},\ p_1^{IN} - p_0) > 0,条件\frac{N}{I} < \frac{(\sigma_\theta^2 + \sigma^2)\sigma_\theta^2}{\phi^2 \sigma^2 \sigma_S^2} \quad (2-21)$$

如果情绪投资者的相对数量超过一定程度,正向信息带来的情绪投资者看涨情绪会导致资产价格的过度上涨,甚至超过第二时期末的理性预期价格,到日期2清算风险资产时,其预期价格回归到理性预期价值,导致第二时期的长期收益为负值,从而带来资产价格的长期反转效应,即第二时期资产价格变化与第一时期资产价格变化之间的协方差为负值,因此有:

$$Cov(p_2 - p_1^{IN},\ p_1^{IN} - p_0) < 0,条件\frac{N}{I} > \frac{(\sigma_\theta^2 + \sigma^2)\sigma_\theta^2}{\phi^2 \sigma^2 \sigma_S^2} \quad (2-22)$$

2. 市场的稳定性和有效性

(1) 情绪扰动和信息变量的敏感性分析

最终关注的是信息因素和情绪扰动如何融入资产价格中。情绪敏感性系数表示情绪扰动对资产价格的边际影响效应,反映了资产价格偏离理性预期价值的快慢程度。根据均衡价格方程(2-20),情绪扰动对均衡价

格的边际影响效应可表示为:

$$\frac{\partial p_1^{IN}}{\partial S} = \frac{\phi}{(1+r_f)\left[\frac{I}{N}\left(\frac{\sigma_\theta^2}{\sigma^2}+1\right)+1\right]} \quad (2-23)$$

为了定量地阐述情绪扰动的边际影响效应的变化情况,我们结合信息的质量指标给出了情绪敏感性系数关于情绪投资者的相对比重的数值模拟,如图2-3所示。参数的设定与图2-1中的一样,下同。

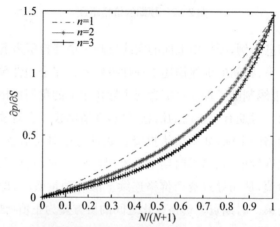

图2-3　不同信息质量下情绪敏感性系数与情绪投资者比重的关系

图2-3表明,增加情绪投资者的相对比重,就会增大情绪扰动的边际影响效应;保持情绪投资者的相对比重不变,提高信息的质量,就会减小情绪扰动的边际影响效应。因此,情绪投资者的相对比重和信息质量能够放大投资者情绪对价格水平和市场波动的冲击,该模型能够对价格泡沫和高波动性给予一些解释。

信息敏感性系数是信息变量对资产价格的边际影响效应,反映了资产价格靠近理性预期价值的速度。根据均衡价格方程(2-20),信息敏感性系数可表示为:

$$\frac{\partial p_1^{IN}}{\partial \theta} = \frac{1}{(1+r_f)\left[\frac{N}{I}\frac{1}{\sigma_\theta^2/\sigma^2+1}+1\right]} \quad (2-24)$$

为了定量地论述信息因素的边际影响效应的变化情况,我们结合信息的质量指标给出了信息敏感性系数关于情绪投资者的相对比重的数值模拟,如图2-4所示。

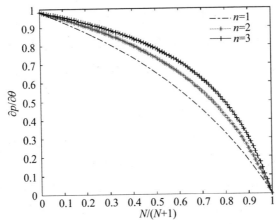

图 2-4　不同信息质量下信息敏感性系数与情绪投资者比重的关系

图 2-4 表明,增加情绪投资者的相对比重,就会减小信息对资产价格的边际影响效应;保持情绪投资者的相对比重不变,提高信息的质量,就会增加资产价格对信息变量的敏感程度。

(2) 坏的方差(Bad Variance)

在信息条件下由情绪扰动所带来的资产价格的平均变异为坏的方差,也就是被理性投资者所感知到的价格变异情况(Mendel and Shleifer, 2012)。根据均衡价格方程(2-20),坏的方差可表示为:

$$Var(p_1^{IN} \mid \theta) = \left(\frac{\phi}{(1+r_f)[(I/N)(\sigma_\theta^2/\sigma^2+1)+1]} \right)^2 \sigma_S^2 \quad (2-25)$$

如果均衡价格 p_1^{IN} 与信息变量 θ 趋于完全相关,那么条件方差 $Var(p_1^{IN} \mid \theta)$ 趋于零;另一方面,均衡价格 p_1^{IN} 包含越少的信息 θ,那么条件方差 $Var(p_1^{IN} \mid \theta)$ 就很大。由上式可知,增加理性知情投资者的相对比重,提高信息的质量,缩小情绪膨胀系数,降低情绪变异 σ_S^2,均会减小条件方差 $Var(p_1^{IN} \mid \theta)$。

(3) 价格系统的信息量

格罗斯曼和斯蒂格利茨(Grossman and Stiglitz, 1980)将“价格系统的信息量”定义为均衡价格与信息变量线性相关系数的平方,它度量了市场是如何很好地反映理性投资者所知信息的功能。根据上述均衡价格方程可得价格系统的信息量为:

$$\rho_{p_1^{IN},\theta}^2 = \frac{1}{1 + \left(\dfrac{N\phi}{I(1+\sigma_\theta^2/\sigma^2)} \right)^2 \dfrac{\sigma_S^2}{\sigma_\theta^2}} \quad (2-26)$$

由上式可知,增加理性知情投资者的相对比重,提高信息的质量,缩小情绪膨胀系数,增大信息相对于情绪的变异 $\sigma_\theta^2/\sigma_S^2$,均会提高价格系统的信息量 $\rho_{p_1^{IN},\theta}^2$,从而市场越有效率。综上,我们有命题 2 - 2。

命题 2 - 2:(1)当理性知情投资者和理性不知情投资者两类投资者在市场上存在时,理性不知情投资者能够借助价格系统完美地进行学习,他们的行为表现类似于理性知情投资者。此时,价格系统的信息量 $\rho_{p_1^{IO},\theta}^2 = 1$,均衡价格纳入了第一时期释放的全部信息,市场是完全有效率的。

(2)当理性不知情投资者和情绪投资者两类投资者在市场上存在时,理性不知情投资者了解到此时情绪扰动导致资产价格偏离理性预期价值,因此他们选择对赌情绪投资者,他们累计的风险承受能力决定了其博弈力量大小。此时,价格系统的信息量 $\rho_{p_1^{ON},\theta}^2 = 0$,市场是完全无效率的。

(3)当理性知情投资者和情绪投资者两类投资者在市场上存在时,1)在情绪投资者的相对比重小于某一临界值下,在信息释放之后第二时期资产价格变化方向与第一时期资产价格变化方向相同,显示为资产价格的动量效应;在情绪投资者的相对比重大于某一临界值下,在信息释放之后第二时期资产价格变化方向与第一时期资产价格变化方向相反,显示为资产价格的反转效应。2)增加情绪投资者的相对比重,降低信息质量,就会增大价格对情绪的敏感程度,而价格关于信息变量的敏感程度与此相反。3)增加理性投资者的相对比重,提高信息的质量,缩小情绪膨胀系数,增大 $\sigma_\theta^2/\sigma_S^2$,均会提高价格系统的信息量 $\rho_{p_1^{IN},\theta}^2$,从而市场越有效率。

2.5 三类投资者

由上述 2.4 节可以了解到理性不知情投资者的两难选择。一方面,由于理性知情投资者能够观测到第一时期释放的基础信息,理性不知情投资者打算跟随理性知情投资者,但是他们仅能够借助价格体系,因此理性不知情投资者打算追逐由理性知情投资者带来的价格增长。另一方面,理性不知情投资者想要对赌情绪投资者,但是由于他们仅能够借助价格体系,因此他们打算低价买进高价卖出,做一个逆向投资者。理性不知情投资者会不会受到情绪扰动误导而跟随情绪投资者,从而降低市场的效率? 为此,我们论证三类投资者在市场上存在的情况。

与 2.4.1 小节的论证方法类似,在 2.2 节定义的经济中,均衡价格方程恰好是一个简单的线性形式。在这种情况下,第一时期的市场均衡价格预设为 $p_1 = a + b\theta + cS$,那么理性不知情投资者关于风险资产最终价值的条件期望和方差可分别表示为:

$$E(V \mid p_1) = p_0 + \frac{b\sigma_\theta^2}{b^2\sigma_\theta^2 + c^2\sigma_S^2}(p_1 - a) \qquad (2-27)$$

$$Var(V \mid p_1) = \sigma_\theta^2 + \sigma^2 - \frac{b\sigma_\theta^2 b\sigma_\theta^2}{b^2\sigma_\theta^2 + c^2\sigma_S^2} \qquad (2-28)$$

进一步,累加理性知情投资者、理性不知情投资者和情绪投资者各自关于风险资产的需求量,让风险资产的总需求等于其供给量,可得市场出清方程:

$$I\frac{p_0 + \theta - p_1 r}{\gamma\sigma^2} + O\frac{E(V \mid p_1) - p_1 r}{\gamma Var(V \mid p_1)} + N\frac{p_0 + f(S) - p_1 r}{\gamma(\sigma_\theta^2 + \sigma^2)} = M$$
$$(2-29)$$

由上式解得第一时期的均衡价格 p_1(证明过程见本章附录 4)为:

$$p_1 = \frac{p_0}{1 + r_f} + \frac{\frac{I}{\sigma^2} + \frac{O}{\sigma_O^2 A}}{(1 + r_f)\left(\frac{I}{\sigma^2} + \frac{O}{\sigma_O^2} + \frac{N}{\sigma_\theta^2 + \sigma^2}\right)}\theta$$

$$+ \frac{\left(\frac{N}{\sigma_\theta^2 + \sigma^2} + \frac{O}{\sigma_O^2 B}\right)\phi}{(1 + r_f)\left(\frac{I}{\sigma^2} + \frac{O}{\sigma_O^2} + \frac{N}{\sigma_\theta^2 + \sigma^2}\right)}S$$

$$- \frac{\gamma M}{(1 + r_f)\left(\frac{I}{\sigma^2} + \frac{O}{\sigma_O^2} + \frac{N}{\sigma_\theta^2 + \sigma^2}\right)} \qquad (2-30)$$

其中,符号 A、B 和 σ_O^2 具体为:

$$A = 1 + \left(\frac{N}{I}\frac{1}{1 + \sigma_\theta^2/\sigma^2}\right)^2\frac{\sigma_S^2}{\sigma_\theta^2} \qquad (2-31)$$

$$B = \frac{I}{N}(1 + \sigma_\theta^2/\sigma^2) + \frac{N}{I}\frac{1}{(1 + \sigma_\theta^2/\sigma^2)}\frac{\sigma_S^2}{\sigma_\theta^2} \qquad (2-32)$$

$$\sigma_O^2 = Var(V \mid p_1) = \sigma_\theta^2 \frac{1}{1 + \left[\frac{I}{N}(1 + \sigma_\theta^2/\sigma^2)\right]^2\frac{\sigma_\theta^2}{\sigma_S^2}} + \sigma^2 \qquad (2-33)$$

在上述风险资产均衡价格[方程(2－30)]中，风险资产的基础价值成分由第一项式子所反映。信息因素对均衡价格的影响效应由第二项式子所反映，它描述了在理性知情投资者和理性不知情投资者的共同作用下资产价格靠近理性预期价值的情况，其中，式子 $\dfrac{I}{\sigma^2}+\dfrac{O}{\sigma_O^2}+\dfrac{N}{\sigma_\theta^2+\sigma^2}$ 刻画了三类投资者总的风险承受能力，式子 A 显示了理性不知情投资者跟随理性知情投资者的情况。情绪扰动对均衡价格的系统性影响由第三项式子所反映，它描述了在情绪投资者和理性不知投资者的联合作用下资产价格远离理性预期价值的情况，其中，式子 B 显示了理性不知情投资者受到情绪扰动误导而跟随情绪投资者的情况。均衡中总的市场风险溢价由最后一项式子所反映。

1. 情绪扰动的敏感性分析

由前所述，情绪敏感性系数 $\partial p_1/\partial S$ 表示情绪扰动对资产价格的边际影响效应，它反映了资产价格偏离其理性预期价值的快慢程度。根据均衡价格方程(2－30)，情绪敏感性系数具体可表示为：

$$\frac{\partial p_1}{\partial S}=\frac{\dfrac{N}{\sigma_\theta^2+\sigma^2}+\dfrac{O}{\sigma_O^2}\dfrac{1}{\dfrac{I}{N}(1+\sigma_\theta^2/\sigma^2)+\dfrac{N}{I}\dfrac{1}{(1+\sigma_\theta^2/\sigma^2)}\dfrac{\sigma_S^2}{\sigma_\theta^2}}}{(1+r_f)\left(\dfrac{I}{\sigma^2}+\dfrac{O}{\sigma_O^2}+\dfrac{N}{\sigma_\theta^2+\sigma^2}\right)}\phi \quad (2-34)$$

由上式可知，增加情绪投资者的相对风险承受能力，增加理性不知情投资者的相对风险承受能力，就会提高均衡价格对情绪扰动的敏感程度。其中，式子 $1\Big/\left(\dfrac{I}{N}(1+\sigma_\theta^2/\sigma^2)+\dfrac{N}{I}\dfrac{1}{(1+\sigma_\theta^2/\sigma^2)}\dfrac{\sigma_S^2}{\sigma_\theta^2}\right)$ 描述了理性不知情投资者受到情绪扰动误导而跟随情绪投资者的情况。该式分母的第一项显示，增加情绪投资者相对于理性知情投资者的比重，降低信息的质量，就会提高理性不知情投资者跟随情绪投资者的程度；而分母的第二项显示，增加情绪投资者相对于理性知情投资者的比重，降低信息的质量，减小信息相对于情绪的变异 $\sigma_\theta^2/\sigma_S^2$，就会降低理性不知情投资者跟随情绪投资者的程度。为此，我们需要分析在信息的质量、情绪扰动的变异等指标处于何种状态时理性不知情投资者跟随情绪投资者的程度较大。

当理性知情投资者和理性不知情投资者在市场上存在时，由价格方程(2－15)可得这种情况下的情绪敏感性系数为 $\partial p_1/\partial S=0$。当理性不知情投资者和情绪投资者在市场上存在时,由方程(2-18)可知这种情况下的情绪敏感性系数为 $\partial p_1/\partial S = \dfrac{N\phi}{(O+N)(1+r_f)}$,情绪投资者的相对比重决定了其取值的大小。如果情绪投资者相对的比重很小,那么情绪扰动对均衡价格的边际影响效应就微乎其微,就好像市场上不存在情绪投资者一样。当理性知情投资者和情绪投资者在市场上存在时,由方程(2-23)可知这种情况下的情绪敏感性系数为 $\partial p_1/\partial S = \dfrac{N\phi}{(1+r_f)[I(\sigma_\theta^2/\sigma^2+1)+N]}$,情绪投资者的相对比重、信息的质量等指标决定了其取值的大小。如果情绪投资者相对于理性知情投资者的比重微乎其微,并且有较高的信息的质量,那么情绪扰动对均衡价格的边际影响效应就非常小。

由于理性不知情投资者和情绪投资者仅在市场上存在时,理性不知情投资者选择对赌情绪投资者;理性知情投资者和理性不知情投资者仅在市场上存在时,理性不知情投资者借助价格体系跟随理性知情投资者。假设数量庞大的理性不知情投资者和数量较少的情绪投资者存在于市场中,并且有数量较少的理性知情投资者陆续进入市场,那么理性不知情投资者会不会受到情绪扰动的误导而跟随情绪投资者,从而放大情绪扰动对资产价格的边际影响效应呢? 接下来,我们论述当理性知情投资者的相对比重、情绪投资者的相对比重、信息的质量等指标处于何种水平时,在理性不知情投资者跟随情绪投资者的作用下使得情绪扰动的边际影响效应较大。

为了定量地分析情绪扰动对均衡价格的边际影响效应大小,我们给出了不同市场条件下情绪敏感性系数的数值模拟。为此,在数值模拟中设定理性知情投资者的相对比重和情绪投资者的相对比重的取值范围均为 $[0,0.2]$。考虑理性知情投资者信息的平均质量 σ_θ、情绪投资者情绪扰动的平均质量 σ_S 直接影响到情绪敏感性系数的数值范围,这里我们讨论了四种案例,即 $(\sigma_\theta=1, \sigma_S=0.1)$、$(\sigma_\theta=0.1, \sigma_S-0.1)$、$(\upsilon_\theta=0.1, \sigma_S-1)$ 以及 $(\sigma_\theta=1, \sigma_S=1)$。 根据李进芳(Li,2014)的数值模拟中的参数取值,设定 $r_f=0.02$、$\phi=1$ 和 $\sigma=1$。结合参数 σ_θ 和参数 σ_S 的四种组合,围绕在理性知情投资者的人数比重 $I/(I+O+N)=0$ 和情绪投资的人数比重 $N/(I+O+N)=0$ 附近四种案例下情绪敏感性系数的数值示例分别如表 2-1、表 2-2、表 2-3 和表 2-4 所示,同时四种案例下对应的数值模拟分别如图 2-5、图 2-6、图 2-7 和图 2-8 所示。

表 2-1　信息质量较高、情绪扰动质量较低时的情绪敏感性示例 ($\sigma_\theta = 1$, $\sigma_S = 0.1$)

$I/(I+O+N) =$	$N/(I+O+N) = 0$	0.01	0.05	0.10	0.20
0	0	0.01	0.05	0.10	0.20
0.01	0	0.486 5	2.245 9	3.689 2	4.209 0
0.05	0	0.097 5	0.476 5	0.919 7	1.673 5
0.10	0	0.048 8	0.238 7	0.463 3	0.863 1
0.20	0	0.024 4	0.119 4	0.232 1	0.434 8

表 2-2　信息质量和情绪扰动质量均低时的情绪敏感性示例 ($\sigma_\theta = 0.1$, $\sigma_S = 0.1$)

$I/(I+O+N) =$	$N/(I+O+N) = 0$	0.01	0.05	0.10	0.20
0	0	0.01	0.05	0.10	0.20
0.01	0	0.490 1	0.227 8	0.185 3	0.235 1
0.05	0	0.185 3	0.489 9	0.433 1	0.370 4
0.10	0	0.095 3	0.380 0	0.489 7	0.471 6
0.20	0	0.048 0	0.220 1	0.370 3	0.489 2

表 2-3　信息质量较低、情绪扰动质量较高时的情绪敏感性示例 ($\sigma_\theta = 0.1$, $\sigma_S = 1$)

$I/(I+O+N) =$	$N/(I+O+N) = 0$	0.01	0.05	0.10	0.20
0	0	0.01	0.05	0.10	0.20
0.01	0	0.019 4	0.050 9	0.098 9	0.196 4
0.05	0	0.046 8	0.057 8	0.102 2	0.197 8
0.10	0	0.053 4	0.065 1	0.105 8	0.199 3
0.20	0	0.040 5	0.074 4	0.111 1	0.201 5

表 2-4　信息质量和情绪扰动质量均较高时的情绪敏感性示例 ($\sigma_\theta = 1$, $\sigma_S = 1$)

$I/(I+O+N) =$	$N/(I+O+N) = 0$	0.01	0.05	0.10	0.20
0	0	0.01	0.05	0.10	0.20
0.01	0	0.391 0	0.361 6	0.261 9	0.269 4
0.05	0	0.096 6	0.386 2	0.490 2	0.461 4
0.10	0	0.048 7	0.226 0	0.380 2	0.490 2
0.20	0	0.024 4	0.117 9	0.221 2	0.367 6

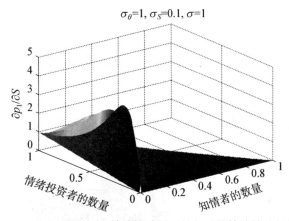

图 2-5 信息质量较高、情绪扰动质量较低时的情绪敏感性模拟

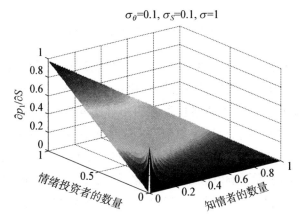

图 2-6 信息质量和情绪扰动质量较低时的情绪敏感性模拟

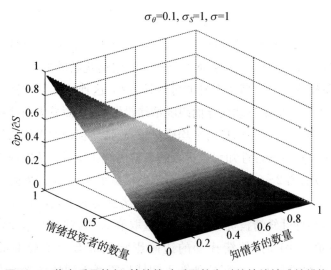

图 2-7 信息质量较低、情绪扰动质量较高时的情绪敏感性模拟

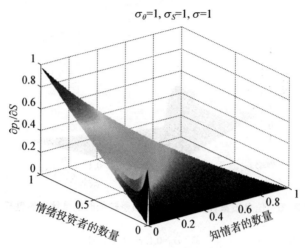

图 2-8　信息质量和情绪扰动质量均较高时的情绪敏感性模拟

　　表 2-1 显示，在信息的平均质量较高、情绪扰动的平均质量较低的经济环境下，当理性知情投资者占总体的相对比重取某一较小数值时，情绪扰动的边际影响效应随着情绪投资者的相对比重的增加而增大。特别是当理性知情投资者的相对比重取值 0.01，并且情绪投资者的相对比重取值 0.20 时，情绪扰动的边际影响效应达到最大数值 4.2090。在这种情况下，情绪扰动的边际影响效应远大于情绪投资者占总体的相对比重以及常数 1(情绪投资者仅在市场上存在时)。当理性知情投资者一开始不在市场上存在时，理性不知情投资者选择对赌情绪投资者，这种情况下的情绪敏感性系数为 $\partial p_1/\partial S = \dfrac{N}{1.02(O+N)}$，其数值大小由情绪投资者的相对比重决定。当数量较少的理性知情投资者陆续进入市场，并且理性知情投资者信息的平均质量 σ_θ 较高，而情绪投资者情绪扰动的平均质量 σ_S 较低时，资产价格变动来自情绪交易的可能性较小，这种情况下理性不知情投资者很可能受到情绪扰动误导而跟随情绪投资者，从而放大情绪扰动对资产价格的影响效应。在信息的平均质量较高、情绪扰动的平均质量较低条件下，情绪投资者和理性知情投资者的人数比例在 0 至 1 范围内连续变化的数值模拟如图 2-5 所示，它形象直观地模拟了表 2-1 的数值结论。

　　表 2-2 显示，在信息的平均质量和情绪扰动的平均质量均较低的经济环境下，当理性知情投资者的相对比重取值 0.01，并且情绪投资者的相对比重取值 0.01 时，情绪扰动的边际影响效应有一个局部最大数值 0.4901，这种情况下一小部分理性不知情投资者受到情绪扰动误导而跟

随情绪投资者。伴随情绪投资者的相对比重的稍微增加,理性不知情投资者选择对赌情绪投资者,情绪扰动的边际影响效应因而减小。当情绪投资者占总体的相对比重逐渐增大时,情绪扰动的边际影响效应最终变大,意味着情绪投资者的数量比例在市场上超过一定程度时他们能够创造自己的生存空间。这一市场过程的形象模拟如图 2-6 所示。

表 2-3 显示,在信息平均质量较低、情绪扰动平均质量较高的经济环境下,由于理性不知情投资者很少会受到情绪扰动的误导,果断地跟随理性知情投资者,并且共同对赌情绪投资者,从而使得情绪扰动的边际影响效应不存在一个显著的局部极大数值。这一市场情形的形象模拟如图 2-7 所示。

表 2-4 的分析过程与表 2-2 类似,在信息平均质量和情绪扰动平均质量均较高的市场环境下,当理性知情投资者的相对比重取值较小并且情绪投资者的相对比重取值也较小时,一小部分理性不知情投资者受到情绪扰动误导而跟随情绪投资者,从而使得情绪扰动的边际影响效应存在一个显著的局部极大数值。这一市场过程的直观数值模拟如图 2-8 所示。

2. 信息变量的敏感性分析

信息敏感性系数表示信息变量的单位变动对资产价格的边际影响大小,它反映了资产价格靠近理性预期价值的速度。根据均衡价格方程(2-30),信息敏感性系数具体可表示为:

$$\frac{\partial p_1}{\partial \theta} = \frac{\dfrac{I}{\sigma^2} + \dfrac{O}{\sigma_O^2} \dfrac{1}{1 + \left(\dfrac{N}{I} \dfrac{1}{1 + \sigma_\theta^2/\sigma^2}\right)^2 \dfrac{\sigma_S^2}{\sigma_\theta^2}}}{(1 + r_f)\left(\dfrac{I}{\sigma^2} + \dfrac{O}{\sigma_O^2} + \dfrac{N}{\sigma_\theta^2 + \sigma^2}\right)} \qquad (2-35)$$

方程(2-35)表明,增加理性知情投资者相对于总体市场的风险承受能力、同时增加理性不知情投资者的相对风险承受能力,就会提高资产价格对信息变量的敏感程度。其中,式子 $1 \Big/ \left(1 + \left(\dfrac{N}{I} \dfrac{1}{1 + \sigma_\theta^2/\sigma^2}\right)^2 \dfrac{\sigma_S^2}{\sigma_\theta^2}\right)$ 描述了理性不知情投资者借助价格体系跟随理性知情投资者的情况。由此可见,增加理性知情投资者相对于情绪投资者的比重,提高信息的质量,增大信息相对于情绪的变异 $\sigma_\theta^2/\sigma_S^2$,均会提高理性不知情投资者跟随理性知情投资者的程度,从而增大理性不知情投资者的相对风险承受能力,最终提高均衡价格对信息变量的敏感程度。

3. 好的方差(Good Variance)

在情绪扰动条件下由于信息因素被纳入资产价格所引起的均衡价格的平均变异为好的方差,它有效减小了资产价格在第二时期的波动性。根据均衡价格方程(2-30),好的方差可表示为:

$$Var(p_1 \mid S) = \left(\frac{\partial p_1}{\partial \theta}\right)^2 \sigma_\theta^2 \qquad (2-36)$$

如果均衡价格 p_1 与情绪扰动 S 趋于完全相关,那么条件方差 $Var(p_1 \mid S)$ 趋于零;另一方面,如果均衡价格 p_1 包含较少的情绪扰动 S,那么条件方差 $Var(p_1 \mid S)$ 就较大。方程(2-36)表明,增加理性知情投资者相对于情绪投资者的比重,提高信息的质量,增大信息的变异 σ_θ^2,减小情绪的变异 σ_S^2,均会增大好的方差 $Var(p_1 \mid S)$。

4. 价格系统的信息量

价格系统的信息量指标度量了市场是如何很好地融入理性知情投资者所掌握的基础信息。根据均衡价格方程(2-30),价格系统的信息量可表示为:

$$\rho_{p_1,\theta}^2 = \cfrac{1}{1 + \left(\cfrac{N\phi}{I(1 + \sigma_\theta^2/\sigma^2)}\right)^2 \cfrac{\sigma_S^2}{\sigma_\theta^2}} \qquad (2-37)$$

上述价格系统的信息量的表达式与方程(2-26)的表达式类似,总体而言,增加理性知情投资者相对于情绪投资者的比重,提高信息的质量,缩小情绪膨胀系数,增大信息相对于情绪的变异 $\sigma_\theta^2/\sigma_S^2$,均会提高价格系统的信息量 $\rho_{p_1,\theta}^2$,从而市场越有效率。综上,我们有命题2-3。

命题2-3:当理性知情投资者、理性不知情投资者和情绪投资者三类投资者在市场上存在时:

(1) 对于人数较少的理性知情投资者和情绪投资者,并且理性知情投资者信息的平均质量 σ_θ 较高,而情绪投资者情绪扰动的平均质量 σ_S 较低,这种市场情形下理性不知情投资者受到情绪扰动误导而跟随情绪投资者。在这种情况下情绪扰动的边际影响效应远大于情绪投资者占总体的相对比重以及常数1。

(2) 增加理性知情投资者相对于情绪投资者的比重,提高信息的质量,增大信息相对于情绪的变异 $\sigma_\theta^2/\sigma_S^2$,均会提高资产价格对信息变量的敏感程度。

(3) 与仅有理性知情投资者和情绪投资者两类投资者在市场上存在

的情形类似,总体而言,增加理性知情投资者相对于情绪投资者的比重,提高信息的质量,缩小情绪膨胀系数,增大信息相对于情绪的变异 $\sigma_\theta^2/\sigma_S^2$,均会提高价格系统的信息量 $\rho_{p_1,\theta}^2$,从而市场越有效率。

2.6　本章小结

在传统的噪音理性预期模型架构基础上,我们特别纳入了一类不知情的情绪投资者,建立了一个广义的包含三种类型投资者的情绪资产定价模型。在我们的基本模型中,情绪扰动相对应于信息因素。理性知情投资者进行信息因素的交易;情绪投资者错误地将情绪扰动认为是信息,进行情绪扰动的交易;理性不知情投资者借助价格系统来学习有用的信息,他们有时会受到情绪扰动的误导而跟随情绪投资者,从而增大情绪扰动的作用,导致资产价格远偏离理性预期价值。本章特别论证了三种类型投资者之间的相互博弈如何导致资产误定价,得到如下结论:

首先,当仅有理性知情投资者在市场上存在时,价格系统纳入了第一时期释放的全部信息,市场是完全有效率的;当仅有理性不知情投资者在市场上存在时,其借助价格系统获得不了任何有用的信息,这种情况下均衡价格没有纳入第一时期的任何信息,市场是完全无效率的;当仅有情绪投资者在市场上存在时,市场是完全无效率的。其次,当理性知情投资者和理性不知情投资者两类投资者在市场上存在时,理性不知情投资者能够借助价格系统完美地进行学习,使得均衡价格纳入了全部的信息,市场是完全有效率的。再次,当理性不知情投资者和情绪投资者两类投资者在市场上存在时,理性不知情投资者选择对赌情绪投资者,他们累计的风险承受能力决定了其博弈力量大小。在这种情况下市场是完全无效率的。然后,当理性知情投资者和情绪投资者两类投资者在市场上存在时,增加情绪投资者的相对比重,降低信息质量,就会增大价格对情绪扰动的敏感程度,而价格关于信息变量的敏感程度与此相反。最后,当理性知情投资者、理性不知情投资者和情绪投资者三类投资者在市场上存在时,理性不知情投资者有时会受到情绪扰动的误导而跟随情绪投资者,使得情绪扰动的边际影响效应远大于情绪投资者的数量比重和常数 1。与理性知情投资者和情绪投资者两类投资者仅在市场上存在的情形类似,总体而言,增加理性知情投资者相对于情绪投资者的比重,提高信息质量,缩小情绪膨胀系数,增大信息相对于情绪的变异 $\sigma_\theta^2/\sigma_S^2$,均会提高价格系统的信息量,从而市场越有效率。

　　总之,我们的模型很好地解释了一些金融市场异常现象,并且资本市场的监管者和管理者等能够从我们的模型结论中有效借鉴一些实践方面的指导建议。特别是模型的基本结论给出了关于政府监管部门如何提高资本市场效率的明确实践途径。比如,利用专业投资融资知识定期培训资本市场投资者,在市场情绪处于极端乐观或者极度悲观状态时给予广大散户投资者及时的情绪疏导,提高证券市场释放的有用信息的质量等手段,都能极大增强我国资本市场的效率,从而引导我国的资产市场发展成成熟的资产市场。

2.7　本章附录

附录1:在信息集 Ω_i 条件下投资者 i 的需求函数的推导

$$MaxE[u(W_i)]=MaxE[-\exp(-\gamma W_i)] \qquad (2-38)$$

　　在投资者 i 的财富 W_i 服从正态分布条件下,有:

$$E[-\exp(-\gamma W_i)]$$

$$=\int_{-\infty}^{+\infty} -\exp(-\gamma W_i)f(W_i)dW_i$$

$$=\int_{-\infty}^{+\infty} -\exp(-\gamma W_i)\cdot\frac{1}{\sqrt{2\pi}\sigma_{W_i}}\exp\left(-\frac{(W_i-E(W_i))^2}{2\sigma_{W_i}^2}\right)dW_i$$

$$=-\int_{-\infty}^{+\infty} \frac{1}{\sqrt{2\pi}\sigma_{W_i}}\exp\left(-\frac{2\sigma_{W_i}^2\gamma W_i+(W_i-E(W_i))^2}{2\sigma_{W_i}^2}\right)dW_i$$

$$=-\int_{-\infty}^{+\infty} \frac{1}{\sqrt{2\pi}\sigma_{W_i}}\exp\left(-\frac{(W_i-E(W_i)+\gamma\sigma_{W_i}^2)^2+\gamma\sigma_{W_i}^2(2E(W_i)-\gamma\sigma_{W_i}^2)}{2\sigma_{W_i}^2}\right)dW_i$$

$$=-\exp\left(-\gamma\left(E(W_i)-\frac{1}{2}\gamma\sigma_{W_i}^2\right)\right) \qquad (2-39)$$

　　因此, $MaxE[u(W_i)]\Leftrightarrow Max\left[E(W_i)-\frac{1}{2}\gamma Var(W_i)\right]$,进一步有:

$$E(W_i)-\frac{1}{2}\gamma Var(W_i)$$

$$=E(VX_i+(W_0-pX_i)r)-\frac{1}{2}\gamma Var(VX_i+(W_0-pX_i)r)$$

$$= E((V - pr)X_i + W_0 r) - \frac{1}{2}\gamma Var((V - pr)X_i + W_0 r)$$

$$(2-40)$$

假定 i 种类型投资者的信息集合为 Ω_i，风险资产的最终价值 V 在 i 种类型投资者的信息集合条件下服从正态分布，由一阶条件可得 i 种类型投资者的需求函数为：

$$X_i = \frac{E(V \mid \Omega_i) - pr}{\gamma Var(V \mid \Omega_i)} \qquad (2-41)$$

附录 2：方程(2-13)和(2-14)的证明

在 2.2 节描述的经济中，均衡价格方程恰好是一个简单的线性结构，在这种情况下第一时期的市场均衡价格预设为 $p_1^{IO} = m + n\theta$，那么理性不知情投资者关于风险资产最终价值的条件期望为：

$$E(V \mid p_1^{IO}) = E(V) + \frac{Cov(V, p_1^{IO})}{Var(p_1^{IO})}(p_1^{IO} - E(p_1^{IO}))$$

$$= E(p_0 + \theta + \varepsilon) + \frac{Cov(p_0 + \theta + \varepsilon, m + n\theta)}{Var(m + n\theta)}(m + n\theta - E(m + n\theta))$$

$$= p_0 + \theta$$

$$(2-42)$$

条件方差为：

$$Var(V \mid p_1^{IO}) = Var(V) - \frac{Cov^2(V, p_1^{IO})}{Var(p_1^{IO})}$$

$$= Var(p_0 + \theta + \varepsilon) - \frac{Cov^2(p_0 + \theta + \varepsilon, m + n\theta)}{Var(m + n\theta)}$$

$$= \sigma_\theta^2 + \sigma^2 - \sigma_\theta^2$$

$$= \sigma^2$$

$$(2-43)$$

附录 3：方程(2-21)和(2-22)的证明

令无风险资产的收益为 $r = 1$，那么第二时期的价格变化和第一时期的价格变化之间的协方差为：

$$Cov(p_2 - p_1^{IN}, \ p_1^{IN} - p_0)$$

$$= Cov\Big(\frac{N\sigma^2}{I(\sigma_\theta^2 + \sigma^2) + N\sigma^2}\theta - \frac{N\phi\sigma^2}{I(\sigma_\theta^2 + \sigma^2) + N\sigma^2}S,$$

$$\frac{I(\sigma_\theta^2 + \sigma^2)}{I(\sigma_\theta^2 + \sigma^2) + N\sigma^2}\theta + \frac{N\phi\sigma^2}{I(\sigma_\theta^2 + \sigma^2) + N\sigma^2}S\Big)$$

$$= \frac{I(\sigma_\theta^2 + \sigma^2)N\sigma^2}{[I(\sigma_\theta^2 + \sigma^2) + N\sigma^2]^2}\sigma_\theta^2 - \frac{N\phi\sigma^2 N\phi\sigma^2}{[I(\sigma_\theta^2 + \sigma^2) + N\sigma^2]^2}\sigma_S^2$$

$$= \frac{N\sigma^2}{[I(\sigma_\theta^2 + \sigma^2) + N\sigma^2]^2}[I(\sigma_\theta^2 + \sigma^2)\sigma_\theta^2 - N\phi^2\sigma^2\sigma_S^2] \qquad (2-44)$$

则当 $I(\sigma_\theta^2 + \sigma^2)\sigma_\theta^2 - N\phi^2\sigma^2\sigma_S^2 > 0$，即 $\dfrac{N}{I} < \dfrac{(\sigma_\theta^2 + \sigma^2)\sigma_\theta^2}{\phi^2\sigma^2\sigma_S^2}$ 时，

$Cov(p_2 - p_1^{IN}, \ p_1^{IN} - p_0) > 0$；当 $I(\sigma_\theta^2 + \sigma^2)\sigma_\theta^2 - N\phi^2\sigma^2\sigma_S^2 < 0$，即 $\dfrac{N}{I} >$

$\dfrac{(\sigma_\theta^2 + \sigma^2)\sigma_\theta^2}{\phi^2\sigma^2\sigma_S^2}$ 时，$Cov(p_2 - p_1^{IN}, \ p_1^{IN} - p_0) < 0$。

附录 4：第一时期的均衡价格 p_1 具体表达式的推导

当理性知情投资者、理性不知情投资者和情绪投资者三类投资者在市场上存在时，在这种情况下第一时期的市场均衡价格预设为 $p_1 = a + b\theta + cS$，则理性不知情投资者关于风险资产最终价值的条件期望和方差分别为：

$$E(V \mid p_1) = E(V) + \frac{Cov(V, \ p_1)}{Var(p_1)}(p_1 - E(p_1))$$

$$= p_0 + \frac{b\sigma_\theta^2}{b^2\sigma_\theta^2 + c^2\sigma_S^2}(p_1 - a) \qquad (2-45)$$

$$Var(V \mid p_1) = Var(V) - \frac{Cov^2(V, \ p_1)}{Var(p_1)}$$

$$= \sigma_\theta^2 + \sigma^2 - \frac{b\sigma_\theta^2 b\sigma_\theta^2}{b^2\sigma_\theta^2 + c^2\sigma_S^2} \qquad (2-46)$$

累加理性知情投资者、理性不知情投资者和情绪投资者各自关于风险资产的需求量，让风险资产的总需求等于其供给量，可得市场出清方程：

$$I\frac{p_0 + \theta - p_1 r}{\gamma\sigma^2} + O\frac{E(V \mid p_1) - p_1 r}{\gamma Var(V \mid p_1)} + N\frac{p_0 + f(S) - p_1 r}{\gamma(\sigma_\theta^2 + \sigma^2)} = M$$

$$(2-47)$$

将方程(2-45)和(2-46)代入市场出清方程(2-47),解得 p_1 为:

$$p_1 = \cfrac{[I\sigma_O^2(\sigma_\theta^2+\sigma^2)+O\sigma^2(\sigma_\theta^2+\sigma^2)+N\sigma^2\sigma_O^2]p_0 - \cfrac{Oab\sigma_\theta^2\sigma^2(\sigma_\theta^2+\sigma^2)}{b^2\sigma_\theta^2+c^2\sigma_S^2}}{rI\sigma_O^2(\sigma_\theta^2+\sigma^2)+rO\sigma^2(\sigma_\theta^2+\sigma^2)+rN\sigma^2\sigma_O^2 - \cfrac{Ob\sigma_\theta^2\sigma^2(\sigma_\theta^2+\sigma^2)}{b^2\sigma_\theta^2+c^2\sigma_S^2}} -$$

$$\cfrac{\gamma M\sigma^2\sigma_O^2(\sigma_\theta^2+\sigma^2)-I\sigma_O^2(\sigma_\theta^2+\sigma^2)\theta}{rI\sigma_O^2(\sigma_\theta^2+\sigma^2)+rO\sigma^2(\sigma_\theta^2+\sigma^2)+rN\sigma^2\sigma_O^2 - \cfrac{Ob\sigma_\theta^2\sigma^2(\sigma_\theta^2+\sigma^2)}{b^2\sigma_\theta^2+c^2\sigma_S^2}} +$$

$$\cfrac{N\sigma^2\sigma_O^2\phi S}{rI\sigma_O^2(\sigma_\theta^2+\sigma^2)+rO\sigma^2(\sigma_\theta^2+\sigma^2)+rN\sigma^2\sigma_O^2 - \cfrac{Ob\sigma_\theta^2\sigma^2(\sigma_\theta^2+\sigma^2)}{b^2\sigma_\theta^2+c^2\sigma_S^2}}$$

$$(2-48)$$

其中,$f(S)=\phi S$,$\sigma_O^2=Var(V\mid p_1)$。 因此有:

$$a = \cfrac{[I\sigma_O^2(\sigma_\theta^2+\sigma^2)+O\sigma^2(\sigma_\theta^2+\sigma^2)+N\sigma^2\sigma_O^2]p_0 - \cfrac{Oab\sigma_\theta^2\sigma^2(\sigma_\theta^2+\sigma^2)}{b^2\sigma_\theta^2+c^2\sigma_S^2}}{rI\sigma_O^2(\sigma_\theta^2+\sigma^2)+rO\sigma^2(\sigma_\theta^2+\sigma^2)+rN\sigma^2\sigma_O^2 - \cfrac{Ob\sigma_\theta^2\sigma^2(\sigma_\theta^2+\sigma^2)}{b^2\sigma_\theta^2+c^2\sigma_S^2}} -$$

$$\cfrac{\gamma M\sigma^2\sigma_O^2(\sigma_\theta^2+\sigma^2)}{rI\sigma_O^2(\sigma_\theta^2+\sigma^2)+rO\sigma^2(\sigma_\theta^2+\sigma^2)+rN\sigma^2\sigma_O^2 - \cfrac{Ob\sigma_\theta^2\sigma^2(\sigma_\theta^2+\sigma^2)}{b^2\sigma_\theta^2+c^2\sigma_S^2}}$$

$$(2-49)$$

$$b = \cfrac{I\sigma_O^2(\sigma_\theta^2+\sigma^2)}{rI\sigma_O^2(\sigma_\theta^2+\sigma^2)+rO\sigma^2(\sigma_\theta^2+\sigma^2)+rN\sigma^2\sigma_O^2 - \cfrac{Ob\sigma_\theta^2\sigma^2(\sigma_\theta^2+\sigma^2)}{b^2\sigma_\theta^2+c^2\sigma_S^2}}$$

$$(2-50)$$

$$c = \cfrac{N\sigma^2\sigma_O^2\phi}{rI\sigma_O^2(\sigma_\theta^2+\sigma^2)+rO\sigma^2(\sigma_\theta^2+\sigma^2)+rN\sigma^2\sigma_O^2 - \cfrac{Ob\sigma_\theta^2\sigma^2(\sigma_\theta^2+\sigma^2)}{b^2\sigma_\theta^2+c^2\sigma_S^2}}$$

$$(2-51)$$

由方程(2-49)可得 a 的具体表达式为:

$$a = \frac{p_0}{r} - \frac{\gamma M\sigma^2\sigma_O^2(\sigma_\theta^2+\sigma^2)}{r[I\sigma_O^2(\sigma_\theta^2+\sigma^2)+O\sigma^2(\sigma_\theta^2+\sigma^2)+N\sigma^2\sigma_O^2]} \quad (2-52)$$

联合方程(2-50)和(2-51)可得 b 和 c 的具体表达式分别为:

$$b = \frac{I\sigma_O^2(\sigma_\theta^2+\sigma^2) + \dfrac{O\sigma_\theta^2\sigma^2(\sigma_\theta^2+\sigma^2)[I(\sigma_\theta^2+\sigma^2)]^2}{[I(\sigma_\theta^2+\sigma^2)]^2\sigma_\theta^2 + N\sigma^2 N\sigma^2\sigma_S^2}}{rI\sigma_O^2(\sigma_\theta^2+\sigma^2) + rO\sigma^2(\sigma_\theta^2+\sigma^2) + rN\sigma^2\sigma_O^2} \qquad (2-53)$$

$$c = \frac{N\sigma_O^2\sigma^2 + \dfrac{O\sigma_\theta^2\sigma^2(\sigma_\theta^2+\sigma^2)I(\sigma_\theta^2+\sigma^2)N\sigma^2}{[I(\sigma_\theta^2+\sigma^2)]^2\sigma_\theta^2 + N\sigma^2 N\sigma^2\sigma_S^2}}{rI\sigma_O^2(\sigma_\theta^2+\sigma^2) + rO\sigma^2(\sigma_\theta^2+\sigma^2) + rN\sigma^2\sigma_O^2} \qquad (2-54)$$

所以有:

$$p_1 = \frac{p_0}{1+r_f} + \frac{\dfrac{I}{\sigma^2} + \dfrac{O}{\sigma_O^2 A}}{(1+r_f)\left(\dfrac{I}{\sigma^2} + \dfrac{O}{\sigma_O^2} + \dfrac{N}{\sigma_\theta^2+\sigma^2}\right)}\theta + \frac{\left(\dfrac{N}{\sigma_\theta^2+\sigma^2} + \dfrac{O}{\sigma_O^2 B}\right)\phi}{(1+r_f)\left(\dfrac{I}{\sigma^2} + \dfrac{O}{\sigma_O^2} + \dfrac{N}{\sigma_\theta^2+\sigma^2}\right)}S$$

$$- \frac{\gamma M}{(1+r_f)\left(\dfrac{I}{\sigma^2} + \dfrac{O}{\sigma_O^2} + \dfrac{N}{\sigma_\theta^2+\sigma^2}\right)}$$

$$(2-55)$$

其中,A、B 和 σ_O^2 分别为:

$$A = 1 + \left(\frac{N}{I}\frac{1}{1+\sigma_\theta^2/\sigma^2}\right)^2 \frac{\sigma_S^2}{\sigma_\theta^2} \qquad (2-56)$$

$$B = \frac{I}{N}(1+\sigma_\theta^2/\sigma^2) + \frac{N}{I}\frac{1}{(1+\sigma_\theta^2/\sigma^2)}\frac{\sigma_S^2}{\sigma_\theta^2} \qquad (2-57)$$

$$\sigma_O^2 = \sigma_\theta^2 \frac{N^2\sigma^4\sigma_S^2}{I^2\sigma_\theta^2(\sigma_\theta^2+\sigma^2)^2 + N^2\sigma^4\sigma_S^2} + \sigma^2 \qquad (2-58)$$

第三章 异质情绪投资者、加总效应和资产定价模型

3.1 引言

在上一章中,我们分析了理性知情投资者、理性不知情投资者和情绪投资者三类投资者的相互博弈如何导致资产误定价,从而降低市场的有效性。进一步,本章从异质情绪投资者加总(Aggregation)效应的角度来分析情绪投资者的不同认知如何维持错误价格。

传统资产定价理论认为,如果非理性投资者是相互独立的,由于他们的作用相互抵消,因此在总体水平上不会对均衡价格产生显著的影响(Fama,1970)。然而,逐渐兴起的行为资产定价理论显示,众多的非理性投资者之间的个体行为是相互关联的,因此在总体水平上他们对均衡价格的影响不会相互抵消(Shleifer,2000[①];Hirshleifer,2001[②])。有关非理性投资者加总效应的论点是如此直观如此吸引人,以致在一些研讨会和学术会议上该论点被经常引用,而且在一些文献中也经常涉及非理性投资者的个体加总效应。尽管个体的加总效应非常重要,但有关加总效应的论证被传统理性预期范例和新兴行为金融认为是理所当然的(Yan,2010)。为此,我们尝试从情绪投资者相异认知信念的视角建立相应的情绪资产定价模型,来阐释不同认知情绪投资者的个体效应在总体水平上能否被相互抵消。

在现实金融市场上,几乎不存在完全绝对理性的投资者,个体投资者

---

① Shleifer, A. Inefficient markets: An introduction to behavioral finance [M]. New York: Oxford University Press, 2000.

② Hirshleifer, D. Investor psychology and asset pricing [J]. The Journal of Finance, 2001, 56: 1533 – 1597.

的认知与选择多多少少受到自己情绪扰动的影响。一些对未来市场看涨的乐观情绪投资者,相应地就会增加股票的仓位;而另外一些对后期市场看跌的悲观情绪投资者,相应地就会减少股票的仓位。因此为了更贴近于实际金融市场,需要将不同的个体投资者划分为乐观情绪投资者和悲观情绪投资者。杨春鹏和闫伟(2012)根据两类投资者的相异认知信念建立了一个双向情绪资产定价模型,研究结果表明风险资产的均衡价格是由正向情绪投资者与负向情绪投资者的相互博弈决定。尤其,未来事件具有很大的不确定性,对未来的预测也就变得愈发困难,假定每个个体对风险资产的收益和风险具有相同预期似乎是不合理的。实际上,不确定性的概念暗含了不同个体观点、认知的差异(Miller, 1977; Yan, 2010)。闫宏君(Yan, 2010)提供了一类包含众多类型偏差投资者的资产定价模型,结果表明如果众多类型偏差投资者对风险资产的需求是认知偏差的非线性函数,众多投资者之间独立的偏差能够显著地影响均衡价格。因此,我们试图把包含乐观情绪投资者和悲观情绪投资者的资产定价模型拓展为包含N种类型情绪投资者的资产定价模型。

在格罗斯曼和斯蒂格利茨(Grossman and Stiglitz, 1980)[①]构建的模型架构基础上,我们建立了一类涉及相异认知信念代理者的情绪资产定价模型。该模型表明,即使异质的情绪在不同的情绪投资者之间是相互独立的,他们对资产均衡价格仍然具有显著的影响。首先,在包含乐观情绪投资者和悲观情绪者的经济环境下,由于风险资产的需求函数是投资者情绪的非线性形式,异质的情绪会显著地影响资产均衡价格。其次,在包含众多类型情绪投资者的经济环境下,尽管风险资产的需求函数退化为个体投资者情绪的线性形式,但由于不同类型情绪投资者人数分布的变动,异质情绪投资者仍然对均衡价格具有显著的影响。

3.2　经济环境的假定

一个市场被赋予可交易的两类资产。一类资产是有风险的股票,它在日期 2 的清算价值为 $V = p_0 + \theta + \varepsilon$。第一项 p_0 是风险资产在日期 0 的价格,为 V 的无条件期望。第二项 θ 是在日期 1 交易前释放的一个基础信

①　Grossman, S., Stiglitz, J. On the impossibility of informationally efficient markets [J]. American Economic Review, 1980, 70: 393-408.

息,它的均值为零,方差为 σ_θ^2,服从正态分布。第三项随机扰动 ϵ 的均值为零,方差为 σ^2,也服从正态分布,它在日期 2 被实现。交易发生在日期 1,并且风险资产的供给量为 M。另一类资产是无风险资产,完全弹性供给,它的收益率为 r_f。

在该市场中,所有的个体投资者都是包含自身情绪扰动的情绪投资者,他们将个人的情绪扰动纳入对风险资产清算价值的认知之中,从而交易行为受到情绪冲击。一些金融学者开展了心理实验,其实验结果表明情绪高涨的个体投资者会作出乐观的判断和选择,从而对资产的认知清算价值会增加,而对资产的认知风险会降低;相反地,情绪低落的个体投资者会作出悲观的判断和选择,由此对资产的认知清算价值会降低,而对资产的认知风险会增加(Ganzach,2000;Statman et al.,2008;Kempf et al.,2014)。

在此,情绪投资者关于风险资产的认知清算价值设为 $V_s = p_0 + \theta_S + f(S) + \epsilon_S$,其中,$\theta_S$ 为情绪投资者认知的基础信息,ϵ_S 为情绪投资者认知的随机扰动项,情绪函数 $f(S)$ 是情绪扰动 S 的递增函数,它具有如下属性:(1) 如果 $S > 0$,那么 $f(S) > 0$,即 $V_s > V$;(2) 如果 $S < 0$,那么 $f(S) < 0$,即 $V_s < V$;(3) 如果 $S = 0$,那么 $f(S) = 0$,即 $V_s = V$。情绪扰动 S 的均值为零,方差为 σ_S^2,它服从正态分布,并且 S、θ_S 和 ϵ_S 三者之间是相互独立的。

认知信息 θ_S 的均值为零,方差为 $h(S)\sigma_\theta^2$,服从正态分布;认知扰动项 ϵ_S 的均值为零,方差为 $g(S)\sigma^2$,服从正态分布。这里,两个情绪函数 $h(S)$、$g(S)$ 分别为情绪扰动的递减函数,它们具有如下性质:(1) 如果 $S > 0$,那么 $h(S) < 1$、$g(S) < 1$;(2) 如果 $S \leqslant 0$,那么 $h(S) \geqslant 1$、$g(S) \geqslant 1$(Yang and Li,2013)。情绪高涨的个体投资者会降低关于信息和随机扰动项的认知方差,并且与随机扰动项认知方差缩小的速度相比信息认知方差缩小的速度较慢,从而提高信息的质量;情绪低落的个体投资者会增加关于信息和随机扰动项的认知方差,并且相对于随机扰动项认知方差扩大的速度,信息认知方差扩大得也较慢,从而降低信息的质量。

假定不同类型的个体情绪投资者面临相同的恒定绝对风险厌恶(CARA)效用函数,即:

$$u(W) = -\exp(-\gamma W),\ \gamma > 0 \qquad (3-1)$$

这里,绝对风险厌恶系数用 γ 表示,财富变量 W 服从正态分布。每一种类型情绪投资者在他们所拥有的信息集合条件下来最大化预期效用。

假定每一种类型情绪投资者 i 的初始财富用 W_{0i} 表示,他们分别选择第一时期关于风险资产的最优化需求来最大化预期效应,即:

$$Max E[-\exp(-\gamma W_{1i}) \mid \Omega_i] \Leftrightarrow Max\left[E(W_{1i} \mid \Omega_i) - \frac{1}{2}\gamma Var(W_{1i} \mid \Omega_i)\right]$$
$$(3-2)$$

其中,Ω_i 是每一类情绪投资者 i 可获得的信息集,$Max E[\cdot]$ 表示根据 i 类情绪投资者的信息集来最大化预期的效用,$E(W_{1i} \mid \Omega_i)$ 表示以信息集 Ω_i 为条件的 W_{1i} 的期望,$Var(W_{1i} \mid \Omega_i)$ 表示以信息集 Ω_i 为条件的 W_{1i} 的方差。那么,我们可得:

$$E(W_{1i} \mid \Omega_i) - \frac{1}{2}\gamma Var(W_{1i} \mid \Omega_i)$$
$$= E((V_S - p_1(1+r_f))X_i + W_{0i}(1+r_f) \mid \Omega_i)$$
$$- \frac{1}{2}\gamma Var((V_S - p_1(1+r_f))X_i + W_{0i}(1+r_f) \mid \Omega_i)$$
$$(3-3)$$

其中,X_i 是 i 类情绪投资者对风险资产的需求量。根据需求量 X_i 的一阶条件可得关于风险资产需求的具体表达式为:

$$X_i = \frac{E(V_S \mid \Omega_i) - p_1(1+r_f)}{\gamma Var(V_S \mid \Omega_i)} \qquad (3-4)$$

其中,$E(\cdot)$ 表示关于 i 类情绪投资者信息集的认知期望,$Var(\cdot)$ 表示关于 i 类情绪投资者信息集的认知方差。

斯塔曼等(Statman et al.,2008)和肯普夫等(Kempf et al.,2014)认为情绪高涨的个体投资者将会增加资产的认知价值,而降低资产的认知风险;情绪低落的个体投资者情况正好相反。简言之,情绪投资者关于风险资产的最优化需求量为情绪扰动的单调递增函数,情绪高涨的投资者会增加关于风险资产的需求,而情绪低落的投资者会减少对风险资产的需求。

3.3　经济的均衡

3.3.1　一类情绪投资者

在我们开始研究异质情绪资产定价之前,先考虑经济中存在一类情绪投资者的情况。在经济中有 Q 个情绪投资者,他们面临相同的情绪扰动。在这种情况下,个体情绪投资者关于风险资产的认知清算价值的条件期望和方差可分别表示为:

$$E(V_S \mid S) = p_0 + f(S)$$

$$Var(V_S \mid S) = h(S)\sigma_\theta^2 + g(S)\sigma^2 \tag{3-5}$$

将上述两式代入需求量方程(3-4),可得个体情绪投资者关于风险资产的最佳需求为:

$$X_Q = \frac{p_0 + f(S) - p_1(1 + r_f)}{\gamma(h(S)\sigma_\theta^2 + g(S)\sigma^2)} \tag{3-6}$$

由于情绪函数 $f(S)$ 为情绪扰动的递增函数,情绪函数 $h(S)$、$g(S)$ 为情绪扰动的递减函数,所以需求量 X_Q 关于情绪扰动 S 单调递增。由此可见,情绪高涨的个体投资者会增加关于风险资产的需求量,而情绪低落的个体投资将会降低对风险资产的需求量。

强加市场出清条件,我们可得如下的市场出清方程:

$$\frac{p_0 + f(S) - p_1(1 + r_f)}{\gamma(h(S)\sigma_\theta^2 + g(S)\sigma^2)} \times Q = M \tag{3-7}$$

解得第一时期的市场均衡价格 p_1 为:

$$p_1 = \frac{p_0}{1 + r_f} + \frac{f(S)}{1 + r_f} - \frac{\gamma M(h(S)\sigma_\theta^2 + g(S)\sigma^2)}{(1 + r_f)N} \tag{3-8}$$

风险资产均衡价格表达式中,式子 $(1 + r_f)^{-1}$ 为无风险贴现率,它出现在每一项。风险资产的基础价值成分由第一项式子所反映;投资者情绪扰动所引起的风险资产价格变化由第二项式子所描述;经济均衡中总的市场风险溢价由第三项式子所刻画。

我们的最终兴趣是投资者情绪如何融入资产的价格。进一步,由均衡价格方程可得情绪扰动对资产价格的边际影响效应为:

$$\frac{\partial p_1}{\partial S} = \frac{f'(S)}{1 + r_f} - \frac{\gamma M(\sigma_\theta^2 h'(S) + \sigma^2 g'(S))}{(1 + r_f)N} \tag{3-9}$$

为了定量地分析情绪扰动对均衡价格的影响效应,根据 3.2 节给定的情绪函数的性质令 $f(S) = \phi S$,$h(S) = e^{-\alpha S}$,$g(S) = e^{-\beta S}$。这里,参数 ϕ、α 和 β 分别为大于 0 的某一常量,并且有 $\beta > \alpha > 0$。风险资产均衡价格、情绪敏感性系数分别关于情绪扰动的数值模拟如下图 3-1 所示。

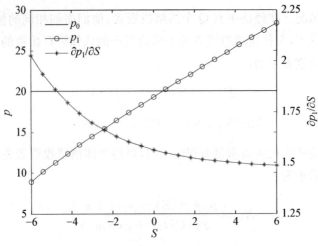

图3-1 资产均衡价格和情绪敏感性系数

考虑到每个参数的约束条件和简化处理,我们来设定每个参数的对应值。例如,参考孟德尔和施莱弗(Mendel and Shleifer, 2012)的参数设定,风险资产的供给量 M 假定为单位 1,情绪投资者数量 Q 标准化为 $Q=1$。图3-1涉及的参数的具体值均来自一些经验证据,并且这些参数值在其他一些文献中也有所提及(Yang and Li, 2013;Li, 2014)。因此,模型的具体参数设定如下: $p_0=20$, $r_f=0.02$, $\gamma=1.25$, $M=1$, $Q=1$, $\sigma_\theta^2=\sigma^2=0.25$, $\phi=1.5$, $\alpha=0.2$, $\beta=0.3$, $S\in[-6,6]$。

图3-1显示,风险资产的均衡价格随着情绪变量的增大而增加,而情绪扰动的边际影响效应随着情绪变量的升高而减小。平均而言,在情绪低落区间的情绪敏感性系数显著大于在情绪高涨区间的情绪敏感性系数,存在明显的非对称性。此外,情绪变量越大,情绪均衡价格越高,当情绪变量增加到一定程度时最终引起资产价格的过度反应。

3.3.2 乐观情绪投资者和悲观情绪投资者

在实践中,不确定性和风险通常导致意见的分歧。许多风险资产的交易包括两种类型投资者,一种类型投资者对风险资产的售卖保持乐观态度,而另一种类型投资者对风险资产的售卖保持悲观态度。乐观投资者关于风险资产的认知预期收益是正的,为此他们买进更多的风险资产头寸;悲观投资者由于风险厌恶而卖空风险资产头寸,一些文献已经涉及了有关乐观投资者和悲观投资者的论证(Miller, 1977;Yan, 2010)。由于卖空限制,过度乐观的一小群投资者对风险资产的叫价远超出了它的基础价值,以致大多数投资者认为他们的做法是非理智的。这就意味着一小群持非常乐观预期的投资者在卖空条件的限制下会引起资产价格的过高定价（Miller，1977；Harrison and Kreps，1978；Scheinkman and Xiong，2003；Yan，2010）。

因此，我们考虑这样的一个经济环境，该经济中包含乐观情绪投资者和悲观情绪投资者等两种类型投资者。乐观情绪投资者的情绪冲击为正向的，对风险资产的认知预期价值比较高而持有更多的风险资产头寸；悲观情绪投资者的情绪冲击是负向的，对风险资产的认知预期价值比较低而持有做空的头寸，但是由于风险厌恶，他们的卖空受到约束。为此，我们集中分析乐观情绪投资者和悲观情绪投资者的相互作用，进而论证二者的相互作用如何维持错误价格。资产价格的一个最初增加使得市场是看涨的，乐观情绪投资者会增加对风险资产的需求。此外，由于情绪传染部分悲观情绪投资者也会转变为乐观情绪投资者，结果，人数分布的波动放大了价格的冲击。在风险资产价格大涨之后，乐观情绪投资占据了市场中投资者的大多数，从而他们主导了市场的均衡。

在这种经济环境下，假定存在两种类型投资者：一种类型是保持乐观态度的情绪投资者，其人数为 N_H；另一种类型是保持悲观态度的情绪投资者，其数量为 N_L。变量 $S_H > 0$ 代表乐观投资者的总体情绪水平，他们关于风险资产的认知清算价值为 $V_{S_H} = p_0 + f(S_H) + \varepsilon_{S_H}$，关于认知扰动项 ε_{S_H} 的感知方差为 $\sigma_{S_H}^2 = g(S_H)\sigma^2$；变量 $S_L < 0$ 体现了悲观投资者的总体情绪水平，他们关于风险资产的认知清算价值为 $V_{S_L} = p_0 + f(S_L) + \varepsilon_{S_L}$，关于认知扰动项 ε_{S_L} 的感知方差为 $\sigma_{S_L}^2 = g(S_L)\sigma^2$。在此，我们在风险资产的认知价值中去掉了认知的基础信息 θ_S，与 3.3.1 节的论证类似，认知的基础信息并不改变情绪投资者的条件期望，只是改变情绪投资者的条件方差，基础信息的认知方差结构与随机扰动项的认知方差结构相同，鉴于此，我们做了简化处理。此外，情绪函数 $f(S)$ 和 $g(S)$ 满足前述章节中设定的性质。

结合情绪投资者的需求函数方程(3-4)，则乐观情绪投资者关于风险资产的最优需求量 X_H 和悲观情绪投资者关于风险资产的最佳需求量 X_L 分别为：

$$X_H = \frac{p_0 + f(S_H) - p_1(1 + r_f)}{\gamma g(S_H)\sigma^2}$$

$$X_L = \frac{p_0 + f(S_L) - p_1(1 + r_f)}{\gamma g(S_L)\sigma^2} \tag{3-10}$$

鉴于情绪函数 $f(S)$ 和 $g(S)$ 在 3.3.1 节中的显性表达式,那么对每一类投资者而言风险资产的需求函数显然是情绪变量的非线性形式。例如,如果投资者的需求函数是情绪因素的凸函数,那么伴随着乐观情绪和悲观情绪二者绝对值的增大,就会增加总的需求量,进而提高资产的价格,尽管乐观情绪和悲观情绪在总体水平上很可能被相互抵消。

将乐观情绪投资者的最优需求和悲观情绪投资者的最佳需求代入市场出清方程 $N_H \times X_H + N_L \times X_L = M$,可得均衡价格的表达式为:

$$p_1 = \frac{p_0}{1+r_f} + \frac{N_H g(S_L)}{(1+r_f)(N_H g(S_L) + N_L g(S_H))} f(S_H)$$

$$+ \frac{N_L g(S_H)}{(1+r_f)(N_H g(S_L) + N_L g(S_H))} f(S_L)$$

$$- \frac{\gamma M g(S_H) g(S_L)\sigma^2}{(1+r_f)(N_H g(S_L) + N_L g(S_H))} \tag{3-11}$$

方程(3-11)表明情绪均衡价格由四项组成,风险资产的基础价值成分由第一项式子所反映;个体情绪投资者持乐观态度时,高涨情绪对资产价格的影响效应由第二项式子所描述;个体情绪投资者持悲观态度时,低落情绪对均衡价格的影响效应由第三项式子所刻画;均衡中总的市场风险溢价由最后一项式子所反映。方程(3-11)暗含着乐观情绪投资者和悲观情绪投资者的博弈水平共同决定了风险资产均衡价格,至于是由乐观情绪投资者主导市场,还是由悲观情绪投资者主导市场,这由两种类型投资者的高涨情绪和低落情绪的绝对数值以及二者数量的多少所决定。因此,我们可得如下的命题。

命题 3-1: 在包含乐观情绪投资者和悲观情绪投资者的经济环境中,

(1) 风险资产的均衡价格为:

$$p_1 = \frac{p_0}{1+r_f} + \frac{N_H g(S_L)}{(1+r_f)(N_H g(S_L) + N_L g(S_H))} f(S_H)$$

$$+ \frac{N_L g(S_H)}{(1+r_f)(N_H g(S_L) + N_L g(S_H))} f(S_L)$$

$$- \frac{\gamma M g(S_H) g(S_L)\sigma^2}{(1+r_f)(N_H g(S_L) + N_L g(S_H))}$$

(2) 乐观情绪投资者、悲观情绪投资者的需求函数分别为:

$$X_H = \frac{p_0 + f(S_H) - p_1(1+r_f)}{\gamma g(S_H)\sigma^2}$$

$$X_L = \frac{p_0 + f(S_L) - p_1(1+r_f)}{\gamma g(S_L)\sigma^2}$$

其中,两种类型情绪投资者关于风险资产的需求量是情绪扰动的非线性结构,情绪高涨的个体投资者增加对风险资产的需求,情绪低落的个体投资者减少对风险资产的需求,但高涨情绪和低落情绪影响需求的边际变化量不同。

为了定量地分析乐观情绪投资者和悲观情绪投资者共同作用下的资产均衡价格的变动情况,设定情绪函数 $g(S) = e^{-\beta S}$,其中,参数 β 为大于 0 的某一常量。乐观情绪和悲观情绪不同组合时的资产均衡价格水平如下图 3-2 所示。模型的具体参数设定如下:$\beta = 0.1$、$N_H = N_L = 0.5$、$S_L \in [-6, 0]$、$S_H \in [0, 6]$,其他参数的设定与图 3-1 相类似。

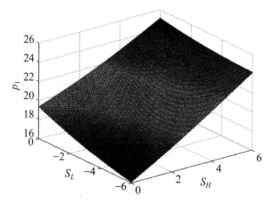

图 3-2 乐观情绪和悲观情绪不同组合下的资产价格水平

在乐观情绪投资者人数和悲观情绪投资者人数固定在某一水平时,一方面,增大乐观情绪投资者的情绪扰动会增加关于风险资产的需求量,提升风险资产的均衡价格;另一方面,增大悲观情绪投资者情绪扰动的绝对水平会减少关于风险资产的需求量,降低风险资产的均衡价格。由此可见,当乐观情绪占主导地位时,会提高风险资产的均衡价格;而当悲观情绪充斥市场时,会降低风险资产的均衡价格,尽管乐观情绪和悲观情绪对市场均衡的价格影响存在一定的抵消作用。

为了进一步论证乐观情绪投资者和悲观情绪投资者两类投资者对均衡价格的影响效应,我们考虑这样一种情形,此时乐观个体情绪和悲观个体情绪相互抵消,平均而言情绪水平是无偏差的。在乐观个体情绪和悲观个体情绪固定在某一数值时,悲观情绪投资者的相对比重的变化会导致风险资产的均衡价格的变动。

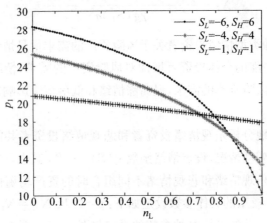

图 3-3 资产价格与悲观投资者相对比重 n_L 的关系

由图 3-3 可以看出,悲观情绪投资者的相对比重从 0 增加到接近 1 时,悲观情绪投资者在市场上逐渐占据了主导地位,此时资产价格的下降速率比较大,在情绪组合(−6,6)中表现得尤为突出,甚至在悲观情绪投资者的相对比重大于某一常数时向下穿过其他组合的均衡价格曲线。如果悲观情绪投资者的人数比例恰巧是 0.5,那么总体平均情绪水平为 0,在这种特殊情形下,由于每一类投资者对风险资产的需求为情绪的非线性形式,投资者情绪仍然对均衡价格具有显著的影响。结合命题 3-1 和图 3-3,我们发现异质的情绪能够放大资产价格的波动。一般情况下,乐观情绪投资者对均衡价格的正向作用和悲观情绪投资者对均衡价格的负向作用在总体上不会轻易相互抵消,传统的观点仅仅是乐观情绪投资者的正向作用和悲观情绪投资者的负向作用碰巧正负抵消时的一种特殊情况。因此,以前文献关于加总效应的论点是受严格条件限制的。

3.3.3 N 类情绪投资者

在一个动态的环境中,闫宏君(Yan,2010)分析了一个具有众多类型偏差投资者的均衡,该均衡中偏差在不同类型投资者之间是独立的,结果表明偏差引起了财富分布的波动,从而影响均衡的价格,均衡价格具有财富份额加权的平均结构。一般而言,如果事后证明某类情绪投资者的判断碰巧是正确的,那么该类情绪投资者的比重趋于增加;如果事后证明他们的判断碰巧是错误的,该类情绪投资者的比重将会降低。例如,资产价格最初的一个上涨使得更多的投资者变得更乐观,进一步助推资产价格的上涨;类似地,资产价格最初的一个下跌使得更多的投资者变得更悲观。由此,我们尝试论证资产的均衡价格在异质情绪投资者之间具有人数比例加权的平均结构。

鉴于此,我们把乐观情绪投资者和悲观情绪投资者模型推广为 N 类情绪投资者模型,进而论证众多类型情绪投资者的相互作用如何维持错误价格。这里,我们假定投资者情绪不再影响认知的风险,即在风险资产需求函数的分母中去掉 $g(S)$ 项。首先,情绪投资者是天真幼稚的(Stein,2009;Victoravich,2010),他们没有如此复杂的计算能力;其次,做这样的处理并不会影响我们想要的结论,并且结果是均衡价格有一个吸引人的闭式解。为此,我们论证即使个体投资者的情绪扰动对风险资产的最优化需求具有线性形式的影响作用,但是由于不同类型个体投资者人数分布的变动,异质情绪在总体上仍然对均衡价格具有显著的影响。

在一个市场中,存在 N 种类型的情绪投资者,风险资产的人均供给量为 m,其中,第 i 种类型情绪投资者的数量比值为 n_i,$i=1, 2, \cdots, N$。第 i 种类型情绪投资者的情绪水平为 S_i,他们对风险资产的认知清算价值为 $V_{S_i}=p_0+f(S_i)+\varepsilon$,那么该种类型情绪投资者关于风险资产的最佳需求量 X_i 为:

$$X_i = \frac{p_0 + f(S_i) - p_{1i}(1+r_f)}{\gamma\sigma^2} \tag{3-12}$$

让第 i 种类型情绪投资者关于风险资产的个体需求量等于风险资产的人均供给量 m,由个体出清条件可得第 i 种类型情绪投资者关于风险资产的认知价格为:

$$p_{1i} = \frac{p_0}{1+r_f} + \frac{f(S_i)}{1+r_f} - \frac{\gamma m\sigma^2}{1+r_f} \tag{3-13}$$

进一步,以不同类型情绪投资者的人数比值为权数,对 N 种类型情绪投资者的各自定价求加权平均值即可得风险资产的均衡价格 p_1(证明见本章附录 1)为:

$$p_1 = \sum_{i=1}^{N} n_i p_{1i} = \frac{p_0}{1+r_f} + \frac{\sum_{i=1}^{N} n_i f(S_i)}{1+r_f} - \frac{\gamma m\sigma^2}{1+r_f} \tag{3-14}$$

方程(3-14)表明,增加某一类型情绪投资者的数量比值,提升他们的情绪水平,那么就会增大该类投资者对均衡价格的影响。综上,我们有如下命题。

命题 3 - 2: 在一个包含 N 种类型情绪投资者的经济中,

(1) 风险资产的均衡价格为:

$$p_1 = \sum_{i=1}^{N} n_i p_{1i} = \frac{p_0}{1+r_f} + \frac{\sum_{i=1}^{N} n_i f(S_i)}{1+r_f} - \frac{\gamma m \sigma^2}{1+r_f}$$

其中,p_{1i} 表示经济中仅存在 i 类情绪投资者时市场上盛行的资产价格。

(2) 每一类情绪投资者对风险资产的需求为:

$$X_i = \frac{p_0 + f(S_i) - p_{1i}(1+r_f)}{\gamma \sigma^2}$$

命题 3 - 2 表明,当多种类型的情绪投资者在市场上存在时,风险资产的均衡价格具有不同类型情绪投资者的数量比值加权的平均结构,风险资产的需求函数是投资者情绪的线性形式。包含 N 类情绪投资者的资产定价模型表明,即使个体情绪对个体需求具有线性的影响,由于投资者人数分布的变动投资者情绪对均衡价格仍然具有显著的影响。

3.4　本章小结

传统的观点认为非理性投资者的交易彼此抵消,因此在总体水平上非理性交易对均衡没有显著的影响。与此观点相对应,我们构建了一个异质情绪资产定价模型,来论证在加总效应下异质的情绪对资产均衡价格是否具有显著的影响。此外,我们的模型涉及了第一时期的初始价格,以此为锚定点能够很好地分析均衡价格的变动情况。

对于投资者的判断和决策,不确定性和风险通常导致异质的情绪。基于格罗斯曼和斯蒂格利茨(Grossman and Stiglitz, 1980)的噪音理性预期模型框架,我们构建了一个一般化的异质代理者资产定价模型,集中论证异质情绪投资者的相互作用,进一步阐明异质代理者的交易在总体上是否相互抵消。我们的模型得出了以下结论:

首先,我们考虑了一个最简单的情景,所有的投资者是同质情绪投资者。在该情境下,情绪敏感性系数是投资者情绪的单调递减函数。平均而言,在情绪低落区间的情绪敏感性系数显著大于在情绪高涨区间的情绪敏感性系数,存在明显的非对称性。此外,高涨的情绪最终导致资产价格的过度反应。其次,我们考虑了包含乐观情绪投资者和悲观情绪投资者的情景。结果表明由于投资者情绪以非线性的形式影响各自关于风险资产的最优需求,相异认知的情绪扰动在总体水平上能够显著地影响均衡价格。因此,异质的情绪在加总效应上能够放大资产价格的波动。最后,我们考虑了包含众多类型异质情绪投资者的情景。结果表明即使个体情绪以线性形式影响需求函数,但是由于投资者人数分布的波动,异质的情绪在加总水平上对均衡价格仍然具有显著的影响。

不论是包含理性知情投资者、理性不知情投资者和情绪投资者的资产定价模型,还是包含众多类型情绪投资者并涉及加总效应的资产定价模型,均表明均衡价格的情绪部分使得资产的价格偏离其内在价值。如果在第一时期释放一个负向的基础信息,个体情绪投资者在看跌情绪的影响下会减少对风险资产的需求,导致股票价格的下跌,股票价格跌落触发了情绪投资者的恐慌心理,进一步导致股票市场的下挫,个体投资者的情绪扰动开始演变到了焦虑的程度,引起股票价格的进一步下跌,最终导致股票价格下跌的幅度远远超过了由正向信息所带来的股票价格上涨的程度。

3.5　本章附录

附录 1:N 种类型情绪投资者的均衡价格

对于多种类型有 $i=1, 2, \cdots, N$,假设第 i 种类型情绪投资者的人数为 N_i,则第 i 种类型情绪投资者的人数比例 n_i 为:

$$n_i = \frac{N_i}{\sum_{i=1}^{N} N_i} \qquad (3-15)$$

假定 i 类情绪投资者的情绪水平为 S_i,其对风险资产的认知价值为:

$$V_{S_i} = p_0 + f(S_i) + \varepsilon \qquad (3-16)$$

从而可得该类情绪投资者对风险资产的需求为:

$$X_i = \frac{p_0 + f(S_i) - p_{1i}(1+r_f)}{\gamma \sigma^2} \qquad (3-17)$$

其中,p_{1i} 表示当市场上仅存在 i 类情绪投资者时风险资产的盛行价

格。进一步,由市场出清条件所有的需求等于总的供给量 M 得:

$$\sum_{i=1}^{N} N_T n_i X_i = \sum_{i=1}^{N} N_T n_i \frac{p_0 + f(S_i) - p_{1i}(1+r_f)}{\gamma \sigma^2} = M \quad (3-18)$$

其中,N_T 表示情绪投资者的总人数,$N_T = \sum_{i=1}^{N} N_i$。进一步可得:

$$\sum_{i=1}^{N} n_i \frac{p_0 + f(S_i) - p_{1i}(1+r_f)}{\gamma \sigma^2} = \frac{M}{N_T} = m \quad (3-19)$$

由此,可得均衡价格的具体表达式为:

$$p_1 = \sum_{i=1}^{N} n_i p_{1i} = \frac{p_0}{1+r_f} + \frac{\sum_{i=1}^{N} n_i f(S_i)}{1+r_f} - \frac{\gamma m \sigma^2}{1+r_f} \quad (3-20)$$

其中,总体市场情绪为 $TS = \sum_{i=1}^{N} n_i f(S_i) = \phi \sum_{i=1}^{N} n_i S_i = \phi \bar{S}$。

第四章　带信息的两期交易的
情绪资产定价模型

4.1　引言

在前两章所述的静态经济环境中,投资者仅在第一时期交易一次风险资产。然而,在实际金融市场中我们所遇到的情形是,几乎所有的投资者通常多次交易资产,而且会根据将来的交易机会来作出当前的投资决策。同时,非理性的情绪投资者的情绪扰动也会随着周围环境的变化而发生改变,最终多种类型投资者的数期相互博弈决定了风险资产的均衡价格。此外,现存的情绪资产定价模型较少考虑第一时期的初始价格和在第一时期释放的基础信息,初始价格反映了资产的基本价值成分,是投资者锚定的参考点,据此能够刻画资产价格的动态变化路径;风险资产的基础价值的改变大小由第一时期释放的基础信息所反映,据此理性投资者来制定自身的交易策略。

为此,我们需要将一次交易的静态经济环境扩展为多次交易的动态经济环境。为了深入理解动态经济环境下投资者交易决策的演化过程,在此构建一个只涉及两期交易的情绪资产定价模型。在两期交易的模型中,主要研究理性投资者如何利用递归法来制定自己的最优交易策略,情绪投资者的情绪扰动随着时间推移的变化情况,两期交易的市场出清价格定价规则,以及动态的预期价格路径等。

结合凯尔(Kyle,1985)[1]、格罗斯曼和斯蒂格利茨(Grossman and

---

① Kyle,A. Continuous auctions and insider trading [J]. Econometrica,1985,53:1315 - 1336.

Stiglitz, 1980)①的研究框架,我们提出了一个考虑投资者情绪和信息的两阶段交易的资产定价模型。我们纳入了一类不知情的情绪投资者,他们很容易受到情绪扰动的影响,因此我们的模型关注于理性投资者和不知情情绪投资者之间的相互作用,并说明这种相互作用如何导致资产误定价。该模型的特点是:首先,包含了第一阶段的初始价格,它可以提供一个锚定点,从而可以描述一个动态的价格路径。其次,考虑到了第一个时期所释放的基本面信息,然后理性投资者观察有价值的信息,并制定最优交易策略使其预期收益最大化,从而逐步将信息纳入价格之中。再次,情绪投资者根据自己的情绪扰动来选择交易,情绪扰动与信息变量之间具有一定的相关性,当情绪需求强度较大时,情绪扰动以更快的速度被纳入到价格中,导致资产价格的过度反应。最后,根据理性投资者的最优化交易策略和情绪投资者的交易规则,我们解出了情绪均衡价格的解析公式,该公式可分解为理性项和情绪项。理性项成分使资产价格靠近它的潜在价值,而情绪项成分引起资产价格远离理性预期值,从而产生价格泡沫、资产价格的过度反应和高波动性等异常现象。

4.2 经济环境的假定

在一个经济中有可交易的有风险的股票和无风险的资产等两种资产。为了便于处理,假定无风险资产的利率为零,即它相当于我们的手持现金,可随时用来交换风险资产。有可设定为四个日期 ($t = 0, 1, 2, 3$) 的三个时期,在第一时期和第二时期进行资产的交易,在第三时期末支付风险资产的最终价值 V。风险资产的最终价值是三项之和,第一项是第一时期的初始价格 p_0,为它的无条件期望值。第二项是在第一时期内释放的正态分布的基础信息 θ,它的均值为零,方差为 σ_θ^2,即 $\theta \sim N(0, \sigma_\theta^2)$。最后,还存在一个正态分布的随机干扰项 ε,它的均值为零,方差为 σ^2,即 $\varepsilon \sim N(0, \sigma^2)$,并且独立于变量 θ。因此风险资产的最终价值可写为 $V = p_0 + \theta + \varepsilon$。

有三种类型投资者在该市场中存在:第一种类型是完全理性的代表性知情投资者,他是风险中性的,并且能够观测到第一时期实现的基础

---

① Grossman, S., Stiglitz, J. On the impossibility of informationally efficient markets [J]. American Economic Review, 1980, 70: 393 - 408.

信息 θ；第二种类型是非理性的代表性情绪投资者，他的交易策略受到自身情绪扰动的影响；最后一种类型是竞争性的做市商，他也是风险中性的，出清股市，根据前两类投资者的交易量信息有效地确定市场均衡价格。

在市场交易中，代表性情绪投资者将个人的情绪扰动纳入关于风险资产认知的最终价值，受到正向情绪冲击时会增加对风险资产的认知价值，而受到负向情绪扰动会减少关于风险资产的认知价值（Statman et al.，2008；Kempf et al.，2014）。因此，代表性情绪投资者关于风险资产的认知的最终价值为 $V_S = p_0 + \theta + f(S) + \varepsilon$，其中，情绪函数 $f(S)$ 为情绪扰动的增函数，具有如下性质：（1）如果 $S > \bar{S}$，那么 $f(S) > 0$，即 $V_S > V$；（2）如果 $S < \bar{S}$，那么 $f(S) < 0$，即 $V_S < V$；（3）如果 $S = \bar{S}$，那么 $f(S) = 0$，即 $V_S = V$。因此，对于代表性情绪投资者的需求函数我们得到相应的如下引理（证明见本章附录 1）。

引理 4 - 1：对于静态的经济环境，在代表性情绪投资者预期收益最大化和线性结构定价规则条件下，关于风险资产的需求量可表示为：

$$X_S = b(S - \bar{S}) \tag{4-1}$$

其中，参数 b 度量情绪需求的强度，为大于零的某一常量，变量 S 表示代表性情绪投资者交易时的情绪水平，它服从正态分布，均值为 $\bar{S}$，方差为 σ_S^2，即 $S \sim N(\bar{S}, \sigma_S^2)$。

显然代表性情绪投资者关于风险资产的需求量为情绪扰动的单调递增函数，高涨的情绪冲击将增大关于风险资产的需求，而低落的情绪扰动会减少对风险资产的需求。

在该股票市场上有两时期的交易，每一时期交易可细分为两步。在第一时期，第一步代表性理性投资者根据所掌握的信息集选择他的最佳交易量 X_1，与此同时代表性情绪投资者根据自身的情绪扰动选择他的交易量 $b(S_1 - \bar{S})$ [①]，其中，变量 S_1 表示代表性情绪投资者在第一时期的情绪水平，$S_1 \sim N(\bar{S}, \sigma_S^2)$，它与信息变量有一定的线性相关性，相关系数为 ρ_1。第二步竞争性的做市商出清股市，根据代表性理性投资者和代表性情绪投资者提交的需求量确定市场出清价格 p_1。在第二时期，第一步代表

---

① 情绪投资者误把情绪当作信息进行交易。在静态的经济环境下，我们已经证明了情绪投资者对风险资产的需求为正文所设定的函数形式。因为情绪投资者不是老于世故的投资者，而是天真幼稚的（Stein，2009；Victoravich，2010；Ling et al.，2010），所以为不失一般性，我们假定在动态的经济环境下情绪投资者不会更新他们的交易规则。

性理性投资者选择他的最优交易量 X_2，同时代表性情绪投资者选择他的交易量 $b(S_2 - \bar{S})$，其中，变量 S_2 表示代表性情绪投资者在第二时期的情绪水平，$S_2 \sim N(\bar{S}, \sigma_S^2)$，在此它与信息变量的线性相关系数为 ρ_2。第二步竞争性的做市商出清股市，根据两类投资者的交易量有效地确定市场均衡价格 p_2。两期交易的经济环境中在时间轴上依次发生的各个事件如图 4-1 列示。

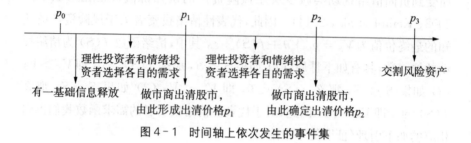

图 4-1 时间轴上依次发生的事件集

均衡的定义：

(1) 代表性情绪投资者的简化交易规则为 $b(S - \bar{S})$，高涨的情绪冲击将提高关于风险资产的需求量，而低落的情绪扰动会降低对风险资产的需求量。

(2) 代表性理性投资者在两个时期的最优化需求 $\{X_1^*(\cdot), X_2^*(\cdot)\}$ 分别满足期望收益最大化，即：

$$X_2^* = \arg\max E[X_2(V - p_2) \mid \Omega_2]$$

$$X_1^* = \arg\max E[X_1(V - p_1) + X_2(V - p_2) \mid \Omega_1] \qquad (4-2)$$

其中，变量 Ω_1、Ω_2 表示代表性理性投资者在两个时期交易时所获得的信息集合。

(3) 在两个时期的市场均衡价格 $\{p_1^*(\cdot), p_2^*(\cdot)\}$ 分别为：

$$p_1^* = E(V \mid X_1^* + b(S_1 - \bar{S}))$$

$$p_2^* = E(V \mid X_1^* + b(S_1 - \bar{S}), X_2^* + b(S_2 - \bar{S})) \qquad (4-3)$$

4.3 两期交易的均衡

在 4.2 节描述的经济环境下，模型的均衡价格方程有一个简单的线性形式。首先，根据代表性理性投资者和代表性情绪投资者提交的需要量预设一个价格函数,然后,根据预设的价格函数来求解代表性理性投资者的最优化需求量(Grossman and Stiglitz,1980;Kyle,1985;Wang,1993)。在随后的部分,根据市场出清条件恰好证实均衡价格方程为预设的线性结构。因此,我们有如下命题。

命题 4-1:在 4.2 节所描述的经济环境下,第一时期和第二时期的市场出清价格可分别表示为:

$$p_1 = p_0 + \lambda_1(X_1 + b(S_1 - \bar{S}))$$
$$p_2 = p_1 + \lambda_2(X_2 + b(S_2 - \bar{S})) \tag{4-4}$$

其中,参数 λ_1 和 λ_2 为大于零的某一常量,它们的具体结构由后面的方程(4-15)所列示,二阶条件意味着 $0 < \lambda_1 < 4\lambda_2$。

由方程(4-4)可以看出,风险资产的出清价格可分解为三项式子,前一期的风险资产价格由第一项式子所反映,它提供了当前价格的锚定点;代表性理性投资者对当前价格的不充分调整部分由第二项式子 λX 所描述;代表性情绪投资者关于当前价格的调整部分由第三项式子 $\lambda b(S - \bar{S})$ 所刻画。由于代表性理性投资者利用自己的垄断势力来最大化预期收益,由此得出的最优化需求量相对效率市场而言是不充分的,所以对当前价格的调整是不足够的。方程(4-4)的结构特征具有贝克和沃格勒(Baker and Wurgler,2006)所描述的论点,"价格模型若想描述得足够准确需要在资产价格中纳入投资者情绪的系统角色"。此外,代表性理性投资者交易时所掌握的信息因素和代表性情绪投资者交易时所依据的情绪扰动均反映在了风险资产的价格之中。

4.3.1　理性投资者的最优化问题

根据预设的线性结构的价格函数,我们能够求得代表性理性投资者的最优化需求。关于代表性理性投资者在两个时期的最优交易策略我们可以利用倒推法来获得。首先在第二时期,代表性理性投资者最大化第二时期收益的预期值为:

$$E[(V - p_2)X_2 \mid \theta] = (p_0 + \theta - p_1 - \lambda_2 X_2)X_2 \tag{4-5}$$

根据需求变量 X_2 的一阶条件,在第二时期代表性理性投资者关于风险资产的最优化需求为:

$$X_2 = \frac{p_0 + \theta - p_1}{2\lambda_2} \tag{4-6}$$

进一步,在第二时期代表性理性投资者的收益为:

$$\pi_2(p_1) = \frac{(p_0 + \theta - p_1)^2}{4\lambda_2} \qquad (4-7)$$

其次在第一时期,代表性理性投资者最大化第一时期和第二时期累计收益的预期值为:

$$E[(V - p_1)X_1 + \pi_2(p_1) \mid \theta]$$
$$= E\Big[(\theta + \varepsilon - \lambda_1(X_1 + b(S_1 - \bar{S})))X_1$$
$$+ \frac{(\theta - \lambda_1(X_1 + b(S_1 - \bar{S})))^2}{4\lambda_2} \mid \theta\Big]$$
$$= (\theta - \lambda_1 X_1)X_1 + \frac{(\theta - \lambda_1 X_1)^2}{4\lambda_2} + \frac{b^2\lambda_1^2}{4\lambda_2}\sigma_S^2 \qquad (4-8)$$

根据需求变量 X_1 的极值条件,在第二时期代表性理性投资者关于风险资产的最佳需求为:

$$X_1 = \frac{2\lambda_2 - \lambda_1}{\lambda_1(4\lambda_2 - \lambda_1)}\theta \qquad (4-9)$$

这里,二阶条件为 $0 < \lambda_1 < 4\lambda_2$。汇总以上结果可得命题 4-2。

命题 4-2: 基于预设的线性结构的价格函数,在第一时期和第二时期代表性理性投资者关于风险资产的最优化需求分别为:

$$X_1 = \frac{2\lambda_2 - \lambda_1}{\lambda_1(4\lambda_2 - \lambda_1)}\theta$$
$$X_2 = \frac{p_0 + \theta - p_1}{2\lambda_2} \qquad (4-10)$$

其中,二阶条件为 $0 < \lambda_1 < 4\lambda_2$。

由上述命题可以看出,代表性理性投资者制定自己的最优交易策略时不仅考虑了竞争性的做市商的定价规则 λ_1、λ_2,而且利用了自身获得的关于风险资产的基础信息的优势。

4.3.2 市场出清价格

竞争性的做市商根据两类投资者提交的需求量出清股市,有效确定股票市场的出清价格。根据代表性理性投资者和代表性情绪投资者在第一时期累计的需求量,在第一时期强加市场出清可得此时的市场出清价格为:

$$p_1 = E(V \mid X_1 + b(S_1 - \bar{S})) \tag{4-11}$$

在风险资产最终价值 V 和信息集有关变量服从正态分布的条件下可得线性结构的回归方程。进一步,利用正态分布的投影定理我们就可确认第一时期的市场出清价格 p_1 确实为方程(4-4)中预设的结构形式,与此同时获得参数 λ_1 的具体结构:

$$p_1 = E(V \mid X_1 + b(S_1 - \bar{S})) = p_0 + \lambda_1(X_1 + b(S_1 - \bar{S}))$$

$$\lambda_1 = \frac{\dfrac{2\lambda_2 - \lambda_1}{\lambda_1(4\lambda_2 - \lambda_1)}\sigma_{\theta,0}^2 + b\rho_1\sigma_s\sigma_{\theta,0}}{\left[\dfrac{2\lambda_2 - \lambda_1}{\lambda_1(4\lambda_2 - \lambda_1)}\right]^2\sigma_{\theta,0}^2 + b^2\sigma_S^2 + \left[\dfrac{2\lambda_2 - \lambda_1}{\lambda_1(4\lambda_2 - \lambda_1)}\right]2b\rho_1\sigma_s\sigma_{\theta,0}}$$

$$\tag{4-12}$$

类似地,基于代表性理性投资者和代表性情绪投资者在第二时期累加的需求量,在正态分布条件下运用投影定理就可确认第二时期的市场出清价格确实为方程(4-4)中预设的结构形式,与此同时可得参数 λ_2 的详细结构:

$$p_2 = E(V \mid X_2 + b(S_2 - \bar{S})) = p_1 + \lambda_2(X_2 + b(S_2 - \bar{S}))$$

$$\lambda_2 = \frac{\dfrac{\sigma_{\theta,1}^2}{2\lambda_2} + b\rho_2\sigma_s\sigma_{\theta,1}}{\dfrac{\sigma_{\theta,1}^2}{(2\lambda_2)^2} + b^2\sigma_S^2 + \dfrac{b\rho_2\sigma_s\sigma_{\theta,1}}{\lambda_2}} \tag{4-13}$$

这里,参数 $\sigma_{\theta,1}^2$ 用来度量第一时期交易结束后仍没有融入价格中的信息量,即为事后的信息方差。根据贝叶斯更新法则,第一时期交易结束后的条件方差为:

$$\sigma_{\theta,1}^2 = Var(\theta \mid X_1 + b(S_1 - \bar{S}))$$

$$= \frac{(1-\rho_1^2)(b\sigma_S\sigma_{\theta,0})^2}{\left[\dfrac{2\lambda_2 - \lambda_1}{\lambda_1(4\lambda_2 - \lambda_1)}\right]^2\sigma_{\theta,0}^2 + b^2\sigma_S^2 + \dfrac{2\lambda_2 - \lambda_1}{\lambda_1(4\lambda_2 - \lambda_1)}2b\rho_1\sigma_S\sigma_{\theta,0}}$$

$$\tag{4-14}$$

由上式可知,事后的信息方差为事前信息方差的递减函数,因此基础信息被逐渐地纳入价格之中。当情绪扰动与信息变量之间的相关系数 $\rho_1 = 1$ 时事后的信息方差 $\sigma_{\theta,1}^2 = 0$,这暗含着情绪扰动和信息变量之间的相关程度越高,就有越多的基础信息被纳入均衡价格之中。综上,我们有如下命题。

命题 4 - 3: 在前述的经济环境下,在第一时期和第二时期竞争性的做市商的定价规则分别为:

$$\lambda_1 = \frac{\dfrac{2\lambda_2 - \lambda_1}{\lambda_1(4\lambda_2 - \lambda_1)}\sigma_{\theta,0}^2 + b\rho_1\sigma_s\sigma_{\theta,0}}{\left[\dfrac{2\lambda_2 - \lambda_1}{\lambda_1(4\lambda_2 - \lambda_1)}\right]^2 \sigma_{\theta,0}^2 + b^2\sigma_S^2 + \left[\dfrac{2\lambda_2 - \lambda_1}{\lambda_1(4\lambda_2 - \lambda_1)}\right]2b\rho_1\sigma_s\sigma_{\theta,0}}$$

$$\lambda_2 = \frac{\dfrac{\sigma_{\theta,1}^2}{2\lambda_2} + b\rho_2\sigma_s\sigma_{\theta,1}}{\dfrac{\sigma_{\theta,1}^2}{(2\lambda_2)^2} + b^2\sigma_S^2 + \dfrac{b\rho_2\sigma_s\sigma_{\theta,1}}{\lambda_2}} \quad (4-15)$$

此外,第一时期交易结束后的信息方差 $\sigma_{\theta,1}^2$ 为:

$$\sigma_{\theta,1}^2 = \frac{(1-\rho_1^2)(b\sigma_S\sigma_{\theta,0})^2}{\left[\dfrac{2\lambda_2 - \lambda_1}{\lambda_1(4\lambda_2 - \lambda_1)}\right]^2 \sigma_{\theta,0}^2 + b^2\sigma_S^2 + \dfrac{2\lambda_2 - \lambda_1}{\lambda_1(4\lambda_2 - \lambda_1)}2b\rho_1\sigma_S\sigma_{\theta,0}}$$

$$(4-16)$$

4.4 均衡的性质

在获得两类投资者的最优需求量和市场出清价格的基础上,在此我们详细讨论两交易均衡的具体性质。特别是我们集中分析情绪均衡价格的变动情况、市场的有效性度量以及预期的时间价格路径。

4.4.1 情绪均衡价格

首先我们论述市场的深度指标,它描述了一个单位的风险资产价格变化所需要的需求量,由参数 λ 的倒数所表示(Kyle, 1985)[1]。根据方程(4-13)可得第二时期的市场深度指标 $\dfrac{1}{\lambda_2} = \dfrac{2b\sigma_S}{\sigma_{\theta,1}}$,因此第二时期的市场深度正比于情绪需求的强度。增大情绪需求强度 b,就会增加代表性情绪投资者的需求量,从而在相同的情绪扰动下风险资产价格偏离潜在价值的程度越大,代表性理性投资者看到有利可图就开始了套利行为,利用自身的

---

① 遵循凯尔(Kyle, 1985)的定义,市场深度表示为了改变一定数量的价格所需要的订单流革新规模的大小。

垄断势力确定最佳交易策略,最终风险资产的均衡价格由代表性情绪投资者和代表性理性投资者的相互博弈所决定。情绪投资者不确定性的情绪扰动增加了理性投资者通过交易获利的难度,与此同时也为理性投资者提供了利用交易获利的机会。这与布莱克(Black,1986)的论点是一致的,"噪音交易不仅增强了市场的流动性,⋯⋯而且也使得金融市场不再完美"。

为了数量化阐述情绪扰动对资产均衡价格的影响效应,我们开展了一个相关的数值示例。模拟时的具体参数选择如下:$p_0 = 10$, $\sigma_\theta^2 = \sigma_S^2 = 1$, $\sigma_{\theta,1}^2 = 0.81$, $\bar{S} = 0$, $b = 1.5$, $\rho_1 = 0.2$, $\rho_2 = 0.1$, $\theta = 2$, S_1, $S_2 \in [-6, 6]$。

从而解得参数 λ_2 的具体值为:

$$\lambda_2 = \frac{\sigma_{\theta,1}}{2b\sigma_S} = 0.27 \qquad (4-17)$$

联合方程(4-12)和方程(4-14),重新安排可得:

$$\lambda_1^2(4\lambda_2 - \lambda_1)(1-\rho_1^2)b^2 - (2\lambda_2 - \lambda_1)\sigma_{\theta,1}^2 - \lambda_1(4\lambda_2 - \lambda_1)b\rho_1\sigma_{\theta,1}^2 = 0$$

$$(4-18)$$

由上述方程解得参数 λ_1 的具体值为:

$$\lambda_1 = 0.36 \qquad (4-19)$$

该具体值满足模型的二阶约束条件。此外,代表性理性投资者关于风险资产的完全理性预期值为 $p_3 = p_0 + \theta = 12$。

在第一时期和第二时期风险资产的均衡价格关于代表性情绪投资者的情绪扰动的数值模拟如图 4-2 所示。

由上图可以看出,增加代表性情绪投资者的情绪扰动,就会增大第一时期和第二时期的情绪均衡价格 p_1 和 p_2。在第二时期的情绪扰动等于第一时期的情绪扰动条件下($S_1 = S_2$),第二时期均衡价格 p_2 的斜率明显大于第一时期均衡价格 p_1 的斜率。如果在第一时期有一个正向的基础信息释放,在代表性情绪投资者乐观情绪的作用下带来资产价格的上涨。当代表性情绪投资者的情绪扰动增加到某一数值时,情绪均衡价格超过了风险资产的完全理性预期值,带来资产价格的过度反应。例如,在第二时期情绪扰动等于第一时期情绪扰动的条件下,随着情绪扰动从最小值-6逐渐增加到最大值6,资产价格从最小数值 7.20 逐渐增长到较大数值 15.30,最终远远超过了风险资产的理性预期价格 $p_3 = 12$。因此,我们构

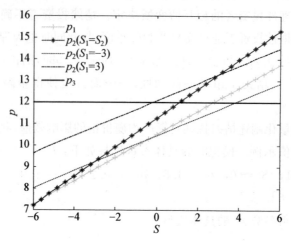

图 4-2　第一时期和第二时期的均衡价格变动情况

建的包含情绪扰动的资产定价模型能够有效印证了斯塔曼等(Statman et al.，2008)金融实验结论及贝克和沃格勒(Baker and Wurgler，2006，2007)实证检验结果。此外，均衡价格方程中包含了情绪扰动 S 这一随机变量，从而增加了价格中坏的方差，所以我们的模型可以部分地解释价格泡沫、高波动性等异常现象。

4.4.2　市场的稳定性和有效性

我们比较感兴趣的是交易结束时均衡价格如何较好地反映代表性理性投资者观测到的基础信息，这涉及度量市场有效性的统计指标。在此，我们将测度市场有效性的指标 E 表示为：

$$E = \frac{FR}{FR + |FS|} \tag{4-20}$$

其中，因子 FR 表示风险资产的完全理性预期价值，因子 $|FS|$ 表示代表性情绪投资者的情绪扰动带来的资产价格偏离理性预期价值的程度。第一时期的有效性指标 E_1 和第二时期的有效性指标 E_2 分别关于情绪扰动的数值模拟如图 4-3 所示。

从上图可以看出，如果在第一时期释放一个正向的基础信息，在温和上涨情绪扰动的影响下，风险资产的价格靠近理性预期价值，提高市场的有效性；另一方面，在剧烈膨胀投资者情绪的作用下，资产价格反应过度，远离理性预期价值，从而减小市场的有效性。

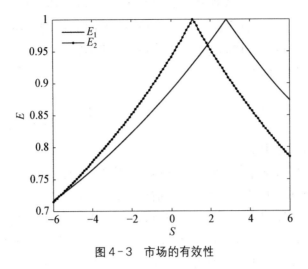

图 4-3　市场的有效性

4.4.3　预期价格路径

风险资产的价格随着时间推移的走势是最为重要的均衡性质,它由各个时期代表性理性投资者依据垄断势力确定的最优交易量和代表性情绪投资者的最佳交易量所共同决定。根据代表性理性投资者的最优交易量和代表性情绪投资者的最佳交易量,我们可得如下命题。

命题 4-4:如果在第一时期释放一个正向的基础信息,那么:

(1) 在第一时期,施加约束条件 $0 < \lambda_1 < 2\lambda_2$,有代表性理性投资者的交易量 $X_1 = \dfrac{2\lambda_2 - \lambda_1}{\lambda_1(4\lambda_2 - \lambda_1)}\theta > 0$,同时有代表性情绪投资者的交易量 $b(S_1 - \bar{S}) > 0$。这说明在正向信息的影响下代表性理性投资者逐渐增加仓位,与此同时代表性情绪投资者也不断增加仓位,最终导致 $p_1 > p_3 > p_0$。这意味着在第一时期代表性情绪投资者的剧烈情绪扰动引起了资产价格的过度反应。因此,日期 3 价格相对于日期 1 价格的变化和第一时期价格变化之间的协方差是负向的。

$$Cov(p_3 - p_1,\ p_1 - p_0) < 0, \text{条件} b >$$
$$\frac{\lambda_1\rho_1 + \sqrt{\lambda_1^2\rho_1^2 + 8\lambda_2(2\lambda_2 - \lambda_1)}}{2\lambda_1(4\lambda_2 - \lambda_1)} \cdot \frac{\sigma_\theta}{\sigma_S} \tag{4-21}$$

(2) 在第二时期,有代表性理性投资者的交易量 $X_2 = \dfrac{p_0 + \theta - p_1}{2\lambda_2} <$ 0,这说明代表性理性投资者开始逐渐减少仓位。代表性情绪投资者的交

101

易量 $b(S_2 - \bar{S}) > 0$，表明代表性情绪投资者继续增加仓位，最终导致 $p_2 > p_1 > p_3$。这意味着在第二时期代表性情绪投资者的情绪扰动的持续膨胀会带来资产价格的连续过度反应。因此，第三时期价格变化和第二时期价格变化之间的协方差是负向的。

$$Cov(p_3 - p_2, p_2 - p_1) < 0, 条件 b > \frac{\sigma_\theta}{2\lambda_2\sigma_S} \qquad (4-22)$$

证明过程见本章附录 2。

风险资产价格随着时间逐步推移的平均价格路径如图 4-4 所示。假定在第一时期释放一个正向的基础信息，图中上面的粗实线是一个脉冲响应函数的外在体现，它显示了持续过度反应条件下的预期价格走向，这可以被认为与丹尼尔等(Daniel et al.，1998)的观点是特别一致的，"短期内连续的过度反应带来资产价格的动量"。下面的细实线反映了代表性理性投资者在完全理性预期条件下的价格走向。中间的虚线显示了基于第一时期的过度反应和第二时期的修正情况下的价格走向。此外，如果代表性情绪投资者的反应可以忽略不计，资产价格的短期动量也可能来自代表性理性投资者对信息的持续反应不足，这种情形验证了巴贝里斯等(Barberis et al.，1998)的论点，"股票价格吸收信息非常缓慢，导致短期收益的趋势"。

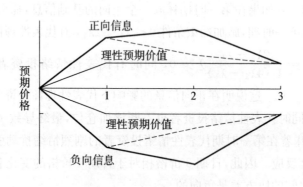

图 4-4　预期的价格路径

4.5　本章小结

基于凯尔(Kyle，1985)以及格罗斯曼和斯蒂格利茨(Grossman and Stiglitz，1980)的框架，我们提出了一个包含投资者情绪和信息的两阶段交易资产定价模型。在我们的模型中,情绪扰动和信息因素是相对比的。代表性理性投资者以通常的信息方式进行交易,而代表性情绪投资者将自己的情绪扰动当作信息进行交易。因此,通过关注代表性理性投资者和不知情情绪投资者之间的相互作用,我们的模型展示了这种相互作用如何维持不正确的价格。进一步,我们给出了情绪均衡价格的解析解,然后描述了一个锚定点在初始价格上的动态价格路径。我们模型的总结和结论如下:

首先,增大情绪扰动与信息因素的线性相关程度,就会有更多的信息被纳入均衡价格之中。其次,市场深度关于情绪需求的强度显著增加,因此情绪交易对市场流动性而言是至关重要的。再次,适度膨胀的投资者情绪使得资产价格更接近它的潜在价值,从而提高了市场效率。而急剧膨胀的投资者情绪导致资产价格的过度反应,从而降低了市场效率。最后,每个时期的资产价格变动取决于代表性理性投资者和代表性情绪投资者所提交的交易量。如果情绪需求的强度超过某一常数,那么总的交易量会带来资产价格的过度反应,而持续的过度反应则会导致短期动量和长期反转。

我们的研究结果提出了一些有意义的议题。例如,为了分析序贯交易的均衡,我们需要构建多期交易的情绪资产定价模型,乃至连续交易的情绪资产定价模型。

4.6　本章附录

附录1:引理4-1的证明过程

由于代表性情绪投资者是简单幼稚的投资者,我们首先在静态的经济环境中得到情绪投资者的最优化需求,在过渡到两阶段交易的动态环境时假定代表性情绪投资者没有更新自身的交易规则。当代表性情绪投资者在市场中居于优势时,盛行价格预设为简单的线性形式,$p = p_0 + \lambda X_S$,其中,参数 λ 为一常量,那么代表性情绪投资者的预期收益为:

$$
\begin{aligned}
&E[(V_S - p)X_S \mid S] \\
&= E[(p_0 + \theta + f(S) + \varepsilon - (p_0 + \lambda X_S))X_S \mid S] \\
&= (f(S) - \lambda X_S)X_S
\end{aligned}
\tag{4-23}
$$

根据变量 X_S 的一阶条件,可得代表性情绪投资者关于风险资产的需

求量为:

$$X_S = \frac{f(S)}{2\lambda} \qquad (4-24)$$

进一步,结合正文中所描述的情绪函数 $f(S)$ 的属性,将其具体结构形式表示为 $f(S) = \phi(S - \bar{S})$。 因此,代表性情绪投资者关于风险资产的需求函数可表示为:

$$X_S = b(S - \bar{S}) \qquad (4-25)$$

其中,参数 ϕ 和 $b = \phi/2\lambda$ 为大于零的常量。

附录2:命题4-4的证明过程

由正文的均衡价格函数,第一时期的价格变化为:

$$p_1 - p_0 = \lambda_1(X_1 + b(S_1 - \bar{S})) = \frac{2\lambda_2 - \lambda_1}{4\lambda_2 - \lambda_1}\theta + \lambda_1 b(S_1 - \bar{S})$$

$$(4-26)$$

并且日期3的价格相对于日期1的价格变化为:

$$p_3 - p_1 = p_0 + \theta - p_0 - \lambda_1(X_1 + b(S_1 - \bar{S})) = \frac{2\lambda_2}{4\lambda_2 - \lambda_1}\theta - \lambda_1 b(S_1 - \bar{S})$$

$$(4-27)$$

因此,二者之间的协方差为:

$$Cov(p_3 - p_1, p_1 - p_0)$$

$$= Cov\left(\frac{2\lambda_2}{4\lambda_2 - \lambda_1}\theta - \lambda_1 b(S_1 - \bar{S}), \frac{2\lambda_2 - \lambda_1}{4\lambda_2 - \lambda_1}\theta + \lambda_1 b(S_1 - \bar{S})\right)$$

$$= \frac{2\lambda_2(2\lambda_2 - \lambda_1)}{(4\lambda_2 - \lambda_1)^2}\sigma_\theta^2 + \frac{2\lambda_2\lambda_1 b}{4\lambda_2 - \lambda_1}\rho_1\sigma_\theta\sigma_S$$

$$- \frac{(2\lambda_2 - \lambda_1)\lambda_1 b}{4\lambda_2 - \lambda_1}\rho_1\sigma_\theta\sigma_S - (\lambda_1 b)^2\sigma_S^2$$

$$= -\lambda_1^2\sigma_S^2 b^2 + \frac{\lambda_1^2\rho_1\sigma_\theta\sigma_S}{4\lambda_2 - \lambda_1}b + \frac{2\lambda_2(2\lambda_2 - \lambda_1)}{(4\lambda_2 - \lambda_1)^2}\sigma_\theta^2 \qquad (4-28)$$

当情绪需求强度 $b > \dfrac{\lambda_1\rho_1 + \sqrt{\lambda_1^2\rho_1^2 + 8\lambda_2(2\lambda_2 - \lambda_1)}}{2\lambda_1(4\lambda_2 - \lambda_1)} \cdot \dfrac{\sigma_\theta}{\sigma_S}$ 时,有 $Cov(p_3 - p_1, p_1 - p_0) < 0$。

同理,第二时期的价格变化为:

$$p_2 - p_1 = \lambda_2 (X_2 + b(S_2 - \bar{S})) = \frac{p_0 + \theta - p_1}{2} + \lambda_2 b(S_2 - \bar{S})$$

$$(4-29)$$

并且第三时期的价格变化为:

$$p_3 - p_2 = p_0 + \theta - p_1 - \lambda_2 X_2 - \lambda_2 b(S_2 - \bar{S})$$
$$= \frac{p_0 + \theta - p_1}{2} - \lambda_2 b(S_2 - \bar{S})$$

$$(4-30)$$

因此,二者之间的协方差为:

$$Cov(p_3 - p_2, p_2 - p_1)$$
$$= Cov\left(\frac{p_0 + \theta - p_1}{2} - \lambda_2 b(S_2 - \bar{S}), \frac{p_0 + \theta - p_1}{2} + \lambda_2 b(S_2 - \bar{S})\right)$$
$$= \frac{\sigma_\theta^2}{4} + \frac{\lambda_2 b}{2} \rho_2 \sigma_\theta \sigma_S - \frac{\lambda_2 b}{2} \rho_2 \sigma_\theta \sigma_S - \sigma_S^2 \lambda_2^2 b^2$$
$$= \frac{\sigma_\theta^2}{4} - \sigma_S^2 \lambda_2^2 b^2$$

$$(4-31)$$

当情绪需求强度 $b > \dfrac{\sigma_\theta}{2\lambda_2 \sigma_S}$ 时,有 $Cov(p_3 - p_2, p_2 - p_1) < 0$。

第五章　带信息的多期交易的
情绪资产定价模型

5.1　引言

不同于静态情绪资产定价模型和两期交易模型所描述的投资者行为，在实际金融市场中，绝大多数的投资者经常接连交易多次。此外，一些理性的投资者在制定当前的交易策略时会明确考虑未来的交易机会，而随着时间的逐步推移，一些情绪投资者会改变他们的情绪扰动。最终，不同类型投资者之间的多阶段博弈决定了风险资产的均衡价格。因此，为了更贴近于现实资本市场，我们需要集中论证多阶段交易的情绪资产定价模型，在多阶段交易的均衡中更好地解释资产价格动态变化的特征。在此，进一步将两阶段交易的均衡拓展为多阶段交易的均衡，在一个更一般的动态环境下论述情绪扰动被纳入均衡价格的方式以及信息因素对均衡价格的积极影响。在多阶段交易的经济环境中，依次发生一系列的序贯交易，结果理性投资者和情绪投资者多期相互作用有效决定了当前的交易价格。另外，在多阶段交易的情绪资产定价模型继续考虑在最初阶段释放的基本面信息、初始价格等重要因素。

与以往关于情绪资产定价理论的文献的不同之处在于论证多阶段动态环境下的均衡价格。基于凯尔（Kyle，1985）、格罗斯曼和斯蒂格利茨（Grossman and Stiglitz，1980）的建模框架，我们构建了一个带信息的多期交易的情绪资产定价模型①。其中既有成熟的理性投资者，也有天真的情绪投资者。在我们的模型中，情绪扰动和信息因素是相对比的。理性投

---

① 多期交易的均衡为序贯交易的均衡，在其中一系列的交易按照顺序进行，每一次的交易价格反映了当前的和过去的订单流所包含的信息。

资者能够观测到最初阶段释放的有用信息,并以通常的方式进行信息交易,而情绪投资者则容易受到情绪冲击,将情绪扰动当作信息因素进行交易。我们的模型与以往的情绪资产定价模型的不同之处表现在如下几个方面。

首先,在第一时期实现一个基本信息的发布,然后代表性理性投资者观测到该有价值的基本面信息,并以通常的方式进行交易,从而基本面信息逐渐被纳入价格之中。其次,受个人情绪扰动影响的不知情情绪投资者依据自己的情绪冲击水平进行交易,由此代表性情绪投资者的情绪因素也被纳入价格之中。此外,情绪扰动与信息因素之间有一定程度的相关性。情绪扰动和信息变量之间的线性关联越密切,信息就越快被纳入价格之中。最后,在多阶段交易的动态情景下我们解出了情绪均衡价格的解析表达式,然后描述了一个锚定在初始价格上的动态价格路径。另外,如果序贯交易仅发生两次,则多阶段交易的均衡可以退化为两阶段交易的均衡。因此,多阶段序贯交易的均衡囊括了两阶段交易均衡描述的所有性质。

5.2　经济环境的假定

我们考虑一个相对简单的经济,在其中仅有两种资产能够进行交易,风险资产(股票)与无风险资产在不同类型投资者之间可以被任意交换。假设无风险资产的收益率为零,则无风险资产头寸的变化等价于现金流的变化。有涉及 $N+2$ 个日期 ($t=0,1,\cdots,N,N+1$) 的 $N+1$ 个时期,风险资产的交易顺次发生在第一时期至第 N 时期,在第 $N+1$ 时期末风险资产的最终价值 V 被交割。风险资产的最终价值由三项因子所组成:第一项因子由风险资产的无条件期望 p_0 所表示,即它的初始价格;第二项因子为在第一时期释放的一个基本面信息 θ,它服从正态分布,均值为零,方差为 σ_θ^2;最后一项因子为在第 $N+1$ 时期末实现的一个随机扰动项 ε,它也服从正态分布,均值为零,方差为 σ^2,并且独立于信息变量 θ。因此,风险资产的最终价值具体可表示为 $V=p_0+\theta+\varepsilon$。

有三种类型的投资者存在于该经济中,第一种类型是代表性的理性投资者,他们占有有价值的基本面信息,并且进行完全理性的资产交易;第二种类型是不知情的代表性情绪投资者,很容易受到情绪扰动的攻击,依据自身的情绪水平进行资产交易;最后一种类型是竞争性的做市商,他们是风险中性的,强制股票市场出清,根据前两类投资者累计的交易量有效确定风险资产的均衡价格。在模型中,代表性理性投资者是风险中性的和成熟老练的,在最大化他的预期收益时会考虑到对当前价格和未来交易价格的影响;情绪投资者是天真幼稚的,在动态的经济环境下不会更新他的交易规则。

假设代表性情绪投资者的情绪扰动遵循随机游走过程,即有 $S_n = S_{n-1} + \xi_n$,其中,随机扰动项 ξ_n 服从正态分布,它的均值为 $\Delta \bar{S}$,方差为 σ_S^2,即 $\xi_n \sim N(\Delta \bar{S}, \sigma_S^2)$,随机扰动项 ξ_n 与信息变量 θ 的线性相关系数为 ρ_n。在该经济中,情绪投资者会用自己的情绪扰动来感知风险资产的最终价值,因此代表性情绪投资者关于风险资产认知的最终价值为 $V_S = p_0 + \theta + f(\Delta S) + \varepsilon$,其中情绪函数 $f(\Delta S)$ 为情绪变化的递增函数,它具有如下属性:(1) 如果 $\Delta S > \Delta \bar{S}$,那么 $f(\Delta S) > 0$,即 $V_S > V$;(2) 如果 $\Delta S < \Delta \bar{S}$,那么 $f(\Delta S) < 0$,即 $V_S < V$;(3) 如果 $\Delta S = \Delta \bar{S}$,那么 $f(\Delta S) = 0$,即 $V_S = V$。类比于两阶段交易的情景,多阶段交易中代表性情绪投资者在第 n 时期关于风险资产的需求量为 $\Delta X_n^S = b(\Delta S_n - \Delta \bar{S})$,其中,参数 b 表示情绪需求的强度,为大于零的一个常量,变量 ΔS_n 表示在第 n 时期代表性情绪投资者的情绪变化水平。

变量 X_n^R 表示在第 n 时期交易后代表性理性投资者拥有的总头寸,因此变量 $\Delta X_n^R = X_n^R - X_{n-1}^R$ 表示在第 n 时期交易中代表性理性投资者关于风险资产的需求量。具体设定 $n = 1, \cdots, N$,代表性理性投资者从第 n 时期至第 N 时期的资产交易中获得的总收益用变量 π_n 表示。π_n 可表示为:

$$\pi_n = \sum_{k=n}^{N} (V - p_k) \Delta X_k^R \tag{5-1}$$

显然总共发生了 N 次风险资产的交易,并且每个时期的资产交易可细化为两个步骤。第一步,代表性理性投资者选择他将要交易的资产数量 ΔX_n^R,而代表性情绪投资者同时选择他将要交易的资产数量 ΔX_n^S。第二步,竞争性的做市商根据两类投资者提交的交易量强加市场出清,有效确定出清价格 p_n。在多阶段交易中顺次发生的事件集合如图 5-1 所示。

均衡的定义:

(1) 在第 n 时期资产交易中,代表性情绪投资者的交易规则为 $\Delta X_n^S = b(\Delta S_n - \Delta \bar{S})$,投资者情绪的乐观变化会增加风险资产的需求量,反之亦然。

(2) 代表性理性投资者选择各个时期的交易量 $\{\Delta X_n^*(\cdot)\}$ 来最大化

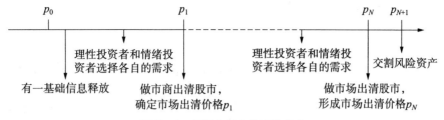

图 5-1　多期交易中的事件集合

预期收益：

$$\Delta X_n^* = \text{argmax}E[\pi_n \mid p_1, \cdots, p_{n-1}, \theta] \qquad (5-2)$$

（3）做市商在各个时期的定价规则 $\{p_n^*(\cdot)\}$ 满足：

$$p_n^* = E(V \mid \Delta X_1^R + \Delta X_1^S, \cdots, \Delta X_n^R + \Delta X_n^S) \qquad (5-3)$$

5.3　多期交易的均衡

在这一节中，我们将研究数次资产交易依次发生的经济均衡。一个递归的线性均衡被用来演示一个序贯交易的均衡，其中理性投资者需求函数和均衡价格函数结构均是线性形式的。我们得到多阶段交易均衡的方法本质上类似于上一章中两阶段交易均衡的论证方法。在本节的其余部分我们证明了该均衡的存在，正如我们在下面的命题中所展示的那样。

命题 5-1：在第 n 时期风险资产交易中，仅存在唯一一个递归的线性均衡结构。在该多期交易均衡中有参数 λ_n，β_n，$\sigma_{\theta,n}^2$，α_n 和 δ_n 满足以下方程：

$$p_n = p_{n-1} + \lambda_n(\Delta X_n^R + b(\Delta S_n - \Delta \bar{S})) \qquad (5-4)$$

$$\Delta X_n^R = \beta_n(p_0 + \theta - p_{n-1}) \qquad (5-5)$$

$$\sigma_{\theta,n}^2 = Var(\theta \mid \Delta X_1^R + \Delta X_1^S, \cdots, \Delta X_n^R + \Delta X_n^S) = Var(p_0 + \theta - p_n) \qquad (5-6)$$

$$E[\pi_n \mid p_1, \cdots, p_{n-1}, \theta] = \alpha_{n-1}(p_0 + \theta - p_{n-1})^2 + \delta_{n-1} \quad (n=1, \cdots, N) \qquad (5-7)$$

赋予 $\sigma_{\theta,0}^2 = \sigma_\theta^2$，参数 λ_n，β_n，α_n，δ_n 和 $\sigma_{\theta,n}^2$ 的唯一解来自如下的差分

方程系统:

$$\alpha_{n-1} = \frac{1}{4\lambda_n(1-\alpha_n\lambda_n)} \tag{5-8}$$

$$\delta_{n-1} = \alpha_n\lambda_n^2 b^2\sigma_S^2 + \delta_n \tag{5-9}$$

$$\beta_n = \frac{1-2\alpha_n\lambda_n}{2\lambda_n(1-\alpha_n\lambda_n)} \tag{5-10}$$

$$\lambda_n = \frac{\beta_n\sigma_{\theta,n-1}^2 + b\rho_n\sigma_S\sigma_{\theta,n-1}}{(1-\rho_n^2)b^2\sigma_S^2\sigma_{\theta,n-1}^2}\sigma_{\theta,n}^2 \tag{5-11}$$

$$\sigma_{\theta,n}^2 = \frac{(1-\rho_n^2)b^2\sigma_S^2\sigma_{\theta,n-1}^2}{\beta_n^2\sigma_{\theta,n-1}^2 + b^2\sigma_S^2 + 2\beta_n b\rho_n\sigma_S\sigma_{\theta,n-1}} \tag{5-12}$$

其中,边界约束条件为 $\alpha_N = \delta_N = 0$,二阶约束条件为 $\lambda_n(1-\alpha_n\lambda_n) > 0$。

在开始证明上述递归的线性均衡之前,先评论该线性均衡的一些基本性质。首先,方程(5-4)显示市场出清价格可分解为三项因子,前一期风险资产的价格构成第一项因子,它为当前价格提供了一个锚定值;代表性理性投资者对当前价格的不充分调整 $\lambda_n\Delta X_n^R$ 构成第二项因子;代表性情绪投资者对当前价格的调整 $\lambda_n b(\Delta S_n - \Delta\bar{S})$ 构成第三项因子,这里参数 $1/\lambda_n$ 反映了市场的深度,它刻画了风险资产的交易量需要提交多少才能改变一单位的资产价格。其次,根据风险资产均衡价格的递归结构,我们能够求解代表性理性投资者的最优化需求量,参数 β_n 表示代表性理性投资者关于信息因素的需求强度。再次,参数 $\sigma_{\theta,n}^2$ 表示第 n 时期交易后基础信息的条件方差,反映了第 n 时期资产交易结束后价格系统仍然没有纳入的信息量。最后,预期收益函数的二次形式由参数 α_{n-1} 和 δ_{n-1} 来界定。

5.3.1 理性投资者的最优化问题

代表性理性投资者的最优化需求量可以利用倒推法来求得。代表性理性投资者的二次的预期收益正如方程(5-7)所设定的函数形式,假定代表性理性投资者在最后一次交易结束后进一步的获利机会为零,那么有边界约束条件 $\alpha_N = \delta_N = 0$。

首先,在一个递归的线性均衡结构中,假定第 n 时期的资产均衡价格为:

$$p_n = p_{n-1} + \lambda_n(\Delta X_n^R + b(\Delta S_n - \Delta\bar{S})) + h \tag{5-13}$$

其中，h 为以前所有的累计交易量 $\Delta X_1^R + b(\Delta S_1 - \Delta\bar{S})$，…，$\Delta X_{n-1}^R + b(\Delta S_{n-1} - \Delta\bar{S})$ 的线性函数。

对于参数 α_n 和 δ_n，由迭代法则可得：

$$E[\pi_{n+1} \mid p_1, \cdots p_n, \theta] = \alpha_n(p_0 + \theta - p_n)^2 + \delta_n \qquad (5-14)$$

根据累加收益 π_n 的定义方程 $(5-1)$ 可得：

$$\pi_n = (p_0 + \theta + \varepsilon - p_n)\Delta X_n^R + \pi_{n+1} \qquad (5-15)$$

那么，代表性理性投资者的最优化问题可表示为：

$$Max_{\Delta X_n^R} E[\pi_n \mid p_1, \cdots, p_{n-1}, \theta]$$
$$条件: \pi_n = (p_0 + \theta - p_n)\Delta X_n^R + \pi_{n+1}$$
$$E[\pi_{n+1} \mid p_1, \cdots, p_n, \theta] = \alpha_n(p_0 + \theta - p_n)^2 + \delta_n$$
$$p_n = p_{n-1} + \lambda_n(\Delta X_n^R + b(\Delta S_n - \Delta\bar{S})) + h \qquad (5-16)$$

在三个约束条件下最大化代表性理性投资者的累计收益的预期值可得如下命题（证明见本章附录1）。

命题 5-2：在前述的经济环境下，代表性理性投资者最优化需求为：

$$\Delta X_n^R = \beta_n(p_0 + \theta - p_{n-1}) \qquad (5-17)$$

其中，信息需求强度 $\beta_n = \dfrac{1 - 2\alpha_n\lambda_n}{2\lambda_n(1 - \alpha_n\lambda_n)}$，二阶约束条件为 $\lambda_n(1 - \alpha_n\lambda_n) > 0$。

此外，参数 α_{n-1} 和 δ_{n-1} 的向前一步递归表达式为：

$$a_{n-1} = \frac{1}{4\lambda_n(1 - \alpha_n\lambda_n)}, \quad \delta_{n-1} = \alpha_n\lambda_n^2 b^2 \sigma_s^2 + \delta_n \qquad (5-18)$$

5.3.2　市场出清价格

竞争性的做市商观测到代表性理性投资者和代表性情绪投资者所提交的总计交易量，强加市场出清，有效确定市场出清价格。根据在第 n 时期资产交易中提交的总计交易量和市场出清条件，应用正态分布条件下的投影定理就可证实市场出清价格 p_n 正好为方程 $(5-4)$ 所预设的迭代形式，

$$p_n - p_{n-1} = E[V - p_{n-1} \mid \Delta X_n^R + b(\Delta S_n - \Delta\bar{S})]$$
$$= \lambda_n(\Delta X_n^R + b(\Delta S_n - \Delta\bar{S})) \qquad (5-19)$$

与此同时可得参数 λ_n 的向后迭代表达式为:

$$\lambda_n = \frac{Cov(V - p_{n-1}, \Delta X_n^R + b(\Delta S_n - \Delta \bar{S}))}{Var(\Delta X_n^R + b(\Delta S_n - \Delta \bar{S}))}$$

$$= \frac{\beta_n \sigma_{\theta, n-1}^2 + b\rho_n \sigma_S \sigma_{\theta, n-1}}{\beta_n^2 \sigma_{\theta, n-1}^2 + b^2 \sigma_S^2 + 2\beta_n b\rho_n \sigma_S \sigma_{\theta, n-1}} \qquad (5-20)$$

这里,参数 $\sigma_{\theta, n-1}^2$ 表示第 $n-1$ 时期交易结束后价格中的误差变异,它是一个未知的常量。应用贝叶斯更新规则,我们可得参数 $\sigma_{\theta, n-1}^2$ 的向后迭代表达式为:

$$\sigma_{\theta, n-1}^2 = Var(\theta \mid \Delta X_1^R + \Delta X_1^S, \cdots, \Delta X_{n-1}^R + \Delta X_{n-1}^S)$$

$$= Var(\theta \mid \Delta X_1^R + \Delta X_1^S, \cdots, \Delta X_{n-2}^R + \Delta X_{n-2}^S)$$

$$- \frac{Cov^2(\theta, \Delta X_{n-1}^R + b(\Delta S_{n-1} - \Delta \bar{S}) \mid \Delta X_1^R + \Delta X_1^S, \cdots, \Delta X_{n-2}^R + \Delta X_{n-2}^S)}{Var(\Delta X_{n-1}^R + b(\Delta S_{n-1} - \Delta \bar{S}) \mid \Delta X_1^R + \Delta X_1^S, \cdots, \Delta X_{n-2}^R + \Delta X_{n-2}^S)}$$

$$= \sigma_{\theta, n-2}^2 - \frac{(\beta_{n-1} \sigma_{\theta, n-2}^2 + b\rho_{n-1} \sigma_S \sigma_{\theta, n-2})^2}{\beta_{n-1}^2 \sigma_{\theta, n-2}^2 + b^2 \sigma_S^2 + 2\beta_{n-1} b\rho_{n-1} \sigma_S \sigma_{\theta, n-2}}$$

$$= \frac{(1 - \rho_{n-1}^2) b^2 \sigma_S^2 \sigma_{\theta, n-2}^2}{\beta_{n-1}^2 \sigma_{\theta, n-2}^2 + b^2 \sigma_S^2 + 2\beta_{n-1} b\rho_{n-1} \sigma_S \sigma_{\theta, n-2}} \qquad (5-21)$$

很明显,上述方程(5-20)和方程(5-21)相当于方程(5-11)和方程(5-12)。上述结果总结在下面的命题中。

命题 5-3:在前述的经济环境下,第 n 时期资产交易的市场价格为:

$$p_n = p_{n-1} + \lambda_n(\Delta X_n^R + b(\Delta S_n - \Delta \bar{S})) \qquad (5-22)$$

与此同时,第 n 时期资产交易的定价规则 λ_n 和第 n 时期交易结束后剩余的信息方差 $\sigma_{\theta, n}^2$ 分别为:

$$\lambda_n = \frac{\beta_n \sigma_{\theta, n-1}^2 + b\rho_n \sigma_S \sigma_{\theta, n-1}}{(1 - \rho_n^2) b^2 \sigma_S^2 \sigma_{\theta, n-1}^2} \sigma_{\theta, n}^2 \qquad (5-23)$$

$$\sigma_{\theta, n}^2 = \frac{(1 - \rho_n^2) b^2 \sigma_S^2 \sigma_{\theta, n-1}^2}{\beta_n^2 \sigma_{\theta, n-1}^2 + b^2 \sigma_S^2 + 2\beta_n b\rho_n \sigma_S \sigma_{\theta, n-1}} \qquad (5-24)$$

将命题5-2和5-3相结合就得到命题5-1,到这里完成了命题5-1的证明过程。

5.4　均衡的性质

接下来,我们将详细论述多阶段交易下的均衡性质。特别是集中阐述各个阶段的情绪均衡价格关于情绪变化的变动情况、行为市场的效率以及预期的资产价格路径。

5.4.1　情绪均衡价格

为了数量化地阐述每个时期的风险资产价格关于情绪变化的变动情况,在此我们给出了一个三阶段交易均衡的数值模拟。具体的参数选择如下:$p_0=10$, $\sigma_S^2=1$, $\sigma_{\theta,3}^2=0.2$, $\bar{S}=0$, $b=1.5$, $\rho_n=0.1$, $\theta=2$, ΔS_1, ΔS_2, $\Delta S_2\in[-6,6]$。

在第三时期资产交易中,将边界约束条件 $\alpha_3=0$ 代入信息需求强度方程(5-10)可得:

$$\beta_3=\frac{1-2\alpha_3\lambda_3}{2\lambda_3(1-\alpha_3\lambda_3)}=\frac{1}{2\lambda_3} \tag{5-25}$$

进一步,由定价规则方程(5-11)可得参数 λ_3 的表达式为:

$$\lambda_3=\frac{\sigma_{\theta,2}}{2b\sigma_S} \tag{5-26}$$

将方程(5-25)、方程(5-26)与方程(5-11)相结合可求出参数 $\sigma_{\theta,2}^2$ 的具体值为:

$$\sigma_{\theta,2}^2=0.44 \tag{5-27}$$

进一步,求出参数 λ_3 和参数 β_3 的具体值分别为:

$$\lambda_3=0.22 \tag{5-28}$$

$$\beta_3=2.25 \tag{5-29}$$

在第二时期资产交易中,由迭代方程(5-8)可得参数 α_2 的具体表达式为:

$$\alpha_2=\frac{1}{4\lambda_3} \tag{5-30}$$

进一步,将方程(5-30)、方程(5-10)与方程(5-11)相结合可求出参数 λ_2 的具体值为:

$$\lambda_2=0.25 \tag{5-31}$$

进而可求出参数 β_2 和参数 $\sigma_{\theta,1}^2$ 的具体值分别为:

$$\beta_2=1.24 \tag{5-32}$$

113

$$\sigma_{\theta,1}^2 = 0.74 \tag{5-33}$$

在第一时期资产交易中,类似地可求出参数 λ_1 和参数 β_1 的具体值分别为:

$$\lambda_1 = 0.26 \tag{5-34}$$

$$\beta_1 = 0.79 \tag{5-35}$$

最终,解出三个均价价格 p_1、p_2 和 p_3 的详细表达式分别为:

$$\begin{aligned} p_1 &= p_0 + \lambda_1(\beta_1\theta + b(\Delta S_1 - \Delta \bar{S})) \\ &= p_0 + 0.21\theta + 0.39\Delta S_1 \end{aligned} \tag{5-36}$$

$$\begin{aligned} p_2 &= p_1 + \lambda_2(\beta_2(p_0 + \theta - p_1) + b(\Delta S_2 - \Delta \bar{S})) \\ &= p_1 + 0.31(p_0 + \theta - p_1) + 0.37\Delta S_2 \\ &= p_0 + 0.45\theta + 0.27\Delta S_1 + 0.37\Delta S_2 \end{aligned} \tag{5-37}$$

$$\begin{aligned} p_3 &= p_2 + \lambda_3(\beta_3(p_0 + \theta - p_2) + b(\Delta S_3 - \Delta \bar{S})) \\ &= p_2 + 0.5(p_0 + \theta - p_2) + 0.33\Delta S_3 \\ &= p_0 + 0.73\theta + 0.14\Delta S_1 + 0.19\Delta S_2 + 0.33\Delta S_3 \end{aligned} \tag{5-38}$$

此外,第四时期末的资产价格 $p_4 = p_0 + \theta = 12$。各个时期资产均衡价格关于情绪变化的函数关系的数值示例($\Delta S_1 = \Delta S_2 = \Delta S_3$)如图 5-2 所示。

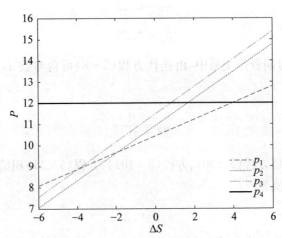

图5-2 三个阶段交易下的情绪均衡价格的变动情况

由图 5-2 可以看出,在情绪变化 $\Delta S = 0$ 条件下,随着时间的逐步推移,情绪均衡价格 $p_i(i = 1, 2, 3)$ 向风险资产的理性预期价值 p_4 逐渐靠拢,这意味着价格系统逐渐地纳入信息因素。增加情绪变化值,就会增大各个时期的情绪均衡价格,当投资者情绪变化高涨到一定程度时最终导致资产价格的过度反应。为了更加深入地论述各个时期情绪均衡价格关于情绪变化的变动情况,接下来我们重点分析时变情绪扰动的情形。

图 5-3 显示,如果将第一时期的情绪扰动固定在某一较高水平,那么第二时期的情绪均衡价格整体上就会较大,并且与第一时期的情绪敏感性系数 $\partial p_1 / \partial \Delta S_1$ 相比较而言第二时期的情绪敏感性系数 $\partial p_2 / \partial \Delta S_2$ 较小,这意味着在第二时期资产价格纳入情绪扰动的速度小于在第一时期资产价格纳入情绪扰动的速度。

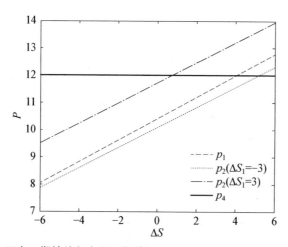

图 5-3 不变 1 期情绪与变化 2 期情绪条件下第二期交易的情绪均衡价格

图 5-4 主要描述了将第一时期和第二时期的情绪扰动固定在某一组合时第三时期的情绪均衡价格的变动情况。明显地,如果第一时期和第二时期时期的情绪扰动组合处在一个较高水平,第三时期的情绪均衡价格整体上就会较大。此外,与第一时期的情绪敏感性系数相比较,第三时期的情绪敏感性系数较小,这说明在第三时期资产价格纳入情绪扰动的速度小于在第一时期资产价格纳入情绪扰动速度。资产价格变化关于情绪变化的函数关系的数值示例如图 5-5 所示。

图 5-5 表明增加情绪扰动的变化值,就会提高情绪均衡价格的变化值。当情绪扰动的变化 $\Delta S = 0$ 时,随着时间的逐步推移情绪均衡价格的

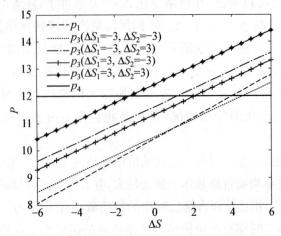

图5-4　不变1、2期情绪与变化3期情绪条件下第三期交易的均衡价格

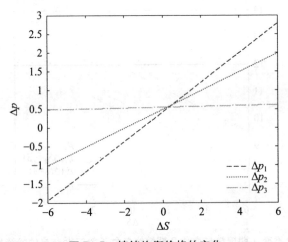

图5-5　情绪均衡价格的变化

变化数值 $\Delta p_i (i=1,2,3)$ 逐渐增大。由此可见,随着时间的推移价格系统纳入信息因素的速度越来越快,而价格变化对情绪变化的敏感程度越来越小,这说明情绪扰动融入价格的速度越来越慢。

5.4.2　市场的稳定性和有效性

　　与两阶段交易的均衡类似,我们设计一个统计指标来测度市场的稳定性和有效性。正如杨春鹏和张壬癸(Yang and Zhang, 2013a)所定义的那样,市场的有效性度量为价格体系中信息成分与情绪成分的相对比例。因此,市场的有效性度量 E 可表示为:

$$E = \frac{FR}{FR + |FS|} \tag{5-39}$$

情绪均衡价格很自然地被分解为两部分：由情绪扰动所带来的情绪价格成分 $|FS|$ 和完全理性预期下的效率市场的价格成分，$FR = p_0 + \theta$。图 5-6 给出了一个数值模拟，定量地说明了情绪扰动变化对各个时期市场效率 $E_i (i = 1, 2, 3)$ 的影响作用。

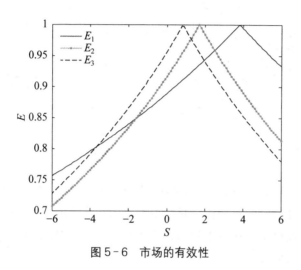

图 5-6　市场的有效性

从图 5-6 可以看出，如果在第一时期释放一个正向的基础信息，温和高涨的情绪扰动致使风险资产价格向理性预期价值靠拢，从而提高市场的有效性；而剧烈膨胀的情绪扰动使得资产价格远离它的潜在价值，从而降低市场的有效性。

5.4.3　预期价格路径

风险资产价格在各个时期的移动情况是我们感兴趣的最终目标。从市场出清条件来看，每个时期知情的理性投资者和非知情的情绪投资者的累计需求决定了风险资产的均衡价格。基于各个时期代表性理性投资者的交易量和代表性情绪投资者的交易量，我们可以描述一个预期的时间价格路径。假设在第一阶段释放一个正向的基本面信息，代表性理性投资者根据该有价值的信息来提交风险资产的交易量，而代表性情绪投资者依据自己的情绪扰动来提交风险资产的交易量。如果情绪需求的强度超过某一临界值，那么代表性理性投资者和代表性情绪投资者的累计需求会导致资产价格的过度反应。通常情况下，情绪扰动与信息因素之间具有一定程度的关联性,释放的正向信息可以放大情绪投资者的情绪扰动水平,引起资产价格的过度反应。持续的过度反应在最初的过度反应阶段产生短期动量。然而,从长期来看代表性理性投资者将资产价格拉回到风险资产的理性预期价值,短期内的过度反应得到纠正。在一个正向信息条件下风险资产价格的脉冲响应曲线如图5-7上半部分所示。

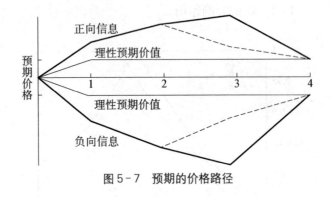

图5-7 预期的价格路径

图5-7显示了三阶段交易均衡下的预期价格随时间推移的运动情况。持续过度反应的预期价格路径由上边的粗实线所反映,第三时期为修正阶段的预期价格路径由中间的虚线所刻画,完全理性的预期价格路径由下边的细实线所描绘。

由于第一时期、第二时期和第三时期等三个阶段的过度反应被代表性理性投资者在长期内逐渐修正,所以资产价格短期内的过度反应和长期内的均值回归暗含着,第一时期内的资产价格变化值和日期4价格相对于日期1价格的变化值之间的无条件协方差为负:

$$Cov(p_4 - p_1, \ p_1 - p_0) < 0$$

$$条件 b > \frac{\lambda_3\lambda_1\rho_3 + \sqrt{\lambda_3^2\lambda_1^2\rho_3^2 + \lambda_2(4\lambda_3 - \lambda_2)[\lambda_2(4\lambda_3 - \lambda_2) - 2\lambda_3\lambda_1]}}{\lambda_1[2\lambda_2(4\lambda_3 - \lambda_2) - 2\lambda_3\lambda_1]} \times \frac{\sigma_\theta}{\sigma_S}$$

$$(5-40)$$

类似有:

$$Cov(p_4 - p_2, p_2 - p_1) < 0, 条件 b > \frac{\lambda_2\rho_2 + \sqrt{\lambda_2^2\rho_2^2 + 8\lambda_3(2\lambda_3 - \lambda_2)}}{2\lambda_2(4\lambda_3 - \lambda_2)} \times \frac{\sigma_\theta}{\sigma_S}$$

$$(5-41)$$

$$Cov(p_4 - p_3, \ p_3 - p_2) < 0, \ 条件 b > \frac{\sigma_\theta}{2\lambda_3\sigma_S} \quad (5-42)$$

上述每个协方差的详细计算和证明过程参见本章附录 2。总结上述结果我们可得如下命题。

命题 5‑4:假设在第一时期释放一个基础信息,并且情绪投资者的情绪扰动表现得足够强烈,那么连续的过度反应导致资产价格短期内的动量效应和长期内的反转效应。然而,资产价格短期内的动量效应也可能来源于对模型中信息的持续反应不足。

5.5　本章小结

近年来,资产价格和投资者情绪之间的显著关系已经被大量的实证研究和金融实验所证实。尽管如此,融合情绪扰动和信息因素的资产定价理论仍然还在发展过程中。在有限理性和有限套利的基础上,我们对凯尔(Kyle,1985)的噪声理性预期模型进行了扩展,提出了一个带信息的多阶段交易的情绪资产定价模型。模型中不知情的情绪投资者的情绪扰动随着时间的逐步推移而发生变化。情绪投资者将情绪扰动视为信息进行交易,其对均衡价格的影响变得明显。因此,风险资产价格既反映了理性投资者交易的信息,也反映了情绪投资者交易的情绪。对模型主要结论的总结如下:

首先,理性投资者输入资产价格的信息量是逐步累积的,在市场封闭的时候,信息融入价格的速度比在市场开放的时期要快得多。然而,情绪扰动输入价格系统的速度越来越慢。因此,随着时间的逐步推移风险资产价格趋向于它的内在价值。其次,增大情绪交易量,就会增强市场的流动性。情绪投资者的存在提供了理性投资者利用垄断势力交易的可能性,但也降低了市场的效率。最后,由于情绪扰动和信息因素之间存在某种程度的关联性,平均而言积极的信号增强投资者信心,导致资产价格的过度反应。持续的过度反应在初始过度反应阶段会产生短期动量,而初始阶段的过度反应在长期内则会得到纠正。

我们的研究为未来的研究提出了一些有意义的议题。比如,当交易频繁地发生时我们需要构建一个包含市场基础信息的连续交易的情绪资产定价模型。

5.6 本章附录

附录1:求解理性投资者最优化问题

依次将方程(5-15)、方程(5-14)和方程(5-13)代入代表性理性投资者预期的累计收益方程,化简可得:

$$
\begin{aligned}
E[\pi_n \mid p_1, \cdots, p_{n-1}, \theta] \\
= E[(p_0 + \theta - p_n)\Delta X_n^R + \pi_{n+1} \mid p_1, \cdots, p_{n-1}, \theta] \\
= (p_0 + \theta - p_{n-1} - \lambda_n \Delta X_n^R - h)\Delta X_n^R \\
+ \alpha_n (p_0 + \theta - p_{n-1} - \lambda_n \Delta X_n^R - h)^2 + \alpha_n \lambda_n^2 b^2 \sigma_S^2 + \delta_n
\end{aligned}
$$

$$(5-43)$$

关于需求变量 ΔX_n^R 的一阶条件为:

$$
(p_0 + \theta - p_{n-1} - h) - 2\lambda_n \Delta X_n^R - 2\alpha_n \lambda_n (p_0 + \theta - p_{n-1} - h - \lambda_n \Delta X_n^R) = 0
$$

$$(5-44)$$

从而解得需求函数 ΔX_n^R 为:

$$
\Delta X_n^R = \frac{(1 - 2\alpha_n \lambda_n)(p_0 + \theta - p_{n-1} - h)}{2\lambda_n (1 - \alpha_n \lambda_n)}
$$

$$(5-45)$$

其中,二阶约束条件为 $\lambda_n(1 - \alpha_n \lambda_n) > 0$。

由方程 $p_n = p_{n-1} + \lambda_n(\Delta X_n^R + b(\Delta S_n - \Delta \bar{S})) + h$ 和 $\Delta X_n^R = \dfrac{(1 - 2\alpha_n \lambda_n)(p_0 + \theta - p_{n-1} - h)}{2\lambda_n(1 - \alpha_n \lambda_n)}$ 可得:

$$
\begin{aligned}
E(\Delta p_n \mid \Delta X_1^R + b(\Delta S_1 - \Delta \bar{S}), \cdots, \Delta X_{n-1}^R + b(\Delta S_{n-1} - \Delta \bar{S})) \\
= E(\lambda_n(\Delta X_n^R + b\Delta S_n) + h \mid \Delta X_1^R + b(\Delta S_1 - \Delta \bar{S}), \cdots, \\
\Delta X_{n-1}^R + b(\Delta S_{n-1} - \Delta \bar{S})) \\
= \frac{h}{2(1 - \alpha_n \lambda_n)}
\end{aligned}
$$

$$(5-46)$$

市场出清条件意味着:

$$
E(\Delta p_n \mid \Delta X_1^R + b(\Delta S_1 - \Delta \bar{S}), \cdots, \Delta X_{n-1}^R + b(\Delta S_{n-1} - \Delta \bar{S})) = 0
$$

$$(5-47)$$

联合以上两方程即可证明 $h=0$。因此,理性投资者的最优需求为:

$$\Delta X_n^R = \beta_n (p_0 + \theta - p_{n-1}) \qquad (5-48)$$

其中,$\beta_n = \dfrac{1-2\alpha_n\lambda_n}{2\lambda_n(1-\alpha_n\lambda_n)}$。

进一步,将 $\Delta X_n^R = \beta_n(p_0+\theta-p_{n-1})$ 代入理性投资者的预期收益方程可得:

$$
\begin{aligned}
&E[\pi_n \mid p_1, \cdots, p_{n-1}, \theta] \\
&= (p_0 + \theta - p_{n-1} - \lambda_n \Delta X_n^R)\Delta X_n^R + \\
&\quad \alpha_n(p_0 + \theta - p_{n-1} - \lambda_n \Delta X_n^R)^2 + \alpha_n \lambda_n^2 b^2 \sigma_S^2 + \delta_n \\
&= \frac{(p_0 + \theta - p_{n-1})^2}{4\lambda_n(1-\alpha_n\lambda_n)} + \alpha_n \lambda_n^2 b^2 \sigma_S^2 + \delta_n \qquad (5-49)
\end{aligned}
$$

因此,常量 α_{n-1} 和 δ_{n-1} 的具体表达式为:

$$\alpha_{n-1} = \frac{1}{4\lambda_n(1-\alpha_n\lambda_n)}, \ \delta_{n-1} = \alpha_n\lambda_n^2 b^2\sigma_s^2 + \delta_n \qquad (5-50)$$

附录2:三个协方差方程(5-40、5-41、5-42)的证明

根据三阶段交易的均衡价格函数,第一时期的资产价格变化值为:

$$p_1 - p_0 = \frac{\lambda_2(4\lambda_3-\lambda_2) - 2\lambda_3\lambda_1}{2\lambda_2(4\lambda_3-\lambda_2) - 2\lambda_3\lambda_1}\theta + \lambda_1 b(\Delta S_1 - \Delta\bar{S}) \qquad (5-51)$$

并且日期4的资产价格相对于日期1的资产价格的变化值为:

$$p_4 - p_1 = \frac{\lambda_2(4\lambda_3-\lambda_2)}{2\lambda_2(4\lambda_3-\lambda_2) - 2\lambda_3\lambda_1}\theta - \lambda_1 b(\Delta S_1 - \Delta\bar{S}) \qquad (5-52)$$

因此,二者之间的无条件协方差为:

$$
\begin{aligned}
&Cov(p_4 - p_1,\ p_1 - p_0) \\
&= Cov\Bigg(\frac{\lambda_2(4\lambda_3-\lambda_2)}{2\lambda_2(4\lambda_3-\lambda_2)-2\lambda_3\lambda_1}\theta - \lambda_1 b(\Delta S_1 - \Delta\bar{S}), \\
&\qquad \frac{\lambda_2(4\lambda_3-\lambda_2)-2\lambda_3\lambda_1}{2\lambda_2(4\lambda_3-\lambda_2)-2\lambda_3\lambda_1}\theta + \lambda_1 b(\Delta S_1 - \Delta\bar{S})\Bigg) \\
&= -\lambda_1^2\sigma_S^2 b^2 + \frac{\lambda_3\lambda_1^2\rho_3\sigma_\theta\sigma_S}{\lambda_2(4\lambda_3-\lambda_2)-\lambda_3\lambda_1}b + \\
&\quad \frac{\lambda_2(4\lambda_3-\lambda_2)[\lambda_2(4\lambda_3-\lambda_2)-2\lambda_3\lambda_1]}{[2\lambda_2(4\lambda_3-\lambda_2)-2\lambda_3\lambda_1]^2}\sigma_\theta^2 \qquad (5-53)
\end{aligned}
$$

当参数 $b > \dfrac{\lambda_3\lambda_1\rho_3 + \sqrt{\lambda_3^2\lambda_1^2\rho_3^2 + \lambda_2(4\lambda_3 - \lambda_2)[\lambda_2(4\lambda_3 - \lambda_2) - 2\lambda_3\lambda_1]}}{\lambda_1[2\lambda_2(4\lambda_3 - \lambda_2) - 2\lambda_3\lambda_1]} \times \dfrac{\sigma_\theta}{\sigma_S}$

时,有:

$$Cov(p_4 - p_1,\ p_1 - p_0) < 0 \qquad (5-54)$$

类似地,第二时期的资产价格变化值为:

$$p_2 - p_1 = \frac{(2\lambda_3 - \lambda_2)(p_0 + \theta - p_1)}{4\lambda_3 - \lambda_2} + \lambda_2 b(\Delta S_2 - \Delta \bar{S})$$

$$(5-55)$$

并且日期 4 的资产价格相对于日期 2 的资产价格的变化值为:

$$p_4 - p_2 = \frac{2\lambda_3(p_0 + \theta - p_1)}{4\lambda_3 - \lambda_2} - \lambda_2 b(\Delta S_2 - \Delta \bar{S}) \qquad (5-56)$$

进一步,二者之间的无条件协方差为:

$$Cov(p_4 - p_2,\ p_2 - p_1)$$
$$= Cov\left(\frac{2\lambda_3(p_0 + \theta - p_1)}{4\lambda_3 - \lambda_2} - \lambda_2 b(\Delta S_2 - \Delta \bar{S}),\right.$$
$$\left.\frac{(2\lambda_3 - \lambda_2)(p_0 + \theta - p_1)}{4\lambda_3 - \lambda_2} + \lambda_2 b(\Delta S_2 - \Delta \bar{S})\right)$$
$$= -\lambda_2^2\sigma_S^2 b^2 + \frac{\lambda_2^2\rho_2\sigma_\theta\sigma_S}{4\lambda_3 - \lambda_2}b + \frac{2\lambda_3(2\lambda_3 - \lambda_2)}{(4\lambda_3 - \lambda_2)^2}\sigma_\theta^2$$

$$(5-57)$$

当参数 $b > \dfrac{\lambda_2\rho_2 + \sqrt{\lambda_2^2\rho_2^2 + 8\lambda_3(2\lambda_3 - \lambda_2)}}{2\lambda_2(4\lambda_3 - \lambda_2)} \times \dfrac{\sigma_\theta}{\sigma_S}$ 时,有:

$$Cov(p_4 - p_2,\ p_2 - p_1) < 0 \qquad (5-58)$$

类似地,第三时期的资产价格变化值为:

$$p_3 - p_2 = \frac{p_0 + \theta - p_2}{2} + \lambda_3 b(\Delta S_3 - \Delta \bar{S}) \qquad (5-59)$$

并且第四时期的资产价格变化值为:

$$p_4 - p_3 = \frac{p_0 + \theta - p_2}{2} - \lambda_3 b(\Delta S_3 - \Delta \bar{S}) \qquad (5-60)$$

所以二者的协方差为:

$$Cov(p_4 - p_3, \ p_3 - p_2)$$

$$= Cov\left(\frac{p_0 + \theta - p_2}{2} - \lambda_3 b(\Delta S_3 - \Delta \bar{S}), \ \frac{p_0 + \theta - p_2}{2} + \lambda_3 b(\Delta S_3 - \Delta \bar{S})\right)$$

$$= \frac{\sigma_\theta^2}{4} - \sigma_S^2 \lambda_3^2 b^2 \tag{5-61}$$

如果参数 $b > \dfrac{\sigma_\theta}{2\lambda_3 \sigma_S}$，那么有 $Cov(p_4 - p_3, \ p_3 - p_2) < 0$。

第六章　带信息的连续交易的
情绪资产定价模型

6.1　引言

当多期交易的时间间隔接近于零,并且交易非常频繁地发生时,多期序贯交易的均衡趋向于连续交易的均衡。基于连续交易的情绪资产定价模型,本章详细阐述时间间隔变得非常小时均衡将会发生什么,特别是进一步研究价格系统的信息量、市场深度以及情绪被纳入价格体系的动态特征。

近年来,大量的关于证券价格的证据对有效市场假说理论提出了强有力的挑战。尤其是许多金融市场异常现象不能从传统观点的角度给予很好的解释,例如对信息事件的不充分反应、短期的动量、长期的反转、资产价格相对于基本面的高波动性等等。作为对这些现象的另一种解释,许多学者逐渐转向行为金融理论,在其中投资者的行为开始背离严格理性的假设和无限的计算能力。

德邦特和泰勒(DeBondt and Thaler, 1995)认为一个好的行为金融理论应该根植于投资者实际上是如何表现的经验证据。我们也认为行为金融理论应该考虑到关于投资者情绪的非理性的一面。一个行为金融理论在不同的背景下解释不同的异常模式是过于吝啬的,目前,仍然缺乏一个统一的理论来解释上述提到的种种异象。因此,我们试图发展一个统一的行为金融资产定价理论。在我们的模型中,情绪扰动与信息因素是相对应的。知情的理性投资者能够观测到一开始释放的有价值的信息,从而进行信息因素的交易。特别地,理性投资者在动态的环境下利用他的垄断势力来最大化预期的收益,因此相对于效率市场而言,理性投资者对风险资产的需求是不充分的。当仅有理性投资者是比较活跃时,价格对基础信息的调整是非常缓慢的,导致对信息事件的反应不足。

　　另一方面,不知情的情绪投资者对情绪扰动非常敏感,误把情绪当作信息,基于情绪进行交易。给定一个情绪扰动,情绪投资者对风险资产的清算价值具有一个有偏误的认知。由于非理性的情绪投资者是天真幼稚的而非成熟老练的(Stein,2009;Victoravich,2010;Ling et al.,2010),如果情绪投资者采取简单的交易策略——追逐趋势,情绪投资者的行为在长期内必然引起资产价格的过度反应。结果,连续的过度反应在最初的反应阶段导致无条件的短期动量,资产价格的过度反应在长期内被理性投资者不断修正,使得资产的价格回归理性预期价值。在早期的动量周期内简单的策略就赚取了丰厚的回报。

　　基于凯尔(Kyle,1985)的框架,我们建立了一个融合市场基础信息和投资者情绪的连续交易资产定价模型[①]。模型的特点主要体现在如下几个方面:首先,在开始交易之前有一基础信息被释放,代表性理性投资者进行信息方式的交易行为,使得价格系统逐渐地纳入信息因素。而代表性情绪投资者将情绪视为信息,进行情绪冲击的交易行为,使得价格体系纳入情绪扰动。其次,我们集中分析代表性理性投资者和代表性情绪投资者的相互作用,以及二者的相互作用如何导致资产误定价。再次,我们首先构建一个单期交易的模型,为连续交易的模型提供一个基准案例。最后,我们构建的情绪资产定价模型能够对关于信息事件的反应不足、短期动量、长期反转、资产价格高波动性等金融市场异常现象给予一个统一的解释,并且引发了一些特别的启示,比如,价格系统的信息量、市场的深度。

6.2　经济环境的假定

　　资产交易的开始时间为 $t=0$,结束时间为 $t=1$,发生在一个时间段内。风险资产的最终价值为 $V=p_0+\theta+\varepsilon$,其中,它的基础价值用时刻 $t=0$ 的价格 p_0 表示,它的基本面变动用交易前的一基础信息 θ 表示,$\theta\sim N(0,\sigma_\theta^2)$,在时刻 $t=1$ 有一随机扰动项 $\varepsilon,\varepsilon\sim N(0,\sigma^2)$。

　　代表性情绪投资者的情绪扰动遵循一维纳过程 $dS=\sigma_S dz$。类似于离散交易的情景,代表性情绪投资者关于风险资产的认知的最终价值为

---

　　① 一个流动性的市场是一个连续的市场,几乎任意数量的股票能够被立即地买卖;一个流动性的市场是一个有效率的市场,少量的股票总是能够以非常接近当前的价格被买卖,大量的股票以非常接近当前的价格来交易需要很长的一段时间。Black, F. Towards a fully automated exchange, Part I [J]. Financial Analysts Journal, 1971, 27: 29-34.

$V_S = p_0 + \theta + f(S) + \varepsilon$，那么在时刻 t 情绪投资者关于风险资产的最优化需求可表示为 $dX_t^S = bdS_t$，其中，参数 b 表示情绪需求的强度，变量 S_t 表示在时刻 t 情绪投资者的情绪水平。

在时刻 t 代表性理性投资者在资产交易中获得的收益为 $d\pi_t$，即：

$$d\pi_t = (V - p_t)dX_t^R \tag{6-1}$$

均衡的定义是在连续的资产交易均衡中：

(1) 在时刻 t 代表性情绪投资者的交易规则为 $dX_t^S = bdS_t$，高涨的情绪扰动增加风险资产的需求，低落的情绪扰动减少风险资产的需求。

(2) 在时刻 t 代表性理性投资者的最优化交易策略 dX_t^R 为最大化预期收益：

$$dX_t^R = \mathrm{argmax}E\{\pi_t \mid \langle p_m \rangle_{m \in [0, t)}, \theta\} = \mathrm{argmax}E\left\{\int_{m=t}^1 d\pi_m \mid \langle p_m \rangle_{m \in [0, t)}, \theta\right\} \tag{6-2}$$

(3) 在时刻 t 资产的均衡价格 $\{p_t(\cdot)\}$ 满足：

$$p_t = E\{V \mid \langle dX_m^R + dX_m^S \rangle_{m \in [0, t]}\} \tag{6-3}$$

6.3 基准情况：单期交易的均衡

在我们开始分析连续交易的均衡之前，先讨论单期交易的均衡，把单期交易均衡的性质推广为连续交易均衡的性质。

用 π 表示理性投资者在单期交易中获得的收益，那么 π 可表示为：

$$\pi = (V - p)X^R \tag{6-4}$$

其中，X^R 为理性投资者对风险资产的需求量，p 为单期交易的市场出清价格。

均衡的定义是在单期交易的均衡中：

(1) 代表性情绪投资者的交易规则为 $X^S = b(S - \bar{S})$，高涨的情绪扰动增加风险资产的需求，反之亦然。

(2) 代表性理性投资者的最优化需求 $X^R(\cdot)$ 为最大化预期收益：

$$X^R = \mathrm{argmax}E[\pi \mid \theta] \tag{6-5}$$

(3) 资产的均衡价格 $p(\cdot)$ 满足：

$$p = E(V \mid X^R + b(S - \bar{S})) \qquad (6-6)$$

假定有关的随机变量服从正态分布,均衡结果就是一个简单的线性形式,其中均衡价格 p 和需求函数 X^R 为相关变量的线性结构。首先预设一个线性结构的价格函数,然后根据预设的价格函数来求解代表性理性投资者的最优化需求量(Grossman and Stiglitz, 1980; Kyle, 1985; Wang, 1993)。在6.3.2节我们将证明市场出清价格正好为预设的价格函数。因此,存在如下的命题。

命题 6-1:在单阶段交易的市场环境中,存在唯一一个稳定的均衡。均衡价格 p 和理性投资者的最优需求 X^R 分别可表示为:

$$p = p_0 + \lambda(X^R + b(S - \bar{S})) \qquad (6-7)$$

$$X^R = \beta\theta \qquad (6-8)$$

其中,λ 和 β 为常量。λ 和 β 的具体表达式为:

$$\lambda = \frac{\sigma_\theta}{2b\sigma_S} \qquad (6-9)$$

$$\beta = \frac{b\sigma_S}{\sigma_\theta} \qquad (6-10)$$

在我们开始证实上述命题之前,先讨论一下有关单期交易均衡的一些性质:首先,方程(6-7)表明均衡价格可分解为三项式子,风险资产的最初价格 p_0 构成第一项式子,它提供了当前价格的锚定值;代表性理性投资者对当前价格的不充分调整 λX^R 构成第二项式子;代表性情绪投资者对当前价格的调整 $\lambda b(S - \bar{S})$ 为第三项式子,情绪扰动增加了市场的波动性。其次,参数 $1/\lambda$ 测量市场的深度,即价格上升或下降一个单位所需要的交易量。它与情绪变异和信息质量的比值是成比例的。最后,给定推测的价格函数我们能够解决理性投资者的最优化问题。参数 β 测量理性投资者信息需求的强度,它与情绪变异和信息质量的比值也是成比例的。

6.3.1　线性均衡条件下理性投资者的最优化策略

根据预设的价格函数,我们可以求解代表性理性投资者关于风险资产的最优化需求。在一个稳定的线性均衡中,均衡价格 p 可以表示为如下的形式:

$$p = p_0 + \lambda(X^R + b(S - \bar{S})) \qquad (6-11)$$

那么代表性理性投资者的交易策略是在自身所拥有的信息集条件下最大化预期的收益,即:

$$E[(V-p)X^R \mid \theta] = (\theta - \lambda X^R)X^R \qquad (6-12)$$

关于 X^R 最大化方程(6-12)可得理性投资者的需求函数为:

$$X^R = \beta\theta \qquad (6-13)$$

其中,$\beta = \dfrac{1}{2\lambda}$,二阶条件为 $\lambda > 0$。

二次的目标函数排除了混合策略,即使在非线性策略被允许的情况下线性策略仍然是最优的。方程(6-13)表明代表性理性投资者在制定自身的交易策略时不但考虑了竞争性的做市商的定价规则,而且利用了他获得的基础信息的优势。

6.3.2 市场出清价格

竞争性的做市商在拥有代表性理性投资者和代表性情绪投资者总交易量信息的条件下出清市场,有效确定市场均衡价格。给定代表性理性投资者和代表性情绪投资者的累计需求量,由市场出清条件可得均衡价格 p 为:

$$p = E(V \mid X^R + b(S - \bar{S})) \qquad (6-14)$$

正态性使得回归具有线性形式。应用正态分布条件下投影定理就可证实均衡价格 p 确实为方程(6-7)所设定的结构形式,即:

$$p = E(V \mid X^R + b(S - \bar{S})) = p_0 + \lambda(X^R + b(S - \bar{S})) \quad (6-15)$$

而且,我们同时可得参数 λ 的具体表达式为:

$$\lambda = \frac{Cov(V,\, X^R + b(S - \bar{S}))}{Var(X^R + b(S - \bar{S}))} = \frac{\beta\sigma_\theta^2}{\beta^2\sigma_\theta^2 + b^2\sigma_S^2} \qquad (6-16)$$

在二阶条件 $\lambda > 0$ 下,结合 $\beta = \dfrac{1}{2\lambda}$ 和方程(6-16)可得:

$$\lambda = \frac{\sigma_\theta}{2b\sigma_S} \qquad (6-17)$$

$$\beta = \frac{b\sigma_S}{\sigma_\theta} \qquad (6-18)$$

至此,我们完成了命题6-1的证明。

6.3.3　均衡的性质

在这一小节,我们集中阐述单期交易均衡的一些性质。我们详细分析均衡价格关于情绪扰动的变动情况、市场的有效性、价格系统的信息量等。

（1）情绪均衡价格

为了数量化地分析均衡价格关于情绪扰动的变动情况,我们结合不同的情绪水平和情绪方差给出了情绪均衡价格的数值模拟,如图 6-1 所示。参数的具体选择如下:$p_0=10$, $\theta=2$, $b=1.5$, $\sigma_\theta^2=1$, $\bar{S}=0$, $\sigma_S \in [0.5, 2]$, $S \in [-6, 6]$。

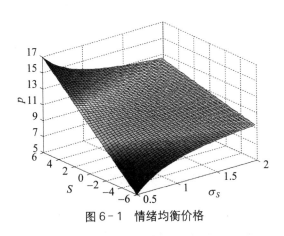

图 6-1　情绪均衡价格

图 6-1 表明情绪均衡价格是投资者情绪的一个递增函数。高涨的情绪扰动提高风险资产的均衡价格,而低落的情绪扰动降低风险资产的均衡价格。此外,当投资者情绪大于零时,均衡价格是情绪变异的单调递减函数,在这种情况下,情绪变异的增加使得理性投资者减持风险资产的头寸,均衡价格减小。然而,当投资者情绪小于零时,均衡价格是情绪变异的单调递增函数,此时,情绪变异的增加使得理性投资者持有更多的风险资产头寸,均衡价格增大。

（2）市场的稳定性和有效性

现在我们分析投资者情绪如何影响市场的有效性。参考杨春鹏和张壬癸(Yang and Zhang,2013a)的定义,我们考虑了一个关于市场有效性的度量,即为均衡价格中信息因素相对于情绪扰动的比例。在这种情况下,市场的有效性指标 E 可表示为:

$$E = \frac{FR}{FR + |FS|} \tag{6-19}$$

这里,资产均衡价格很自然地被拆解为两个部分:情绪扰动带来的资产价格远离理性预期价值的偏差成分 $|FS|$,以及完全理性预期下的内在价值, $FR = p_0 + \theta$。 为了数量化地阐述市场有效性指标关于情绪扰动的变化情况,我们给出了如图6-2所示的数值示例。情绪变异参数的设定为 $\sigma_S^2 = 1$,其余参数的选择与图6-1的设定类似。

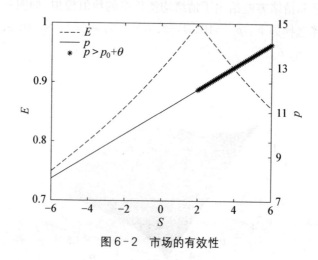

图6-2 市场的有效性

在此,我们集中分析有一个正向的基础信息被释放的情形,可以被看作为有一个盈利公告。理性投资者观测到有价值的基础信息,开始持有较多的风险资产头寸,以便从交易中获利。尽管理性投资者的交易策略当前是正确的,但是理性投资者的最优需求小于效率市场的需求量,结果导致对当前价格的不充分调整。另一方面,情绪投资者将情绪扰动视为信息因素,增加情绪投资者的情绪扰动会提高关于风险资产的需求量,反之亦然。因此,温和膨胀的情绪扰动使得资产价格靠近理性预期价值,提高了市场有效性,而剧烈膨胀的情绪扰动迫使资产价格远离理性预期价值,导致资产价格的过度反应,结果,情绪投资者对基础信息的过度反应降低了市场的有效性。

(3)价格系统的信息量

在一个单阶段交易的静态环境下,凯尔(Kyle,1985)将价格系统的信息量指标定义为内在价值的条件方差 $Var(V \mid p)$,该统计量刻画了市场纳入理性投资者已知的信息的程度高低。价格系统的信息量具体可写为:

$$Var(V \mid p) = Var(V) - \frac{[Cov(V, p)]^2}{Var(p)} = \frac{1}{2}\sigma_\theta^2 + \sigma^2 \quad (6-20)$$

方程(6-20)表明在单期交易的均衡中理性投资者私人信息的一半融入价格之中。理性投资者关于信息的条件预期收益为 $E(\pi \mid \theta) = \frac{\theta^2}{4\lambda}$，理性投资者的条件收益与市场深度是成比例的。由于风险资产供给量的横向扩张,理性投资者成比例地扩大他的交易量,使得资产价格保持不便,因此他的收益成比例地增加。理性投资者的无条件预期收益为 $E(\pi) = \frac{b\sigma_\theta \sigma_S}{2}$，在这种情况下理性投资者的无条件收益与信息的平均质量、情绪的平均变异是成比例的。

单期交易均衡的性质可以推广为连续交易均衡的性质。我们感兴趣的是一些统计量的动态表现,比如,价格系统的信息量、市场的深度。

6.4　连续交易的均衡

在本章节,我们研究连续交易的模型,在其中交易是连续发生的。在连续交易的均衡中,均衡价格反映了过去交易和当前交易所包含的信息。模型中,理性投资者在最大化他的预期收益时不仅考虑他的交易对当前价格的影响,而且考虑将来的交易机会。与多阶段交易的均衡类似,一个稳定的线性形式构成连续交易的均衡,因此存在如下的命题。

命题 6-2:在连续交易的稳定均衡中,存有:

$$dp_t = \lambda_t(dX_t^R + bdS_t) \quad (6-21)$$

$$dX_t^R = \beta_t(p_0 + \theta - p_t)dt \quad (6-22)$$

$$\sigma_{\theta,t}^2 = Var\{\theta \mid \langle dX_m^R + dX_m^S \rangle_{m \in [0,t]}\} = E(p_0 + \theta - p_t)^2 \quad (6-23)$$

$$E\{\pi_t \mid \langle p_m \rangle_{m \in (0,t)}, \theta\} = \alpha_t E(p_0 + \theta - p_t)^2 + \delta_t, \ t \in (0,1) \quad (6-24)$$

其中参数 λ_t，β_t，$\sigma_{\theta,t}^2$，α_t 和 δ_t 为常量。赋予 $\sigma_{\theta,0}^2 = Var(\theta) = \sigma_\theta^2$，参数 λ_t，β_t，$\sigma_{\theta,t}^2$，α_t 和 δ_t 满足:

$$\lambda_t = \frac{\sigma_\theta}{b\sigma_S} \quad (6-25)$$

$$\beta_t = \frac{b\sigma_S}{\sigma_\theta(1-t)} \tag{6-26}$$

$$\sigma_{\theta,t}^2 = (1-t)\sigma_\theta^2 \tag{6-27}$$

$$\alpha_t = \frac{b\sigma_S}{2\sigma_\theta} \tag{6-28}$$

$$\delta_t = \frac{b\sigma_S\sigma_\theta(1-t)}{2} \tag{6-29}$$

上述五个参数均构成关于时间 t 的函数关系,各个参数之间不再构成彼此依赖的递归关系。在我们开始证实上述命题之前,先深入评论连续交易均衡的一些性质:首先,递归的定价规则 dp_t 用参数 λ_t 刻画,$1/\lambda_t$ 表示市场深度。其次,代表性理性投资者的交易策略 dX_t^R 用参数 β_t 刻画,它反映了代表性理性投资者关于信息因素的需求强度。再次,在时刻 t 交易后价格中残留的误差方差用参数 $\sigma_{\theta,t}^2$ 测量,它反映了价格系统仍然没有纳入的信息量。最后,二次的预期收益函数用参数 α_t 和 δ_t 定义,它给出了从时刻 t 到时刻 1 资产交易中交易机会的价值。

6.4.1 理性投资者的最优化问题

根据竞争性的做市商的线性定价规则 λ_t,我们就可以求解代表性理性投资者的最优化需求量。根据方程(6-2)给出的定义式,在时刻 t 代表性理性投资者预期的累计收益为:

$$E\{\pi_t\} = E\left\{\int_{m=t}^1 d\pi_m\right\} \tag{6-30}$$

将方程(6-1)、方程(6-22)和方程(6-23)相结合,我们可得:

$$
\begin{aligned}
E\{d\pi_t \mid \theta\}\} &= E\{(V-p_t)dX_t^R \mid \theta\} \\
&= E\{(p_0+\theta+\varepsilon-p_t)\beta_t(p_0+\theta-p_t)dt \mid \theta\} \\
&= \beta_t E\{(p_0+\theta-p_t)^2\}dt \\
&= \beta_t \sigma_{\theta,t}^2 dt
\end{aligned}
\tag{6-31}
$$

进一步,将上述方程(6-31)代入方程(6-30),可得:

$$E\{\pi_t \mid \theta\} = E\left\{\int_{m=t}^1 d\pi_m \,\middle|\, \theta\right\} = \int_{m=t}^1 \beta_m \sigma_{\theta,m}^2 dm \tag{6-32}$$

又由于:

$$\sigma^2_{\theta,t+dt} = E\{(p_0 + \theta - p_t - dp_t)^2\}$$
$$= E\{(p_0 + \theta - p_t)^2 + (dp_t)^2 - 2(p_0 + \theta - p_t)dp_t\}$$
$$= (1 - \lambda_t \beta_t dt)^2 \sigma^2_{\theta,t} + \lambda_t^2 b^2 \sigma_S^2 dt \qquad (6-33)$$

依据导数的定义式可求得的微分方程如下所示：

$$(\sigma^2_{\theta,t})' = \lim_{dt \to 0} \frac{\sigma^2_{\theta,t+dt} - \sigma^2_{\theta,t}}{dt}$$
$$= \lim_{dt \to 0}(-2\lambda_t \beta_t \sigma^2_{\theta,t} + \lambda_t^2 b^2 \sigma_S^2 + (\lambda_t \beta_t)^2 dt \sigma^2_{\theta,t})$$
$$= -2\lambda_t \beta_t \sigma^2_{\theta,t} + \lambda_t^2 b^2 \sigma_S^2 \qquad (6-34)$$

那么，方程(6-34)等价于：

$$\beta_t \sigma^2_{\theta,t} = \lambda_t b^2 \sigma_S^2 / 2 - (\sigma^2_{\theta,t})'/2\lambda_t \qquad (6-35)$$

将上述方程(6-35)代入方程(6-32)，可得：

$$E\{\pi_t \mid \theta\} = \int_{m=t}^1 \beta_m \sigma^2_{\theta,m} dm$$
$$= \int_{m=t}^1 \lambda_m b^2 \sigma_S^2 / 2 - (\sigma^2_{\theta,m})'/2\lambda_m dm$$
$$= \frac{1}{2}\int_{m=t}^1 \lambda_m b^2 \sigma_S^2 dm + \frac{1}{2}\int_{m=t}^1 \lambda_m^{-1} d(-\sigma^2_{\theta,m}) \qquad (6-36)$$

类似于凯尔(Kyle，1985)的论述，市场深度指标 $1/\lambda_t$ 在连续交易的均衡中为一常数，市场深度不再增加也不再降低，与代表性理性投资者的最大化预期收益行为相一致，在这种情况下的市场均衡是一个稳定的均衡。如果要增加市场深度，那么代表性理性投资者会在增加市场深度之前凭借价格扰动来获得无限的收益；如果要降低市场深度，那么代表性理性投资者想要价格系统立即全部纳入他占有的私人信息。因此，市场深度指标在连续交易的经济环境下既不再增加也不再减少，为一恒定的常量，从而存在一个稳定的均衡。在全部交易结束时代表性理性投资者的收益最大化意味着信息的条件方差 $\sigma^2_{\theta,1}=0$。如果信息需求强度 β_t 是有限的，那么价格系统 dp 的瞬时方差为 $\lambda^2 b^2 \sigma_S^2 dt$，情绪投资者的交易行为完全决定了价格体系的方差水平。

根据市场出清条件和信息的条件方差 $\sigma^2_{\theta,1}=0$，可知情绪交易的累计方差等于信息的初始方差：

$$\int_{t=0}^1 \lambda^2 b^2 \sigma_S^2 dt = \lambda^2 b^2 \sigma_S^2 = \sigma^2_{\theta,0} \qquad (6-37)$$

所以定价规则参数 λ_t 的具体表达式为：

$$\lambda_t = \frac{\sigma_{\theta,0}}{b\sigma_S} \qquad (6-38)$$

6.4.2 市场出清价格

根据代表性理性投资者和代表性情绪投资者二者累加的瞬时交易量，竞争性的做市商出清股市，有效形成市场定价规则 λ_t。根据市场出清条件有：

$$
\begin{aligned}
dp_t &= E(V - p_t \mid dX_t^R + bdS_t) \\
&= \lambda_t(dX_t^R + bdS_t) \\
&= \lambda_t(\beta_t(p_0 + \theta - p_t)dt + bdS_t) \qquad (6-39)
\end{aligned}
$$

与此同时求得定价规则参数 λ_t 的表达式为：

$$\lambda_t = \frac{\beta_t \sigma_{\theta,t}^2}{b^2 \sigma_S^2} \qquad (6-40)$$

将方程(6-38)和方程(6-40)相结合，可得信息需求强度参数 β_t 的表达式为：

$$\beta_t = \frac{b\sigma_S \sigma_{\theta,0}}{\sigma_{\theta,t}^2} \qquad (6-41)$$

在微分方程(6-34)中代入方程(6-38)和方程(6-41)，化简可得：

$$(\sigma_{\theta,t}^2)' = -\sigma_{\theta,0}^2 \qquad (6-42)$$

进一步，求得上述微分方程(6-42)的通解为：

$$\sigma_{\theta,t}^2 = -\sigma_{\theta,0}^2 t + C \qquad (6-43)$$

结合信息的条件方差的初始值 $\sigma_{\theta,0}^2 = \sigma_\theta^2$，可得：

$$\sigma_{\theta,t}^2 = \sigma_\theta^2(1-t) \qquad (6-44)$$

因此，可得信息需求强度参数 β_t 的具体表达式为：

$$\beta_t = \frac{b\sigma_S \sigma_{\theta,0}}{\sigma_{\theta,t}^2} = \frac{b\sigma_S}{\sigma_\theta(1-t)} \qquad (6-45)$$

将方程(6-36)和方程(6-38)相结合，可得代表性理性投资者预期的累计收益为：

$$E\{\pi_t \mid \theta\} = \frac{1}{2}\int_t^1 \lambda_m b^2 \sigma_S^2 dm + \frac{1}{2}\int_t^1 \lambda_m^{-1} d(-\sigma_{\theta,m}^2)$$

$$= \frac{1}{2}\lambda_t b^2 \sigma_S^2 (1-t) - \frac{1}{2}\lambda_t^{-1}(\sigma_{\theta,1}^2 - \sigma_{\theta,t}^2)$$

$$= \frac{b\sigma_S \sigma_{\theta,0}}{2}(1-t) + \frac{b\sigma_S}{2\sigma_{\theta,0}}\sigma_{\theta,t}^2 \qquad (6-46)$$

因此,二次预期收益函数的参数 α_t 和参数 δ_t 的表达式分别为:

$$\alpha_t = \frac{b\sigma_S}{2\sigma_\theta} \qquad (6-47)$$

$$\delta_t = \frac{b\sigma_S \sigma_\theta (1-t)}{2} \qquad (6-48)$$

其中,时间 $t \in (0,1)$。 到这里就完成了命题 6-2 的证明。

6.4.3 均衡的性质

根据方程(6-25)的结构表达可知,市场深度指标 $1/\lambda_t$ 在连续交易的均衡中为一恒定的常数。一方面,增加情绪需求的强度,放大情绪的平均变异 σ_S,就会增大市场深度指标,这说明市场的流动性与情绪交易行为密切相关。另一方面,情绪投资者不确定性的情绪扰动有时迷惑了理性投资者,增加了将来交易机会的不可预测性。换言之,由情绪扰动所引发的交易行为即提供了通过交易获利的机会,也增加了通过交易获利的风险。因此,我们的模型证明了布莱克(Black,1986)的观点,"非理性投资者致使金融市场变得不再完美,……然而,非理性的噪音交易对于市场的流动性而言是不可或缺的"。

市场的弹性测量资产价格收敛于资产潜在价值的速度,弹性也反映了资产价格对情绪扰动的反弹速度。在连续交易的均衡中,价格的弹性由信息交易和情绪交易二者共同决定。由信息因素所带来的交易行为引致资产价格靠近它的内在价值,而由情绪扰动所引起的交易行为使得资产价格远离它的潜在价值。根据方程(6-26)的结构表达,信息需求的强度参数 β_t 与时间 t 成正比,这暗示随着时间的逐步推移价格系统纳入信息的速度越来越快,当接近交易结束、时间 t 趋于 1 时,信息需求强度参数 β_t 趋向无穷大,这说明市场在交易结束时充分富有弹性[①]。

根据方程(6-27)结构表达,信息的条件方差 $\sigma_{\theta,t}^2$ 为时间 t 的单调递减

---

① 在一个充分弹性的市场中,交易结束时价格最终趋向于它的潜在价值。

函数,这意味着价格系统逐渐地纳入信息因素,当时间 $t=1$ 时,价格中剩余的误差方差 $\sigma_{\theta,t}^2=0$,这说明交易结束时价格体系纳入了所有的信息,最终风险资产的价格等于它的潜在价值 V。此外,代表性理性投资者预期的累计收益是 $E(\pi_t \mid \theta)=b\sigma_S\sigma_\theta(1-t)$,为时间 t 的单调递减函数,到交易结束时理性投资者无利可获。

最重要的均衡性质是随着时间的推移资产的价格如何变化,这取决于代表性理性投资和代表性情绪投资者的累计交易量。图 6-3 刻画了在交易前释放一个正向信息或负向信息后的平均价格路径。在此我们集中分析有一正向信息被释放的情形,下面的细实线描绘了完全理性的预期价格水平,上面的粗实线展示了有一正向信息被释放后的预期价格的的脉冲响应。当市场上仅有理性投资者比较活跃时,价格对基础信息进行缓慢的调整,此时表现为资产价格的反应不足。由于信息缓慢地融入价格之中,如果代表性情绪投资者的情绪扰动是微乎其微的,那么资产价格对信息事件的连续反应不足也会引起资产价格的短期动量,这印证了巴贝里斯等(Barberis et al.,1998)的论点,"股票价格缓慢地吸收信息,短期内引起收益的趋势性"。

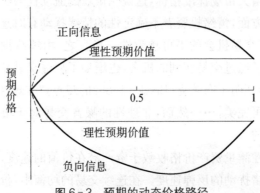

图 6-3 预期的动态价格路径

另一方面,当一开始释放一个正向的信息,代表性理性投资者在有价值的信息条件下增加关于风险资产的需求量,与此同时代表性情绪投资者受看涨情绪的影响也增加关于风险资产的需求量。由于理性投资者利用他的垄断势力来最大化预期收益,他的需求相对于效率市场而言是不充分的,那么温和膨胀的情绪扰动使得资产价格收敛于理性预期价值,而剧烈膨胀的情绪扰动导致资产价格过度反应。连续的过度反应在最初的过度反应阶段导致资产价格的短期动量,这验证了丹尼尔等(Daniel et al.,

1998)的观点,"短期的动量起因于连续的过度反应"。通过方程(6-26)我们知道,在接近交易结束时市场变动无限富有弹性,因此长期内最初的过度反应被理性投资者所修正。

6.5　本章小结

在凯尔(Kyle,1985)的噪音理性预期模型框架下,我们提出了一个包含市场基础信息的连续交易的情绪资产定价模型。在模型中纳入了一类不知情的代表性情绪投资者,他们容易受到情绪冲击。一方面,代表性理性投资者以通常的方式交易信息。因此,信息逐渐被纳入价格中。另一方面,代表性情绪投资者将情绪扰动视为信息进行交易,其对均衡价格的影响变得越发明显。因此,风险资产价格既反映了理性投资者交易的信息,也反映了情绪投资者交易的情绪扰动。我们模型的特点总结和结论如下:

第一,我们提出了一个单阶段交易的情绪资产定价模型,为连续交易的模型提供了一个基准案例。如果释放一个积极的信号,那么适度扩张的情绪扰动会推动资产价格靠近它的内在价值,从而提高市场效率;而急剧膨胀的情绪扰动则会迫使资产价格远离它的潜在价值,从而降低市场效率。第二,在连续交易均衡中,市场深度随时间的推移是恒定的,数值为单阶段交易均衡的一半。一方面,增加情绪交易量,会增大市场的流动性指标。另一方面,情绪交易为理性投资者产生了迷惑,提高了未来交易机会的不确定性。第三,在单阶段交易均衡和连续交易均衡中,价格弹性是由信息交易和情绪交易二者共同决定的。信息交易推动资产价格趋于效率市场,而情绪交易则导致资产价格偏离效率市场。此外,在连续交易均衡中,市场在接近交易结束时具有无限的弹性,因此价格最终会收敛到其潜在价值。第四,在连续交易均衡中,价格系统在交易结束时纳入所有的信息。然而,在单阶段交易均衡中,价格体系只纳入一半理性投资者的私人信息。第五,理性投资者的预期利润(事前)与情绪交易量和信息交易量成正比,就像在单阶段交易模型中一样。

以两阶段交易、多阶段交易为代表的离散交易均衡相异于连续交易均衡之处主要表现在如下几个方面:第一,在离散交易的均衡中,市场深度随着时间的逐步推移越来越低,说明市场的流动性越来越差;而在连续交易的均衡中市场深度随着时间的推移恒定不变。第二,在离散交易的均衡中,信息需求的强度随着时间的推移逐渐增大,市场越发具有弹性,并且信

息需求的强度参数 β_t 与市场流动性参数 λ_t 二者的乘积逐渐增大,意味着价格系统纳入信息的速度越来越快;而在连续交易的均衡中,信息需求的强度 β_t 与时间 t 成正比,说明价格系统纳入信息的速度越来越快,当接近交易结束时,信息需求的强度 β_t 趋向无穷大,市场充分富有弹性。第三,在离散交易的均衡中,情绪扰动对资产价格的边际影响效应越来越小,说明价格系统纳入情绪扰动的速度越来越慢;而在连续交易的均衡中,情绪扰动对资产价格的边际影响效应为一常量。第四,在离散交易的均衡中,信息的条件方差 $\sigma_{\theta,t}^2$ 逐渐减小,暗示价格体系逐渐地纳入信息,该参数在交易结束后为一个任意小的正数;而在连续交易的均衡中,信息的条件方差 $\sigma_{\theta,t}^2$ 为时间 t 的单调递减函数,意味着价格体系逐渐地纳入信息,当时间 $t=1$ 时,价格中的误差方差 $\sigma_{\theta,t}^2=0$,说明价格系统在交易结束时纳入了所有的信息。

　　不论是两阶段交易、多阶段交易的离散定价模型,还是连续交易的资产定价模型均表明,释放一个积极的信号平均而言会增加乐观的情绪扰动,导致股票价格正向的过度反应。连续的过度反应在最初的过度反应阶段带来资产价格的短期动量,然而最初的过度反应长期内会得到修正。而释放一个消极的信号会加剧悲观的情绪扰动,导致股票价格负向的过度反应,下跌的股价引发了非理性投资者的恐慌心理,带来进一步的股价下跌,致使不安的情绪扰动演化到了焦虑的程度,引起进一步的股价下跌,最终由消极信号引起的股价下跌的幅度远超过由积极信号带来的股价上涨的程度。

第七章　情绪投资者、学习信息行为和资产定价模型

7.1　引言

目前投资者行为特征对资产定价的影响已经受到了国内外学者的重视。我们结合投资者最常见的三种行为：学习信息行为、拥挤交易行为、锚定与调整行为，进一步研究包含信息的动态行为资产定价问题。

席勒(Shiller，2011，2014)指出，我们需要从对人类行为的研究中来实现金融的人性化，人性化金融要考虑到人们的真实想法和行为。学习是贝叶斯更新规则的基石，它描述了理性投资者在收到新的信息后如何更新他们的信念。根据新获得的信息来更新信念是一个与许多经济形势相关的议题(Basu，2019)[①]。在金融市场中，风险资产的未来变现价值存在不确定性，使得投资者在进行选择和决策时无法产生稳定的预期。因此，投资者的期望值会根据新获得的信息进行修正，从而促生投资者的学习行为。

学习信息行为能够帮助我们更好地理解金融市场中观察到的各种现象。一旦我们识别了相关参数的不确定性和投资者的学习行为，许多貌似令人困惑的金融现象便会迎刃而解(Pastor and Veronesi，2009)[②]。根据格罗斯曼和斯蒂格利茨(Grossman and Stiglitz，1976)以及王江(Wang，1993)研究的常用学习机制，我们通过分离代理者信念和决策行为来阐释学习规则内涵。更新过程如何引导预期对新信息做出反应，它如何将有价

①　Basu, P. Bayesian updating rules and AGM belief revision [J]. Journal of Economic Theory, 2019, 179: 455-475.

②　Pastor, L., Veronesi, P. Learning in financial markets [R]. NBER Working Paper No. 14646, 2009.

值的信息从理性投资者传递给理性不知情的投资者，以及如何将有价值的信息传递给不知情的情绪投资者，目前关于这些问题尚需系统性的研究。本章研究短期内理性非知情投资者的学习信息行为对资产定价的影响。其次，从长期来看，论证情绪投资者的学习信息行为对资产定价的影响。

理解投资者学习行为对风险资产价格波动的影响已成为近几十年来最重要的议题之一。许多研究，如蒂默曼（Timmermann，1993）、布伦南和夏（Brennan and Xia，2001）、切凯蒂等（Cecchetti et al.，2000）、科格利和萨金特（Cogley and Sargent，2008）、布兰奇和埃文斯（Branch and Evans，2010）、亚当和马塞特（Adam and Marcet，2011）以及亚当等（Adam et al.，2016），考虑了投资者通过观察过去价格来学习的最优决策，他们的研究结果很好地解释了股票价格中的动量效应和反转效应，更好地拟合了实际观测数据。此外，一些研究，如劳特利奇（Routledge，1999）、卡波奇和张（Capocci and Zhang，2001）、卡塞勒斯－波韦达和詹尼察鲁（Carceles-Poveda and Giannitsarou，2007）、班纳吉和格林（Banerjee and Green，2013）以及埃利亚斯（Elias，2013），考虑到参与定价的代理人受计量经济模型描述性学习规则的影响，阐明了代理人学习行为对资产定价和未来资产价格预测的影响机制。

一方面，一些学者将理性不知情投资者的学习行为引入资产定价理论之中。特别是在布莱克（Black，1986）的基本模型中，将噪声与信息进行了对比。一般来说，一些投资者以通常的方式交易信息，而另一些投资者则把噪音当作信息来交易。格罗斯曼和斯蒂格利茨（Grossman and Stiglitz，1976）证明了在竞争性的价格体系中，信息如何从知情的个体传递给不知情的个体。格罗斯曼和斯蒂格利茨（Grossman and Stiglitz，1980）提出了噪声理性预期模型，其中理性知情交易者以一定的成本观察风险资产的回报信息，而理性的非知情交易者只观察到交易价格。王江（Wang，1993）在非对称信息条件下构建了动态的资产定价模型，模型中信息的传播过程沿用了格罗斯曼和斯蒂格利茨（Grossman and Stiglitz，1980）的思路，理性不知情者利用股息和价格来推测有价值的信息。孟德尔和施莱弗（Mendel and Shleifer，2012）提出了基于格罗斯曼和斯蒂格利茨（Grossman and Stiglitz，1980）框架的简单追逐噪声模型，其中理性不知情的交易者偶尔追逐噪音，从而使价格远偏离基本价值。为此，我们将从行为金融学的角度进一步研究理性不知情投资者通过观察价格来学习信息的行为特征和资产价格动态变化的形成机制。

另一方面，对于非理性投资者学习行为的研究仍处于发展阶段。一种供选择的说法是,在长期中随着信息的逐渐暴露,非理性的情绪投资者很可能开始学习有价值的信息。孙碧波(2005)在德龙等(De Long et al.,1990a)迭代架构基础上引入了两种适应性学习过程,重点论证了噪音交易者的投资者情绪怎样来自他们的学习行为,进而研究了它对金融资产定价的影响过程。杨春鹏和李进芳(Yang and Li,2013)阐释了理性投资者和不知情的情绪投资者之间的互动如何导致不正确的价格,以及当情绪投资者从价格中学习时如何形成金融资产价格。李进芳(Li,2016)构建了一个涉及信息的情绪资产定价模型。在该模型中情绪投资者根据自己的情绪扰动进行交易,从而将投资者情绪融入价格中。随着时间的推移,非理性投资者的拥挤交易行为变得越来越弱,他们开始从当前和过去价格中来学习有价值的信息(Grossman and Stiglitz,1976;Wang,1993)。如何系统地描述情绪投资者的动态学习行为,价格系统如何将信息从理性投资者传递给不知情的情绪投资者,以及情绪投资者的学习行为如何影响市场效率,这些都是需要直接攻克的问题。

基于格罗斯曼和斯蒂格利茨(Grossman and Stiglitz,1976,1980)的框架,我们考虑了一类不知情的情绪投资者,该类投资者极易受自身情绪的影响,在此基础上构建了一个涉及短期内理性不知情投资者学习信息行为和长期内情绪投资者学习信息行为的一般化资产定价模型[①]。模型中,短期内理性不知情投资者通过观测价格间接获取有价值的信息,长期内情绪投资者的非理性因素逐渐弱化,也能够间接获得有价值的信息。首先,我们的基本模型论证了理性知情的投资者和理性不知情的投资者之间的互动如何导致金融资产误定价,并且当理性不知情的投资者通过观测价格学习信息时金融资产如何定价。其次,基本模型论证了理性知情的投资者和不知情的情绪投资者的互动如何导致金融资产误定价,进而论证了情绪投资者发生学习信息行为时金融资产的定价模式。最后,在构建包含理性知情投资者、理性不知情投资者和情绪投资者等三类投资者模型的基础上,我们的模型集中分析了该三类投资者之间的互动如何导致资产误定价,首先分析短期内理性不知情投资者的学习信息行为作用于资产定价的机理,进而研究长期内情绪投资者的学习信息行为作用于资产定价的机理。

①　不知情的个体仅仅能够观测价格,但是通过价格他们能够推测有价值的信息。如股票的总供给是固定的,正向的基础信息伴随着知情者需求的增加,从而升高价格。因此,关于价格的条件分布等价于关于信息的条件分布,最终价格系统从知情的个体到不知情的个体传递了所有的信息。

7.2　经济环境的假定

经济被赋予两种可交易资产，一种是价格为 p，供应量为 M，可供交易的风险资产；另一种是具有完全弹性供给，利率为 r_f 的无风险资产。我们考虑了第一期初风险资产的初始价格 p_0，以便分析均衡价格与初始价格之间的关系。有包含三个时点的两个时期，$t=0,1,2$，风险资产的初始价格是已知的，在第一期末发生风险资产的交易，在第二期末支付风险资产的最终价值。最终价值由三项构成，风险资产的无条件预期 p_0 构成最终价值的第一项；释放于第一期的基础信息 θ 构成相应的第二项；一个直到第二期末才实现的随机扰动 ε 构成相应的第三项，它服从均值为 0 方差为 σ^2 正态分布。因此，风险资产的最终价值可表示为 $V = p_0 + \theta + \varepsilon$。

有三种类型的投资者存在于该经济中。第一类为理性知情的投资者，完全理性交易，人数为 I，能够观察到风险资产在交易时点 1 所附带的基本信息 θ。第二类是不掌握有价值的基本信息的理性不知情的投资者，人数为 O。在很短的时间内他们不会学到有价值的基本信息，但他们开始观察价格来学习信息的行为发生于短期内。第三类是不知情的情绪型投资者，人数为 N，易受情绪扰动而进行交易。在短期内他们没有学习信息的行为，但他们的非理性因素逐渐减弱，开始通过观察价格来学习有价值的基本信息的行为发生于长期内。

我们从效用最大化直接推导出第一期的需求。相同常量的绝对风险厌恶效用函数 $u(W) = -\exp(-\gamma W)$ 适用于该三类投资者，绝对风险厌恶参数为 γ，有服从正态分布的财富变量 W。每一类投资者根据自身的初始财富 W_{0i} 选择风险资产需求量 X_i，以使时点 1 的预期效用最大化，即：

$$MaxE[-\exp(-\gamma W_{1i}) \mid \Omega_i] \Leftrightarrow Max\left[E(W_{1i} \mid \Omega_i) - \frac{1}{2}\gamma Var(W_{1i} \mid \Omega_i)\right]$$

$$(7-1)$$

上式中每类投资者 i 可获得的信息集为 Ω_i，每类投资者在信息集 Ω_i 条件下对最终财富的预期表示为 $E(W_{1i} \mid \Omega_i)$，在信息集 Ω_i 条件下对最终财富的方差表示为 $Var(W_{1i} \mid \Omega_i)$。根据关于需求量 X_i 的一阶条件，风险资产的需求函数可表示为：

$$X_i = \frac{E(V \mid \Omega_i) - p(1 + r_f)}{\gamma Var(V \mid \Omega_i)} \qquad (7-2)$$

在这里,我们设置了几个衡量市场稳定性和效率的指标。一个稳定的市场对投资者情绪的反应不是很敏感,而且包括情绪的变异数值很低。首先,把信息质量设置为基础信息的方差与随机扰动的方差之比,即 $n = \frac{\sigma_\theta^2}{\sigma^2}$。信息的相对变异越大,信息质量越高。其次,如格罗斯曼和斯蒂格利茨(Grossman and Stiglitz, 1980)所定义的那样,价格系统的信息量可表示为 $\rho_{p,\theta}^2 = Corr^2(p, \theta)$。当 $\rho_{p,\theta}^2 = 1$ 时,市场是完全有效的;当 $\rho_{p,s}^2 = 1$,或者 $\rho_{p,\theta}^2 = 0$,且 $\rho_{p,s}^2 = 0$ 时,市场是完全无效的。再次,正如孟德尔和施莱弗(Mendel and Shleifer, 2012)所定义的,它是价格的事前变异,好的方差表示为 $Var(p \mid S)$,坏的方差表示为 $Var(p \mid \theta)$。如果 $\frac{Var(p \mid S)}{Var(p \mid \theta)} \geq$ 1,那么投资者情绪是弱有效的;如果 $0 < \frac{Var(p \mid S)}{Var(p \mid \theta)} < 1$,那么投资者情绪是强有效的。因此,一个有效率的市场表现为较高的信息质量,较大的好的方差,较多的价格系统的信息量。

7.3 基准情况:同质投资者

在开始论证理性不知情投资者和情绪投资者的学习信息行为之前,让我们首先考虑三种特殊情况,市场上暂时不存在理性不知情投资者和情绪投资者,理性知情者构成所有投资者($N=O=0$);或者市场上暂时不存在理性知情投资者和情绪投资者,理性不知情投资者构成所有投资者($N=I=0$);或者市场上暂时不存在理性知情投资者和理性不知情投资者,情绪投资者构成所有投资者($I=O=0$)。此时,我们假设在很短的时间内(甚短期内)没有发生理性不知情投资者和情绪投资者的学习信息行为。

1. 理性知情投资者

当理性知情投资者构成市场上所有的投资者时,这种情况在本质上类似于格罗斯曼和斯蒂格利茨(Grossman and Stiglitz, 1976)描述过的市场情形。这里,分别给出了理性知情投资者对风险资产最终价值的条件期望和方差,即:

$$E(V \mid \theta) = p_0 + \theta, \ Var(V \mid \theta) = \sigma^2 \quad (7-3)$$

进一步,由风险资产的需求量等其供给量得市场出清方程:

$$X_I \times I = \frac{p_0 + \theta - p(1 + r_f)}{\gamma \sigma^2} \times I = M$$

解得第一期的市场均衡价格 p^I 为:

$$p^I = \frac{p_0}{1 + r_f} + \frac{\theta}{1 + r_f} - \frac{\gamma M \sigma^2}{(1 + r_f)I} \qquad (7-4)$$

在这种情况下,均衡价格 p^I 与基础信息 θ 之间完全正相关 $\rho_{p^I, \theta}^2 = 1$,价格系统包含了第一期释放的所有信息量,此时市场是完全富有效率的。这与法玛(Fama, 1970)的主张一致,"价格总是充分反映可用信息的市场称为有效率市场"。

2. 理性不知情投资者

当理性不知情投资者构成市场上所有的投资者时,在很短时间内理性不知情投资者没有发生学习信息的行为,获得不了任何有价值的信息。在这种情况下,理性不知情投资者关于最终价值的条件期望和方差分别为:

$$E(V) = p_0, \quad Var(V) = \sigma_\theta^2 + \sigma^2 \qquad (7-5)$$

进而由风险资产的需求量等于其供给量得市场出清方程:

$$X_O \times O = \frac{p_0 - p(1 + r_f)}{\gamma(\sigma_\theta^2 + \sigma^2)} \times O = M$$

解得第一期的市场均衡价格 p^O 为:

$$p^O = \frac{p_0}{1 + r_f} - \frac{\gamma M(\sigma_\theta^2 + \sigma^2)}{(1 + r_f)O} \qquad (7-6)$$

在这种情况下,均衡价格 p^O 与基础信息 θ 之间完全不相关 $\rho_{p^O, \theta}^2 = 0$,价格系统丝毫没有融入有价值的基础信息,市场是完全无效率的。

3. 代表性情绪投资者

在这个市场中,情绪投资者对风险资产的感知价值涉及他们自己的信念,称为投资者情绪。一般来说,情绪高涨的投资者会作出乐观的决策,资产最终价值被高估,而风险被低估;情绪低落的投资者会作出悲观的决策,资产最终价值被低估,而风险被高估(Ganzach, 2000; Statman et al., 2008; Kempf et al., 2014)。假设情绪变量 S 服从正态分布,其均值为 0,方差为 σ_S^2,并且与基础信息 θ 和随机扰动项 ε 不相关。因此,情绪投资者认知的最终价值可以写成 $V_S = p_0 + \theta_S + f(S) + \varepsilon_S$。其中, θ_S 表示情绪投资者认知的基础信息, ε_S 表示情绪投资者认知的随机扰动项。情绪变

量 S 的单调函数 $f(S)$ 满足以下性质:(1) 如果 $S>0$,那么 $f(S)>0$,即 $V_s>V$;(2) 如果 $S<0$,那么 $f(S)<0$,即 $V_s<V$;(3) 如果 $S=0$,那么 $f(S)=0$,即 $V_s=V$。

认知的基础信息 θ_S 服从正态分布,其均值为 0,方差为 $h(S)\sigma_\theta^2$。认知的随机扰动 ε_S 服从正态分布,其均值为 0,方差为 $g(S)\sigma^2$。其中,两个情绪变量 S 的单调函数 $h(S)$、$g(S)$ 满足以下性质:(1) 如果 $S>0$,那么 $h(S)<1$、$g(S)<1$;(2) 如果 $S\leqslant0$,那么 $h(S)\geqslant1$、$g(S)\geqslant1$。此外,投资者情绪高涨时认知的信息方差降低的程度相对较小,从而提高信息的质量。投资者情绪低落时认知的信息方差增加的程度相对较小,从而降低信息的质量。在这种情况下,情绪投资者关于认知的最终价值的条件期望和方差可表示为:

$$E(V_s\mid S)=p_0+f(S),\ Var(V_s\mid S)=h(S)\sigma_\theta^2+g(S)\sigma^2$$
$$(7-7)$$

进一步,求得风险资产需求函数的表达式为:

$$X_N=\frac{p_0+f(S)-p(1+r_f)}{\gamma(h(S)\sigma_\theta^2+g(S)\sigma^2)} \qquad (7-8)$$

结合情绪变量三个单调函数 $f(S)$、$h(S)$、$g(S)$ 的性质,可知需求量函数 X_N 为情绪变量 S 的单调递增函数。因此高涨的投资者情绪会增加风险资产的需求量,而低落的投资情绪则减少风险资产的需求量。由风险资产的需求量等于供给量条件 $X_N\times N=M$,解得第一期的市场均衡价格 p^N 为:

$$p^N=\frac{p_0}{1+r_f}+\frac{f(S)}{1+r_f}-\frac{\gamma M(h(S)\sigma_\theta^2+g(S)\sigma^2)}{(1+r_f)N} \qquad (7-9)$$

在均衡价格方程(7-9)中,由于 $(1+r_f)^{-1}$ 是无风险贴现因子,所以它在每一项中都出现。均衡价格中包含的基础价值成分由第一项所反映。情绪扰动对资产价格的影响由第二项所刻画,高涨的情绪会提高均衡价格,而低落的情绪会降低均衡价格。均衡市场的总风险溢价由第三项所描述。因此,代表性情绪资产定价模型可以解释肯普夫等(Kempf et al.,2014)的金融实验结论。在这种情况下,均衡价格 p^N 与基础信息 θ 之间完全不相关,丝毫没有反映有价值的基础信息,市场是完全无效率的。

对均衡价格方程关于情绪变量 S 求偏导,可得情绪敏感性系数的表达式为:

$$\frac{\partial p^N}{\partial S} = \frac{f'(S)}{1+r_f} - \frac{\gamma M(\sigma_\theta^2 h'(S) + \sigma^2 g'(S))}{(1+r_f)N} \qquad (7-10)$$

为了定量地说明风险资产均衡价格与投资者情绪之间的显性关系,假设情绪变量 S 三个单调函数 $f(S)$、$h(S)$、$g(S)$ 的显性表达式分别为 $f(S)=\phi S$、$h(S)=e^{-\alpha S}$、$g(S)=e^{-\beta S}$. 式中情绪膨胀系数 ϕ 大于零,常量 α 和 β 均大于零,并且有 $\beta > \alpha > 0$. 因此,随着情绪变量逐渐增大,均衡价格增长的速度越来越慢,情绪敏感性系数随着情绪变量增大而减小,这意味着单位高涨情绪和单位低落情绪平均而言所带来均衡价格变化量会有所差异,表现出非对称性。综上,我们可得如下命题。

命题 7 - 1:当理性知情投资者构成市场上所有投资者时,有 $Var(p^I) = \frac{\sigma_\theta^2}{(1+r_f)^2}$,此时,有 $\rho_{p^I,\theta}^2 = 1$,市场是完全有效率的;当理性不知情投资者构成市场上所有投资者时,有 $\rho_{p^O,\theta}^2 = 0$,市场是完全无效率的;当情绪投资者构成市场上所有投资者时,有 $\rho_{p^N,\theta}^2 = 0$,市场是完全无效率的,同时随着情绪变量逐渐增大,均衡价格增长的速度越来越慢,存在明显的非对称性。

7.4 理性知情投资者和学习信息的理性不知情投资者

1. 理性不知情投资者没有学习信息时

当仅有理性知情投资者和理性不知情投资者两类投资者在市场上存在时,在很短时间内理性不知情者没有发生学习信息的行为,获得不了任何有价值的信息。联合理性知情投资者模型和没有学习信息的理性不知情投资者模型,可以构建一个包含知情者和理性不知情者的资产定价模型。在这种情况下,设定第一期的市场均衡价格为 p^{IN},结合理性知情投资者风险资产的需求量、理性不知情投资者风险资产的需求量和风险资产的供给量,得市场出清方程:

$$\frac{p_0 + \theta - p^{IO}(1+r_f)}{\gamma\sigma^2} \times I + \frac{p_0 - p^{IO}(1+r_f)}{\gamma(\sigma_\theta^2 + \sigma^2)} \times O = M \quad (7-11)$$

求解上式可得第一期的市场均衡价格 p^{IO} 为:

$$p^{IO} = \frac{p_0}{1+r_f} + \frac{I(\sigma_\theta^2 + \sigma^2)}{(1+r_f)[I(\sigma_\theta^2 + \sigma^2) + O\sigma^2]}\theta$$

$$-\frac{\gamma M(\sigma_\theta^2+\sigma^2)\sigma^2}{(1+r_f)\big[I(\sigma_\theta^2+\sigma^2)+O\sigma^2\big]} \qquad (7-12)$$

在上式均衡价格方程(7-12)中,风险资产的基本价值部分由第一项所体现。信息变化对均衡价格的影响由第二项所刻画,它反映了基础信息的单位变化所带来的资产价格向理性预期价值的靠近情况。均衡中总的市场风险溢价由第三项所描述。

(1) 好的方差

衡量市场效率的一个重要指标是均衡资产价格的方差。如孟德尔和施莱弗(Mendel and Shleifer,2012)所定义的那样,由内幕信息纳入价格所带来的价格变异是一个很好的方差,它减少了时点 1 和时点 2 之间的波动性。从上面的均衡价格方程中,好的方差可以表示为:

$$Var(p^{IO})=\left(\frac{1}{(1+r_f)\big[(O/I)(1/(\sigma_\theta^2/\sigma^2+1))+1\big]}\right)^2\sigma_\theta^2 \quad (7-13)$$

如果均衡价格 p^{IO} 包含了更多的信息,那么好的方差 $Var(p^{IO})$ 就越大。如果均衡价格 p^{IO} 与基础信息 θ 之间逐渐趋向不相关,那么好的方差 $Var(p^{IO})$ 趋于 0。方程(7-13)表明,增加理性知情投资者相对于理性非知情投资者的比例,提高信息质量,增加信息的平均变异性 σ_θ^2,都会增加好的方差。

(2) 价格系统的信息量

另一个测度市场稳定性和效率的指标是格罗斯曼和斯蒂格利茨(Grossman and Stiglitz,1980)所设定的价格系统的信息量。它衡量市场在反映内部人已知信息的功能方面的表现。由方程(7-12)可得价格体系的信息量为:

$$\rho_{p^{IO},\theta}^2=1 \qquad (7-14)$$

由于均衡价格中没有包含非理性因素的影响,只涉及了市场基础信息这一随机变量的影响,使得均衡价格和市场基础信息的相关系数为 1。但是由于理性不知情者的存在以及随机扰动项方差的影响,使得一部分信息没有融入价格之中。

2. 理性不知情投资者学习信息时

随着时间的推移,理性不知情的投资者可以从当前和过去的价格中来间接获得有价值的基本面信息,尽管他们不能够直接观察到在第一期释放的基本信息。因此,基本信息的推断价值将决定理性不知情投资者对风险资产的需求量(Grossman and Stiglitz，1976；Wang，1993)。在此让我们假设理性知情的投资者从价格中学习。我们首先假设一个线性结构的价格函数，然后以假设的价格函数为条件来求解理性不知情投资者的最优化期望和方差(Grossman and Stiglitz，1980；Kyle，1985；Wang，1993)。在上述假设经济中，市场均衡价格恰好是一个简单的线性结构。在这种情况下，市场均衡价格设为 $p^{IO}=m+n\theta$。 因此，理性非知情投资者关于资产最终价值的条件期望和方差分别为：

$$E(V \mid p^{IO})=p_0+\theta \qquad (7-15)$$

$$Var(V \mid p^{IO})=\sigma^2 \qquad (7-16)$$

进一步，将理性知情投资者、理性不知情投资者各自对风险资产的需求量和风险资产的供给量代入市场出清方程，可得均衡价格的具体表达式为：

$$p^{IO}=\frac{p_0}{1+r_f}+\frac{\theta}{1+r_f}-\frac{\gamma M\sigma^2}{(1+r_f)(I+O)} \qquad (7-17)$$

当理性不知情投资者通过观测价格来学习信息时，由市场基础信息融入资产价格所引起的价格变异为好的方差，由均衡价格方程可得：

$$Var(p^{IO})=\frac{1}{(1+r_f)^2}\sigma_\theta^2 \qquad (7-18)$$

由上式可知，好的方差不再取决于理性知情投资者相对于理性不知情投资者的比重、信息质量等因素。当仅有理性知情投资者和理性不知情投资者两类投资者在市场上存在时，理性不知情投资者可以从当前和过去的价格中间接获得有价值的基础信息，最终他们完全学习到了风险资产的基础信息。此时，价格系统的信息量 $\rho_{p^{IO},\theta}^2=1$，这意味着基础信息全部融入进了价格之中，市场完全有效。因此我们有如下命题。

命题 7-2：当理性知情投资者和理性不知情投资者两类投资者在市场上存在时，

(1) 在甚短期内理性不知情投资者没有学习信息，此时增加理性知情投资者相对于理性非知情投资者的比例，提高信息质量，增加信息的平均变异性 σ_θ^2，都会增加良好的方差 $Var(p^{IO})$。 由于理性不知情者的存在以及随机扰动项方差的影响，使得一部分信息没有融入价格之中。

(2) 在短期内随着时间的推移，理性不知情投资者通过观测价格来学习有价值的信息，此时好的方差 $Var(p^{IO})$ 不再取决于理性知情投资者相对于理性非知情投资者的比重、信息质量等因素,并且理性不知情投资者能够完美地学习价格体系,使得第一期释放的信息全部融入价格之中,市场是完全有效率的。

7.5　理性知情投资者和学习信息的情绪投资者

1. 情绪投资者没有学习信息时

当仅有理性知情投资者和情绪投资者两类投资者在市场上存在时,在短期内情绪投资者由于受自身情绪非理性因素的影响,他们没有发生学习信息的行为。结合理性知情投资者模型和代表性情绪投资者模型,可以建立一个包含理性知情投资者和暂时没学习情绪投资者的资产定价模型。由于情绪投资者对信息变量 θ 认知的相对方差与信息质量指标相等价,在此,我们将情绪投资者认知的最终价值简化为 $V_S = p_0 + \theta + f(S) + \varepsilon$。在这种情形下,设定第一期的市场均衡价格为 p^{IN}。将理性知情投资者的最优化需求量、情绪投资者的最优化需求量以及风险资产的供给量代入市场出清方程可得:

$$\frac{p_0 + \theta - p^{IN}(1+r_f)}{\gamma\sigma^2} \times I + \frac{p_0 + f(S) - p^{IN}(1+r_f)}{\gamma(\sigma_\theta^2 + \sigma^2)} \times N = M$$

$$(7-19)$$

由上式可求得第一期的均衡价格 p^{IN} 为:

$$\begin{aligned}
p^{IN} = &\frac{p_0}{1+r_f} + \frac{I(\sigma_\theta^2 + \sigma^2)}{(1+r_f)[I(\sigma_\theta^2 + \sigma^2) + N\sigma^2]}\theta \\
&+ \frac{N\phi\sigma^2}{(1+r_f)[I(\sigma_\theta^2 + \sigma^2) + N\sigma^2]}S \\
&- \frac{\gamma M(\sigma_\theta^2 + \sigma^2)\sigma^2}{(1+r_f)[I(\sigma_\theta^2 + \sigma^2) + N\sigma^2]}
\end{aligned} \qquad (7-20)$$

在上述资产均衡价格中,风险资产的基本价值部分由第一项式子所反映。信息变量对均衡价格的影响效应由第二项式子所刻画,它描述了信息变量的单位变化所引起的资产价格向其理性预期价值的靠拢速度。情绪扰动对均衡价格的影响效应由第三项式子所反映,它描述了情绪变量的单位变化所带来的资产价格对其理性预期价值的偏离情况。均衡中总的市场风险溢价由上式中第四项式子所描述。

（1）好的方差

由市场基本信息融入资产价格所引起的均衡价格的变异情况是一个好的方差（Mendel and Shleifer，2012）。根据均衡价格方程，好方差由下式给出：

$$Var(p^{IN} \mid S) = \left(\frac{1}{(1+r_f)[(N/I)(1/(\sigma_\theta^2/\sigma^2 +1))+1]}\right)^2 \sigma_\theta^2$$

$$(7-21)$$

一方面，如果均衡价格 p^{IN} 包含越多的信息 θ，那么条件方差 $Var(p^{IN} \mid S)$ 就越大；另一方面，如果均衡价格 p^{IN} 与信息变量 θ 之间的相关性越来越弱，那么条件方差 $Var(p^{IN} \mid S)$ 趋向于零。由上式可知，增加理性知情投资者的相对比重，提高信息的质量，增大信息的平均变异 σ_θ^2，都会增加好的方差 $Var(p^{IN} \mid S)$。

（2）坏的方差

由情绪扰动归入资产价格所带来的均衡价格的平均变异是一个坏的方差，它被理性投资者感知到（Mendel and Shleifer，2012）。根据均衡价格方程，坏的方差由下式给出：

$$Var(p^{IN} \mid \theta) = \left(\frac{\phi}{(1+r_f)[(I/N)(\sigma_\theta^2/\sigma^2 +1)+1]}\right)^2 \sigma_S^2 \quad (7-22)$$

一方面，如果均衡价格 p^{IN} 包含越多的非理性因素 S，那么条件方差 $Var(p^{IN} \mid \theta)$ 就越大；另一方面，如果均衡价格 p^{IN} 与信息变量 θ 之间的相关性越来越强，那么条件方差 $Var(p^{IN} \mid \theta)$ 趋向于零。由上式可知，增加情绪投资者相对于理性投资者的比重 N/I，降低信息的质量，扩大情绪膨胀系数，增大情绪的平均变异 σ_S^2，都会增大坏的方差 $Var(p^{IN} \mid \theta)$。

（3）情绪弱势有效

我们用市场基础信息的扰动带来的均衡价格的变异与投资者情绪的扰动带来的均衡价格的变异的比值来测度行为资产定价的市场效率。结合好的方差 $Var(p^{IN} \mid S)$ 和坏的方差 $Var(p^{IN} \mid \theta)$ 的表达式，可得：

$$\frac{Var(p^{IN} \mid S)}{Var(p^{IN} \mid \theta)} = \left[\frac{I}{N}\left(\frac{\sigma_\theta^2}{\sigma^2}+1\right)\frac{1}{\phi}\right]^2 \frac{\sigma_\theta^2}{\sigma_S^2} \quad (7-23)$$

由上式可知，增加理性知情投资者的相对比重，提高信息的质量，缩小情绪膨胀系数，增大信息的平均变异 σ_θ^2，减小情绪的平均变异 σ_S^2，都会增加行为资产定价的市场效率 $\dfrac{Var(p^{IN} \mid S)}{Var(p^{IN} \mid \theta)}$。当 $I(\sigma_\theta^2+\sigma^2)\sigma_\theta > N\phi\sigma^2\sigma_S$

时，$\dfrac{Var(p^{IN} \mid S)}{Var(p^{IN} \mid \theta)} > 1$，此时市场均衡价格融入信息的程度大于市场均衡价格融入情绪的程度，情绪弱势有效。

（4）价格系统的信息量

格罗斯曼和斯蒂格利茨（Grossman and Stiglitz，1980）设定价格系统的信息量指标为 $\rho_{p,\theta}^2 = Corr^2(p,\theta)$，它内在反映了价格之中信息成分相对于情绪扰动的比率。根据均衡价格方程，价格体系的信息量指标具体可表示为：

$$\rho_{p^{IN},\theta}^2 = \cfrac{1}{1 + \left(\dfrac{N\phi}{I(1 + \sigma_\theta^2/\sigma^2)}\right)^2 \dfrac{\sigma_S^2}{\sigma_\theta^2}} \qquad (7-24)$$

由上式可知，增加理性知情投资者的相对比重，提高信息的质量，缩小情绪膨胀系数，增大信息相对于情绪的变异 $\sigma_\theta^2/\sigma_S^2$，都会增大价格系统的信息量 $\rho_{p^{IN},\theta}^2$，从而市场越有效率。虽然价格系统的信息量的度量与情绪市场效率的度量有所不同，但二者在刻画行为市场的有效性方面表现出一致的变动规律。

2. 情绪投资者学习信息时

从长期来看，情绪投资者不仅将自己的情绪扰动纳入风险资产的最终价值，而且通过观察风险资产当前的价格和过去的价格来了解有价值的基本信息。因此，情绪投资者自身的情绪冲击和对信息的推断价值共同决定了风险资产的需求量（Wang，1993；Yang and Li，2013）。在这种情况下，我们假定情绪投资者对风险资产的认知价值仍然为前述简化的形式 $V_S = p_0 + \theta + f(S) + \varepsilon$。同样，我们首先设定线性结构的价格函数，然后根据假设的价格函数来求解情绪投资者的最优化期望和方差（Kyle，1985；Yang and Li，2013；Li，2014）。对于 7.2 节描述的经济，存在一个可控制的线性均衡，从而可以将均衡价格预设为 $p^{IN} = d + e\theta + lS$。情绪投资者的条件期望和方差（证明见本章附录 1）具体如下：

$$E(V_S \mid p^{IN}, S) = p_0 + \theta + \phi S \qquad (7-25)$$

$$Var(V_S \mid p^{IN}, S) = \sigma^2 \qquad (7-26)$$

根据市场总需求量等于总供给量条件 $X_I \times I + X_N \times N = M$，可得第一期的均衡价格 p^{IN} 为：

$$p^{IN} = \frac{p_0}{1+r_f} + \frac{\theta}{1+r_f} + \frac{N}{(1+r_f)(I+N)}\phi S - \frac{\gamma M \sigma^2}{(1+r_f)(I+N)}$$

$$(7-27)$$

随着时间的逐步推移,情绪投资者从当前和过去的价格中陆续获得了基础信息的推测价值,理性投资者所掌握的有用信息借助价格系统传递给了不知情的情绪投资者(Grossman and Stiglitz,1976)。这里,第二时期价格变化和第一时期价格变化之间的协方差由下式给出:

$$Cov(p_2 - p^{IN}, \ p^{IN} - p_0) = -\left(\frac{N\phi}{I+N}\right)^2 \sigma_S^2 < 0 \qquad (7-28)$$

其中,第二期末价格 p_2 为效率市场的价格,即 $p_2 = p_0 + \theta$。如果情绪投资者通过价格系统了解信息,那么所有的信息最终都会被纳入价格之中。因此,投资者情绪在第一时期引起的任何资产价格变化都是对理性预期值的过度反应,从而资产价格呈现长期反转。

(1) 好的方差

长期内当情绪投资者通过观察当前和过去价格来获取信息时,基本面信息扰动引起的均衡价格的平均变异是一个好的方差。根据方程(7-27),好方差可以表示为:

$$Var(p^{IN} \mid S) = \frac{1}{(1+r_f)^2}\sigma_\theta^2 \qquad (7-29)$$

由上式可知,好的方差不再依赖于理性知情投资者的相对比重、信息质量等因素。当仅有理性知情投资者和情绪投资者在市场上存在时,长期内情绪投资者借助价格系统完美地获得所有的信息,将全部信息纳入了价格中。

(2) 坏的方差

当情绪投资者通过观察价格来推测信息时,由投资者情绪的扰动所带来的均衡价格的平均变异为:

$$Var(p^{IN} \mid \theta) = \left(\frac{\phi}{(1+r_f)(I/N+1)}\right)^2 \sigma_S^2 \qquad (7-30)$$

由上式可知,增加理性知情投资者的相对比重,缩小情绪膨胀系数,减小情绪的平均变异 σ_S^2,都会降低坏的方差 $Var(p^{IN} \mid \theta)$,该统计量的大小不再取决于信息的质量。

（3）情绪弱势有效

结合好的方差 $Var(p^{IN}\mid S)$ 和坏的方差 $Var(p^{IN}\mid\theta)$ 的表达式，可得情绪资产定价市场效率的度量为：

$$\frac{Var(p^{IN}\mid S)}{Var(p^{IN}\mid\theta)}=\left[\left(\frac{I}{N}+1\right)\frac{1}{\phi}\right]^2\frac{\sigma_\theta^2}{\sigma_S^2} \qquad (7-31)$$

由上式可知，增加理性知情投资者的相对比重，缩小情绪膨胀系数，增大信息的平均变异 σ_θ^2，减小情绪的平均变异 σ_S^2，都会提高行为资产定价的市场效率 $\dfrac{Var(p^{IN}\mid S)}{Var(p^{IN}\mid\theta)}$，该统计量的变化不再取决于信息的质量。当 $(I+N)\sigma_\theta>N\phi\sigma_S$ 时，$\dfrac{Var(p^{IN}\mid S)}{Var(p^{IN}\mid\theta)}>1$，此时市场融入信息的程度大于市场融入情绪的程度，情绪弱势有效。

（4）价格系统的信息量

当情绪投资者借助价格系统学习信息时，由均衡价格方程可得价格系统的信息量指标为：

$$\rho_{p^{IN},\theta}^2=\frac{1}{1+\left(\dfrac{N\phi}{I+N}\right)^2\dfrac{\sigma_S^2}{\sigma_\theta^2}} \qquad (7-32)$$

由上式可知，增加理性知情投资者的相对比重，缩小情绪膨胀系数，扩大信息的平均变异相对于情绪的平均变异 $\sigma_\theta^2/\sigma_S^2$，均会提高价格系统的信息量 $\rho_{p^{IN},\theta}^2$，从而市场越有效率，此时信息的质量不再发生作用。同样，当情绪投资者通过观测价格学习信息时，价格系统的信息量的度量与情绪资产定价市场效率的度量表现出一致的变动规律。综上，我们可得如下命题。

命题 7-3：当理性知情投资者和情绪投资者两类投资者在市场上存在时：

（1）在短期内情绪投资者没有学习信息时，增加理性知情投资者比重，提高信息质量，扩大信息的平均变异 σ_θ^2，都会增加好的方差 $Var(p^{IN}\mid S)$；增加理性知情投资者比重，提高信息质量，缩小情绪膨胀系数，减小情绪的平均变异 σ_S^2，均会减小坏的方差 $Var(p^{IN}\mid\theta)$；增加理性知情投资者比重，提高信息质量，缩小情绪膨胀系数，扩大 σ_θ^2，减小 σ_S^2，均会增加 $\dfrac{Var(p^{IN}\mid S)}{Var(p^{IN}\mid\theta)}$ 和 $\rho_{p^{IN},\theta}^2$，从而市场越有效。

（2）在长期内情绪投资者借助价格体系获取信息时，将全部信息纳入了价格中，投资者情绪扰动引起的任何资产价格变化都是对理性预期值的过度反应，因此在信号到达及到达之后资产价格的变动方向相反；好的方差 $Var(p^{IN} \mid S)$ 不再取决于理性知情投资者的比重、信息质量等因素，而坏的方差 $Var(p^{IN} \mid \theta)$ 不再依赖于信息的质量；增加理性投资者比重，缩小情绪膨胀系数，增大 σ_θ^2，减小 σ_S^2，均会增大 $\dfrac{Var(p^{IN} \mid S)}{Var(p^{IN} \mid \theta)}$ 和 $\rho_{p^{IN},\theta}^2$，市场越有效，信息的质量不再发生作用。

7.6 理性知情者和学习信息的理性不知情者、情绪投资者

1. 理性不知情投资者和情绪投资者均没有学习信息时

当理性知情投资者、理性不知情投资者和情绪投资者等三类投资者在市场上存在时，在甚短期内理性不知情投资者和情绪投资者均没有发生学习信息的行为。结合理性知情投资者模型、理性不知情投资者模型和代表性情绪投资者模型，可以建立一个包含三类投资者的一般化的资产定价模型。在这种情况下，设定第一期的市场均衡价格为 p^{ION}。结合理性知情投资者、理性不知情投资者和情绪投资者各自对风险资产的需求量和风险资产的供给量，得市场出清方程：

$$\frac{p_0 + \theta - p^{ION}(1+r_f)}{\gamma\sigma^2} \times I + \frac{p_0 - p^{ION}(1+r_f)}{\gamma(\sigma_\theta^2 + \sigma^2)} \times O +$$

$$\frac{p_0 + f(S) - p^{ION}(1+r_f)}{\gamma(\sigma_\theta^2 + \sigma^2)} \times N = M \tag{7-33}$$

进一步可得第一期均衡价格 p^{ION} 的具体表达式为：

$$p^{ION} = \frac{p_0}{1+r_f} + \frac{I(\sigma_\theta^2 + \sigma^2)}{(1+r_f)[I(\sigma_\theta^2 + \sigma^2) + O\sigma^2 + N\sigma^2]}\theta$$

$$+ \frac{N\phi\sigma^2}{(1+r_f)[I(\sigma_\theta^2 + \sigma^2) + O\sigma^2 + N\sigma^2]}S$$

$$- \frac{\gamma M(\sigma_\theta^2 + \sigma^2)\sigma^2}{(1+r_f)[I(\sigma_\theta^2 + \sigma^2) + O\sigma^2 + N\sigma^2]} \tag{7-34}$$

上述风险资产均衡价格中，风险资产的基础价值成分由第一项式子反映。信息变量对均衡价格的影响效应由第二项式子所刻画，描述了在理性

知情投资者的作用下信息变量的单位变化使得资产价格靠近理性预期价值的情况。情绪变量对均衡价格的影响效应由第三项式子刻画,描述了在情绪投资者的作用下情绪因素的单位变化使得资产价格偏离理性预期价值的情况。均衡中总的市场风险溢价由最后一项式子所描述。

此时,理性不知情者既没有跟随知情者又没有选择与情绪投资者进行对赌,他们的存在只是增加了总的市场风险,从而降低了知情者和情绪投资者的风险承受能力。

（1）好的方差

在情绪条件下由市场基本信息扰动引起的均衡价格的平均变异是一个好方差。根据均衡价格方程(7-34),好的方差可以表示为:

$$Var(p^{ION} \mid S) = \left(\frac{1}{(1+r_f)\left[((O+N)/I)(1/(\sigma_\theta^2/\sigma^2+1))+1 \right]} \right)^2 \sigma_\theta^2$$

$$(7-35)$$

如果均衡价格 p^{ION} 包含越多的信息 θ,那么好的方差 $Var(p^{ION} \mid S)$ 就越大。由上式可知,增加理性知情投资者相对于总计的不知情者(理性不知情投资者和情绪投资者)比重,提高信息质量,增大信息的平均变异 σ_θ^2,均会增加好的方差 $Var(p^{ION} \mid S)$。

（2）坏的方差

在信息条件下由投资者情绪扰动引起的均衡价格的平均变异是一个坏的方差。根据均衡价格方程(7-34),坏的方差可以表示为:

$$Var(p^{ION} \mid \theta) = \left(\frac{\phi}{(1+r_f)\left[(I/N)(\sigma_\theta^2/\sigma^2+1)+O/N+1 \right]} \right)^2 \sigma_S^2$$

$$(7-36)$$

如果均衡价格 p^{ION} 包含越少的信息 θ,那么坏的方差 $Var(p^{ION} \mid \theta)$ 就越大。由上式可知,增加理性知情投资者相对于情绪投资者的比重,提高信息的质量,增加理性不知情投资者相对于情绪投资者的比重,缩小情绪膨胀系数,减小情绪的平均变异 σ_S^2,均会减小坏的方差 $Var(p^{ION} \mid \theta)$。

（3）情绪弱势有效

用市场基础信息的扰动带来的均衡价格的变异与投资者情绪的扰动带来的均衡价格的变异的比值来表示行为资产定价的市场效率。结合好的方差 $Var(p^{ION} \mid S)$ 和坏的方差 $Var(p^{ION} \mid \theta)$ 的表达式,可得:

$$\frac{Var(p^{ION} \mid S)}{Var(p^{ION} \mid \theta)} = \left[\frac{I}{N}\left(\frac{\sigma_\theta^2}{\sigma^2}+1 \right)\frac{1}{\phi} \right]^2 \frac{\sigma_\theta^2}{\sigma_S^2} \qquad (7-37)$$

与只包含理性知情投资者和没有学习信息的情绪投资者两类投资者
模型一样,增加理性知情投资者相对于情绪投资者的比重,提高信息质量,
缩小情绪膨胀系数,增大信息的平均变异 σ_θ^2,减小情绪的平均变异 σ_S^2,均
会增大行为资产定价的市场效率 $\dfrac{Var(p^{ION} \mid S)}{Var(p^{ION} \mid \theta)}$。 当 $I(\sigma_\theta^2 + \sigma^2)\sigma_\theta >$
$N\phi\sigma^2\sigma_S$ 时,$\dfrac{Var(p^{ION} \mid S)}{Var(p^{ION} \mid \theta)} > 1$,市场融入信息的程度大于市场融入情绪
的程度,情绪弱势有效。

(4) 价格系统的信息量

根据格罗斯曼和斯蒂格利茨(Grossman and Stiglitz, 1980)所设定的
指标,用市场均衡价格与基础信息的相关系数的平方来测度价格系统的信
息量,它反映了市场融入信息的相对程度大小。由均衡价格方程得:

$$\rho^2_{p^{ION}, \theta} = \frac{1}{1 + \left(\dfrac{N\phi}{I(1 + \sigma_\theta^2/\sigma^2)}\right)^2 \dfrac{\sigma_S^2}{\sigma_\theta^2}} \qquad (7-38)$$

与理性知情投资者和没有学习信息的情绪投资者两类投资者模型的
结论一样,增加理性知情投资者相对于情绪投资者的比重,提高信息质量,
缩小情绪膨胀系数,增大 $\sigma_\theta^2/\sigma_S^2$,都会增加 $\rho^2_{p^{ION}, \theta}$,从而市场越有效率。

2. 理性不知情投资者开始学习信息时

随着时间的推移,在短期内理性不知情投资者可以通过价格系统来学
习有价值的信息。理性不知情者面临这样的困境,一方面,由于理性知情
投资者能够获取关于风险资产最终价值的有用信息,理性不知情投资者想
要跟随理性知情投资者;另一方面,理性不知情投资者想要对赌情绪投资
者,进行低买高卖,做一个逆向投资者,但是理性不知情投资者有时会误把
情绪当作信息,追逐情绪投资者。

在前述的经济环境下,均衡价格结构正好是一个简单的线性形式,因
此第一期的市场均衡价格预设为 $p^{ION} = a + b\theta + cS$。 由此理性不知情投
资者关于风险资产最终价值的条件期望和方差分别为:

$$E(V \mid p^{ION}) = p_0 + \frac{b\sigma_\theta^2}{b^2\sigma_\theta^2 + c^2\sigma_S^2}(p^{ION} - a) \qquad (7-39)$$

$$Var(V \mid p^{ION}) = \sigma_\theta^2 + \sigma^2 - \frac{b\sigma_\theta^2 b\sigma_\theta^2}{b^2\sigma_\theta^2 + c^2\sigma_S^2} \qquad (7-40)$$

结合理性知情投资者关于风险资产的需求量、理性不知情投资者学习

信息的最优化需求、情绪投资者的需求量和风险资产的供给量,得市场出清方程:

$$\frac{p_0+\theta-p^{ION}(1+r_f)}{\gamma\sigma^2}\times I+\frac{E(V\mid p^{ION})-p^{ION}(1+r_f)}{\gamma Var(V\mid p^{ION})}$$
$$\times O+\frac{p_0+f(S)-p^{ION}(1+r_f)}{\gamma(\sigma_\theta^2+\sigma^2)}\times N=M \qquad (7-41)$$

进一步,可得均衡价格 p^{ION} 的具体表达式为:

$$p^{ION}=\frac{p_0}{1+r_f}+\frac{\dfrac{I}{\sigma^2}+\dfrac{O}{\sigma_O^2 A}}{(1+r_f)\left(\dfrac{I}{\sigma^2}+\dfrac{O}{\sigma_O^2}+\dfrac{N}{\sigma_\theta^2+\sigma^2}\right)}\theta$$
$$+\frac{\left(\dfrac{N}{\sigma_\theta^2+\sigma^2}+\dfrac{O}{\sigma_O^2 B}\right)\phi}{(1+r_f)\left(\dfrac{I}{\sigma^2}+\dfrac{O}{\sigma_O^2}+\dfrac{N}{\sigma_\theta^2+\sigma^2}\right)}S-\frac{\gamma M}{(1+r_f)\left(\dfrac{I}{\sigma^2}+\dfrac{O}{\sigma_O^2}+\dfrac{N}{\sigma_\theta^2+\sigma^2}\right)}$$
$$(7-42)$$

其中,A、B 和 σ_O^2 分别为:

$$A=1+\left(\frac{N}{I}\frac{1}{1+\sigma_\theta^2/\sigma^2}\right)^2\frac{\sigma_S^2}{\sigma_\theta^2} \qquad (7-43)$$

$$B=\frac{I}{N}(1+\sigma_\theta^2/\sigma^2)+\frac{N}{I}\frac{1}{(1+\sigma_\theta^2/\sigma^2)}\frac{\sigma_S^2}{\sigma_\theta^2} \qquad (7-44)$$

$$\sigma_O^2=Var(V\mid p^{ION})=\sigma_\theta^2\frac{1}{1+\left[\dfrac{I}{N}(1+\sigma_\theta^2/\sigma^2)\right]^2\dfrac{\sigma_\theta^2}{\sigma_S^2}}+\sigma^2 \quad (7-45)$$

上述风险资产均衡价格[方程(7-42)]结构中,风险资产的基础价值成分由第一项式子所反映。信息因素对均衡价格的影响效应由第二项式子所刻画,它描述了在理性知情投资者和理性不知情投资者的联合作用下资产价格靠近理性预期价值的情况,其中,A 项描述了理性不知情投资者跟随理性知情投资者带来的价格变动。情绪扰动对均衡价格的影响效应由第三项式子所反映,它描述了在理性不知情投资者和情绪投资者的联合作用下资产价格偏离理性预期价值的情形,其中,B 项描述了理性不知情投资者的困惑,他既想要低买高卖对赌情绪投资者,又可能受到情绪扰动的迷惑而跟随情绪投资者引起的价格变动。均衡中总的市场风险溢价由最后一项式子所描述。

（1）情绪的敏感性分析

我们最终的兴趣目标是情绪扰动被纳入资产价格的具体情况，这需要详细分析情绪敏感性系数 $\partial p^{ION}/\partial S$。根据均衡价格方程（7-42），情绪敏感性系数的具体结构可表示为：

$$\frac{\partial p^{ION}}{\partial S} = \frac{\dfrac{N}{\sigma_\theta^2+\sigma^2}+\dfrac{O}{\sigma_O^2}\dfrac{1}{\dfrac{I}{N}(1+\sigma_\theta^2/\sigma^2)+\dfrac{N}{I}\dfrac{1}{(1+\sigma_\theta^2/\sigma^2)}\dfrac{\sigma_S^2}{\sigma_\theta^2}}}{(1+r_f)\left(\dfrac{I}{\sigma^2}+\dfrac{O}{\sigma_O^2}+\dfrac{N}{\sigma_\theta^2+\sigma^2}\right)}\phi$$

$$(7-46)$$

方程（7-46）表明，增加情绪投资者的风险承受能力相对于总的市场风险承受能力的比重，同时增加理性不知情投资者的风险承受能力相对于总的市场风险承受能力的比重，都会增大情绪融入价格的速度。公式 $1\Big/\Big(\dfrac{I}{N}(1+\sigma_\theta^2/\sigma^2)+\dfrac{N}{I}\dfrac{1}{(1+\sigma_\theta^2/\sigma^2)}\dfrac{\sigma_S^2}{\sigma_\theta^2}\Big)$ 刻画了理性不知情投资者对赌情绪投资者的情况，以及其误把情绪扰动当作信息跟随情绪投资者的情况。其中，公式 $1\Big/\Big(\dfrac{I}{N}(1+\sigma_\theta^2/\sigma^2)\Big)$ 表明，增加理性知情投资者相对于情绪投资者的比重，降低信息的质量，都会提高理性不知情投资者受到迷惑的可能性，增大其追逐情绪投资者的程度，从而增加情绪的敏感性；公式 $1\Big/\Big(\dfrac{N}{I}\dfrac{1}{(1+\sigma_\theta^2/\sigma^2)}\dfrac{\sigma_S^2}{\sigma_\theta^2}\Big)$ 表明，增加情绪投资者相对于理性知情投资者的比重，降低信息的质量，增大情绪的平均变异 σ_S^2，减小信息的平均变异 σ_θ^2，均会提高理性不知情投资者对赌情绪投资者的可能性，从而减小情绪的敏感性。

（2）信息的敏感性分析

信息因素被纳入资产价格的详细情况反映在信息敏感性系数 $\partial p^{ION}/\partial\theta$ 中。根据均衡价格方程（7-42），信息敏感性系数的具体结构可表示为：

$$\frac{\partial p^{ION}}{\partial\theta} = \frac{\dfrac{I}{\sigma^2}+\dfrac{O}{\sigma_O^2}\dfrac{1}{1+\Big(\dfrac{N}{I}\dfrac{1}{1+\sigma_\theta^2/\sigma^2}\Big)^2\dfrac{\sigma_S^2}{\sigma_\theta^2}}}{(1+r_f)\left(\dfrac{I}{\sigma^2}+\dfrac{O}{\sigma_O^2}+\dfrac{N}{\sigma_\theta^2+\sigma^2}\right)}$$

$$(7-47)$$

方程(7-47)表明,增加理性知情投资者的风险承受能力相对于总的市场风险承受能力的比值,增加理性不知情投资者的风险承受能力的相对比值,均会扩大信息融入价格的速度,公式 $1/\left(1+\left(\dfrac{N}{I}\dfrac{1}{1+\sigma_\theta^2/\sigma^2}\right)^2\dfrac{\sigma_S^2}{\sigma_\theta^2}\right)$ 刻画了理性不知情投资者跟随理性知情投资者的情况。由此可见,增加情绪投资者相对于理性知情投资者的比例,降低信息的质量,增大情绪的平均变异 σ_S^2,减小信息的平均变异 σ_θ^2,都会降低理性不知情投资者追逐理性知情投资者的程度,从而减小信息的敏感性。

(3) 好的方差

在情绪扰动条件下价格体系中信息因素引起的均衡价格的平均变异是一个好的方差,最终它减小资产价格在第二期的波动性。根据上述均衡定价方程,好方差由下式给出:

$$Var(p^{ION}\mid S)=\left(\frac{\partial p^{ION}}{\partial \theta}\right)^2\sigma_\theta^2 \qquad (7-48)$$

如果均衡价格 p^{ION} 包含越多的信息 θ,那么条件方差 $Var(p^{ION}\mid S)$ 就越大。由上式可知,增加理性知情投资者和理性不知情投资者的合计的风险承受能力相对于总的市场风险承受能力的比值,增大理性知情投资者相对于情绪投资者的比重,提高信息质量,增大信息的平均变异 σ_θ^2,减小情绪的平均变异 σ_S^2,均会增大好的方差 $Var(p^{ION}\mid S)$。

(4) 坏的方差

在信息条件下价格系统中情绪扰动带来的均衡价格的平均变异是一个坏的方差,最终它扩大了资产价格在第二期的波动性。由均衡价格方程可得坏的方差的具体结构为:

$$Var(p^{ION}\mid \theta)=\left(\frac{\partial p^{ION}}{\partial S}\right)^2\sigma_S^2 \qquad (7-49)$$

如果均衡价格 p^{ION} 包含越多的情绪 S,那么条件方差 $Var(p^{ION}\mid \theta)$ 就越大。结合情绪的敏感性系数,一方面理性不知情投资者选择对赌情绪投资者,此时增加情绪投资者相对于理性知情投资者的比重,降低信息的质量,增大 $\sigma_S^2/\sigma_\theta^2$,均会减小坏的方差 $Var(p^{ION}\mid \theta)$;另一方面理性不知情投资者误把情绪当作信息,跟随情绪投资者,此时增加情绪投资者相对于理性知情投资者的比重,降低信息的质量,就会增大坏的方差 $Var(p^{ION}\mid \theta)$。

（5）情绪弱势有效

结合好的方差 $Var(p^{ION}\mid S)$ 和坏的方差 $Var(p^{ION}\mid\theta)$ 的具体表达式，可得：

$$\frac{Var(p^{ION}\mid S)}{Var(p^{ION}\mid\theta)}=\left[\frac{I}{N}\left(\frac{\sigma_\theta^2}{\sigma^2}+1\right)\frac{1}{\phi}\right]^2\frac{\sigma_\theta^2}{\sigma_S^2} \qquad (7-50)$$

与理性不知情投资者和情绪投资者没有学习信息时的三类投资者模型结论一样，增加理性知情投资者相对于情绪投资者的比重，提高信息质量，缩小情绪膨胀系数，增大信息的平均变异 σ_θ^2，减小情绪的平均变异 σ_S^2，均会提高行为市场的效率 $\frac{Var(p^{ION}\mid S)}{Var(p^{ION}\mid\theta)}$。当 $I(\sigma_\theta^2+\sigma^2)\sigma_\theta>N\phi\sigma^2\sigma_S$ 时，$\frac{Var(p^{ION}\mid S)}{Var(p^{ION}\mid\theta)}>1$，市场融入信息的程度大于市场融入情绪的程度，情绪弱势有效。

（6）价格系统的信息量

价格系统的信息量指标测度了市场融入信息的相对程度大小，由均衡价格方程可得：

$$\rho_{p^{ION},\theta}^2=\frac{1}{1+\left(\dfrac{N\phi}{I(1+\sigma_\theta^2/\sigma^2)}\right)^2\dfrac{\sigma_S^2}{\sigma_\theta^2}} \qquad (7-51)$$

与理性不知情投资者和情绪投资者没有学习信息时的结构式一样，增加理性知情投资者相对于情绪投资者的比重，提高信息质量，缩小情绪膨胀系数，增大 $\sigma_\theta^2/\sigma_S^2$，均会提高价格系统的信息量 $\rho_{p^{ION},\theta}^2$，从而市场越有效率。总之，无论是在知情者和没有学习信息的情绪投资者两类投资者模型，还是在理性不知情者和情绪投资者没有学习信息时的三类投资者模型，或者是在理性不知情者学习信息时的三类投资者模型，价格系统的信息量的度量与情绪市场效率的度量在刻画行为市场的有效性方面表现出相同的规律性。

3. 理性不知情投资者和情绪投资者共同学习信息时

在最后部分，我们考虑这样一种案例，随着时间的逐步推移，在长期内不仅理性不知情投资者通过观测价格来学习有用的基本信息，而且情绪投资者也借助价格系统间接地获取信息的推测价值。因此，理性不知情者的最优化需求量将依赖于学习到的信息价值，情绪投资者最优化需求量将取决于自身的情绪扰动和推测的信息价值。我们首先预设一个线性结构的均衡价格函数,然后根据该价格函数求解理性不知情投资者和情绪投资者各自的预期效用最大化问题。对于前述的经济情景,均衡价格方程正好是一个简单的线性形式。在这种情况下,理性不知情投资者和情绪投资者关于风险资产最终价值的条件期望和方差分别为:

$$E(V \mid p^{ION}) = p_0 + \frac{b\sigma_\theta^2}{b^2\sigma_\theta^2 + c^2\sigma_S^2}(p^{ION} - a), \quad Var(V \mid p^{ION})$$

$$= \sigma_\theta^2 + \sigma^2 - \frac{b\sigma_\theta^2 b\sigma_\theta^2}{b^2\sigma_\theta^2 + c^2\sigma_S^2} \tag{7-52}$$

$$E(V_S \mid p^{ION}, S) = p_0 + \theta + f(S), \quad Var(V_S \mid p^{ION}, S) = \sigma^2 \tag{7-53}$$

加总理性知情投资者关于风险资产的需求量、理性不知情投资者学习信息的需求量和情绪投资者学习信息的需求量。让风险资产的总需求量等于供给量,可得市场出清方程:

$$\frac{p_0 + \theta - p^{ION}(1+r_f)}{\gamma\sigma^2}I + \frac{E(V \mid p^{ION}) - p^{ION}(1+r_f)}{\gamma Var(V \mid p^{ION})}O +$$

$$\frac{p_0 + \theta + f(S) - p^{ION}(1+r_f)}{\gamma\sigma^2}N = M \tag{7-54}$$

由上式求得第一期均衡价格 p^{ION} 的具体表达式(证明过程见本章附录 2)为:

$$p^{ION} = \frac{p_0}{1+r_f} + \frac{\frac{I+N}{\sigma^2} + \frac{O}{\sigma_O^2} \times \frac{1}{C}}{(1+r_f)\left(\frac{I}{\sigma^2} + \frac{O}{\sigma_O^2} + \frac{N}{\sigma^2}\right)}\theta + \frac{\frac{N}{\sigma^2} + \frac{O}{\sigma_O^2} \times \frac{1}{D}}{(1+r_f)\left(\frac{I}{\sigma^2} + \frac{O}{\sigma_O^2} + \frac{N}{\sigma^2}\right)}\phi S$$

$$- \frac{\gamma M}{(1+r_f)\left(\frac{I}{\sigma^2} + \frac{O}{\sigma_O^2} + \frac{N}{\sigma^2}\right)} \tag{7-55}$$

其中 C、D 分别为:

$$C = \left(\frac{N}{I+N}\right)^2 \frac{\sigma_S^2}{\sigma_\theta^2} + 1 \tag{7-56}$$

$$D = \frac{N}{I+N}\frac{\sigma_S^2}{\sigma_\theta^2} + \frac{I+N}{N} \tag{7-57}$$

在上述均衡价格表达式中,风险资产的基础价值成分由第一项式子所反映。信息因素对均衡价格的影响效应由第二项式子所刻画,它描述了信息变量的单位变化在理性知情投资者、理性不知情投资者和情绪投资者的联合作用下促使资产价格靠近理性预期价值的情况,其中,C 式子刻画了理性不知情投资者想要低买高卖跟随理性知情投资者的情况。情绪扰动对均衡价格的系统性影响由第三项式子所反映,它刻画了情绪变量的单位变化在情绪投资者和理性不知情投资者的共同作用下使得资产价格远离理性预期价值的情况,其中,D 式子刻画了理性不知情投资者对赌情绪投资者的情况以及它受到迷惑而跟随情绪投资者的情形。均衡中累计的市场风险溢价由最后一项式子所反映。

(1) 情绪的敏感性分析

情绪因素被纳入资产价格引起的均衡价格偏离理性预期价值的程度体现在情绪敏感性系数 $\partial p^{ION}/\partial S$ 中。根据出清价格方程(7-55),求得情绪敏感性系数的具体表达式为:

$$\frac{\partial p^{ION}}{\partial S} = \frac{\dfrac{N\phi}{\sigma^2} + \dfrac{O}{\sigma_O^2} \times \dfrac{\phi}{\dfrac{N}{I+N}\dfrac{\sigma_S^2}{\sigma_\theta^2} + \dfrac{I+N}{N}}}{(1+r_f)\left(\dfrac{I}{\sigma^2} + \dfrac{O}{\sigma_O^2} + \dfrac{N}{\sigma^2}\right)} \tag{7-58}$$

方程(7-58)表明,增加情绪投资者的风险承受能力相对于累计的市场风险承受能力的比值,增加理性不知情投资者的风险承受能力的相对比值,就会增大资产均衡价格对情绪变量的敏感程度,公式 $1\Big/\left(\dfrac{N}{I+N}\dfrac{\sigma_S^2}{\sigma_\theta^2} + \dfrac{I+N}{N}\right)$ 描述了理性不知情投资者对赌情绪投资者以及理性不知情投资者受到情绪扰动迷惑而追逐情绪投资者的情形。其中,公式 $1\Big/\left(\dfrac{N}{I+N}\dfrac{\sigma_S^2}{\sigma_\theta^2}\right)$ 刻画了理性不知情投资者对赌情绪投资者的情况,增加情绪投资者相对于理性知情投资者的比重,增大情绪的平均变异 σ_S^2,减小信息的平均变异 σ_θ^2,均会减小情绪的敏感性系数,在此信息的质量不再发生作用;公式 $1\Big/\left(\dfrac{I+N}{N}\right)$ 刻画了理性不知情投资者受到错误引导而跟随情绪投资者的情况,增加情绪投资者相对于理性知情投资者的比重,就会增大情绪的敏感性系数,同样信息的质量不再发生作用。

（2）信息的敏感性分析

信息因素融入资产价格所带来的均衡价格靠近理性预期价值的程度表现在信息敏感性系数 $\partial p^{ION}/\partial\theta$ 中。由市场出清价格方程(7-55)可得信息敏感性系数的具体表达式为：

$$\frac{\partial p^{ION}}{\partial\theta} = \frac{\dfrac{I+N}{\sigma^2} + \dfrac{O}{\sigma_O^2}\dfrac{1}{\left(\dfrac{N}{I+N}\right)^2\dfrac{\sigma_S^2}{\sigma_\theta^2}+1}}{(1+r_f)\left(\dfrac{I}{\sigma^2} + \dfrac{O}{\sigma_O^2} + \dfrac{N}{\sigma^2}\right)} \qquad (7-59)$$

方程(7-59)表明，增加理性知情投资者和情绪投资者的风险承受能力相对于累加的市场风险承受能力的比重，增加理性不知情投资者的风险承受能力相对于累计的市场风险承受能力的比重，均会加快信息融入价格的速度，公式 $1\Big/\left(\left(\dfrac{N}{I+N}\right)^2\dfrac{\sigma_S^2}{\sigma_\theta^2}+1\right)$ 刻画了理性不知情投资者追逐理性知情投资者的情况。由此可见，增加理性知情投资者相对于情绪投资者的比重，增大信息的平均变异 σ_θ^2，减小情绪的平均变异 σ_S^2，就会提高理性不知情投资者追逐理性知情投资者的程度，增大价格对信息的敏感程度，信息的质量不再发生作用。

（3）好的方差

在情绪变量条件下信息因素被纳入资产价格导致的均衡价格的平均变异是一个好的方差。由市场出清价格方程可得好的方差为：

$$Var(p^{ION} \mid S) = \left(\frac{\partial p^{ION}}{\partial\theta}\right)^2 \sigma_\theta^2 \qquad (7-60)$$

一方面，如果均衡价格 p^{ION} 包含越多的信息 θ，那么条件方差 $Var(p^{ION}|S)$ 就越大；另一方面，如果均衡价格 p^{ION} 与信息 θ 之间相关性越来越弱，那么条件方差 $Var(p^{ION}|S)$ 趋于零。由上式可知，增加理性知情投资者和情绪投资者的风险承受能力的相对比值，增加理性不知情投资者的相对风险承受能力，并且增加理性知情投资者相对于情绪投资者的比重，增大信息的平均变异 σ_θ^2，减小情绪的平均变异 σ_S^2，就会增大好的方差 $Var(p^{ION}|S)$，信息的质量不再发生作用。

（4）坏的方差

在信息变量条件下情绪扰动被纳入资产价格引起的均衡价格的平均变异是一个坏的方差。由市场出清价格方程可得坏的方差为：

$$Var(p^{ION} \mid \theta) = \left(\frac{\partial p^{ION}}{\partial S}\right)^2 \sigma_S^2 \qquad (7-61)$$

如果均衡价格 p^{ION} 包含越多的情绪 S，那么条件方差 $Var(p^{ION} \mid \theta)$ 就越大；如果均衡价格 p^{ION} 与情绪 S 之间的相关性越来越弱，那么条件方差 $Var(p^{ION} \mid \theta)$ 趋于零。结合情绪的敏感性系数，一方面理性不知情投资者选择对赌情绪投资者，此时增加情绪投资者相对于理性知情投资者的比重，增大情绪的平均变异 σ_S^2，减小信息的平均变异 σ_θ^2，就会减小坏的方差 $Var(p^{ION} \mid \theta)$，信息的质量不再发生作用；另一方面理性不知情投资者受到情绪扰动误导而追逐情绪投资者，此时增加情绪投资者相对于理性知情投资者的比重，就会增大坏的方差 $Var(p^{ION} \mid \theta)$，同样信息的质量不再发生作用。

(5) 情绪弱势有效

结合好的方差 $Var(p^{ION} \mid S)$ 和坏的方差 $Var(p^{ION} \mid \theta)$ 的表达式，可得：

$$\frac{Var(p^{ION} \mid S)}{Var(p^{ION} \mid \theta)} = \left(\frac{I+N}{N\phi}\right)^2 \times \frac{\sigma_\theta^2}{\sigma_S^2} \qquad (7-62)$$

由上式可知，增加理性知情投资者相对于情绪投资者的比重，缩小情绪膨胀系数，增大信息的平均变异 σ_θ^2，减小情绪的平均变异 σ_S^2，均会提高行为资产定价的市场效率 $\dfrac{Var(p^{ION} \mid S)}{Var(p^{ION} \mid \theta)}$，它不再依赖于信息的质量。当 $(I+N)\sigma_\theta > N\phi\sigma_S$ 时，行为市场的效率 $\dfrac{Var(p^{ION} \mid S)}{Var(p^{ION} \mid \theta)} > 1$，市场融入信息的程度大于市场融入情绪的程度，情绪弱势有效。

(6) 价格系统的信息量

价格系统的信息量指标测度了市场均衡价格融入信息的相对程度大小，由市场出清价格方程可得：

$$\rho_{p^{ION}, \theta}^2 = \frac{1}{1 + \left(\dfrac{N\phi}{I+N}\right)^2 \dfrac{\sigma_S^2}{\sigma_\theta^2}} \qquad (7-63)$$

由上式可知，增加理性知情投资者相对于情绪投资者的比重，缩小情绪膨胀系数，增大 $\sigma_\theta^2 / \sigma_S^2$，均会提高价格系统的信息量 $\rho_{p^{ION}, \theta}^2$，从而市场越有效率，它不再依赖于信息的质量。同样，当理性不知情者和情绪投资者学习信息时，价格系统的信息量的度量与情绪资产定价市场效率的度量在描述行为市场的效率方面具有相同的规律。综上,我们有如下命题。

命题7-4:当理性知情投资者、理性不知情投资者和情绪投资者三类投资者在市场上存在时:

(1)在甚短期内理性不知情投资者和情绪投资者没有学习信息行为时,理性不知情投资者的存在仅仅增加了总的市场风险,从而降低了理性知情投资者和情绪投资者的风险承受能力;增加理性知情投资者相对于总计的不知情者(理性不知情者和情绪投资者)的比重,提高信息质量,增大 σ_θ^2,就会提高 $Var(p^{ION} \mid S)$;增加理性知情投资者相对于情绪投资者的比重,提高信息质量,增加理性不知情投资者相对于情绪投资者的比重,缩小情绪膨胀系数,减小 σ_S^2,就会降低 $Var(p^{ION} \mid \theta)$;增加理性知情投资者相对于情绪投资者的比重,提高信息质量,缩小情绪膨胀系数,增大 σ_θ^2,减小 σ_S^2,就会提高 $\dfrac{Var(p^{ION} \mid S)}{Var(p^{ION} \mid \theta)}$、$\rho_{p^{ION}, \theta}^2$,市场越有效率。

(2)在短期内理性不知情投资者学习信息时,一方面理性不知情投资者选择对赌情绪投资者,增加情绪投资者相对于理性知情投资者的比重,降低信息质量,增大 $\sigma_S^2/\sigma_\theta^2$,就会降低情绪的敏感性,从而减小 $Var(p^{ION} \mid \theta)$,另一方面理性不知情投资者误把情绪当作信息跟随情绪投资者,增加情绪投资者相对于理性知情投资者的比重,降低信息的质量,就会增加情绪的敏感性,从而增大 $Var(p^{ION} \mid \theta)$;增加理性知情投资者相对于情绪投资者的比重,提高信息的质量,减小 $\sigma_S^2/\sigma_\theta^2$,就会提高理性不知情投资者追逐知情者的程度,增加信息的敏感性,从而增大 $Var(p^{ION} \mid S)$;与理性不知情者没有学习信息时一样,增加理性知情投资者相对于情绪投资者的比重,提高信息质量,缩小情绪膨胀系数,增大 σ_θ^2,减小 σ_S^2,就会增大 $\dfrac{Var(p^{ION} \mid S)}{Var(p^{ION} \mid \theta)}$、$\rho_{p^{ION}, \theta}^2$,市场越有效率。

(3)在长期内理性不知情投资者和情绪投资者学习信息时,一方面理性不知情投资者选择对赌情绪投资者,增加情绪投资者相对于理性知情投资者的比重,增大 $\sigma_S^2/\sigma_\theta^2$,就会降低情绪的敏感性,从而减小 $Var(p^{ION} \mid \theta)$,信息的质量不再发生作用,另一方面理性不知情投资者受到情绪扰动误导而跟随情绪投资者,增加情绪投资者相对于理性知情投资者的比重,就会增加情绪的敏感性,从而增大 $Var(p^{ION} \mid \theta)$,信息的质量不再发生作用;增加理性知情投资者相对于情绪投资者的比重,增大 σ_θ^2,减小 σ_S^2,就会提高理性不知情投资者追逐理性知情投资者的程度,增加信息的敏感性,从而增大 $Var(p^{ION} \mid S)$,信息的质量不再发生作用;增加理性知情投资者相对于情绪投资者的比重,缩小情绪膨胀系数,增大 σ_θ^2,减小 σ_S^2,就会增大 $\dfrac{Var(p^{ION} \mid S)}{Var(p^{ION} \mid \theta)}$、$\rho_{p^{ION},\,\theta}^2$,市场越有效率,不再依赖于信息的质量。

7.7　本章小结

　　投资者的学习信息行为刻画了投资者在接收到新的信息后如何修正、更新他们对风险资产的信念,为此我们需要关注随着时间的推移市场行为的长期性质。已有的文献在资产定价研究中考虑了理性投资者的适应性学习行为,但对于非理性投资者适应性学习行为的研究还处于发展阶段,随着时间的推移,非理性投资者的情感因素逐渐弱化,亦通过观测价格学习有价值的信息。因此,在传统噪音理性预期模型架构的基础上,建立了一个一般化的包含理性知情投资者、理性不知情投资者和情绪投资者的学习信息行为资产定价模型。设定在经济中投资者多次的信息更新直观地描述了市场行为的长期特征,我们依次分析了理性不知情者的学习信息行为、情绪投资者的学习信息行为对资产价格形成和资产价格动态变化的影响机理,得出了以下有意义的结论。

　　(1)当理性知情投资者和理性不知情投资者两类投资者在市场上存在时,在甚短期内理性不知情投资者没有学习信息行为,此时增加理性知情投资者比重,提高信息质量,增大信息的变异,就会增加好的方差;随着时间的推移在短期内理性不知情投资者借助价格体系来学习有价值的信息,最终他完美地进行了学习,将所有信息全部纳入价格之中,市场完全富有效率。

　　(2)当理性知情投资者和情绪投资者两类投资者在市场上存在时,在短期内情绪投资者没有开始学习信息,此时增加理性知情投资者比重,提高信息质量,缩小情绪膨胀系数,增大信息的变异,减小情绪的变异,就会提高价格系统的信息量,从而市场越有效率;在长期内情绪投资者借助价格系统学习有用的基础信息,最后将全部信息纳入了价格中,情绪扰动在第一期引起的资产价格任何变化都是资产价格相对于理性预期价值的过度反应,并且价格系统的信息量不再依赖于信息的质量。

　　(3)当理性知情投资者、理性不知情投资者和情绪投资者三类投资者在市场上存在时,首先,在短期内理性不知情投资者和情绪投资者没有开始学习信息,理性不知情投资者的存在仅仅增加了总的市场风险,增加理性知情投资者相对于情绪投资者的比重,提高信息质量,缩小情绪膨胀系数,增大信息的变异,减小情绪的变异,就会提高价格系统的信息量,市场越有效率。其次,在短期内理性不知情投资者学习有价值的信息,一方面理性不知情者选择对赌情绪投资者,增加情绪投资者相对于理性知情投资者的比重,降低信息的质量,减小信息的变异,增大情绪的变异,就会降低情绪的敏感性,另一方面理性不知情投资者受到情绪扰动误导而跟随情绪投资者,增加情绪投资者相对于理性知情投资者的比重,降低信息的质量,就会增加情绪的敏感性;与理性不知情投资者没有学习信息时一样,增加理性知情投资者相对于情绪投资者的比重,提高信息质量,缩小情绪膨胀系数,增大信息的变异,减小情绪的变异,就会提高价格系统的信息量。再次,在长期内理性不知情投资者和情绪投资者共同学习有价值的信息,一方面理性不知情投资者选择对赌情绪投资者,增加情绪投资者相对于理性知情投资者的比重,减小信息的变异,增大情绪的变异,就会降低情绪的敏感性,不再依赖于信息的质量,另一方面理性不知情投资者受到情绪扰动误导而追逐情绪投资者,增加情绪投资者相对于理性知情投资者的比重,就会增加情绪的敏感性,信息的质量不再发生作用;增加理性知情投资者相对于情绪投资者的比重,缩小情绪膨胀系数,增大信息的变异,减小情绪的变异,就会提高价格系统的信息量,市场越有效率,信息的质量不再发生作用。

我们的研究引发了一些有意义的议题。例如,为了深入研究投资者的行为特征影响资产价格形成和资产价格动态变化的经济机理,需要进一步研究投资者的拥挤交易行为、锚定与调整行为等对其选择与决策的影响,进而构建相应的行为资产定价模型。

7.8　本章附录

附录1:情绪投资者学习信息时的最优化条件期望和方差

情绪投资者关于风险资产的最终价值是信息变量和情绪变量的线性结构,因此预设均衡价格函数为简单的线性形式 $p^{IN}=d+e\theta+lS$。在这种情况下,情绪投资者关于风险资产最终价值的最优化条件期望为:

$$E(V_S \mid p^{IN}, S)=E(V_S)+[Cov(p^{IN}, V_S), Cov(S, V_S)]$$

$$\times \begin{bmatrix} Cov(p^{IN}, p^{IN}), & Cov(p^{IN}, S) \\ Cov(S, p^{IN}), & Cov(S, S) \end{bmatrix}^{-1} \times \begin{bmatrix} p^{IN} - E(p^{IN}) \\ S - E(S) \end{bmatrix}$$

$$= p_0 + [e\sigma_\theta^2 + l\phi\sigma_S^2, \ \phi\sigma_S^2] \times \frac{\begin{bmatrix} \sigma_S^2, & -l\sigma_S^2 \\ -l\sigma_S^2, & e^2\sigma_\theta^2 + l^2\sigma_S^2 \end{bmatrix}}{e^2\sigma_\theta^2\sigma_S^2 + l^2\sigma_S^2\sigma_S^2 - l^2\sigma_S^2\sigma_S^2} \times \begin{bmatrix} e\theta + lS \\ S \end{bmatrix}$$

$$= p_0 + \theta + \phi S \tag{7-64}$$

进一步,情绪投资者对风险资产最终价值的最优化条件方差为:

$$Var(V_S \mid p^{IN}, S) = Var(V_S) - [Cov(p^{IN}, V_S), Cov(S, V_S)]$$

$$\times \begin{bmatrix} Cov(p^{IN}, p^{IN}), & Cov(p^{IN}, S) \\ Cov(S, p^{IN}), & Cov(S, S) \end{bmatrix}^{-1} \times \begin{bmatrix} Cov(p^{IN}, V_S) \\ Cov(S, V_S) \end{bmatrix}$$

$$= \sigma_\theta^2 + \phi^2\sigma_S^2 + \sigma^2 - [e\sigma_\theta^2 + l\phi\sigma_S^2, \ \phi\sigma_S^2]$$

$$\times \frac{\begin{bmatrix} \sigma_S^2, & -l\sigma_S^2 \\ -l\sigma_S^2, & e^2\sigma_\theta^2 + l^2\sigma_S^2 \end{bmatrix}}{e^2\sigma_\theta^2\sigma_S^2 + l^2\sigma_S^2\sigma_S^2 - l^2\sigma_S^2\sigma_S^2} \times \begin{bmatrix} e\sigma_\theta^2 + l\phi\sigma_S^2 \\ \phi\sigma_S^2 \end{bmatrix}$$

$$= \sigma^2 \tag{7-65}$$

附录2:理性不知情投资者和情绪投资者共同学习信息时第一期均衡价格 p^{ION} 的推导

当理性知情投资者、理性不知情投资者和情绪投资者等三类投资者在市场上存在时,预设第一期的市场均衡价格为 $p^{ION} = a + b\theta + cS$,那么理性不知情投资者借助价格体系学习信息时关于风险资产最终价值的最优化条件期望和条件方差分别为:

$$E(V \mid p^{ION}) = E(V) + \frac{Cov(V, p^{ION})}{Var(p^{ION})}(p^{ION} - E(p^{ION}))$$

$$= p_0 + \frac{b\sigma_\theta^2}{b^2\sigma_\theta^2 + c^2\sigma_S^2}(p^{ION} - a) \tag{7-66}$$

$$Var(V \mid p^{ION}) = Var(V) - \frac{Cov^2(V, p^{ION})}{Var(p^{ION})}$$

$$= \sigma_\theta^2 + \sigma^2 - \frac{b\sigma_\theta^2 b\sigma_\theta^2}{b^2\sigma_\theta^2 + c^2\sigma_S^2} \tag{7-67}$$

情绪投资者借助价格系统学习信息时关于风险资产最终价值的最优化条件期望和条件方差分别为:

$$E(V_S \mid p^{IN}, S) = p_0 + \theta + \phi S \qquad (7-68)$$

$$Var(V_S \mid p^{IN}, S) = \sigma^2 \qquad (7-69)$$

加总理性知情投资者、理性不知情投资者和情绪投资者各自关于风险资产的需求量,强制风险资产的总需求等于总供给得市场出清方程:

$$I\frac{p_0 + \theta - p^{ION}(1+r_f)}{\gamma\sigma^2} + O\frac{E(V \mid p^{ION}) - p^{ION}(1+r_f)}{\gamma Var(V \mid p^{ION})}$$

$$+ N\frac{p_0 + \theta + \phi S - p^{ION}(1+r_f)}{\gamma\sigma^2} = M \qquad (7-70)$$

将方程(7-66)和(7-67)代入市场出清方程(7-70),解得 p^{ION} 为:

$$p^{ION} = \frac{p_0[\sigma_O^2(I+N) + \sigma^2 O] - \dfrac{ab\sigma_\theta^2\sigma^2 O}{b^2\sigma_\theta^2 + c^2\sigma_S^2} - \gamma M\sigma_O^2\sigma^2}{(1+r_f)[\sigma_O^2(I+N) + \sigma^2 O] - \dfrac{b\sigma_\theta^2\sigma^2 O}{b^2\sigma_\theta^2 + c^2\sigma_S^2}}$$

$$+ \frac{\sigma_O^2(I+N)}{(1+r_f)[\sigma_O^2(I+N) + \sigma^2 O] - \dfrac{b\sigma_\theta^2\sigma^2 O}{b^2\sigma_\theta^2 + c^2\sigma_S^2}}$$

$$+ \frac{\sigma_O^2 N}{(1+r_f)[\sigma_O^2(I+N) + \sigma^2 O] - \dfrac{b\sigma_\theta^2\sigma^2 O}{b^2\sigma_\theta^2 + c^2\sigma_S^2}} \qquad (7-71)$$

其中,$f(S) = \phi S$,$\sigma_O^2 = Var(V \mid p^{ION})$。 因此有:

$$a = \frac{p_0[\sigma_O^2(I+N) + \sigma^2 O] - \dfrac{ab\sigma_\theta^2\sigma^2 O}{b^2\sigma_\theta^2 + c^2\sigma_S^2} - \gamma M\sigma_O^2\sigma^2}{(1+r_f)[\sigma_O^2(I+N) + \sigma^2 O] - \dfrac{b\sigma_\theta^2\sigma^2 O}{b^2\sigma_\theta^2 + c^2\sigma_S^2}} \qquad (7-72)$$

$$b = \frac{\sigma_O^2(I+N)}{(1+r_f)[\sigma_O^2(I+N) + \sigma^2 O] - \dfrac{b\sigma_\theta^2\sigma^2 O}{b^2\sigma_\theta^2 + c^2\sigma_S^2}} \qquad (7-73)$$

$$c = \frac{\sigma_O^2 N\phi}{(1+r_f)[\sigma_O^2(I+N) + \sigma^2 O] - \dfrac{b\sigma_\theta^2\sigma^2 O}{b^2\sigma_\theta^2 + c^2\sigma_S^2}} \qquad (7-74)$$

根据方程(7-72),可得 a 的具体表达式为:

$$a = \frac{p_0}{1+r_f} - \frac{\gamma M\sigma_O^2\sigma^2}{(1+r_f)(\sigma_O^2 I + \sigma_O^2 N + \sigma^2 O)} \qquad (7-75)$$

联合方程(7-73)和方程(7-74)可得 b 和 c 的具体表达式分别为:

$$b = \frac{\sigma_O^2(I+N) + \dfrac{(I+N)^2 O \sigma_\theta^2 \sigma^2}{(I+N)^2 \sigma_\theta^2 + N^2 \sigma_S^2}}{(1+r_f)[\sigma_O^2(I+N) + \sigma^2 O]} \qquad (7-76)$$

$$c = \frac{N\sigma_O^2 + \dfrac{(I+N)N\sigma_\theta^2 \sigma^2 O}{(I+N)^2 \sigma_\theta^2 + N^2 \sigma_S^2}}{(1+r_f)[\sigma_O^2(I+N) + \sigma^2 O]}\phi \qquad (7-77)$$

所以有:

$$p^{ION} = \frac{p_0}{1+r_f} + \frac{\sigma_O^2(I+N) + \dfrac{(I+N)^2 O\sigma_\theta^2\sigma^2}{(I+N)^2\sigma_\theta^2 + N^2\sigma_S^2}}{(1+r_f)[\sigma_O^2(I+N)+\sigma^2 O]}\theta$$

$$+ \frac{N\sigma_O^2 + \dfrac{(I+N)N\sigma_\theta^2\sigma^2 O}{(I+N)^2\sigma_\theta^2 + N^2\sigma_S^2}}{(1+r_f)[\sigma_O^2(I+N)+\sigma^2 O]}\phi S - \frac{\gamma M\sigma_O^2\sigma^2}{(1+r_f)(\sigma_O^2 I + \sigma_O^2 N + \sigma^2 O)}$$

$$= \frac{p_0}{1+r_f} + \frac{\dfrac{I+N}{\sigma^2} + \dfrac{O}{\sigma_O^2}\times\dfrac{1}{C}}{(1+r_f)\left(\dfrac{I}{\sigma^2}+\dfrac{O}{\sigma_O^2}+\dfrac{N}{\sigma^2}\right)}\theta + \frac{\dfrac{N}{\sigma^2}+\dfrac{O}{\sigma_O^2}\times\dfrac{1}{D}}{(1+r_f)\left(\dfrac{I}{\sigma^2}+\dfrac{O}{\sigma_O^2}+\dfrac{N}{\sigma^2}\right)}\phi S$$

$$- \frac{\gamma M}{(1+r_f)\left(\dfrac{I}{\sigma^2}+\dfrac{O}{\sigma_O^2}+\dfrac{N}{\sigma^2}\right)} \qquad (7-78)$$

其中 C、D 分别为:

$$C = \left(\frac{N}{I+N}\right)^2 \frac{\sigma_S^2}{\sigma_\theta^2} + 1 \qquad (7-79)$$

$$D = \frac{N}{I+N}\frac{\sigma_S^2}{\sigma_\theta^2} + \frac{I+N}{N} \qquad (7-80)$$

第八章 情绪宽度、拥挤交易行为和资产定价模型

8.1 引言

在现实中,未来收益的不确定性意味着人们在对未来做预测时会有所不同。由于投资者情绪的感染性,乐观投资者将会高估风险资产的清算价值,而悲观投资者会低估风险资产的清算价值。米勒(Miller,1977)指出,不确定性和风险会导致意见分歧;不确定性越大,意见分歧越大,市场出清价格越高,事后收益越低。申克曼和熊(Scheinkman and Xiong,2003)证实,当存在不同信念时投资者乐意购买高于基础价值的股票,预期将来把它卖给更乐观的投资者。在卖空限制下,唯一的交易方式是一开始买进股票,日后再择机卖掉。由于乐观投资者认知的预期收益是正向的,他们愿意做多风险资产;悲观投资者会做空风险资产,由于风险厌恶,他们的做空头寸是有限制的。在没有卖空条件的市场中,风险资产的需求将来自最乐观的一小部分投资者。因此,在卖空限制下往往导致股票定价过高,引起较低的未来收益①。

新兴的行为金融认为非理性投资者的个体偏差趋于同一方向运动,所以不能被加总抵消(Shleifer,2000;Hirshleifer,2001)。熊伟和闫宏君(Xiong and Yan,2010)构建了一个模型,在其中个体投资者有偏的信念平均而言与理性信念相一致。与此同时,越来越多的实证研究表明个体投资者的交易是相关的,进而论证了个体交易对资产价格的显著影响(Kaniel

---

① 米勒(Miller,1977)指出,我们需要处理卖空限制和意见分歧对股票价格的联合效应。当存在卖空限制时,由于悲观投资者被排除在市场之外,股票价格将反映乐观投资者的估值水平。Miller, E. Risk, uncertainty and divergence of opinion [J]. The Journal of Finance, 1977, 32: 1151-1168.

et al.，2008；Barber et al.，2009；Li and Yang，2017)[①]。投资者情绪是交易者根据对风险资产未来现金流和投资风险的预期而形成的一种非贝叶斯信念。一些金融实验表明在不确定性条件下投资者情绪会系统地影响决策，受到正向情绪冲击的非理性投资者将会作出积极的判断与决策，从而提高金融资产认知的最终价值；受到负向情绪冲击的非理性投资者会作出消极的判断与决策，降低金融资产认知的最终价值(Statman et al.，2008；Kempf et al.，2014)。随着不同个体投资者的个体信念趋于一致，最终会形成两类异质性的代表性情绪投资者，代表性乐观情绪投资者和代表性悲观情绪投资者。代表性乐观情绪投资者高估风险资产的清算价值，形成对基础价值的乐观情绪偏差；而代表性悲观情绪投资形成对基础价值的悲观情绪偏差，尽管乐观情绪偏差和悲观情绪偏差在总体水平上有可能相互抵消。

2010 年上交所和深交所正式启动融资融券系统，允许试点证券公司融资融券交易申报。投资者可通过融券方式卖出股票，促使股价下跌。融资融券和做空机制是紧密相连的，为市场带来巨大的放大效应。艾伦等(Allen et al.，1993)、莫里斯(Morris，1996)以及洪和斯坦(Hong and Stein，1999)论证了关于股票价格卖空限制的内涵。目前，绝大部分的股票型共同基金被禁止利用衍生产品来采取空头头寸。很多的共同基金被公司章程禁止采取空头策略。共同基金持有一只股票份额的变化能够预测股票未来的收益，当共同基金是一只股票的持续净买入者，该只股票在将来趋向于表现良好(Chen et al.，2000)。在卖空限制约束条件下，我们将情绪宽度大致定义为持有风险资产多头头寸的乐观投资者的情绪偏差的相对大小，以此来反映被排除在市场之外的负向信息的数量。当市场中存在卖空限制时，悲观投资者被置身于市场之外，股票价格仅反映了乐观投资者对它的估价。因此，在存在乐观投资者、悲观投资者以及卖空限制的市场中，情绪宽度对均衡价格和预期收益施加了显著的影响。乐观投资者和悲观投资者对股票的估价分歧越大，股票的均衡价格就越高，情绪宽度越窄，将导致较低的随后收益。

羊群效应或者以相似的方式交易跨越几个时期时将导致拥挤交易。也就是，当数量巨大的个体投资者不再采取各自的锚定策略，同时进行相

---

① 由于投资者对风险资产的需求是认知偏差的非线性结构，独立的偏差能够显著地影响均衡价格。即使偏差是需求的线性结构，由于财富分布或者人数分布的变动，偏差仍然对均衡价格具有显著的影响。新兴的行为金融强调非理性投资者的社会属性，由于情绪感染或信息生成过程，他们的行动策略是相互依赖的。

同的交易时拥挤交易行为就发生了。巴贝里斯和泰勒（Barberis and Thaler，2003）指出，个体投资者有时趋向于与其他投资者一样采取相同的交易行为。阿布瑞尤和布鲁纳梅尔（Abreu and Brunnermeier，2002）研究了同步风险和延迟套利问题，指出套利者的协调一致可能对价格矫枉过正，使得价格远远高于价值，引发资产泡沫。斯坦（Stein，2009）尝试构建了一个简单的关于拥挤交易问题的模型，其中套利者的风险容忍能力能够趋于无穷大，当他们同时进行相同的交易时拥挤行为就发生了[①]。另一方面，一些学者对投资者的拥挤交易进行了实证研究。波哈列夫和列维奇（Pojarliev and Levich，2011）提出了一种衡量拥挤交易的方法，将其应用于专业货币基金经理，测度了货币市场的持有拥挤、价值拥挤和趋势拥挤。洪等（Hong et al.，2006）指出，当投资者的头寸相对于资产流动性非常大时，拥挤交易就出现了，造成退出的困难；卖空比率与平均日换手率的比值是一个衡量空头交易拥挤的非常自然的统计量，进而在卖空环境下检验了拥挤交易与流动性的联系。布洛彻（Blocher，2016）证实了加强基于流量的网络外部性效应存在于不同的风格之中，共同基金经理偏离他们宣称的风格而去持有高涨情绪的股票导致横截面的拥挤交易，这与马萨和亚达夫（Massa and Yadav，2012）的论点相一致，共同基金投资于情绪高涨股票，不同于他们宣称的风格。

　　相对于个体投资者，股票市场的交易日益被成熟老练的专业投资者所主导。弗伦奇（French，2008）指出，在股票市场上个体投资者越来越被机构投资者所挤占。如果机构投资者被解读为理性的套利者，那么成熟的投资者之间正在进行着密切的交易。与幼稚的个体情绪投资者相比，成熟的理性投资者控制的资本越来越多。数量巨大的理性投资者使得市场竞争性更强、获利更少，但是有时未必使得价格更接近于基础价值，并且非基本面的波动变得更小。当大量的理性投资者采取相类似的交易策略，就会带来负的外部性。当理性投资者不能实时地了解到有多少理性投资者在使用相同的交易策略，就造成了理性投资者之间的协调问题，在某些情况下使得资产价格远离基础价值。因此，我们将研究两个引起外部性的复杂因素：一是非理性投资者的情绪宽度，二是理性投资者的拥挤交易行为。

---

　　① 斯坦（Stein，2009）指出，股票市场交易日益被成熟老练的投资者所主宰，在缺席政策干预的情况下分析市场效率时，需要考虑他们拥挤行为的外部性。

8.2 基于情绪宽度的资产定价模型

8.2.1 经济环境的假定

在一个经济中有两种可以交易的资产,一种是有风险的资产——股票,股票的股份总供给为 M,另一种为无风险的资产,无风险资产的收益率为零,可以任意兑换为货币。有两个时期,即三个日期 $t=0,1,2$,股票在日期 2 支付的最终红利为 $V=p_0+\theta+\varepsilon$。其中,p_0 为风险资产的期初价格,θ 为 1 时期释放的一个基础信息,它服从均值为 0,方差为 σ_θ^2 的正态分布,ε 为一正态分布的随机扰动项,其均值为 0,方差为 σ^2,θ 和 ε 之间是相互独立的。

在日期 1,股票市场上有两类交易者。一类交易者是情绪投资者,不能直接观测到 1 时期释放的基础信息 θ,但了解 θ 的分布特征,对股票最终红利的认知包含有自身的情绪。乐观情绪投资者高估最终红利,即 $V_S=p_0+\theta+f(S)+\varepsilon$,则其对红利的预期值为 $E(V_S\mid S)=p_0+f(S)$;悲观情绪投资者低估最终红利,即 $V_S=p_0+\theta-f(S)+\varepsilon$,则其对红利的预期值为 $E(V_S\mid S)=p_0-f(S)$,其中,$f(S)$ 为情绪异质参数 S 的线性函数。情绪投资者是连续的,对日期 2 的红利估值在区间 $[p_0-f(S),\ p_0+f(S)]$ 上服从均匀分布,代表性乐观情绪投资者和代表性悲观情绪投资者对最终红利的认知偏差的绝对数量是相同的,所不同的仅仅是认知方向的差异,平均而言,所有的情绪投资者对最终红利有正确的估值,但个体间存在意见分歧,异质的程度被参数化为 $f(S)$。

假定情绪投资者只能做多股票,一般被禁止做空。情绪投资者的总体数量被标准化为 1,有常数绝对风险厌恶效用(CARA)函数,对风险资产的容忍系数为 γ_S。因此,在缺乏卖空限制下,情绪投资者 i 对股票的需求等于 $\dfrac{\gamma_S(E(V_S\mid S_i)-p_1)}{Var(V_S\mid S_i)}$。然而,给定卖空限制条件,观测到的需求为

$$Max\left[0,\ \frac{\gamma_S(E(V_S\mid S_i)-p_1)}{Var(V_S\mid S_i)}\right].$$

另一类交易者为一组完全理性的投资者,能够观测到 1 时期释放的基础信息 θ。他们没有面临空头的限制,能够采取多头仓位或者空头仓位,并且很擅长最小化关于交易的任何摩擦成本。理性投资者也具有 CARA

效用函数,他们的加总风险容忍系数为 γ_R,因此他们对风险资产的总需求

为 $\dfrac{\gamma_R (E(V \mid \theta) - p_1)}{Var(V \mid \theta)}$。

8.2.2　经济的均衡

首先,我们论证情绪投资者在没有面临卖空限制条件下的均衡,为后面的一般均衡分析提供一种基准情况。其次,对情绪投资者,特别是悲观情绪投资者施加卖空限制,求解卖空限制下的均衡情况。

1. 情绪投资没有面临卖空限制下的均衡

个体情绪投资者 i 对风险资产股票最终红利的认知值为 $V_S = p_0 + \theta + f(S_i) + \varepsilon$,其对股票认知红利的条件期望和方差分别为:

$$E(V_S \mid S_i) = p_0 + f(S_i), \quad Var(V_S \mid S_i) = \sigma_\theta^2 + \sigma^2 \qquad (8-1)$$

因此,个体情绪投资者 i 对风险资产的需求具体可表示为:

$$X_i = \frac{\gamma_S (E(V_S \mid S_i) - p_1)}{\sigma_\theta^2 + \sigma^2} \qquad (8-2)$$

由于乐观情绪投资者和悲观情绪投资者的认知红利的情绪偏差为 $f(S)$,因此所有个体情绪投资者对股票需求的期望为:

$$
\begin{aligned}
X_S^U &= \int_{p_0 - f(S)}^{p_0 + f(S)} \frac{\gamma_S (E_i - p_1)}{\sigma_\theta^2 + \sigma^2} f(E_i) dE_i \\
&= \frac{1}{2f(S)} \int_{p_0 - f(S)}^{p_0 + f(S)} \frac{\gamma_S (E_i - p_1)}{\sigma_\theta^2 + \sigma^2} dE_i \\
&= \frac{\gamma_S}{2f(S)(\sigma_\theta^2 + \sigma^2)} \int_{p_0 - f(S)}^{p_0 + f(S)} E_i dE_i - \frac{\gamma_S}{2f(S)(\sigma_\theta^2 + \sigma^2)} \int_{p_0 - f(S)}^{p_0 + f(S)} p_1 dE_i \\
&= \frac{\gamma_S}{2f(S)(\sigma_\theta^2 + \sigma^2)} \cdot \left. \frac{E_i^2}{2} \right|_{p_0 - f(S)}^{p_0 + f(S)} - \frac{\gamma_S}{2f(S)(\sigma_\theta^2 + \sigma^2)} \cdot p_1 E_i \Big|_{p_0 - f(S)}^{p_0 + f(S)} \\
&= \frac{\gamma_S}{2f(S)(\sigma_\theta^2 + \sigma^2)} \cdot 2p_0 f(S) - \frac{\gamma_S}{2f(S)(\sigma_\theta^2 + \sigma^2)} p_1 \cdot 2f(S) \\
&= \frac{\gamma_S (p_0 - p_1)}{\sigma_\theta^2 + \sigma^2} \qquad (8-3)
\end{aligned}
$$

理性投资者对股票最终红利的条件期望和条件方差分别为:

$$E(V \mid \theta) = p_0 + \theta, \quad Var(V \mid \theta) = \sigma^2 \qquad (8-4)$$

因此理性投资者对股票的总需求具体可表示为：

$$X_R = \frac{\gamma_R(p_0 + \theta - p_1)}{\sigma^2} \qquad (8-5)$$

结合市场出清条件 $X_S^U + X_R = M$，可得日期 1 的市场均衡价格 p_1^U 为：

$$p_1^U = p_0 + \frac{\gamma_R(\sigma_\theta^2 + \sigma^2)\theta}{\gamma_S\sigma^2 + \gamma_R(\sigma_\theta^2 + \sigma^2)} - \frac{\sigma^2(\sigma_\theta^2 + \sigma^2)M}{\gamma_S\sigma^2 + \gamma_R(\sigma_\theta^2 + \sigma^2)} \qquad (8-6)$$

从上式可以看出，当没有卖空限制时，情绪投资者的意见分歧对均衡价格没有影响，乐观情绪投资者和悲观情绪投资者对股票的偏差需求相互抵消，他们的存在只是增加了市场总的风险承受能力。

2. 情绪投资面临卖空限制下的均衡

在存在卖空限制约束条件时，所有个体情绪投资者对股票需求的期望可表示为：

$$X_S^C = \int_{p_1}^{p_0+f(S)} \frac{\gamma_S(E_i - p_1)}{\sigma_\theta^2 + \sigma^2} f(E_i)dE_i$$

$$= \frac{\gamma_S}{2f(S)(\sigma_\theta^2 + \sigma^2)} \int_{p_1}^{p_0+f(S)} E_i dE_i - \frac{\gamma_S}{2f(S)(\sigma_\theta^2 + \sigma^2)} \int_{p_1}^{p_0+f(S)} p_1 dE_i$$

$$= \frac{\gamma_S}{2f(S)(\sigma_\theta^2 + \sigma^2)} \cdot \frac{E_i^2}{2} \Big|_{p_1}^{p_0+f(S)} - \frac{\gamma_S}{2f(S)(\sigma_\theta^2 + \sigma^2)} \cdot p_1 E_i \Big|_{p_1}^{p_0+f(S)}$$

$$= \frac{\gamma_S}{4f(S)(\sigma_\theta^2 + \sigma^2)}(p_0^2 + f^2(S) + 2p_0 f(S) - p_1^2)$$

$$- \frac{\gamma_S}{4f(S)(\sigma_\theta^2 + \sigma^2)}(2p_0 p_1 + 2f(S)p_1 - 2p_1^2)$$

$$= \frac{\gamma_S}{4f(S)(\sigma_\theta^2 + \sigma^2)}(p_0^2 + f^2(S) + p_1^2 + 2p_0 f(S) - 2p_0 p_1 - 2f(S)p_1)$$

$$= \frac{\gamma_S}{4f(S)(\sigma_\theta^2 + \sigma^2)}(p_0 + f(S) - p_1)^2 \qquad (8-7)$$

(1) 市场上仅存在情绪投资者

刚一开始，理性的套利者还没有进入市场进行交易，由市场出清条件 $X_S^C = M$ 可得均衡价格的两个根为：

$$\frac{\gamma_S}{4f(S)(\sigma_\theta^2 + \sigma^2)}(p_0 + f(S) - p_1)^2 = M$$

$$(p_0 + f(S) - p_1)^2 = \frac{4(\sigma_\theta^2 + \sigma^2) f(S)}{\gamma_S} M$$

$$p_0 + f(S) - p_1 = \pm 2 \sqrt{\frac{(\sigma_\theta^2 + \sigma^2) f(S)}{\gamma_S} M}$$

$$p_1 = p_0 + f(S) \pm 2 \sqrt{\frac{(\sigma_\theta^2 + \sigma^2) f(S)}{\gamma_S} M} \qquad (8-8)$$

较大的根超过了乐观情绪投资者对最终红利的最大可能估值 $p_0 + f(S)$，所以取较小的根，此时的市场均衡价格为：

$$p_1^C = p_0 + f(S) - 2 \sqrt{\frac{(\sigma_\theta^2 + \sigma^2) f(S)}{\gamma_S} M} \qquad (8-9)$$

从上式可以看出，在卖空限制约束条件下，当市场上仅存在情绪投资者时，乐观情绪投资者采取多头头寸，悲观情绪投资者被禁止采取空头策略，为此情绪均衡价格仅仅融入了乐观情绪投资者的认知偏差。

（2）市场上存在情绪投资者和理性投资者

随着时间的推移，理性投资者开始发现风险资产的套利空间，进入市场进行交易，此时市场范围的总需求为：

$$X^C = \frac{\gamma_S}{4 f(S)(\sigma_\theta^2 + \sigma^2)} (p_0 + f(S) - p_1)^2 + \frac{\gamma_R (p_0 + \theta - p_1)}{\sigma^2}$$

$$(8-10)$$

强加市场出清条件 $X^C = M$，可得市场均衡价格（证明过程见本章附录 1）的两个根为：

$$p_1 = p_0 + f(S) + \frac{2 f(S)}{\sigma^2 \gamma_S} \Big[(\sigma_\theta^2 + \sigma^2) \gamma_R \pm$$

$$\sqrt{(\sigma_\theta^2 + \sigma^2)^2 \gamma_R^2 + \sigma^2 (\sigma_\theta^2 + \sigma^2) \gamma_S \gamma_R + \sigma^2 (\sigma_\theta^2 + \sigma^2) \gamma_S \frac{\sigma^2 M - \gamma_R \theta}{f(S)}} \Big]$$

较大的根超过了乐观情绪投资者对最终红利的最大可能估值 $p_0 + f(S)$，取较小的根作为此时的市场均衡价格。因此，在约束限制下的价格 p_1^C 为：

$$p_1^C = p_0 + f(S) + \frac{2 f(S)}{\sigma^2 \gamma_S} \Big[(\sigma_\theta^2 + \sigma^2) \gamma_R -$$

$$\sqrt{(\sigma_\theta^2 + \sigma^2)^2 \gamma_R^2 + \sigma^2 (\sigma_\theta^2 + \sigma^2) \gamma_S \gamma_R + \sigma^2 (\sigma_\theta^2 + \sigma^2) \gamma_S \frac{\sigma^2 M - \gamma_R \theta}{f(S)}} \Big]$$

$$(8-11)$$

卖空约束仅仅起作用，当且仅当无约束的价格 p_1^U 超过最悲观情绪投资者对股票红利的估值 $p_0 - f(S)$，即：

$$p_0 + \frac{\gamma_R(\sigma_\theta^2 + \sigma^2)\theta}{\gamma_S\sigma^2 + \gamma_R(\sigma_\theta^2 + \sigma^2)} - \frac{\sigma^2(\sigma_\theta^2 + \sigma^2)M}{\gamma_S\sigma^2 + \gamma_R(\sigma_\theta^2 + \sigma^2)} \geq p_0 - f(S)$$

也就是，卖空约束仅仅起作用，如果 $f(S)$ 充分的大，那么有：

$$f(S) \geq \frac{M}{\gamma_S/(\sigma_\theta^2 + \sigma^2) + \gamma_R/\sigma^2} - \frac{\gamma_R/\sigma^2 \cdot \theta}{\gamma_S/(\sigma_\theta^2 + \sigma^2) + \gamma_R/\sigma^2} \quad (8-12)$$

总之，日期 1 的均衡价格 p_1^* 为：

$$p_1^* = \begin{cases} p_0 + \dfrac{\gamma_R/\sigma^2 \cdot \theta}{\gamma_S/(\sigma_\theta^2 + \sigma^2) + \gamma_R/\sigma^2} - \dfrac{M}{\gamma_S/(\sigma_\theta^2 + \sigma^2) + \gamma_R/\sigma^2}, \text{条件 } f(S) < L \\ p_0 + f(S) + \dfrac{2\gamma_R/\sigma^2 \cdot f(S)}{\gamma_S/(\sigma_\theta^2 + \sigma^2)} - 2f(S)\sqrt{\lambda}, \text{条件 } f(S) \geq L \end{cases}$$

$$(8-13)$$

其中，$L = \dfrac{M}{\gamma_S/(\sigma_\theta^2 + \sigma^2) + \gamma_R/\sigma^2} - \dfrac{\gamma_R/\sigma^2 \cdot \theta}{\gamma_S/(\sigma_\theta^2 + \sigma^2) + \gamma_R/\sigma^2}$

$$\lambda = \left[\frac{\gamma_R/\sigma^2}{\gamma_S/(\sigma_\theta^2 + \sigma^2)}\right]^2 + \frac{\gamma_R/\sigma^2}{\gamma_S/(\sigma_\theta^2 + \sigma^2)} + \frac{M/f(S)}{\gamma_S/(\sigma_\theta^2 + \sigma^2)} - \frac{\gamma_R/\sigma^2 \cdot \theta/f(S)}{\gamma_S/(\sigma_\theta^2 + \sigma^2)}$$

日期 1 的均衡价格 p_1^* 具有各种各样的直观性质。最突出的是 p_1^* 的最小值为无约束的价格 p_1^U。事实上，很容易证实，当 $f(S) = L$ 时，有 $p_1^U = p_1^C$（证明过程见本章附录 2）。此时悲观情绪投资者对股票红利的最低估值 $p_0 - f(S)$ 恰好为他们刚开始的预期值。当 $f(S) < L$ 时，日期 1 的市场均衡价格为 p_1^U，即使最悲观的情绪投资者也是采取多头头寸。也就是，当情绪认知的异质偏差小于市场总的风险溢价与信息对价格的影响效应之差时，卖空限制约束条件不再发挥作用，此时的市场均衡就简化为无约束的价格。当 $f(S) > L$ 时，市场在均衡价格 p_1^C 处出清，此时的市场均衡价格大于部分悲观情绪投资者对股票红利的预期值，他们将要采取空头头寸，由于卖空限制，市场均衡价格仅仅反映了乐观情绪投资者和一部分悲观情绪投资者对股票的需求情况。此外，p_1^C 是情绪异质偏差 $f(S)$ 的一个增函数，意味着股票在时间 1 和时间 2 之间的理性预期收益 $(p_0 + \theta - p_1^C)$ 关于 $f(S)$ 递减。

为了直观定量地分析情绪异质偏差 $f(S)$ 对均衡价格 p_1^* 的影响作用，根据 $f(S)$ 的性质，设定 $f(S) = \phi S$，其中情绪膨胀系数 ϕ 为大于零的某一常数。模型的参数设定如下：$p_0=10$，$\sigma_\theta^2=\sigma^2=1$，$\gamma_S=\gamma_R=2$，$M=10$，$\theta=2$，$\phi=1.5$，$S\in[0,6]$。那么，临界参数 L 的具体值为 $L=2$，$\lambda=6+\dfrac{6}{f(S)}$。当 $f(S)<2$，即 $S<\dfrac{4}{3}$ 时，均衡价格 p_1^U 的具体值为8。当

$f(S)\geqslant 2$，市场出清价格为 $p_1^C=10+5f(S)-2f(S)\sqrt{6+\dfrac{6}{f(S)}}$。此外，股票红利的理性预期值为 $p_2=p_0+\theta=12$。图 8-1 给出了股票的均衡价格关于情绪异质偏差的数值示例。

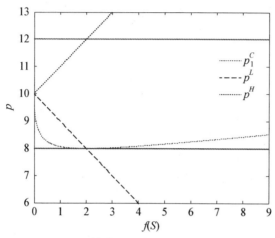

图 8-1　情绪异质偏差下的均衡价格

图 8-1 表明，当情绪异质程度 $f(S)=2$ 时，有 $p_1^U=p_1^C=8$，此时悲观情绪投资者对股票红利的最低估值为 $p_0-f(S)=8$。当 $f(S)>2$ 时，股票的均衡价格 p_1^C 随着情绪投资者意见分歧的增大而增加，但在 $S\in[0,6]$ 的范围内，股票均衡价格 p_1^C 远远低于股票的理性预期价值 p_2，由于风险溢价的原因甚至小于股票的初始价格 p_0。

8.2.3　均衡的性质

1. 均衡价格关于情绪异质偏差 $f(S)$ 的敏感性分析

情绪异质偏差 $f(S)$ 的敏感性反映了情绪投资者的意见分歧变化一个单位所带来的均衡价格的变化，由均衡价格方程(8-13)可得情绪异质偏差敏感性系数的表达式为：

$$\frac{\partial p_1^C}{\partial f(S)}=1+\frac{2\gamma_R/\sigma^2}{\gamma_S/(\sigma_\theta^2+\sigma^2)}-2\sqrt{\lambda}+\lambda^{-\frac{1}{2}}\,\frac{1}{f(S)}\cdot\frac{M-\gamma_R/\sigma^2\cdot\theta}{\gamma_S/(\sigma_\theta^2+\sigma^2)}$$

$$(8-14)$$

在 $f(S) = \dfrac{M}{\gamma_S/(\sigma_\theta^2+\sigma^2)+\gamma_R/\sigma^2} - \dfrac{\gamma_R/\sigma^2 \cdot \theta}{\gamma_S/(\sigma_\theta^2+\sigma^2)+\gamma_R/\sigma^2}$ 处评估该导

数,我们有:

$$\left.\frac{\partial p_1^C}{\partial f(S)}\right|_{f(S)=\frac{M}{\gamma_S/(\sigma_\theta^2+\sigma^2)+\gamma_R/\sigma^2}-\frac{\gamma_R/\sigma^2\cdot\theta}{\gamma_S/(\sigma_\theta^2+\sigma^2)+\gamma_R/\sigma^2}}$$

$$=1+\frac{2\gamma_R/\sigma^2}{\gamma_S/(\sigma_\theta^2+\sigma^2)}-2\sqrt{\lambda}+\lambda^{-\frac12}\frac{\gamma_S/(\sigma_\theta^2+\sigma^2)+\gamma_R/\sigma^2}{\gamma_S/(\sigma_\theta^2+\sigma^2)}$$

由于 $f(S) = \dfrac{M}{\gamma_S/(\sigma_\theta^2+\sigma^2)+\gamma_R/\sigma^2} - \dfrac{\gamma_R/\sigma^2 \cdot \theta}{\gamma_S/(\sigma_\theta^2+\sigma^2)+\gamma_R/\sigma^2}$ 时,λ

等于:

$$\lambda=\left[\frac{\gamma_R/\sigma^2}{\gamma_S/(\sigma_\theta^2+\sigma^2)}\right]^2+\frac{\gamma_R/\sigma^2}{\gamma_S/(\sigma_\theta^2+\sigma^2)}+\frac{1}{f(S)}\frac{M-\gamma_R/\sigma^2\cdot\theta}{\gamma_S/(\sigma_\theta^2+\sigma^2)}$$

$$=\left[\frac{\gamma_R/\sigma^2}{\gamma_S/(\sigma_\theta^2+\sigma^2)}\right]^2+2\frac{\gamma_R/\sigma^2}{\gamma_S/(\sigma_\theta^2+\sigma^2)}+1$$

$$=\left[\frac{\gamma_R/\sigma^2}{\gamma_S/(\sigma_\theta^2+\sigma^2)}+1\right]^2 \tag{8-15}$$

所以有:

$$\frac{\partial p_1^C}{\partial f(S)}=1+\frac{2\gamma_R/\sigma^2}{\gamma_S/(\sigma_\theta^2+\sigma^2)}-2\sqrt{\lambda}+\lambda^{-\frac12}\frac{\gamma_S/(\sigma_\theta^2+\sigma^2)+\gamma_R/\sigma^2}{\gamma_S/(\sigma_\theta^2+\sigma^2)}$$

$$=1+\frac{2\gamma_R/\sigma^2}{\gamma_S/(\sigma_\theta^2+\sigma^2)}-2\left[\frac{\gamma_R/\sigma^2}{\gamma_S/(\sigma_\theta^2+\sigma^2)}+1\right]+$$

$$\frac{\gamma_S/(\sigma_\theta^2+\sigma^2)}{\gamma_S/(\sigma_\theta^2+\sigma^2)+\gamma_R/\sigma^2}\cdot\frac{\gamma_S/(\sigma_\theta^2+\sigma^2)+\gamma_R/\sigma^2}{\gamma_S/(\sigma_\theta^2+\sigma^2)}$$

$$=0 \tag{8-16}$$

接下来,关于 $f(S)$ 求 p_1^C 的二阶导数,很容易证明二阶导数是非

负的:

$$\frac{\partial p_1^C}{\partial f(S)}=1+\frac{2\gamma_R/\sigma^2}{\gamma_S/(\sigma_\theta^2+\sigma^2)}-2\sqrt{\lambda}+\lambda^{-\frac12}\frac{1}{f(S)}\cdot\frac{M-\gamma_R/\sigma^2\cdot\theta}{\gamma_S/(\sigma_\theta^2+\sigma^2)}$$

$$\frac{\partial p_1^C}{\partial f(S)}=\lambda^{-\frac12}\frac{1}{f^2(S)}\cdot\frac{M-\gamma_R/\sigma^2\cdot\theta}{\gamma_S/(\sigma_\theta^2+\sigma^2)}-\frac{1}{f^2(S)}\cdot\frac{M-\gamma_R/\sigma^2\cdot\theta}{\gamma_S/(\sigma_\theta^2+\sigma^2)}\lambda^{-\frac12}$$

$$+\frac{1}{f(S)}\cdot\frac{M-\gamma_R/\sigma^2\cdot\theta}{\gamma_S/(\sigma_\theta^2+\sigma^2)}\cdot\frac12\lambda^{-\frac32}\frac{1}{f^2(S)}\cdot\frac{M-\gamma_R/\sigma^2\cdot\theta}{\gamma_S/(\sigma_\theta^2+\sigma^2)}$$

$$= \frac{1}{2} \cdot \frac{1}{f^3(S)} \cdot \left[\frac{M - \gamma_R/\sigma^2 \cdot \theta}{\gamma_S/(\sigma_\theta^2 + \sigma^2)} \right]^2 \lambda^{-\frac{3}{2}} \geqslant 0 \qquad (8-17)$$

当 $f(S) \geqslant L$，结合方程(8-16)和(8-17)可以推出 p_1^C 从 p_1^U 开始关于 $f(S)$ 单调递增。对于所有的情绪异质偏差 $f(S)$ 股票价格相对于无摩擦基准是向上偏离的，并且这种向上的偏差随着 $f(S)$ 的增加变化的速度缓慢增大。

2. 均衡价格关于风险容忍系数 γ_R 的敏感性分析

对于没有卖空限制的均衡价格 p_1^U，由 p_1^U 的表达式可以直观看出，p_1^U 为理性投资者的风险容忍系数的增函数。对于卖空限制下的均衡价格 p_1^C，对 p_1^C 关于 γ_R 求导数，我们有：

$$\frac{\partial p_1^C}{\partial \gamma_R} = \frac{2/\sigma^2 \cdot f(S)}{\gamma_S/(\sigma_\theta^2 + \sigma^2)}$$

$$- f(S) \lambda^{-\frac{1}{2}} \left[2 \cdot \left(\frac{1/\sigma^2}{\gamma_S/(\sigma_\theta^2 + \sigma^2)} \right)^2 \gamma_R + \frac{1/\sigma^2}{\gamma_S/(\sigma_\theta^2 + \sigma^2)} - \frac{1/\sigma^2 \cdot \theta/f(S)}{\gamma_S/(\sigma_\theta^2 + \sigma^2)} \right]$$

$$= \frac{2/\sigma^2 \cdot f(S)}{\gamma_S/(\sigma_\theta^2 + \sigma^2)} \left[1 - \frac{\frac{\gamma_R/\sigma^2}{\gamma_S/(\sigma_\theta^2 + \sigma^2)} + \frac{1}{2} - \frac{\theta}{2f(S)}}{\sqrt{\lambda}} \right] \qquad (8-18)$$

观察该导数的符号是非负的，当且仅当：

$$1 - \frac{\frac{\gamma_R/\sigma^2}{\gamma_S/(\sigma_\theta^2 + \sigma^2)} + \frac{1}{2} - \frac{\theta}{2f(S)}}{\sqrt{\lambda}} \geqslant 0$$

$$即 \frac{\frac{\gamma_R/\sigma^2}{\gamma_S/(\sigma_\theta^2 + \sigma^2)} + \frac{1}{2} - \frac{\theta}{2f(S)}}{\sqrt{\lambda}} \leqslant 1$$

$$即 \sqrt{\lambda} \geqslant \frac{\gamma_R/\sigma^2}{\gamma_S/(\sigma_\theta^2 + \sigma^2)} + \frac{1}{2} - \frac{\theta}{2f(S)} \qquad (8-19)$$

进行 些代换，容易表明该条件等价于：

$$\sqrt{\lambda} \geqslant \frac{\gamma_R/\sigma^2}{\gamma_S/(\sigma_\theta^2 + \sigma^2)} + \frac{1}{2} - \frac{\theta}{2f(S)}$$

$$\left[\frac{\gamma_R/\sigma^2}{\gamma_S/(\sigma_\theta^2 + \sigma^2)} \right]^2 + \frac{\gamma_R/\sigma^2}{\gamma_S/(\sigma_\theta^2 + \sigma^2)} + \frac{M/f(S)}{\gamma_S/(\sigma_\theta^2 + \sigma^2)} - \frac{\gamma_R/\sigma^2 \cdot \theta/f(S)}{\gamma_S/(\sigma_\theta^2 + \sigma^2)}$$

$$\geqslant \left[\frac{\gamma_R/\sigma^2}{\gamma_S/(\sigma_\theta^2 + \sigma^2)} \right]^2 + \frac{1}{4} + \frac{\theta^2}{4f^2(S)} +$$

$$\frac{\gamma_R/\sigma^2}{\gamma_S/(\sigma_\theta^2+\sigma^2)} - \frac{\gamma_R/\sigma^2}{\gamma_S/(\sigma_\theta^2+\sigma^2)} \cdot \frac{\theta}{f(S)} - \frac{\theta}{2f(S)}$$

$$即 \quad \frac{M/f(S)}{\gamma_S/(\sigma_\theta^2+\sigma^2)} \geqslant \frac{1}{4} + \frac{\theta^2}{4f^2(S)} - \frac{\theta}{2f(S)}$$

$$即 \quad \frac{4M}{\gamma_S/(\sigma_\theta^2+\sigma^2)} f(S) \geqslant f^2(S) + \theta^2 - 2\theta f(S)$$

$$即 \quad f^2(S) - 2\left(\theta + \frac{2M}{\gamma_S/(\sigma_\theta^2+\sigma^2)}\right) f(S) + \theta^2 \leqslant 0$$

$$\theta + \frac{2M}{\gamma_S/(\sigma_\theta^2+\sigma^2)} - \sqrt{\left(\theta + \frac{2M}{\gamma_S/(\sigma_\theta^2+\sigma^2)}\right)^2 - \theta^2} \leqslant f(S)$$

$$\leqslant \theta + \frac{2M}{\gamma_S/(\sigma_\theta^2+\sigma^2)} + \sqrt{\left(\theta + \frac{2M}{\gamma_S/(\sigma_\theta^2+\sigma^2)}\right)^2 - \theta^2} \quad (8-20)$$

当情绪异质偏差 $f(S)$ 小于 $\theta + \dfrac{2M}{\gamma_S/(\sigma_\theta^2+\sigma^2)} + \sqrt{\left(\theta + \dfrac{2M}{\gamma_S/(\sigma_\theta^2+\sigma^2)}\right)^2 - \theta^2}$,

并且大于 $\theta + \dfrac{2M}{\gamma_S/(\sigma_\theta^2+\sigma^2)} - \sqrt{\left(\theta + \dfrac{2M}{\gamma_S/(\sigma_\theta^2+\sigma^2)}\right)^2 - \theta^2}$ 时,均衡价格关于风险容忍系数 γ_R 的斜率为正值。在这种情况下,随着理性投资者风险承受能力 γ_R/σ^2 的增加,理性投资者增加仓位,推动价格上涨。也就是,股票价格低于理性预期价值 $p_0+\theta$,理性投资者建立多头头寸,推动股票价格回归理性预期价值。反之,当情绪异质偏差 $f(S)$ 增加到一定程度,即 $f(S) \geqslant$

$\theta + \dfrac{2M}{\gamma_S/(\sigma_\theta^2+\sigma^2)} + \sqrt{\left(\theta + \dfrac{2M}{\gamma_S/(\sigma_\theta^2+\sigma^2)}\right)^2 - \theta^2}$ 时(证明过程见本章附录 3),股票价格超过理性投资者的理性预期价值 $p_0+\theta$,出现了理性投资者的套利空间,其建立空头头寸,使得股票价格向理性预期价值回归。图 8-2 给出了理性投资不同风险容忍系数下的股票均衡价格的数值示例,参数的设定与图 8-1 的相同。

由图 8-2 可以看出,在 $S \in [0,6]$ 的范围内,随着理性投资者风险容忍能力 γ_R 的增加,均衡价格 p_1^C 和 p_1^U 逐渐向上移动。当 γ_R 趋向于无穷大时, p_1^C 收敛于 $p_0+\theta$ 。随着 γ_R 增大 p_1^C 逐渐增加,但是在 γ_R 趋于无穷大的过程中,有没有可能使得 p_1^C 超过股票的理性预期价值 $p_0+\theta$,引起股票的价格过度反应,接下来的部分值得我们进一步去研究。

3. 情绪宽度

在情绪投资者卖空限制约束条件下,当市场上存在情绪投资者和理性投资者时,我们定义最乐观情绪投资者对红利的预期估值与均衡价格 p_1^C

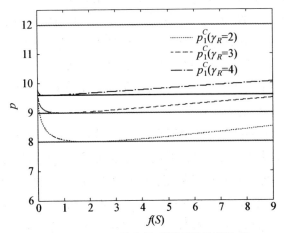

图 8-2　不同风险容忍系数下的均衡价格

之间的相对偏差为情绪宽度,即:

$$B = Min\left[\frac{p_0 + f(S) - p_1^C}{2f(S)}, 1\right] \qquad (8-21)$$

由价格方程 $p_1^C = p_0 + f(S) + \dfrac{2\gamma_R/\sigma^2 \cdot f(S)}{\gamma_S/(\sigma_\theta^2 + \sigma^2)} - 2f(S)\sqrt{\lambda}$,可推出

$\dfrac{p_0 + f(S) - p_1^C}{2f(S)} = \sqrt{\lambda} - \dfrac{\gamma_R/\sigma^2}{\gamma_S/(\sigma_\theta^2 + \sigma^2)}$,因此情绪宽度又可表示为:

$$B = Min\left[\sqrt{\lambda} - \frac{\gamma_R/\sigma^2}{\gamma_S/(\sigma_\theta^2 + \sigma^2)}, 1\right] \qquad (8-22)$$

　　情绪宽度的取值范围介于 0 和 1 之间。当价格小于或等于最悲观情绪投资者对红利的预期估值时情绪宽度等于 1,当价格接近于最乐观情绪投资者对红利的预期估值时情绪宽度接近于 0。

　　我们最感兴趣的是在情绪投资者遭遇卖空限制时理性预期收益与情绪宽度之间的关系。理性投资者的预期收益为 $p_0 + \theta - p_1^C$,由于价格 p_1^C 关于情绪异质偏差 $f(S)$ 单调递增,因此理性投资者的预期收益关于 $f(S)$ 单调递减。我们知道,当 $f(S) < L$ 时,所有的情绪投资者和理性投资者做多股票。然而,当 $f(S) \geqslant L$ 时,一部分悲观情绪投资者打算做空股票,但他们的卖空受到限制。在限制区域 $f(S) \geqslant L$,由于 λ 关于 $f(S)$ 递减,所以情绪宽度总体上关于 $f(S)$ 递减。综上,我们可得如下命题。

　　命题 8-1:在限制区域 $f(S) \geqslant L$,当情绪投资者的异质偏差 $f(S)$ 增大时,情绪宽度 B 和理性预期收益 $p_0 + \theta - p_1^C$ 均减小。

我们考虑股票的横截面差异,股票的情绪意见分歧 $f(S)$ 越大,均衡价格 p_1^C 越大,但是情绪宽度值越小,也将有较低的理性预期收益,这论证了米勒(Miller,1977)的观点。在时间 t 股票情绪宽度的增加(或减少)应该预测从 t 到 $t+k$ 未来某一期间较高(或较低)的收益。经历了情绪宽度下降的股票,即一个关于卖空限制变得更加严格的代理,与那些情绪宽度增加的股票相比随后的表现较差。

具有最高情绪意见分歧的股票组合将被理性投资者尽可能地做空。结果,较高的空头总额值,即较低的情绪宽度值,将预测较低的收益。然而,在模型中考虑一些其他参数变化时空头总额和预期收益之间的关系相较情绪宽度和预期收益之间的关系,并不是那么稳健。现在考虑卖空总额和预期收益之间的关系,它被理性投资者风险容忍系数 γ_A 的横截面差异所引起。当 $f(S) \geqslant \theta + \dfrac{2M}{\gamma_S/(\sigma_\theta^2+\sigma^2)} + \sqrt{\left(\theta + \dfrac{2M}{\gamma_S/(\sigma_\theta^2+\sigma^2)}\right)^2 - \theta^2}$,有 $p_1^C \geqslant p_0 + \theta$,在这种情况下,理性投资者采取空头头寸。风险容忍系数 γ_R 的一单位增加导致空头总额的一单位增加,空头总额的增加伴随着价格的下降,并且由此伴随着情绪宽度和理性预期收益的增加。因此,当情绪意见分歧 $f(S)$ 足够大时, γ_R 的变化引起了空头总额和理性预期收益之间的正相关,与 $f(S)$ 的变化所引起的空头总额与理性预期收益之间的相关关系正相反。因此,没有好的理论逻辑来期望空头总额是收益的可靠预测指标。

另一方面,从情绪宽度的表达式(8-21)中可以看出,保持情绪意见分歧 $f(S)$ 不变,情绪宽度完全被 $(p_0-p_1^C)$ 所决定,即被股票期初价格和均衡价格之间的差值所决定,由于股票的理性预期价值与期初价格的差值为一常量 θ ,等价的情绪宽度被理性预期收益所决定。因此,无论任何其他因素导致均衡价格 p_1^C 相对于期初价格 p_0 增加(γ_R , γ_S ,或者 M 的变化),均表明它将导致情绪宽度的减小,降低理性预期收益。因此,情绪宽度是理性预期收益的一个稳健的估值指标。综上,我们有如下命题。

命题8-2: 模型中其他参数(γ_R , γ_S ,或者 M)的横截面变化均引起了情绪宽度和理性预期收益之间的无条件正相关。

如果在时间 t 有一些其他的代理变量,已知它们与风险调整的未来收益正相关(例如,账面市值比、市盈率、动量),那么在时间 t 情绪宽度应该与这些预测变量正相关。在控制其他已知的收益预测元后,在时间 t 情绪宽度预测未来收益的能力应该降低。

8.3 基于拥挤交易行为的资产定价模型

在第二部分情绪投资者的总体数量被标准化为 1,在此我们放松该限制,分析情绪投资者的拥挤交易行为对资产定价的影响。进一步,设定理性投资者的人数 N 为一随机变量,比如 N 服从二项分布或者均匀分布,研究理性投资者的拥挤交易行为对资产价格和市场效率的影响。

8.3.1 情绪投资者的拥挤交易行为

孟德尔和施莱弗(Mendel and Shleifer,2012)指出当数量巨大的理性不知情者追逐噪音交易者时,使得股票价格远离它的基础价值,造成市场的无效率。数量庞大的不知情者误把情绪当作信息而追逐情绪投资者,或者众多的情绪投资者同时进入市场采取相同的交易策略,情绪投资者的拥挤交易行为就发生了。

在卖空限制约束下,由方程(8-7)可知,情绪投资者对股票需求的平均值为 $X_S^C = \dfrac{\gamma_S}{4f(S)(\sigma_\theta^2 + \sigma^2)}(p_0 + f(S) - p_1)^2$,情绪投资者总体数量变化等价于其聚合风险承受能力的大小,也就等价于总的风险容忍系数的变化。因此,为了分析情绪投资者的拥挤行为,我们集中阐述均衡价格 p_1^* 对情绪投资者风险容忍系数 γ_S 的敏感性。

由于情绪异质参数 $f(S)$ 的取值非负,当 $f(S) < L$ 时,暗含着 $M > \gamma_R / \sigma^2 \cdot \theta$。当情绪投资者没有面临卖空限制时,均衡价格 $p_1^U = p_0 - \dfrac{M - \gamma_R / \sigma^2 \cdot \theta}{\gamma_S / (\sigma_\theta^2 + \sigma^2) + \gamma_R / \sigma^2}$ 为情绪投资者总体风险容忍系数 γ_S 的单调递增函数。随着 γ_S 的逐渐增加,没卖空限制的均价价格 p_1^U 逐渐接近于期初价格 p_0。

在情绪投资者卖空限制约束条件下,均衡价格为 $p_1^C = p_0 + f(S) + \dfrac{2\gamma_R / \sigma^2 \cdot f(S)}{\gamma_S / (\sigma_\theta^2 + \sigma^2)} - 2f(S)\sqrt{\lambda}$。对该均衡价格关于风险容忍系数 γ_S 求偏导,有:

$$\frac{\partial p_1^C}{\partial \gamma_S} = -\gamma_S^{-2} \frac{2\gamma_R / \sigma^2 \cdot f(S)}{1 / (\sigma_\theta^2 + \sigma^2)}$$

$$+ f(S)\lambda^{-\frac{1}{2}}\left[2\gamma_S^{-3}\left(\frac{\gamma_R/\sigma^2}{1/(\sigma_\theta^2+\sigma^2)}\right)^2 + \gamma_S^{-2}\frac{\gamma_R/\sigma^2}{1/(\sigma_\theta^2+\sigma^2)}\right.$$
$$\left.+ \gamma_S^{-2}\frac{M-\gamma_R/\sigma^2\cdot\theta}{f(S)/(\sigma_\theta^2+\sigma^2)}\right] \qquad (8-23)$$

观测该导数是非负的,当且仅当:

$$\lambda^{-\frac{1}{2}}\left[2\gamma_S^{-1}\left(\frac{\gamma_R/\sigma^2}{1/(\sigma_\theta^2+\sigma^2)}\right)^2 + \frac{\gamma_R/\sigma^2}{1/(\sigma_\theta^2+\sigma^2)} + \frac{M-\gamma_R/\sigma^2\cdot\theta}{f(S)/(\sigma_\theta^2+\sigma^2)}\right] \geqslant 2\frac{\gamma_R/\sigma^2}{1/(\sigma_\theta^2+\sigma^2)}$$

$$即 \lambda^{-\frac{1}{2}}\left[2\gamma_S^{-1}\frac{\gamma_R/\sigma^2}{1/(\sigma_\theta^2+\sigma^2)} + 1 + \frac{M-\gamma_R/\sigma^2\cdot\theta}{f(S)\gamma_R/\sigma^2}\right] \geqslant 2$$

$$即 2\gamma_S^{-1}\frac{\gamma_R/\sigma^2}{1/(\sigma_\theta^2+\sigma^2)} + 1 + \frac{M-\gamma_R/\sigma^2\cdot\theta}{f(S)\gamma_R/\sigma^2} \geqslant 2\sqrt{\lambda}$$

进一步变换,容易证明该条件等价于:

$$\frac{\gamma_R/\sigma^2}{\gamma_S/(\sigma_\theta^2+\sigma^2)} + \frac{1}{2} + \frac{M-\gamma_R/\sigma^2\cdot\theta}{2f(S)\gamma_R/\sigma^2} \geqslant \sqrt{\lambda}$$

$$\left[\frac{\gamma_R/\sigma^2}{\gamma_S/(\sigma_\theta^2+\sigma^2)}\right]^2 + \frac{\gamma_R/\sigma^2}{\gamma_S/(\sigma_\theta^2+\sigma^2)} + \frac{M/f(S)}{\gamma_S/(\sigma_\theta^2+\sigma^2)} - \frac{\gamma_R/\sigma^2\cdot\theta/f(S)}{\gamma_S/(\sigma_\theta^2+\sigma^2)}$$
$$\leqslant \left[\frac{\gamma_R/\sigma^2}{\gamma_S/(\sigma_\theta^2+\sigma^2)}\right]^2 + \frac{1}{4} + \frac{1}{4f^2(S)}\left(\frac{M-\gamma_R/\sigma^2\cdot\theta}{\gamma_R/\sigma^2}\right)^2 +$$
$$\frac{\gamma_R/\sigma^2}{\gamma_S/(\sigma_\theta^2+\sigma^2)} + \frac{M-\gamma_R/\sigma^2\cdot\theta}{2f(S)\gamma_R/\sigma^2} +$$
$$\frac{1}{f(S)}\frac{M-\gamma_R/\sigma^2\cdot\theta}{\gamma_S/(\sigma_\theta^2+\sigma^2)}$$

$$即 0 \leqslant \frac{1}{4} + \frac{1}{4f^2(S)}\left(\frac{M-\gamma_R/\sigma^2\cdot\theta}{\gamma_R/\sigma^2}\right)^2 + \frac{M-\gamma_R/\sigma^2\cdot\theta}{2f(S)\gamma_R/\sigma^2}$$

$$即 f^2(S) + 2f(S)\frac{M-\gamma_R/\sigma^2\cdot\theta}{\gamma_R/\sigma^2} + \left(\frac{M-\gamma_R/\sigma^2\cdot\theta}{\gamma_R/\sigma^2}\right)^2 \geqslant 0$$

$$即 \left(f(S) + \frac{M-\gamma_R/\sigma^2\cdot\theta}{\gamma_R/\sigma^2}\right)^2 \geqslant 0 \qquad (8-24)$$

因此,无论在什么条件下,均衡价格 p_1^C 关于风险容忍系数 γ_S 的斜率均为正值。随着情绪投资者风险承受能力 $\gamma_S/\sigma_\theta^2+\sigma^2$ 的增加,情绪投资者增加对股票的需求,推动股票价格上涨,使得股票价格逐渐接近于理性预期价值 $p_0+\theta$。当情绪投资者风险承受能力超过一定限度,发生拥挤行为时,使得股票价格远离理性预期价值。在这种情况下有 $p_1^C > p_0+\theta$,

可推出：

$$\gamma_S > \frac{4Mf(S)}{[f^2(S) + \theta^2 - 2f(S)\theta]/(\sigma_\theta^2 + \sigma^2)} \qquad (8-25)$$

为了直观地分析情绪投资者的拥挤交易行为对均衡价格的影响,在情绪意见分歧 S 的三种不同程度下,我们给出了情绪均衡价格关于风险容忍系数 γ_S 的数值模拟。模型参数的设定如下: $S_1 = 4$, $S_2 = 5$, $S_3 = 6$,其余参数的设定与图 8-1 的相同,则相应的风险容忍系数的临界值分别为 $\gamma_{S_1}^L = 30$, $\gamma_{S_2}^L = 19.83$, $\gamma_{S_3}^L = 14.69$。 具体的数值模拟如图 8-3 所示。

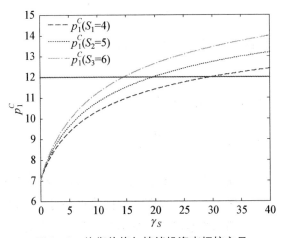

图 8-3　均衡价格与情绪投资者拥挤交易

由上图可以看出,无论在何种情绪意见分歧下,当情绪投资者的风险容忍能力接近于 0 时均衡价格 p_1^C 趋向于 7,即市场上仅存在理性投资者时的均衡价格。当风险容忍系数 γ_S 取某一固定数值时,随着情绪意见分歧的增大均衡价格 p_1^C 增加。因此,随着情绪投资者风险容忍能力的逐渐增加,高情绪意见分歧的均衡价格最先超过股票的理性预期价值,发生情绪投资者的拥挤交易行为。

8.3.2　理性投资者的拥挤交易行为

相对于个体的情绪投资者,股票市场交易日益被成熟老练的专业人员所主导。过去几十年快速增长的对冲基金被认为是趋向专业资产管理的重要组成部分。这种趋势最终导致了市场更有效率,还是理性投资者大范围地不再采取锚定策略,同时进入市场进行相同的交易导致拥挤交易?

从图 8-2 我们知道,当情绪投资者总体数量被标准化为 1 时,一般表现为情绪投资者总体上相对于信息反应不足。为了不失一般性和便于分析,在此我们将股票的供给退化为 0,不再区分乐观情绪投资者和悲观情绪投资者,而是直接分析代表性的情绪投资者。他们用一个有偏差的方式处理基础信息,对最终红利 V_S 形成了一个有偏的预期 $E(V_S)=p_0+\theta(1-\delta)+f(S)$,其中 δ 介于 0 和 1 之间,测量低估的程度;δ 的较大值伴随着情绪投资者的更大信息反应不足。因此,在日期 1 情绪投资者对股票的总需求为 $X_S=\dfrac{\gamma_S(E(V_S)-p_1)}{\sigma^2}$。 如果情绪投资者仅是市场的参与者,那么日期 1 的均衡价格为:

$$p_1=p_0+\theta(1-\delta)+f(S) \qquad (8-26)$$

那么,从日期 0 到日期 1 的股票收益 R_1 为:

$$R_1=\theta(1-\delta)+f(S) \qquad (8-27)$$

从日期 1 到日期 2 的预期收益 R_2 为:

$$E(R_2)=\frac{\delta R_1}{(1-\delta)}-\frac{1}{1-\delta}f(S) \qquad (8-28)$$

因此,在收益方面存在一漂移模式,1 时期的较高收益将预测 2 时期的更高收益。然而,代表性情绪投资者的情绪水平对 1 时期的收益具有正向效应,对 2 时期的预期收益具有负向效应,负向效应的大小取决于信息反应不足的偏差大小。

接下来,引入第二部分设定的理性投资者。他们直接观测到 1 时期释放的基础信息 θ,形成对最终红利 V 的无偏估计。在日期 1 理性投资者对股票的总需求为 $X_R=\dfrac{\gamma_R(p_0+\theta-p_1)}{\sigma^2}$,他们的交易策略最终形成对理性预期价值的锚定。由市场出清条件 $X_S+X_R=0$,可得 1 时期的市场均衡价格为:

$$p_1=p_0+\left(1-\frac{\gamma_S\delta}{\gamma_S+\gamma_R}\right)\theta+\frac{\gamma_S}{\gamma_S+\gamma_R}f(S) \qquad (8-29)$$

由上式可以看出,当情绪投资者的风险容忍能力 γ_S 为一常量时,随着理性投资者风险容忍能力 γ_R 的增加,推动股票价格靠近理性预期价值。

在此,我们重点考虑当理性投资者的交易策略不再锚定股票的基础价值时将发生什么。理性投资者利用技术交易策略获利,根据最近的回报

R_1 作出对未来预期收益的推测。因此,理性投资者对股票的需求为:

$$X_R = \gamma_R \varphi \frac{R_1}{\sigma^2} = \gamma_R \varphi \frac{p_1 - p_0}{\sigma^2} \qquad (8-30)$$

这里,参数 φ 由理性投资者的最优化所内生决定。此时,情绪投资者和理性投资者对股票的总需求为:

$$X_S + X_R = \frac{\gamma_S(p_0 + \theta(1-\delta) + f(S) - p_1)}{\sigma^2} + \gamma_R \varphi \frac{p_1 - p_0}{\sigma^2} \qquad (8-31)$$

强制市场出清得日期 1 的均衡价格为:

$$p_1 = p_0 + \frac{\gamma_S(1-\delta)}{\gamma_S - \gamma_R \varphi}\theta + \frac{\gamma_S}{\gamma_S - \gamma_R \varphi}f(S) \qquad (8-32)$$

如果参数 γ_S、γ_R 和 δ 对于理性投资者来说是已知的,他们能够根据价格 p_1 有效地推断基础信息 θ。因此,很容易证明均衡时有 $\varphi = \frac{\gamma_S \delta}{\gamma_R + \gamma_S(1-\delta)} > 0$。 理性投资者采用了盈余漂移(Post-earnings Announcement Drift)类的交易策略,他们购买正向公告收益的股票,也就是说,他们的个体需求是当期价格的增函数。

进一步,我们引入理性投资者总体套利能力的不确定性,以此来论证理性投资者的拥挤交易行为对均衡价格的影响将是至关重要的。假定理性投资者总的风险容忍能力可以表达为 $\gamma_R = N\Theta$,其中,N 为在给定时间点预期的风险容忍能力,Θ 是期望为 1 的随机变量,它独立于随机变量 θ、S 和 ε,分布在区间 $[\Theta_L, \Theta_H]$,并且 $\Theta_L \geqslant 0$。 当理性投资者的预期规模 N 上升,其总体风险容忍的不确定性将出现在任何给定的交易中。一方面,日期 1 较大的正收益表明较大的基础信息 θ,将使得理性投资者在日期 1 增加仓位。另一方面,结合理性投资者风险容忍 γ_R 一个非预期的高水平,日期 1 理性投资者较大的聚合需求可能反映了一个较小的基础信息实现值。在这种情况下,由于理性投资者的套利购买,日期 1 的价格很有可能实际上超过了股票的基础价值。如果是这样的话,任何个体理性投资者最好采取空头仓位。定义 $\Phi = \lim_{N \to \infty} N\varphi$,$\Phi$ 可以看作是理性投资者套利能力的预期交易强度的测度,因此,日期 1 的价格可以重写为:

$$p_1 = p_0 + \frac{\gamma_S(1-\delta)}{\gamma_S - \Phi\Theta}\theta + \frac{\gamma_S}{\gamma_S - \Phi\Theta}f(S) \qquad (8-33)$$

那么日期 2 的收益为：

$$R_2 = V - p_1$$

$$= \frac{\gamma_S \delta - \Phi\Theta}{\gamma_S - \Phi\Theta} \theta - \frac{\gamma_S}{\gamma_S - \Phi\Theta} f(S) + \varepsilon \qquad (8-34)$$

在均衡时理性投资者的预期交易强度满足预期收益最大化：

$$\Phi^* = \arg\max E(X_R(V - P_1)) = \arg\max E\left(\gamma_R \varphi \frac{R_1}{\sigma^2} R_2\right) \quad (8-35)$$

0 利润条件意味着预期的收益等于 0，即：

$$E(R_1 R_2) = \sigma_\theta^2 E\left[\frac{\gamma_S(1-\delta)}{\gamma_S - \Phi\Theta} \cdot \frac{\gamma_S \delta - \Phi\Theta}{\gamma_S - \Phi\Theta}\right] = 0 \qquad (8-36)$$

根据随机变量 Θ 的性质，不妨假定 Θ 服从有偏的二项分布，$\Theta = 1/g$ 的概率为 g，$\Theta = 0$ 的概率为 $1 - g$。由期望的涵义可得：

$$E\left[\frac{\gamma_S(1-\delta)}{\gamma_S - \Phi\Theta} \cdot \frac{\gamma_S \delta - \Phi\Theta}{\gamma_S - \Phi\Theta}\right]$$

$$= \frac{\gamma_S(1-\delta)(\gamma_S \delta - \Phi/g)}{(\gamma_S - \Phi/g)^2} \cdot g + (1-\delta)\delta(1-g)$$

$$= (1-\delta)\left[\frac{\gamma_S(\gamma_S \delta - \Phi/g)}{(\gamma_S - \Phi/g)^2} \cdot g + \delta(1-g)\right]$$

$$= (1-\delta)\left[\frac{\gamma_S(\gamma_S \delta g^3 - \Phi g^2)}{(\gamma_S g - \Phi)^2} + \delta(1-g)\right]$$

进一步变换可得如下的二次方程：

$$\delta(1-g)\Phi^2 - [g^2 + 2\delta g(1-g)]\gamma_S \Phi + \gamma_S^2 g^2 \delta = 0 \quad (8-37)$$

因此，均衡时理性投资者的预期交易强度为：

$$\Phi^* = \frac{g + 2\delta(1-g) - \sqrt{[g + 2\delta(1-g)]^2 - 4\delta^2(1-g)}}{2\delta(1-g)} g\gamma_S$$

$$(8-38)$$

这里，为了确保 $p_1/p_2 > 0$，即 $\Phi^* < g$，取二次方程的较小根。

为了定量地阐释理性投资者的拥挤交易行为对均衡价格的影响，我们集中分析信息的敏感性系数。根据方程(8-33)，信息敏感性系数的期望为：

$$E\left(\frac{\partial p_1}{\partial\theta}\right)=E\left(\frac{\gamma_s(1-\delta)}{\gamma_s-\varPhi\Theta}\right)=(1-\delta)\left[\frac{\gamma_s g^2}{\gamma_s g-\varPhi}+(1-g)\right]$$

$$(8-39)$$

设定情绪投资者的信息偏差参数 $\delta=0.3$,风险容忍能力参数 $\gamma_s=2$。对于参数 g 的不同取值,表 8-1 给出了关于统计量 $\varPhi^*$、$E(\partial p_1/\partial\theta)$、$\min(\partial p_1/\partial\theta)$、$\max(\partial p_1/\partial\theta)$ 的数值示例。

表 8-1　理性投资者不同拥挤下各统计量的取值

统计量	$g=0.1$	$g=0.2$	$g=0.3$	$g=0.4$	$g=0.5$
$\varPhi^*$	0.1287	0.2187	0.2912	0.3526	0.4059
$E(\partial p_1/\partial\theta)$	0.8263	0.8688	0.8981	0.9207	0.9391
$\min(\partial p_1/\partial\theta)$	0.7000	0.7000	0.7000	0.7000	0.7000
$\max(\partial p_1/\partial\theta)$	1.9629	1.5440	1.3602	1.2517	1.1782

由表 8-1 可以看出,平均而言价格 p_1 包含的信息相对于基础信息 θ 反应不足。随机变量 Θ 分散程度的增加扩大了平均反应不足效应。当随机变量 Θ 有较高的实现值时,有 $\max(\partial p_1/\partial\theta)>1$,相对于基础信息 θ 价格 p_1 过度反应,发生了理性投资者的拥挤交易行为。过度反应时的高 Θ 状态下,理性投资者比预期出现得多,基于线性收益交易策略购买了较大数量的股票。因此,当有无限套利时从价格等于基本面的角度看市场实际上缺乏效率。当随机变量 Θ 的方差增大时这种情况更有可能发生,理性套利者被诱导进行更有攻击性的交易。

均衡时,理性投资者表现得像趋势追随者,当收益为正向值时增加仓位。0 利润条件意味着,当价格 p_1 反应不足时他们在低 Θ 状态时的交易所得被价格过度反应时高 Θ 状态下的损失所抵消。当拥挤的程度具有不确定时,可预测性的消失不再意味着价格趋向于基础价值。随着 N 的增大,有更大的总体不确定性,增加的套利趋势就像内生的噪音交易。甚至更突出的是,平均而言价格可能比完全没有套利时更远离基本面。

8.4　本章小结

即使乐观情绪偏差和悲观情绪偏差在总体水平上有可能被相互抵消,

然而在存在卖空限制约束的市场中,资产价格只是反映了乐观情绪投资者和一小部分悲观情绪投资者对风险资产的需求变化。未来收益的不确定性和风险会导致意见分歧,情绪异质偏差越大,市场出清价格越高。在存在卖空限制的市场中,情绪宽度对均衡价格和预期收益施加了显著的影响。相对于个体投资者,股票市场的交易日益被成熟老练的专业投资者所主导。理性投资者大范围地不再采取锚定策略,同时进入市场进行相同的交易导致拥挤交易。因此,在传统噪音理性预期模型的基础上,我们研究了引起外部性的两个复杂因素:一是非理性投资者的情绪宽度,二是投资者的拥挤交易,构建了基于情绪宽度、拥挤交易行为的资产定价模型,得出了以下有意义的结论:

(1)当情绪异质偏差小于某一临界值时,卖空限制约束条件不再发挥作用,此时的市场均衡简化为无约束的价格。当情绪异质偏差大于该临界值时,有约束的市场均衡价格是情绪异质偏差的一个单调递增函数,但是该均衡价格远远小于资产的理性预期价值,甚至小于资产的初始价格。

(2)在情绪异质偏差处于正常范围内时,股票价格低于理性预期价值,随着理性投资者风险承受能力的增加,其增加仓位,推动股票价格靠近理性预期价值。当情绪异质偏差处于极端高水平时,均衡价格关于理性投资者风险容忍系数的斜率为负值,股票价格超过理性预期价值,出现了理性投资者的套利空间,其建立空头头寸,使得股票价格向理性预期价值回归。

(3)在限制区域内,情绪投资者的异质偏差越大,情绪宽度和理性预期收益均越小。无论任何其他因素导致资产价格的横截面变化均引起了情绪宽度和理性预期收益之间的无条件正相关。

(4)随着情绪投资者风险容忍能力的逐渐增加,高情绪意见分歧的均衡价格最先超过股票的理性预期价值,发生情绪投资者的拥挤交易行为。当理性投资者的需求退化为线性收益交易策略时,理性投资者表现得像趋势追逐者,增加的套利趋势就像内生的噪音交易。当理性投资者数量这一随机变量有较高的实现值时,发生了理性投资者的拥挤交易,有可能使得资产价格比完全没有套利时更远离基本面。

总之,基于情绪宽度的资产定价模型表明,情绪宽度是理性预期收益的一个稳健的预测指标,在控制了其他预测元后,情绪宽度的预测能力应该减低。模型中加入投资者的拥挤行为后发现,情绪投资者风险承受能力超过一定限度,使得股票价格远离理性预期价值;理性投资者拥挤交易的负外部性甚至导致了市场更无效率。

8.5　本章附录

附录1：卖空限制下的市场均衡价格

在卖空限制约束条件下，情绪投资者和理性投资者对股票的总需求为：

$$X^C = X_S^C + X_R$$

$$= \frac{\gamma_S}{4f(S)(\sigma_\theta^2 + \sigma^2)}(p_0 + f(S) - p_1)^2 + \frac{\gamma_R(p_0 + \theta - p_1)}{\sigma^2}$$

$$(8\text{-}40)$$

由市场出清条件 $X^C = M$，可得：

$$\frac{\gamma_S}{4f(S)(\sigma_\theta^2 + \sigma^2)}(p_0 + f(S) - p_1)^2 + \frac{\gamma_R(p_0 + \theta - p_1)}{\sigma^2} = M$$

$$\sigma^2 \gamma_S (p_0 + f(S) - p_1)^2 + 4f(S)(\sigma_\theta^2 + \sigma^2)\gamma_R(p_0 + \theta - p_1) -$$
$$4f(S)(\sigma_\theta^2 + \sigma^2)\sigma^2 M = 0$$

$$\sigma^2 \gamma_S (p_0 + f(S) - p_1)^2 + 4f(S)(\sigma_\theta^2 + \sigma^2)\gamma_R(p_0 + f(S) - p_1)$$
$$+ 4f(S)(\sigma_\theta^2 + \sigma^2)[\gamma_R\theta - \gamma_R f(S) - \sigma^2 M] = 0 \quad (8\text{-}41)$$

应用二次公式得到如下的两个根：

$$p_0 + f(S) - p_1$$

$$= \frac{-4f(S)(\sigma_\theta^2 + \sigma^2)\gamma_R \pm}{2\sigma^2 \gamma_S}$$

$$\frac{\sqrt{16f^2(S)(\sigma_\theta^2 + \sigma^2)^2\gamma_R^2 - 16f(S)\sigma^2\gamma_S(\sigma_\theta^2 + \sigma^2)[\gamma_R\theta - \gamma_R f(S) - \sigma^2 M]}}{2\sigma^2 \gamma_S}$$

$$= \frac{-2f(S)(\sigma_\theta^2 + \sigma^2)\gamma_R \pm 2f(S)}{\sigma^2 \gamma_S}$$

$$\frac{\sqrt{(\sigma_\theta^2 + \sigma^2)^2\gamma_R^2 + \sigma^2(\sigma_\theta^2 + \sigma^2)\gamma_S\gamma_R + \sigma^2(\sigma_\theta^2 + \sigma^2)\gamma_S \frac{\sigma^2 M - \gamma_R\theta}{f(S)}}}{\sigma^2 \gamma_S}$$

即 $p_1 = p_0 + f(S) + \dfrac{2f(S)}{\sigma^2 \gamma_S}$

$$\left[(\sigma_\theta^2+\sigma^2)\gamma_R \pm \sqrt{(\sigma_\theta^2+\sigma^2)^2\gamma_R^2+\sigma^2(\sigma_\theta^2+\sigma^2)\gamma_S\gamma_R+\sigma^2(\sigma_\theta^2+\sigma^2)\gamma_S\frac{\sigma^2 M-\gamma_R\theta}{f(S)}}\right]$$

$$(8-42)$$

附录 2:当 $p_1^U = p_1^C$ 时,情绪认知的异质程度 $f(S)$ 的取值

证明 $p_1^U\big|_{f(S)=L}=p_1^C$,也就是求解如下的方程:

$$p_0+\frac{\gamma_R/\sigma^2\cdot\theta}{\gamma_S/(\sigma_\theta^2+\sigma^2)+\gamma_R/\sigma^2}-\frac{M}{\gamma_S/(\sigma_\theta^2+\sigma^2)+\gamma_R/\sigma^2}=$$

$$p_0+f(S)+\frac{2\gamma_R/\sigma^2\cdot f(S)}{\gamma_S/(\sigma_\theta^2+\sigma^2)}-2f(S)\sqrt{\lambda}$$

即 $\dfrac{\gamma_R/\sigma^2\cdot\theta}{\gamma_S/(\sigma_\theta^2+\sigma^2)+\gamma_R/\sigma^2}-\dfrac{M}{\gamma_S/(\sigma_\theta^2+\sigma^2)+\gamma_R/\sigma^2}-$

$$f(S)\left[1+\frac{2\gamma_R/\sigma^2}{\gamma_S/(\sigma_\theta^2+\sigma^2)}\right]=-2f(S)\sqrt{\lambda}$$

即 $\left[\dfrac{\gamma_R/\sigma^2\cdot\theta}{\gamma_S/(\sigma_\theta^2+\sigma^2)+\gamma_R/\sigma^2}-\dfrac{M}{\gamma_S/(\sigma_\theta^2+\sigma^2)+\gamma_R/\sigma^2}\right]^2+$

$$f^2(S)\left[1+\frac{2\gamma_R/\sigma^2}{\gamma_S/(\sigma_\theta^2+\sigma^2)}\right]^2$$

$$-2\left[\frac{\gamma_R/\sigma^2\cdot\theta}{\gamma_S/(\sigma_\theta^2+\sigma^2)+\gamma_R/\sigma^2}-\frac{M}{\gamma_S/(\sigma_\theta^2+\sigma^2)+\gamma_R/\sigma^2}\right]\cdot$$

$$f(S)\left[1+\frac{2\gamma_R/\sigma^2}{\gamma_S/(\sigma_\theta^2+\sigma^2)}\right]$$

$$=4f^2(S)\left[\frac{\gamma_R/\sigma^2}{\gamma_S/(\sigma_\theta^2+\sigma^2)}\right]^2+4f^2(S)\frac{\gamma_R/\sigma^2}{\gamma_S/(\sigma_\theta^2+\sigma^2)}+$$

$$\frac{4Mf(S)}{\gamma_S/(\sigma_\theta^2+\sigma^2)}-\frac{4\gamma_R/\sigma^2\cdot\theta f(S)}{\gamma_S/(\sigma_\theta^2+\sigma^2)}$$

即 $\left[\dfrac{\gamma_R/\sigma^2\cdot\theta}{\gamma_S/(\sigma_\theta^2+\sigma^2)+\gamma_R/\sigma^2}-\dfrac{M}{\gamma_S/(\sigma_\theta^2+\sigma^2)+\gamma_R/\sigma^2}\right]^2+f^2(S)$

$$-2\left[\frac{\gamma_R/\sigma^2\cdot\theta}{\gamma_S/(\sigma_\theta^2+\sigma^2)+\gamma_R/\sigma^2}-\frac{M}{\gamma_S/(\sigma_\theta^2+\sigma^2)+\gamma_R/\sigma^2}\right]$$

$$\cdot f(S)\left[1+\frac{2\gamma_R/\sigma^2}{\gamma_S/(\sigma_\theta^2+\sigma^2)}\right]$$

$$= \frac{4Mf(S)}{\gamma_S/(\sigma_\theta^2 + \sigma^2)} - \frac{4\gamma_R/\sigma^2 \cdot \theta f(S)}{\gamma_S/(\sigma_\theta^2 + \sigma^2)}$$

即
$$\left[\frac{\gamma_R/\sigma^2 \cdot \theta}{\gamma_S/(\sigma_\theta^2 + \sigma^2) + \gamma_R/\sigma^2} - \frac{M}{\gamma_S/(\sigma_\theta^2 + \sigma^2) + \gamma_R/\sigma^2} \right]^2$$

$$+ f^2(S) - 2f(S) \cdot \left[\frac{\gamma_R/\sigma^2 \cdot \theta}{\gamma_S/(\sigma_\theta^2 + \sigma^2) + \gamma_R/\sigma^2} - \frac{M}{\gamma_S/(\sigma_\theta^2 + \sigma^2) + \gamma_R/\sigma^2} \right]$$

$$+ f(S)4M \left[\frac{1}{\gamma_S/(\sigma_\theta^2 + \sigma^2) + \gamma_R/\sigma^2} \cdot \frac{\gamma_R/\sigma^2}{\gamma_S/(\sigma_\theta^2 + \sigma^2)} - \frac{1}{\gamma_S/(\sigma_\theta^2 + \sigma^2)} \right]$$

$$- f(S)4\theta \left[\frac{\gamma_R/\sigma^2}{\gamma_S/(\sigma_\theta^2 + \sigma^2) + \gamma_R/\sigma^2} \cdot \frac{\gamma_R/\sigma^2}{\gamma_S/(\sigma_\theta^2 + \sigma^2)} - \frac{\gamma_R/\sigma^2}{\gamma_S/(\sigma_\theta^2 + \sigma^2)} \right] = 0$$

$$(8-43)$$

进一步变换可得：

即
$$\left[\frac{\gamma_R/\sigma^2 \cdot \theta}{\gamma_S/(\sigma_\theta^2 + \sigma^2) + \gamma_R/\sigma^2} - \frac{M}{\gamma_S/(\sigma_\theta^2 + \sigma^2) + \gamma_R/\sigma^2} \right]^2$$

$$+ f^2(S) - 2f(S) \cdot \left[\frac{\gamma_R/\sigma^2 \cdot \theta}{\gamma_S/(\sigma_\theta^2 + \sigma^2) + \gamma_R/\sigma^2} - \frac{M}{\gamma_S/(\sigma_\theta^2 + \sigma^2) + \gamma_R/\sigma^2} \right]$$

$$- f(S)4M \frac{1}{\gamma_S/(\sigma_\theta^2 + \sigma^2) + \gamma_R/\sigma^2} + f(S)4\theta \frac{\gamma_R/\sigma^2}{\gamma_S/(\sigma_\theta^2 + \sigma^2) + \gamma_R/\sigma^2} = 0$$

$$(8-44)$$

最终可得关于 $f(S)$ 的如下二次方程：

$$\left[\frac{\gamma_R/\sigma^2 \cdot \theta}{\gamma_S/(\sigma_\theta^2 + \sigma^2) + \gamma_R/\sigma^2} - \frac{M}{\gamma_S/(\sigma_\theta^2 + \sigma^2) + \gamma_R/\sigma^2} \right]^2$$

$$+ f^2(S) + 2f(S) \left[\frac{\gamma_R/\sigma^2 \cdot \theta}{\gamma_S/(\sigma_\theta^2 + \sigma^2) + \gamma_R/\sigma^2} - \frac{M}{\gamma_S/(\sigma_\theta^2 + \sigma^2) + \gamma_R/\sigma^2} \right] = 0$$

$$(8-45)$$

所以关于 $f(S)$ 的解为：

$$f(S) = \frac{M}{\gamma_S/(\sigma_\theta^2 + \sigma^2) + \gamma_R/\sigma^2} - \frac{\gamma_R/\sigma^2 \cdot \theta}{\gamma_S/(\sigma_\theta^2 + \sigma^2) + \gamma_R/\sigma^2} \quad (8-46)$$

附录3：当 $p_1^C \geqslant p_0 + \theta$ 时，情绪认知的异质程度 $f(S)$ 的取值范围

求解 $p_1^C \geqslant p_0 + \theta$，也就是求解下面的不等式：

$$p_0 + f(S) + \frac{2\gamma_R/\sigma^2 \cdot f(S)}{\gamma_S/(\sigma_\theta^2 + \sigma^2)} - 2f(S)\sqrt{\lambda} \geqslant p_0 + \theta$$

$$即 \quad f(S) + \frac{2\gamma_R/\sigma^2 \cdot f(S)}{\gamma_S/(\sigma_\theta^2 + \sigma^2)} - \theta$$

$$\geqslant 2f(S)\sqrt{\left[\frac{\gamma_R/\sigma^2}{\gamma_S/(\sigma_\theta^2 + \sigma^2)}\right]^2 + \frac{\gamma_R/\sigma^2}{\gamma_S/(\sigma_\theta^2 + \sigma^2)} + \frac{M/f(S)}{\gamma_S/(\sigma_\theta^2 + \sigma^2)} - \frac{\gamma_R/\sigma^2 \cdot \theta/f(S)}{\gamma_S/(\sigma_\theta^2 + \sigma^2)}}$$

$$即 \quad f^2(S) + 4f^2(S)\left[\frac{\gamma_R/\sigma^2}{\gamma_S/(\sigma_\theta^2 + \sigma^2)}\right]^2 + \theta^2 + 4f^2(S)\frac{2\gamma_R/\sigma^2}{\gamma_S/(\sigma_\theta^2 + \sigma^2)}$$

$$- 2f(S)\theta - 4f(S)\theta\frac{2\gamma_R/\sigma^2}{\gamma_S/(\sigma_\theta^2 + \sigma^2)}$$

$$\geqslant 4f^2(S)\left[\frac{\gamma_R/\sigma^2}{\gamma_S/(\sigma_\theta^2 + \sigma^2)}\right]^2 + 4f^2(S)\frac{\gamma_R/\sigma^2}{\gamma_S/(\sigma_\theta^2 + \sigma^2)}$$

$$+ \frac{4Mf(S)}{\gamma_S/(\sigma_\theta^2 + \sigma^2)} - \frac{4\gamma_R/\sigma^2 \cdot \theta f(S)}{\gamma_S/(\sigma_\theta^2 + \sigma^2)}$$

$$即 \quad f^2(S) + \theta^2 - 2f(S)\theta \geqslant \frac{4Mf(S)}{\gamma_S/(\sigma_\theta^2 + \sigma^2)}$$

$$即 \quad f^2(S) - 2\left(\theta + \frac{2M}{\gamma_S/(\sigma_\theta^2 + \sigma^2)}\right)f(S) + \theta^2 \geqslant 0 \qquad (8-47)$$

进一步求解上面的二次不等式,可得:

$$f(S) \geqslant \theta + \frac{2M}{\gamma_S/(\sigma_\theta^2 + \sigma^2)} + \sqrt{\left(\theta + \frac{2M}{\gamma_S/(\sigma_\theta^2 + \sigma^2)}\right)^2 - \theta^2}$$

$$(8-48)$$

第九章　高阶期望、锚定与调整行为和情绪资产定价模型

9.1　引言

凯恩斯(Keynes，1936)在其经典著作《就业、利息与货币通论》中将选美竞赛的概念引入金融市场的研究中。选美竞赛理论强调投资者在做投资决策时不仅考虑自身对资产未来收益的预期，而且更多地考虑其他投资者的心理预期和高阶信念。投资者的高阶信念导致了一种特殊形式的信息无效，使得投资者在对资产未来价格进行预期时施加了不成比例的公共信号权重(Allen et al.，2006)。此外，心理学家证实，当人们进行数量化估计时其判断受该项目先前的价值所影响。卡特勒等(Cutler et al.，1989)发现股票价格的稍许调整通常发生在重要消息正在释放的过程中，随后股票市场的巨幅变动出现在重大消息释放完之后的阶段，这说明在股票价格调整过程中投资者存在锚定行为。为此，我们试图将投资者的高阶信念和锚定与调整行为融入行为资产定价过程之中。

近年来，一些学者尝试运用选美竞赛理论来描述投资者的心理决策过程。艾伦等(Allen et al.，2006)在投资者拥有不同私人信息条件下证明了资产价格之间存在迭代关系，今天的资产价格等于明天价格的平均预期，而明天的价格等于后天价格的平均预期，即资产价格存在未来高阶期望①。高阶期望将选美竞赛规则模型化为迭代的平均预期，有助于理解在一个完全理性定价模型中的高阶信念作用。巴切塔和范温库普(Bacchetta and Van Wincoop，2006，2008)认为高阶信念能够带来资产价格与基于未

---

① Allen，F.，Morris，S.，Shin，H. Beauty contests and iterated expectations in asset markets [J]. Reviews of Financial Studies，2006，19：719 - 752.

来预期回报的基础价值之间的楔形(wedge)。高阶楔形减少了资产价格的波动,并且使得价格离开未来回报的现值①。班纳吉等(Banerjee et al.,2009)指出股票价格的漂移成分能够用高阶信念进行很好的诠释,尤其是在投资者具有异质信念的条件下。康多(Kondor,2012)认为先入场的投资者预估后入场的投资者对未来回报的平均预期,从而推测他们掌握的公共信息,这样就形成了高阶期望。塞斯帕和维维斯(Cespa and Vives,2015)指出投资者的短视行为不仅催生了无效率的信息价格,而且导致了高阶信念的形成。国内方面,对投资者的高阶信念展开研究的有蔡创群(2014),游家兴、周瑜婷和肖珉(2017)等。总之,投资者的高阶期望显著影响了他们对资产收益的未来预期,进而影响了资产的当前价格。

现有的文献鲜少将选美竞赛理论应用于行为资产定价模型之中,预测平均看法预期的平均看法将是什么,本身就是在描述投资者很重要的一个行为特征。一方面,凯恩斯(1936)根据报纸选美比赛很好地比拟了专业投资者的行为规则,刻画了大众投资者的心理特征,但他并没有将选美竞赛理论进行模型化处理。另一方面,众多学者高度认同股票市场的选美竞赛规则,少数学者从完全理性定价的角度考虑了投资者的高阶信念(Bacchetta and Van Wincoop,2008),却鲜有学者从非理性投资者的视角涉及资产定价中的高阶期望。因此,结合行为金融最新进展——基于投资者情绪的研究,必定能够更准确地体现选美竞赛理论在资产价格中的作用。投资者在进行选择与决策时,不可避免地受到自身情绪的干扰,情绪高涨的投资者会低估私人信息的方差。因此,在动态经济环境的假定下,我们尝试引入投资者情绪来改进对私人信息的认知,构建包含投资者高阶信念这一重要特征的情绪资产定价模型。

在现实金融市场中,投资者的判断与选择有别于古典决策理论,受到自身非理性因素的困扰会犯这样或者那样的错误。现存的绝大多数资产定价模型在经济环境假设方面仍然脱离不了理性人假设以及完全套利假设,认为投资者具有无限复杂的计算能力,能够在各种约束条件下最优化自己的投资决策。这就需要在经济环境假设方面过渡到有限套利和有限理性的基础设定。西蒙(Simon,1955)认为在现实世界中很少存在完全理性的投资者,现实的投资过程既有别于完全理性的决策,也不同于完全非理性的选择,而是一种介于二者之间的有限理性抉择。

---

① Bacchetta, P., Van Wincoop, E. Higher order expectations in asset pricing [J]. Journal of Money, Credit and Banking, 2008, 40(5): 837 – 866.

　　由于投资代理人不可能掌握全部的相关信息,并且他们处理分析信息的能力会受到一定限制,在投资决策过程中他们倾向于选择简单规则的满意解,而不是各种约束条件下的最优解。萨金特(Sargent,1993)认为投资者在分析某一具体问题时往往是使用了有限数目的影响因素,存在有限理性问题。卡尼曼(Kahneman,2003)指出人们在进行投资决策时使用两个系统,其中系统1是直观的、无意识的,而系统2是善于分析的、有意识的。投资者在做选择时启用自身的决策系统(系统1和系统2的混合),由于没有时间进行深入的思考,他们的决策系统依赖于事先的一个预设值。因此,投资者的决策锚定于一个默认值,然后根据获得的信息进行部分的调整。加贝克斯(Gabaix,2014,2012)假设投资者处于一个忽略绝大多数参数的简化世界中,并且变量在最初的范围内恒定,在基础上建立了一系列有限理性资产定价模型[①]。仅关注有限参数的简化处理就涉及了稀疏性(Sparsity)。依据稀疏性,投资者将他们的决策置于一个不完美的优化过程中。为此,假定某类投资者进行判断与决策时存在锚定与调整行为。

　　鉴于投资者实际的认知心理和行为特征,我们尝试构建一个更贴近现实金融市场的动态行为资产定价模型。一方面,投资者的决策行为很容易受到周围人一般看法的影响,甚至涉及他人的高阶信念。这需要对投资者的认知心理作出合理的假设,根据众多学者高度认同的选美竞赛理论,投资者对资产清算价值做预期时经常形成平均预期和高阶期望。另一方面,需要改进现有理性资产定价理论的固有假设,将有限理性决策,即锚定与调整行为融入行为资产定价过程。结合投资者进行选择与决策时的高阶期望和锚定与调整行为建立相应的情绪资产定价模型,有助于我们更好地诠释资产价格形成和资产价格动态变化的微观经济机理。

9.2　基于高阶期望的情绪资产定价模型

9.2.1　经济环境的假定

　　在一个经济环境中,所有的个体投资者都是风险厌恶的,并且是短期

---

　　① Gabaix, X. A sparsity-based model of bounded rationality [J]. Quarterly Journal of Economics,2014,129(4):1661-1710.

生存的。今天风险资产的市场均衡价格取决于对明天市场均衡价格的平均预期。基于这种迭代关系，日期 1 的价格等于对日期 3 价格的日期 2 平均预期的日期 1 平均预期。但是，日期 1 的价格并不等于在日期 1 对日期 3 价格的平均预期。

时间是离散的，时间集合为 $\{1, 2, \cdots, T, T+1\}$。有两种可交易的资产：一种是有风险的资产，在日期 $T+1$ 被清算，交易发生在日期 1 到日期 T；另一种是无风险的资产，收益率为零，可任意兑换为货币。风险资产的清算价值 θ 为一个服从正态分布的随机变量，在日期 1 交易前被确定下来，即为在日期 1 交易前释放的一个基础信息，$\theta \sim N\left(p_0, \frac{1}{\alpha}\right)$，因此公共信息 θ 的无条件期望为期初价格 p_0，精度为 α。一旦基础信息 θ 在日期 1 交易前被决定下来，它将是固定不变的，直到在日期 $T+1$ 被清算。投资者是世代交叠的，每个投资者仅生存两期。投资者的新一代出生在 t 时期，在日期 t 当他们年轻时购买风险资产；在日期 $t+1$ 当他们年老时卖掉风险资产，购买消费品消费。因此，在任意的交易日期 t，有一单位群体的年轻投资者和一单位群体的年老投资者。多期交易的时间轴上的事件集如图 9-1 所示。

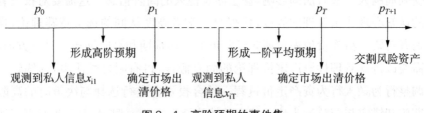

图 9-1 高阶预期的事件集

与莫里斯和申（Morris and Shin，2002）的定义相类似，对于清算价值这一随机变量 θ，$E_{it}(\theta)$ 表示在日期 t 个体投资者 i 对随机变量 θ 的一阶预期；$E_{it}^2(\theta)$ 表示在日期 t 个体投资者 i 对随机变量 θ 的日期 $t+1$ 平均预期的预期，即为二阶预期，类似地，$E_{it}^k(\theta)$ 表示在日期 t 个体投资者 i 对随机变量 θ 的 k 阶预期；$\bar{E}_t(\theta)$ 表示在日期 t 所有个体投资者对随机变量 θ 的一阶平均预期；$\bar{E}_t^k(\theta)$ 表示在日期 t 所有个体投资者对随机变量 θ 的 k 阶平均预期。

当年轻一代个体投资者出生时，他们不知道清算价值 θ 的真实值，但是了解它的分布特征。在日期 t 对于新出生的个体投资者 i 有两个信息

来源：一是风险资产过去和当前的价格；二是在 t 时期个体投资者 i 观测到一个私人信息 $x_{it} = \theta + \varepsilon_{it}$，$\varepsilon_{it}$ 为一个服从正态分布的噪音项，$\varepsilon_{it} \sim N\left(0, \dfrac{1}{\beta}\right)$，因此私人信息 x_{it} 的精度为 β。噪音项序列 $\{\varepsilon_{it}\}$ 对于个体投资者 i 和时间 t 是独立同分布的。上一代个体投资者的私人信息是不可观测的。因此，在日期 t 个体投资者 i 的信息集为 $\{p_0, p_1, \cdots, p_t, x_{it}\}$。

所有的个体投资者有相同的指数效用函数 $u(C) = -\exp\left(-\dfrac{C}{\tau}\right)$，当他们年老时消费 C，财富 C 服从正态分布。参数 τ 是绝对风险厌恶系数的倒数，作为个体投资者的风险容忍能力。在每一个交易时期，有一个外生的风险资产噪音净供给 s_t，$s_t \sim N\left(0, \dfrac{1}{\delta_t}\right)$。噪音净供给独立于时间 t、风险资产的基本面和个体投资者的私人信息噪音。噪音净供给能够预防价格完全暴露关于风险资产基本面的信息。在日期 t 个体投资者 i 年轻时提交关于风险资产的最佳需求 D_{it} 来最大化预期的效用，即：

$$MaxE\left[-\exp\left(-\frac{C_{it}}{\tau}\right) \mid \Omega_{it}\right] \Leftrightarrow Max\left[E_{it}((p_{t+1}D_{it} - p_t D_{it}) \mid \Omega_{it}) - \right.$$
$$\left. Var_{it}((p_{t+1}D_{it} - p_t D_{it}) \mid \Omega_{it})\right] \qquad (9-1)$$

这里，Ω_{it} 为个体投资者 i 在日期 t 进行交易时所拥有的信息集。由于常量绝对风险厌恶和正态分布的报酬，一阶条件给出个体投资者 i 对风险资产的需求为：

$$D_{it} = \frac{\tau(E_{it}(p_{t+1} \mid \Omega_{it}) - p_t)}{Var_{it}(p_{t+1} \mid \Omega_{it})} \qquad (9-2)$$

其中，$E_{it}(p_{t+1} \mid \Omega_{it})$ 为在日期 t 个体投资者 i 的信息集条件下对下一期价格 p_{t+1} 的期望，$Var_{it}(p_{t+1} \mid \Omega_{it})$ 为在日期 t 个体投资者 i 关于下一期价格 p_{t+1} 的条件方差。

9.2.2　基准情况：一阶预期的均衡

在我们开始研究高阶预期的均衡性质之前，先分析一阶预期的均衡，即单期交易的均衡。在此考虑三种情况：一是完全理性的投资者构成资产交易的全部个体，二是非理性的情绪投资者构成资产交易的全部个体，三是市场上的情绪投资者通过观测价格学习有价值的公共信息。当 $T=1$ 时，在日期 1 个体投资者 i 根据自己所有拥有的信息集开始购买风险资产，在日期 2 风险资产被清算（图 9 - 2）。

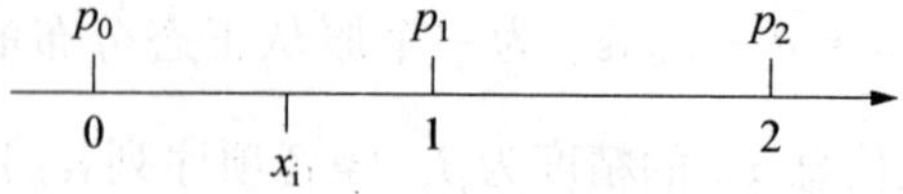

图 9-2 一阶预期的事件集

1. 理性投资者

理性投资者除了拥有一般的公共信息外,在交易前会观测到一个包含噪音的私人信息 $x_i = \theta + \varepsilon_i$。日期2的价格 $p_2 = \theta$。根据贝叶斯更新规则,在这种情况下理性投资者 i 关于风险资产内在价值的条件均值(证明过程见本章附录1)为:

$$E_i(\theta \mid x_i) = \left(1 - \frac{\beta}{\alpha + \beta}\right) p_0 + \frac{\beta}{\alpha + \beta} x_i \qquad (9-3)$$

理性投资者 i 对风险资产清算价值的条件方差(证明过程见本章附录1)为:

$$Var_i(\theta \mid x_i) = \frac{1}{\alpha + \beta} \qquad (9-4)$$

由于个体投资者 i 观测的私人信息 x_i 在公共信息 θ 条件下是独立同分布的,因此所有的个体投资者有共同的条件方差,表示为 $Var(\theta \mid x_i) = \frac{1}{\alpha + \beta}$。

在第一时期理性投资者 i 对风险资产的需求为:

$$D_i = \frac{\tau(E_i(\theta \mid x_i) - p_1)}{Var(\theta \mid x_i)} = \frac{\tau\left(\frac{\alpha p_0 + \beta x_i}{\alpha + \beta} - p_1\right)}{\frac{1}{\alpha + \beta}} \qquad (9-5)$$

加总所有个体投资者对风险资产的需求,得市场总需求为:

$$D_1 = \frac{\tau(\bar{E}(\theta \mid x_i) - p_1)}{Var(\theta \mid x_i)} = \frac{\tau\left(\frac{\alpha p_0 + \beta \theta}{\alpha + \beta} - p_1\right)}{\frac{1}{\alpha + \beta}} \qquad (9-6)$$

由市场出清条件 $D_1 = s_1$,可得1时期的均衡价格为:

$$p_1 = \left(1 - \frac{\beta}{\alpha + \beta}\right) p_0 + \frac{\beta}{\alpha + \beta} \theta - \frac{s_1}{\tau(\alpha + \beta)} \qquad (9-7)$$

给定基础信息 θ 的实现值,在一阶预期情形下风险资产均衡价格的期望为 $E(p_1) = \left(1 - \dfrac{\beta}{\alpha + \beta}\right) p_0 + \dfrac{\beta}{\alpha + \beta}\theta$,相对于期末清算价值 θ 而言是有偏的。

2. 情绪投资者

在经济环境中非理性的个体情绪投资者将情绪扰动视为有用的信息因素,基于自身的情绪扰动进行交易。在 1 时期情绪投资者观测到一个包含个体情绪扰动的私人信息 $x_i^S = \theta + f(S_i)$,其中 $f(S_i)$ 为个体投资者情绪 S_i 的线性函数,服从均值为 0,方差为 $\dfrac{1}{\gamma}$ 的正态分布,个体投资者情绪 S_i 和清算价值 θ 之间是相互独立的。

当情绪投资者观测到一个正向的私人信息时将产生乐观的投资者情绪,高估个体私人信息的实现值;当情绪投资者观测到一个负向的私人信息时将产生悲观的投资者情绪,低估个体私人信息的实现值。$f(S_i)$ 为个体投资者情绪的单调递增函数。具体有:(1) 若 $S_i > 0$,有 $f(S_i) > 0$;(2) 若 $S_i < 0$,有 $f(S_i) < 0$;(3) 若 $S_i = 0$,有 $f(S_i) = 0$,个体情绪投资者没有情绪扰动。

另一方面,对情绪投资者观测到的私人信息中清算价值的精度而言,乐观的情绪将高估清算价值的精度,悲观的情绪将低估清算价值的精度(Daniel,Hirshleifer and Subrahmanyam,1998)。非理性的个体情绪投资者在私人信息条件下关于清算价值的认知精度为 $g(S_i)\alpha$,为个体投资者情绪 S_i 的单调递增函数。具体有:(1) 若 $S_i > 0$,有 $g(S_i) > 1$,个体投资者情绪乐观时高估清算价值的精度 $g(S_i)\alpha$,降低清算价值的认知方差 $\dfrac{1}{g(S_i)\alpha}$。(2) 若 $S_i < 0$,有 $g(S_i) < 1$,个体投资者情绪悲观时低估清算价值的精度,增加清算价值的认知方差。(3) 若 $S_i = 0$,有 $g(S_i) = 1$,情绪投资者观测到的私人信息中不包含个体情绪扰动,对清算价值的方差不产生影响。

个体情绪投资者 i 对风险资产清算价值的认知的条件期望和条件方差(证明过程见本章附录 2)分别为:

$$E_i(\theta \mid \theta + f(S_i)) = \left(1 - \frac{\gamma}{g(S_i)\alpha + \gamma}\right) p_0 + \frac{\gamma}{g(S_i)\alpha + \gamma}(\theta + f(S_i))$$

$$(9-8)$$

$$Var_i(\theta \mid \theta + f(S_i)) = \frac{1}{g(S_i)\alpha + \gamma} \qquad (9-9)$$

进一步可得个体情绪投资者 i 对风险资产的需求为：

$$D_i^S = \frac{\tau(E_i(\theta \mid \theta + f(S_i)) - p_1^S)}{Var_i(\theta \mid \theta + f(S_i))}$$

$$= \frac{\tau\left(\left(1 - \frac{\gamma}{g(S_i)\alpha + \gamma}\right)p_0 + \frac{\gamma}{g(S_i)\alpha + \gamma}(\theta + f(S_i)) - p_1^S\right)}{\frac{1}{g(S_i)\alpha + \gamma}}$$

$$(9-10)$$

由于个体投资者情绪 S_i 在不同个体之间是独立同分布的，为不失一般性和简化计算，不妨假定所有的个体情绪投资者拥有共同的条件方差，即 $Var_i(\theta \mid x_i^S) = \frac{1}{g(\bar{S})\alpha + \gamma}$。那么当时市场上所有个体情绪投资者对风险资产的总需求为：

$$D_1^S = \frac{\tau(\bar{E}(\theta \mid \theta + f(S_i)) - p_1^S)}{Var(\theta \mid \theta + f(S_i))}$$

$$= \frac{\tau\left(\left(1 - \frac{\gamma}{g(\bar{S})\alpha + \gamma}\right)p_0 + \frac{\gamma}{g(\bar{S})\alpha + \gamma}(\theta + f(\bar{S})) - p_1^S\right)}{\frac{1}{g(\bar{S})\alpha + \gamma}}$$

$$(9-11)$$

其中，$\bar{S}$ 表示当时市场上所有个体投资者的平均情绪水平。由市场出清条件 $D_1^S = s_1$，可得情绪均衡价格的具体表达式为：

$$p_1^S = \left(1 - \frac{\gamma}{g(\bar{S})\alpha + \gamma}\right)p_0 + \frac{\gamma}{g(\bar{S})\alpha + \gamma}(\theta + f(\bar{S})) - \frac{s_1}{\tau(g(\bar{S})\alpha + \gamma)}$$

$$(9-12)$$

给定私人信息 $x_i^S = \theta + f(S_i)$ 的实现值，在一阶预期条件下情绪均衡价格的期望为 $E(p_1^S) = \left(1 - \frac{\gamma}{g(\bar{S})\alpha + \gamma}\right)p_0 + \frac{\gamma}{g(\bar{S})\alpha + \gamma}(\theta + f(\bar{S}))$。情绪均衡价格的第一项 $\left(1 - \frac{\gamma}{g(\bar{S})\alpha + \gamma}\right)p_0$ 体现了价格之中的惰性成分，当时市场上所有情绪投资者的平均情绪水平越高，均衡价格越紧紧地锚定期初价格。虽然均衡价格产生于未来清算价值的前瞻性预期，但在向前看的预期之中均衡价格表现出了相当程度的惰性。情绪均衡价格的第二项 $\frac{\gamma}{g(\bar{S})\alpha + \gamma}(\theta + f(\bar{S}))$ 体现了价格之中的漂移成分，在前瞻性预期过程中,情绪均衡价格靠近风险资产的理性预期价值。

3. 情绪投资者(个体情绪投资者通过观测价格学习时)

在本部分我们设计这样一个案例,个体情绪投资者不仅在观察到的私人信息中纳入了自身的情绪扰动,而且借助价格系统来间接获得有价值的公共信息。在 9.2.1 节描述的经济环境下,均衡价格正好服从某一线性结构的定价规则。我们先预设一个线性形式的价格方程,然后依据预设的价格方程来论证个体情绪投资者的学习行为,最后利用倒推法得到线性定价规则的具体表达式(Grossman and Stiglitz, 1980; Kyle, 1985; Wang, 1993)。便于简化计算,在本节中个体情绪投资者对风险资产清算价值的认知方差退化为 $1/\alpha$,最后我们再集中考虑投资者情绪对清算价值认知方差的影响。

由于风险资产的基础信息、个体投资者情绪和噪音供给均服从正态分布,因此可以假定 1 时期的均衡价格遵循如下的线性定价规则:

$$p_1^S = \kappa(mp_0 + n\theta + lf(\bar{S}_1) - s_1) \tag{9-13}$$

其中,$\bar{S}_1$ 表示 1 时期市场上所有个体投资者的平均情绪水平。

对上述表达式进行变形可得:

$$\xi = \frac{1}{\kappa n}(p_1^S - \kappa m p_0) - \frac{l}{n}f(\bar{S}_1) = \theta - \frac{1}{n}s_1 \tag{9-14}$$

ξ 为一个含有供给噪音的公共信息,通过观测 1 时期的情绪均衡价格可以学习该有价值的公共信息。在给定基础信息 θ 条件下 ξ 服从均值为 θ,方差为 $\frac{1}{n^2\delta_1}$ 的正态分布,则其精度为 $n^2\delta_1$,即:

$$\xi \mid \theta = \frac{1}{\kappa n}(p_1^S - \kappa m p_0) - \frac{1}{n}f(\bar{S}_1) \sim N\left(\theta, \frac{l}{n^2\delta_1}\right)$$

因此,基于上述观测到的公共信息,个体情绪投资者 i 关于资产内在价值 θ 的条件均值(证明过程见本章附录3)为:

$$E_i(\theta \mid \xi) = \frac{(\alpha - mn\delta_1)p_0 - nl\delta_1 f(\bar{S}_1) + \frac{n\delta_1}{\kappa}p_1^S}{\alpha + n^2\delta_1} \tag{9-15}$$

基于上述观测到的公共信息,个体情绪投资者 i 对风险资产清算价值 θ 的条件方差(证明过程见本章附录3)为:

205

$$Var(\theta \mid \xi) = \frac{1}{\alpha + n^2\delta_1} \tag{9-16}$$

个体情绪投资者 i 在交易前拥有包含个体情绪扰动的私人信息 $x_i^S = \theta + f(S_i)$，将使得该私人信息融入价格之中，此时个体情绪投资者 i 关于交易资产内在价值的条件均值（证明过程见本章附录3）为：

$$E_i(\theta \mid \xi, x_i^S) = \frac{(\alpha - mn\delta_1)p_0 + \dfrac{n\delta_1}{\kappa}p_1^S - nl\delta_1 f(\bar{S}_1) + \gamma(\theta + f(S_i))}{\alpha + n^2\delta_1 + \gamma} \tag{9-17}$$

个体情绪投资者 i 关于交易资产内在价值的条件变异（证明过程见本章附录3）为：

$$Var(\theta \mid \xi, x_i^S) = \frac{1}{\alpha + n^2\delta_1 + \gamma} \tag{9-18}$$

因此，在此情形下个体情绪投资者 i 对风险资产的需求为：

$$D_i^S = \tau\Big[(\alpha - mn\delta_1)p_0 + \gamma(\theta + f(S_i)) - nl\delta_1 f(\bar{S}_1) - \Big(\alpha + n^2\delta_1 + \gamma - \frac{n\delta_1}{\kappa}\Big)p_1^S\Big] \tag{9-19}$$

加总所有个体情绪投资者对风险资产的需求，可得市场总需求为：

$$D_1^S = \tau\Big[(\alpha - mn\delta_1)p_0 + \gamma(\theta + f(\bar{S})) - nl\delta_1 f(\bar{S}_1) - \Big(\alpha + n^2\delta_1 + \gamma - \frac{n\delta_1}{\kappa}\Big)p_1^S\Big] \tag{9-20}$$

其中，$\bar{S}$ 表示私人信息中个体情绪扰动的平均水平。由市场出清条件 $D_1^S = s_1$，解得情绪均衡价格（证明过程见本章附录4）的具体表达式为：

$$p_1^S = \frac{\alpha}{\alpha + \gamma + \tau^2\gamma^2\delta_1}p_0 + \frac{\gamma + \tau^2\gamma^2\delta_1}{\alpha + \gamma + \tau^2\gamma^2\delta_1}\theta + \frac{\gamma}{\alpha + \gamma + \tau^2\gamma^2\delta_1}f(\bar{S})$$
$$- \frac{\dfrac{1}{\tau} + \tau\gamma\delta_1}{\alpha + \gamma + \tau^2\gamma^2\delta_1}s_1 \tag{9-21}$$

其中，$n = \tau\gamma$。情绪均衡价格中，$\alpha + \gamma + \tau^2\gamma^2\delta_1$ 出现在每一项，描述了市场总的风险承受能力，由于个体情绪投资者通过观察价格来学习有价值的公共信息增加了总的市场精度，从而增加了市场总的风险承受能力。第一项刻画了价格之中的惰性成分,在个体情绪投资者学习公共信息的过程中,使得基础价值的相对精度减少,降低了对期初价格的锚定。第二项描述了价格中的漂移成分,在个体情绪投资者的私人信息以及学习到的市场公共信息作用下情绪均衡价格不断地靠近理性预期价值。第三项描述了投资者情绪对均衡价格的影响,由于个体情绪投资者观察到的私人信息中包含有个体情绪扰动使得投资者情绪融入均衡价格之中。第四项为市场总的风险溢价。

综上,我们有如下命题。

命题 9 - 1:在一阶预期的环境下,当市场上仅存在理性投资者时,对风险资产清算价值的平均预期为 $\bar{E}(\theta \mid x_i) = \left(1 - \dfrac{\beta}{\alpha+\beta}\right)p_0 + \dfrac{\beta}{\alpha+\beta}\theta$,条件方差为 $Var(\theta \mid x_i) = \dfrac{1}{\alpha+\beta}$,此时市场均衡价格关于噪音供给的期望为 $E(p_1) = \bar{E}(\theta \mid x_i) = \left(1 - \dfrac{\beta}{\alpha+\beta}\right)p_0 + \dfrac{\beta}{\alpha+\beta}\theta$;当市场上仅存在情绪投资者时,所有个体情绪投资者对风险资产清算价值的认知的平均预期为 $\bar{E}(\theta \mid x_i^S) = \left(1 - \dfrac{\gamma}{g(\bar{S})\alpha+\gamma}\right)p_0 + \dfrac{\gamma}{g(\bar{S})\alpha+\gamma}(\theta + f(\bar{S}))$,认知的条件方差为 $Var(\theta \mid x_i^S) = \dfrac{1}{g(\bar{S})\alpha+\gamma}$,此时情绪均衡价格关于噪音供给的期望为: $E(p_1^S) = \bar{E}(\theta \mid x_i^S) = \left(1 - \dfrac{\gamma}{g(\bar{S})\alpha+\gamma}\right)p_0 + \dfrac{\gamma}{g(\bar{S})\alpha+\gamma}(\theta + f(\bar{S}))$;当情绪投资者借助价格体系来获取有价值的公共信息时,关于交易资产内在价值的认知的平均预期为 $\bar{E}(\theta \mid \xi, x_i^S) = \dfrac{g(\bar{S})\alpha p_0 + n^2\delta_1\xi + \gamma(\theta + f(\bar{S}))}{g(\bar{S})\alpha + n^2\delta_1 + \gamma}$,认知的条件方差为 $Var(\theta \mid \xi, x_i^S) = \dfrac{1}{g(\bar{S})\alpha + n^2\delta_1 + \gamma}$,此时情绪均衡价格关于噪音供给的期望为 $E(p_1^S) = \dfrac{g(S)\alpha}{g(\bar{S})\alpha + \gamma + n^2\delta_1}p_0 + \dfrac{\gamma + n^2\delta_1}{g(\bar{S})\alpha + \gamma + n^2\delta_1}\theta + \dfrac{\gamma}{g(\bar{S})\alpha + \gamma + n^2\delta_1}f(\bar{S})$。

9.2.3　二阶预期的均衡

在本节,我们将一阶预期的均衡拓展为二阶预期的情绪资产定价模型,在两期交易的情形下分析个体情绪投资者对风险资产的需求以及均衡的性质。在此分为两种情况,首先分析个体情绪投资者仅仅观测到包含个体情绪扰动的私人信息时的经济均衡,其次假定个体情绪投资者也借助价格系统获取有价值的公共信息,论证个体情绪投资者在学习行为条件下关于交易资产的条件均值、条件方差,进而所形成的经济均衡。两期交易的时间轴上的一个简易事件集如图9-3所示。

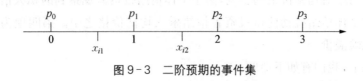

图9-3 二阶预期的事件集

1. 个体情绪投资者仅观测到私人信息时

我们利用倒推法来获得两时期的市场均衡价格。个体情绪投资者分两期进行交易风险资产,每期交易又分割为两步。在第二时期,个体情绪投资者根据观测到的私人信息 x_{i2}^S 形成对日期3价格 p_3 的条件预期,即形成关于交易股票内在价值 θ 的条件均值和条件方差,进而确定关于交易股票的最佳需求;所有个体情绪投资者形成关于交易股票内在价值的平均预期,在市场出清条件下有效确立情绪均衡价格 p_2^S。在第一时期,个体情绪投资者利用占有私人信息 x_{i1}^S 的优势形成关于日期2情绪均衡价格 p_2^S 的条件预期,进而有效提交关于交易资产的最佳需求;所有个体情绪投资者形成对情绪均衡价格 p_2^S 的平均预期,市场出清确定情绪均衡价格 p_1^S。

(1) 第二时期的市场出清价格

第一步,个体情绪投资者 i 根据观测到的私人信息 x_{i2}^S 最优化自己的交易策略。

第二时期个体情绪投资者 i 在交易前拥有包含个体情绪扰动的私人信息 $x_{i2}^S = \theta + f(S_{i2})$,将使得该私人信息融入价格之中,此时个体情绪投资者 i 关于交易资产内在价值的条件均值为:

$$E_{2i}(\theta \mid \theta + f(S_{i2})) = \left(1 - \frac{\gamma}{g(S_{i2})\alpha + \gamma}\right)p_0 + \frac{\gamma}{g(S_{i2})\alpha + \gamma}(\theta + f(S_{i2}))$$

$$(9-22)$$

个体情绪投资者 i 关于交易资产内在价值的条件变异为:

$$Var_{2i}(\theta \mid \theta + f(S_{i2})) = \frac{1}{g(S_{i2})\alpha + \gamma} \qquad (9-23)$$

不失一般性和便于简化计算,假定第二时期所有的个体情绪投资者拥有共同的条件方差,即$Var_2(\theta \mid \theta + f(S_{i2})) = \dfrac{1}{g(\bar{S}_2)\alpha + \gamma}$,其中$\bar{S}_2$表示第二时期市场上所有投资者的平均情绪水平。

那么个体情绪投资者i关于交易资产的最佳需求量为:

$$D_{2i}^S = \frac{\tau(E_{2i}(\theta \mid \theta + f(S_{i2})) - p_2^S)}{Var_2(\theta \mid \theta + f(S_{i2}))}$$

$$= \frac{\tau\left(\left(1 - \dfrac{\gamma}{g(\bar{S}_2)\alpha + \gamma}\right)p_0 + \dfrac{\gamma}{g(\bar{S}_2)\alpha + \gamma}(\theta + f(S_{i2})) - p_2^S\right)}{\dfrac{1}{g(\bar{S}_2)\alpha + \gamma}}$$

$$(9-24)$$

第二步,所有个体情绪投资者形成关于交易资产内在价值的平均预期,进而建立第二时期的市场出清价格。

在所有个体情绪投资者平均预期的基础上,对风险资产的总需求为:

$$D_2^S = \frac{\tau(\bar{E}_2(\theta \mid \theta + f(S_{i2})) - p_2^S)}{Var_2(\theta \mid \theta + f(S_{i2}))}$$

$$= \frac{\tau\left(\left(1 - \dfrac{\gamma}{g(\bar{S}_2)\alpha + \gamma}\right)p_0 + \dfrac{\gamma}{g(\bar{S}_2)\alpha + \gamma}(\theta + f(\bar{S}_2)) - p_2^S\right)}{\dfrac{1}{g(\bar{S}_2)\alpha + \gamma}}$$

$$(9-25)$$

施加市场出清条件$D_2^S = s_2$,可得第二时期情绪均衡价格具体为:

$$p_2^S = \left(1 - \frac{\gamma}{g(\bar{S}_2)\alpha + \gamma}\right)p_0 + \frac{\gamma}{g(\bar{S}_2)\alpha + \gamma}(\theta + f(\bar{S}_2)) - \frac{s_2}{\tau(g(\bar{S}_2)\alpha + \gamma)}$$

$$(9-26)$$

第二时期的情绪均衡价格的结构与方程(9-12)类似,第一项体现了价格之中的惰性成分,第二项描述了价格之中的信息漂移和情绪扰动,第三项为总的市场风险溢价成分。

(2) 第一时期的市场出清价格

第一步,个体情绪投资者i在第一时期的最优化问题。

对于短期生存的个体情绪投资者i在第一时期观测到包含个体情绪扰动的私人信息$x_{i1}^S = \theta + f(S_{i1})$,因此在第一时期个体情绪投资者$i$对风

险资产的需求量满足:

$$D_{1i}^S = \frac{\tau(E_{1i}(p_2^S \mid x_{i1}^S) - p_1^S)}{Var_{1i}(p_2^S \mid x_{i1}^S)} \qquad (9-27)$$

其中,$E_{1i}(p_2^S \mid x_1^S)$ 表示在第一时期个体情绪投资者 i 关于情绪均衡价格 p_2^S 的条件均值,$Var_{1i}(p_2^S \mid x_{i1}^S)$ 表示在第一时期个体情绪投资者 i 关于情绪均衡价格 p_2^S 的条件变异。

根据情绪均衡价格 p_2^S 的具体结构式,个体情绪投资者 i 在第一时期对价格 p_2^S 的条件均值(证明过程见本章附录5)为:

$$E_{1i}(p_2^S \mid x_{i1}^S) = \left(1 - \left(\frac{\gamma}{g(\bar{S})\alpha + \gamma}\right)^2\right)p_0 + \left(\frac{\gamma}{g(\bar{S})\alpha + \gamma}\right)^2 \theta$$
$$+ \frac{\gamma}{g(\bar{S})\alpha + \gamma}f(\bar{S}_2) + \left(\frac{\gamma}{g(\bar{S})\alpha + \gamma}\right)^2 f(S_{i1}) \qquad (9-28)$$

为了简化计算,假定全部的个体情绪投资者关于基础价值的认知精度统一为 $g(\bar{S})\alpha$。个体情绪投资者 i 在第一时期对价格 p_2^S 的条件变异(证明过程见本章附录5)为:

$$Var_{1i}(p_2^S \mid x_{i1}^S) = \left(\frac{1}{g(\bar{S})\alpha + \gamma}\right)^3 \gamma^2 + \left(\frac{1}{\tau(g(\bar{S})\alpha + \gamma)}\right)^2 \frac{1}{\delta_2} \qquad (9-29)$$

那么个体投资者 i 对风险资产的需求为:

$$D_{1i}^S = \frac{\tau\left(\left(1 - \left(\frac{\gamma}{g(\bar{S})\alpha + \gamma}\right)^2\right)p_0 + \left(\frac{\gamma}{g(\bar{S})\alpha + \gamma}\right)^2 \theta + \frac{\gamma}{g(\bar{S})\alpha + \gamma}f(\bar{S}_2) \right.}{\left. + \left(\frac{\gamma}{g(\bar{S})\alpha + \gamma}\right)^2 f(S_{i1}) - p_1^S\right)}{\left(\frac{1}{g(\bar{S})\alpha + \gamma}\right)^3 \gamma^2 + \left(\frac{1}{\tau(g(\bar{S})\alpha + \gamma)}\right)^2 \frac{1}{\delta_2}}$$

$$(9-30)$$

第二步,市场出清确定市场均衡价格。

所有个体情绪投资者形成对价格 p_2^S 的平均预期,由此形成对风险资产的总需求为:

$$D_1^S = \frac{\tau(\bar{E}_1(p_2^S \mid x_{i1}^S) - p_1^S)}{Var_1(p_2^S \mid x_{i1}^S)}$$

$$
\begin{aligned}
&= \frac{\tau\left(\left(1-\left(\dfrac{\gamma}{g(\bar{S})\alpha+\gamma}\right)^2\right)p_0 + \left(\dfrac{\gamma}{g(\bar{S})\alpha+\gamma}\right)^2\theta + \dfrac{\gamma}{g(\bar{S})\alpha+\gamma}f(\bar{S}_2)\right.}{Var_1(p_2^S \mid x_{i1}^S)}\\
&\qquad\qquad\qquad\quad \left.+ \left(\dfrac{\gamma}{g(\bar{S})\alpha+\gamma}\right)^2 f(\bar{S}_1) - p_1^S\right)
\end{aligned}
$$

$$(9-31)$$

由市场出清条件 $D_1^S = s_1$，可得第一时期情绪均衡价格的具体表达式为：

$$
\begin{aligned}
p_1^S ={}& \left(1-\left(\frac{\gamma}{g(\bar{S})\alpha+\gamma}\right)^2\right)p_0 + \left(\frac{\gamma}{g(\bar{S})\alpha+\gamma}\right)^2\theta + \frac{\gamma}{g(\bar{S})\alpha+\gamma}f(\bar{S}_2)\\
&+ \left(\frac{\gamma}{g(\bar{S})\alpha+\gamma}\right)^2 f(\bar{S}_1) - \frac{Var_1(p_2^S \mid x_{i1}^S)s_1}{\tau}
\end{aligned}
$$

$$(9-32)$$

第一时期的情绪均衡价格由五项构成，由于第一时期的个体情绪投资者存在二阶预期，使得基础信息的系数变成了二次方项，同时第一时期投资者情绪的系数也出现了二次方项。结合方程（9-32）和方程（9-26）可以看出，随着时间的推移，情绪均衡价格降低了对期初价格的锚定，包含的基础信息部分越来越多，而融入的投资者情绪部分越来越少，逐渐靠近风险资产的理性预期价值。

2. 个体情绪投资者通过观测价格学习公共信息时

在 9.2.1 节描述的经济环境下，当个体情绪投资者借助价格系统获取有价值的公共信息时市场均衡价格服从某一结构的线性定价规则。根据预设的价格方程，我们能够求解个体情绪投资者在两个时期的最优化策略。在求得个体情绪投资者最优化需求的基础上，根据市场出清原则确定市场均衡价格的线性结构。我们利用倒推法首先获得第二时期的市场出清价格，其次求解第一时期的市场出清价格。

均衡的定义：

1）个体情绪投资者 i 在两个时期对风险资产的需求量满足：

$$
D_{2i}^S = \frac{\tau(E_{2i}(\theta \mid p_1^S, p_2^S, x_{i2}^S) - p_2^S)}{Var_{2i}(\theta \mid p_1^S, p_2^S, x_{i2}^S)}
\tag{9-33}
$$

$$
D_{1i}^S = \frac{\tau(E_{1i}(p_2^S \mid p_1^S, x_{i1}^S) - p_1^S)}{Var_{1i}(p_2^S \mid p_1^S, x_{i1}^S)}
\tag{9-34}
$$

其中，$E_{2i}(\theta \mid p_1^S, p_2^S, x_{i2}^S)$ 为第二时期个体情绪投资者在信息集 $\{p_1^S, p_2^S, x_{i2}^S\}$ 条件下关于交易资产内在价值的均值，$Var_{2i}(\theta \mid p_1^S, p_2^S,$

x_{i2}^S)为第二时期个体情绪投资者关于交易资产内在价值的条件变异，$E_{1i}(p_2^S \mid p_1^S, x_{i1}^S)$ 为第一时期个体情绪投资者在信息集 $\{p_1^S, x_{i1}^S\}$ 条件下对价格 p_2^S 的均值，$Var_{1i}(p_2^S \mid p_1^S, x_{i1}^S)$ 为第一时期个体情绪投资者对情绪均衡价格 p_2^S 的条件变异。

2）由于风险资产的基础价值、个体投资者情绪扰动和噪音供给均服从正态分布，假定第二时期和第一时期的情绪均衡价格遵循如下的线性定价规则：

$$p_2^S = \kappa_2(m_2 E(\theta \mid \xi_1) + n_2\theta + l_2 f(\bar{S}_2) - s_2) \qquad (9-35)$$

$$p_1^S = \kappa_1(m_1 p_0 + n_1\theta + l_1 f(\bar{S}_1) + j_1 f(\bar{S}_2) - s_1) \qquad (9-36)$$

（1）第二时期的市场出清价格

根据个体情绪投资者在第二时期拥有的信息集 $\{p_1^S, p_2^S, x_{i2}^S\}$，我们需要分为四步来求得第二时期的市场出清价格：第一步，个体情绪投资者通过观测第一时期的市场均衡价格进行学习，使得附着在第一时期均衡价格上的公共信息融入风险资产基础价值的条件预期之中；第二步，由于个体情绪投资者观测到包含有个体情绪扰动的私人信息，使得该私人信息融入基础价值的条件预期之中；第三步，进一步个体情绪投资者通过观测第二时期的市场均衡价格进行学习，使得附着在第二时期均衡价格上的公共信息融入基础价值的条件预期之中；第四步，在个体情绪投资者最优化需求的基础上确定市场出清价格。

第一步，个体情绪投资者通过观测第一时期的市场均衡价格 p_1^S 进行学习。

对方程（9-36）进行变换可得：

$$\xi_1 = \frac{1}{\kappa_1 n_1}(p_1^S - \kappa_1 m_1 p_0) - \frac{l_1}{n_1}f(\bar{S}_1) - \frac{j_1}{n_1}f(\bar{S}_2) = \theta - \frac{1}{n_1}s_1$$
$$(9-37)$$

ξ_1 为第一时期一个含有供给噪音的公共信息，通过观测第一时期的价格 p_1^S 可以学习该有价值的公共信息。给定基础信息 θ 条件下 ξ_1 服从均值为 θ，方差为 $\frac{1}{n_1^2\delta_1}$ 的正态分布，其精度为 $n_1^2\delta_1$，即：

$$\xi_1 \mid \theta = \frac{1}{\kappa_1 n_1}(p_1^S - \kappa_1 m_1 p_0) - \frac{l_1}{n_1}f(\bar{S}_1) - \frac{j_1}{n_1}f(\bar{S}_2) \sim N\left(\theta, \frac{1}{n_1^2\delta_1}\right)$$
$$(9-38)$$

因此,基于上述观测到的公共信息,个体情绪投资者 i 关于交易资产内在价值 θ 的条件均值为:

$$
\begin{aligned}
E_{2i}(\theta \mid \xi_1) &= \frac{\alpha p_0 + n_1^2 \delta_1 \left(\frac{1}{\kappa_1 n_1}(p_1^S - \kappa_1 m_1 p_0) - \frac{l_1}{n_1}f(\bar{S}_1) - \frac{j_1}{n_1}f(\bar{S}_2) \right)}{\alpha + n_1^2 \delta_2} \\
&= \frac{(\alpha - m_1 n_1 \delta_1)p_0 - n_1 l_1 \delta_1 f(\bar{S}_1) - n_1 j_1 \delta_1 f(\bar{S}_2) + \frac{n_1 \delta_1}{\kappa_1}p_1}{\alpha + n_1^2 \delta_1}
\end{aligned}
$$

$$(9-39)$$

基于上述观测到的公共信息,个体情绪投资者 i 对风险资产清算价值 θ 的条件方差为:

$$
Var_2(\theta \mid \xi_1) = \frac{1}{\alpha + n_1^2 \delta_1} \tag{9-40}
$$

第二步,个体情绪投资者观测到一个包含情绪扰动的私人信息。

第二时期个体情绪投资者 i 在交易前拥有包含个体情绪扰动的私人信息 $x_{i2}^S = \theta + f(S_{i2})$,将使得该私人信息融入均衡价格之中,此时个体情绪投资者 i 关于交易资产内在价值的条件均值为:

$$
\begin{aligned}
E_{2i}(\theta \mid \xi_1, x_{i2}^S) &= E_{2i}(\theta \mid \xi_1) + \frac{Cov(\theta, \theta + f(S_{i2}) \mid \xi_1)}{Var(\theta + f(S_{i2}) \mid \xi_1)} \\
&\quad (\theta + f(S_{i2}) - E(\theta + f(S_{i2})) \mid \xi_1) \\
&= E_{1i}(\theta \mid \xi_1) + \frac{\frac{1}{\alpha + n_1^2 \delta_1}}{\frac{1}{\alpha + n_1^2 \delta_1} + \frac{1}{\gamma}}(\theta + f(S_{i2}) - E_{1i}(\theta \mid \xi_1)) \\
&= \frac{\alpha p_0 + n_1^2 \delta_1 \left(\frac{1}{\kappa_1 n_1}(p_1^S - \kappa_1 m_1 p_0) - \frac{l_1}{n_1}f(\bar{S}_1) - \frac{j_1}{n_1}f(\bar{S}_1) \right) + \gamma(\theta + f(S_{i2}))}{\alpha + n_1^2 \delta_2 + \gamma} \\
&= \frac{(\alpha - m_1 n_1 \delta_1)p_0 + \frac{n_1 \delta_1}{\kappa_1}p_1^S - n_1 l_1 \delta_1 f(\bar{S}_1) - n_1 j_1 \delta_1 f(\bar{S}_2) + \gamma(\theta + f(S_{i2}))}{\alpha + n_1^2 \delta_1 + \gamma}
\end{aligned}
$$

$$(9-41)$$

此时个体情绪投资者 i 关于交易资产内在价值的条件变异为:

213

$$Var_2(\theta \mid \xi_i, x_{i2}^S) = \frac{1}{\alpha + n_1^2\delta_1 + \gamma} \tag{9-42}$$

第三步,个体情绪投资者通过观测第二时期的市场均衡价格 p_2^S 进行学习。

对方程(9-35)进行变换可得:

$$\xi_2 = \frac{1}{\kappa_2 n_2}(p_2^S - \kappa_2 m_2 E(\theta \mid \xi_1)) - \frac{l_2}{n_2}f(\bar{S}_2) = \theta - \frac{1}{n_2}s_2 \tag{9-43}$$

ξ_2 为第二时期一个含有供给噪音的公共信息,通过观测第二时期的价格 p_2^S 可以学习该有价值的公共信息。在条件 θ 下 ξ_2 服从均值为 θ,方差为 $\frac{1}{n_2^2\delta_2}$ 的正态分布,则其精度为 $n_2^2\delta_2$,即:

$$\xi_2 \mid \theta = \frac{1}{\kappa_2 n_2}(p_2^S - \kappa_2 m_2 E(\theta \mid \xi_1)) - \frac{l_2}{n_2}f(\bar{S}_2) \sim N\left(\theta, \frac{1}{n_2^2\delta_2}\right)$$
$$\tag{9-44}$$

基于上述观测到的公共信息,个体情绪投资者 i 关于交易资产内在价值 θ 的条件均值为:

$$
\begin{aligned}
E_{2i}(\theta \mid \xi_1, x_{i2}^S, \xi_2) = & \frac{\alpha + n_1^2\delta_1 - m_2 n_2\delta_2}{\alpha + n_1^2\delta_1 + \gamma + n_2^2\delta_2} \cdot \frac{\alpha - m_1 n_1\delta_1}{\alpha + n_1^2\delta_1}p_0 \\
& + \frac{\alpha + n_1^2\delta_1 - m_2 n_2\delta_2}{\alpha + n_1^2\delta_1 + \gamma + n_2^2\delta_2} \cdot \frac{n_1\delta_1/\kappa_1}{\alpha + n_1^2\delta_1}p_1^S \\
& + \frac{n_2\delta_2/\kappa_2}{\alpha + n_1^2\delta_1 + \gamma + n_2^2\delta_2}p_2^S + \frac{\gamma}{\alpha + n_1^2\delta_1 + \gamma + n_2^2\delta_2}(\theta + f(S_{i2})) \\
& - \frac{\alpha + n_1^2\delta_1 - m_2 n_2\delta_2}{\alpha + n_1^2\delta_1 + \gamma + n_2^2\delta_2} \cdot \frac{n_1 l_1\delta_1 f(\bar{S}_1)}{\alpha + n_1^2\delta_1} - \frac{\alpha + n_1^2\delta_1 - m_2 n_2\delta_2}{\alpha + n_1^2\delta_1 + \gamma + n_2^2\delta_2} \cdot \\
& \frac{n_1 j_1\delta_1 f(\bar{S}_2)}{\alpha + n_1^2\delta_1} - \frac{n_2 l_2\delta_2 f(\bar{S}_2)}{\alpha + n_1^2\delta_1 + \gamma + n_2^2\delta_2} \tag{9-45}
\end{aligned}
$$

此时个体情绪投资者 i 关于交易资产内在价值 θ 的条件变异为:

$$Var_2(\theta \mid \xi_1, x_{i2}^S, \xi_2) = \frac{1}{\alpha + n_1^2\delta_1 + \gamma + n_2^2\delta_2} \tag{9-46}$$

第四步,个体情绪投资者 i 在第二时期的最优化需求和市场出清价格的确定。

在第二时期个体情绪投资者 i 对风险资产的需求为:

$$D_{2i}^S = \tau\Big[(\alpha + n_1^2\delta_1 - m_2 n_2\delta_2)E(\theta \mid \xi_1) + \gamma(\theta + f(S_{i2}))$$

$$- n_2 l_2 \delta_2 f(\bar{S}_2) - \Big(\alpha + n_1^2\delta_1 + \gamma + n_2^2\delta_2 - \frac{n_2\delta_2}{\kappa_2}\Big)p_2^S\Big]$$

$$(9-47)$$

加总所有个体情绪投资者的需求可得：

$$D_2^S = \tau\Big[(\alpha + n_1^2\delta_1 - m_2 n_2\delta_2)E(\theta \mid \xi_1) + \gamma(\theta + f(\bar{S}_2))$$

$$- n_2 l_2 \delta_2 f(\bar{S}_2) - \Big(\alpha + n_1^2\delta_1 + \gamma + n_2^2\delta_2 - \frac{n_2\delta_2}{\kappa_2}\Big)p_2^S\Big]$$

$$(9-48)$$

其中，$\bar{S}_2$ 表示第二时期市场上所有个体投资者情绪扰动的平均水平。由市场出清条件 $D_2^S = s_2$ 可得情绪均衡价格 p_2^S 为：

$$p_2^S = \frac{(\alpha + n_1^2\delta_1 - m_2 n_2\delta_2)E(\theta \mid \xi_1) + \gamma(\theta + f(\bar{S}_2)) - n_2 l_2 \delta_2 f(\bar{S}_2)}{\alpha + n_1^2\delta_1 + \gamma + n_2^2\delta_2 - \dfrac{n_2\delta_2}{\kappa_2}}$$

$$- \frac{s_1}{\tau\Big(\alpha + n_1^2\delta_1 + \gamma + n_2^2\delta_2 - \dfrac{n_2\delta_2}{\kappa_2}\Big)} \qquad (9-49)$$

结合线性定价方程$(9-35)$，$p_2 = \kappa_2(m_2 E(\theta \mid \xi_1) + n_2\theta + l_2 f(\bar{S}_2) - s_2)$，解得：

$$n_2 = \tau\gamma \qquad (9-50)$$

$$m_2 = \frac{\tau(\alpha + n_1^2\delta_1)}{1 + \tau^2\gamma\delta_2} \qquad (9-51)$$

$$l_2 = \frac{\tau\gamma}{1 + \tau^2\gamma\delta_2} \qquad (9-52)$$

$$\kappa_2 = \frac{\dfrac{1}{\tau} + \tau\gamma\delta_2}{\alpha + n_1^2\delta_1 + \gamma + \tau^2\gamma^2\delta_2} \qquad (9-53)$$

因此第二时期情绪均衡价格 p_2^S 的具体表达式为：

$$p_2^S = \frac{\alpha + n_1^2\delta_1}{\alpha + n_1^2\delta_1 + \gamma + \tau^2\gamma^2\delta_2}E(\theta \mid \xi_1) + \frac{\gamma + \tau^2\gamma^2\delta_2}{\alpha + n_1^2\delta_1 + \gamma + \tau^2\gamma^2\delta_2}\theta$$

$$+ \frac{\gamma}{\alpha + n_1^2 \delta_1 + \gamma + \tau^2 \gamma^2 \delta_2} f(\bar{S}_2) - \frac{\frac{1}{\tau} + \tau \gamma \delta_2}{\alpha + n_1^2 \delta_1 + \gamma + \tau^2 \gamma^2 \delta_2} s_2$$

$$(9-54)$$

将方程(9-39)代入上式可得第二时期均衡价格方程的最终结构式（具体证明过程见本章附录6）为：

$$p_2^S = \frac{\alpha}{\alpha + n_1^2 \delta_1 + \gamma + \tau^2 \gamma^2 \delta_2} p_0 + \frac{n_1^2 \delta_1 + \gamma + \tau^2 \gamma^2 \delta_2}{\alpha + n_1^2 \delta_1 + \gamma + \tau^2 \gamma^2 \delta_2} \theta$$

$$+ \frac{\gamma}{\alpha + n_1^2 \delta_1 + \gamma + \tau^2 \gamma^2 \delta_2} f(\bar{S}_2)$$

$$- \frac{n_1 \delta_1}{\alpha + n_1^2 \delta_1 + \gamma + \tau^2 \gamma^2 \delta_2} s_1 - \frac{\frac{1}{\tau} + \tau \gamma \delta_2}{\alpha + n_1^2 \delta_1 + \gamma + \tau^2 \gamma^2 \delta_2} s_2 \quad (9-55)$$

在两期交易的市场环境中，当个体情绪投资者借助价格体系获取有用的公共信息时，总的市场风险承受能力 $(\alpha + n_1^2 \delta_1 + \gamma + \tau^2 \gamma^2 \delta_2)$ 有所增加。在个体情绪投资者私人信息的作用下和不断学习公共信息的过程中，价格系统逐步地纳入资产的基础信息，降低了对期初价格的锚定。由于情绪扰动的相对精度减少，使得价格融入投资者情绪扰动的成分降低。

（2）第一时期的市场出清价格

在第一时期个体情绪投资者 i 拥有的信息集为 $\{p_1^S, x_{i1}^S\}$，对风险资产的需求量满足：

$$D_{1i}^S = \frac{\tau(E_{1i}(p_2^S \mid \xi_1, x_{i1}^S) - p_1^S)}{Var_{1i}(p_2^S \mid \xi_1, x_{i1}^S)} \quad (9-56)$$

其中，$E_{1i}(p_2^S \mid \xi_1, x_{i1}^S)$ 是在第一时期个体情绪投资者 i 对情绪均衡价格 p_2^S 的条件期望，$Var_{1i}(p_2^S \mid \xi_1, x_{i1}^S)$ 是在第一时期个体情绪投资者 i 对情绪均衡价格 p_2^S 的条件方差。结合价格方程(9-55)，可得个体情绪投资者 i 在第一时期对风险资产的需求为：

$$D_{1i}^S = \frac{\tau(z E_{1i}(\theta \mid \xi_1, x_{i1}^S) + (1-z)p_0 + \frac{\gamma}{\alpha + n_1^2 \delta_1 + \gamma + \tau^2 \gamma^2 \delta_2} f(\bar{S}_2) - p_1^S)}{Var_{1i}(p_2^S \mid \xi_1, x_{i1}^S)}$$

$$= \frac{\tau}{Var_{1i}(p_2^S \mid \xi_1, x_{i1}^S)} \left(z \left(\frac{(\alpha - m_1 n_1 \delta_1)p_0 + \frac{n_1 \delta_1}{\kappa_1} p_1^S - n_1 l_1 \delta_1 f(\bar{S}_1)}{1/Var_{1i}(\theta \mid \xi_1, x_{i1}^S)} \right. \right.$$

$$\frac{-n_1 j_1 \delta_1 f(\bar{S}_2) + \gamma(\theta + f(S_1))}{1/Var_{1i}(\theta \mid \xi_1, x_{i1}^S)} \Bigg)$$

$$+ (1-z)p_0 + \frac{\gamma}{\alpha + n_1^2 \delta_1 + \gamma + \tau^2 \gamma^2 \delta_2} f(\bar{S}_2) - p_1^S \Bigg) \qquad (9-57)$$

其中, $z = \dfrac{n_1^2 \delta_1 + \gamma + \tau^2 \gamma^2 \delta_2}{\alpha + n_1^2 \delta_1 + \gamma + \tau^2 \gamma^2 \delta_2}$, $Var_{1i}(\theta \mid \xi_1, x_i^S) = \dfrac{1}{\alpha + n_1^2 \delta_1 + \gamma}$

为在第一时期个体情绪投资者 i 对风险资产基础信息 θ 的条件方差。条件方差 $Var_{1i}(p_2^S \mid \xi_1, x_{i1}^S)$ 和 $Var_{1i}(\theta \mid \xi_1, x_{i1}^S)$ 在所有的个体投资者中是相同的, 因此它们可以简化为 $Var_1(p_2^S \mid \xi_1, x_{i1}^S)$ 和 $Var_1(\theta \mid \xi_1, x_{i1}^S)$。 加总所有个体情绪投资者的需求量, 得风险资产的总需求为:

$$D_1^S = \frac{\tau Var_1(\theta \mid \xi_1, x_{i1}^S)}{Var_1(p_2^S \mid \xi_1, x_{i1}^S)} \times \begin{cases} z\Big[(\alpha - m_1 n_1 \delta_1)p_0 + \dfrac{n_1 \delta_1}{\kappa_1} p_1^S - n_1 l_1 \delta_1 f(\bar{S}_1) \\ \quad - n_1 j_1 \delta_1 f(\bar{S}_2) + \gamma(\theta + f(\bar{S}_1)) \Big] \\ + (1-z)(\alpha + n_1^2 \delta_1 + \gamma)p_0 \\ + \dfrac{\gamma(\alpha + n_1^2 \delta + \gamma_1)}{\alpha + n_1^2 \delta_1 + \gamma + \tau^2 \gamma^2 \delta_2} f(\bar{S}_2) \\ - (\alpha + n_1^2 \delta_1 + \gamma) p_1^S \end{cases}$$

$$= \frac{\tau Var_1(\theta \mid \xi_1, x_{i1}^S)}{Var_1(p_2^S \mid \xi_1, x_{i1}^S)} \begin{cases} [z(\alpha - m_1 n_1 \delta_1) + (1-z)(\alpha + n_1^2 \delta_1 + \gamma)]p_0 \\ + z\gamma(\theta + f(\bar{S}_1)) - z n_1 l_1 \delta_1 f(\bar{S}_1) - z n_1 j_1 \delta_1 f(\bar{S}_2) \\ + \dfrac{\gamma(\alpha + n_1^2 \delta_1 + \gamma)}{\alpha + n_1^2 \delta_1 + \gamma + \tau^2 \gamma^2 \delta_2} f(\bar{S}_2) - \\ \Big[(\alpha + n_1^2 \delta_1 + \gamma) - z \dfrac{n_1 \delta_1}{\kappa_1} \Big] p_1^S \end{cases}$$

$$(9-58)$$

根据市场出清方程 $D_1^S = s_1$, 可推出情绪均衡价格 p_1^S 的具体表达式, 即:

$$\frac{\tau Var_1(\theta \mid \xi_1, x_{i1}^S)}{Var_1(p_2^S \mid \xi_1, x_{i1}^S)} \begin{cases} [z(\alpha - m_1 n_1 \delta_1) + (1-z)(\alpha + n_1^2 \delta_1 + \gamma)]p_0 \\ + z\gamma(\theta + f(\bar{S}_1)) - z n_1 l_1 \delta_1 f(\bar{S}_1) - z n_1 j_1 \delta_1 f(\bar{S}_2) \\ + \dfrac{\gamma(\alpha + n_1^2 \delta_1 + \gamma)}{\alpha + n_1^2 \delta_1 + \gamma + \tau^2 \gamma^2 \delta_2} f(\bar{S}_2) \\ - \Big[(\alpha + n_1^2 \delta_1 + \gamma) - z \dfrac{n_1 \delta_1}{\kappa_1} \Big] p_1^S \end{cases} = s_1$$

$$\Rightarrow p_1^S = \left\{ \begin{array}{l} \dfrac{[z(\alpha - m_1 n_1 \delta_1) + (1-z)(\alpha + n_1^2 \delta_1 + \gamma)]p_0 + z\gamma\theta}{\alpha + n_1^2 \delta_1 + \gamma - z\dfrac{n_1\delta_1}{\kappa_1}} \\[4mm] + \dfrac{z\gamma f(\bar{S}_1) - zn_1 l_1 \delta_1 f(\bar{S}_1) - zn_1 j_1 \delta_1 f(\bar{S}_2)}{} \\[2mm] \quad + \dfrac{\dfrac{\gamma(\alpha + n_1^2\delta_1 + \gamma)}{\alpha + n_1^2\delta_1 + \gamma + \tau^2\gamma^2\delta_2}f(\bar{S}_2)}{\alpha + n_1^2\delta_1 + \gamma - z\dfrac{n_1\delta_1}{\kappa_1}} \\[6mm] - \dfrac{Var_1(p_2^S \mid \xi_1, x_{i1}^S)s_1}{\tau Var_1(\theta \mid \xi_1, x_{i1}^S)\left(\alpha + n_1^2\delta_1 + \gamma - z\dfrac{n_1\delta_1}{\kappa_1}\right)} \end{array} \right\}$$

$$(9-59)$$

结合设定的线性定价方程$(9-36)$，$p_1 = \kappa_1(m_1 p_0 + n_1\theta + l_1 f(\bar{S}_1) + j_1 f(\bar{S}_2) - s_1)$，可得：

$$k_1 n_1 = \frac{z\gamma}{(\alpha + n_1^2\delta_1 + \gamma) - z\dfrac{n_1\delta_1}{\kappa_1}}$$

$$k_1 n_1(\alpha + n_1^2\delta_1 + \gamma) - zn_1^2\delta_1 = z\gamma$$

$$\Rightarrow k_1 n_1 = \frac{\gamma + n_1^2\delta_1}{\alpha + n_1^2\delta_1 + \gamma}z \qquad (9-60)$$

$$k_1 m_1 = \frac{z(\alpha - m_1 n_1\delta_1) + (1-z)(\alpha + n_1^2\delta_1 + \gamma)}{(\alpha + n_1^2\delta_1 + \gamma) - z\dfrac{n_1\delta_1}{\kappa_1}}$$

$$k_1 m_1(\alpha + n_1^2\delta_1 + \gamma) - zm_1 n_1\delta_1 = z(\alpha - m_1 n_1\delta_1) + (1-z)(\alpha + n_1^2\delta_1 + \gamma)$$

$$k_1 m_1(\alpha + n_1^2\delta_1 + \gamma) = (1-z)(\alpha + n_1^2\delta_1 + \gamma) + z\alpha$$

$$\Rightarrow k_1 m_1 = \frac{(\alpha + n_1^2\delta_1 + \gamma) - z(\gamma + n_1^2\delta_1)}{\alpha + n_1^2\delta_1 + \gamma} = 1 - \frac{n_1^2\delta_1 + \gamma}{\alpha + n_1^2\delta_1 + \gamma}z$$

$$(9-61)$$

$$k_1 = \frac{Var_1(p_2^S \mid \xi_1, x_{i1}^S)}{\tau Var_1(\theta \mid \xi_1, x_{i1}^S)\left[(\alpha + n_1^2\delta_1 + \gamma) - z\dfrac{n_1\delta_1}{\kappa_1}\right]}$$

$$k_1(\alpha + n_1^2\delta_1 + \gamma) - zn_1\delta_1 = \frac{Var_1(p_2^S \mid \xi_1, x_{i1}^S)}{\tau Var_1(\theta \mid \xi_1, x_{i1}^S)}$$

$$\Rightarrow k_1 = \frac{1}{\tau}Var_1(p_2^S \mid \xi_1, x_{i1}^S) + Var_1(p_2^S \mid \xi_1, x_{i1}^S)n_1\delta_1 z$$

$$(9-62)$$

$$\kappa_1 l_1 = \frac{z(\gamma - n_1 l_1 \delta_1)}{\alpha + n_1^2 \delta_1 + \gamma - z\dfrac{n_1 \delta_1}{\kappa_1}}$$

$$\kappa_1 l_1 (\alpha + n_1^2 \delta_1 + \gamma) - n_1 l_1 \delta_1 z = (\gamma - n_1 l_1 \delta_1) z$$

$$\Rightarrow \kappa_1 l_1 = \frac{\gamma z}{\alpha + n_1^2 \delta_1 + \gamma} \tag{9-63}$$

$$k_1 j_1 = \frac{\dfrac{\gamma(\alpha + n_1^2 \delta_1 + \gamma)}{\alpha + n_1^2 \delta_1 + \gamma + \tau^2 \gamma^2 \delta_2} - z n_1 j_1 \delta_1}{\alpha + n_1^2 \delta_1 + \gamma - z\dfrac{n_1 \delta_1}{\kappa_1}}$$

$$k_1 j_1 (\alpha + n_1^2 \delta_1 + \gamma) = \frac{\gamma(\alpha + n_1^2 \delta_1 + \gamma)}{\alpha + n_1^2 \delta_1 + \gamma + \tau^2 \gamma^2 \delta_2}$$

$$\Rightarrow k_1 j_1 = \frac{\gamma}{\alpha + n_1^2 \delta_1 + \gamma + \tau^2 \gamma^2 \delta_2} \tag{9-64}$$

因此,第一时期的情绪均衡价格 p_1^S 可以表达为:

$$p_1^S = \left(1 - \frac{n_1^2 \delta_1 + \gamma}{\alpha + n_1^2 \delta_1 + \gamma} \cdot \frac{n_1^2 \delta_1 + \gamma + \tau^2 \gamma^2 \delta_2}{\alpha + n_1^2 \delta_1 + \gamma + \tau^2 \gamma^2 \delta_2}\right) p_0 +$$

$$\frac{n_1^2 \delta_1 + \gamma}{\alpha + n_1^2 \delta_1 + \gamma} \cdot \frac{n_1^2 \delta_1 + \gamma + \tau^2 \gamma^2 \delta_2}{\alpha + n_1^2 \delta_1 + \gamma + \tau^2 \gamma^2 \delta_2} \theta +$$

$$\frac{\gamma}{\alpha + n_1^2 \delta_1 + \gamma} \cdot \frac{n_1^2 \delta_1 + \gamma + \tau^2 \gamma^2 \delta_2}{\alpha + n_1^2 \delta_1 + \gamma + \tau^2 \gamma^2 \delta_2} f(\bar{S}_1) +$$

$$\frac{\gamma}{\alpha + n_1^2 \delta_1 + \gamma + \tau^2 \gamma^2 \delta_2} f(\bar{S}_2)$$

$$- \left(\frac{1}{\tau} Var_1(p_2^S \mid \xi_1, x_{i1}^S) + Var_1(p_2^S \mid \xi_1, x_{i1}^S) n_1 \delta_1 z\right) s_1 \tag{9-65}$$

当个体情绪投资者通过观察价格学习有价值的公共信息时,第一时期的情绪均衡价格由五项构成。风险资产的基础价值成分由第一项式子所反映,在个体情绪投资者二阶预期的作用下,增加了对期初价格的锚定。基础信息对情绪均衡价格的影响由第二项式子所刻画,由于存在二阶预期使得基础信息的系数变小。第一时期的情绪扰动对均衡价格的影响由第三项式子所描述,与第二时期的情绪扰动相比较在个体情绪投资者二阶预期的作用下,使得第一时期的情绪扰动的影响力变小。第二时期的情绪扰动对均衡价格的影响由第四项式子所刻画。市场中总的风险溢价由第五项式子所反映。结合价格方程(9-55)和价格方程(9-65)可以看出,随着时间的推移基础信息逐渐地融入价格之中,而情绪扰动融入价格的部分越来越少,情绪均衡价格逐渐地靠近风险资产的理性预期价值。综上,我们有如下命题。

命题 9 - 2:在个体情绪投资者二阶预期的市场环境下。

(1) 当个体情绪投资者仅仅观测到包含个体情绪扰动的私人信息时,第二时期所有个体情绪投资者对风险资产清算价值的认知的一阶平均预期为:

$$\bar{E}_1(\theta \mid x_{i2}^S) = \left(1 - \frac{\gamma}{g(\bar{S}_2)\alpha + \gamma}\right)p_0 + \frac{\gamma}{g(\bar{S}_2)\alpha + \gamma}(\theta + f(\bar{S}_2))$$

第二时期对风险资产清算价值的认知的条件方差为:

$$Var_2(\theta \mid x_{i2}^S) = \frac{1}{g(\bar{S}_2)\alpha + \gamma}$$

因此第二时期情绪均衡价格的表达式为:

$$p_2^S = \left(1 - \frac{\gamma}{g(\bar{S}_2)\alpha + \gamma}\right)p_0 + \frac{\gamma}{g(\bar{S}_2)\alpha + \gamma}(\theta + f(\bar{S}_2)) - \frac{Var_2(\theta \mid x_{i2}^S)}{\tau}s_2$$

第一时期所有个体情绪投资者对风险资产清算价值的二阶平均预期为:

$$\bar{E}_1\bar{E}_2(\theta \mid x_{i2}^S \mid x_{i1}^S) = E_{1i}(p_2^S \mid x_{1i}^S) = \left(1 - \left(\frac{\gamma}{g(\bar{S})\alpha + \gamma}\right)^2\right)p_0 +$$
$$\left(\frac{\gamma}{g(\bar{S})\alpha + \gamma}\right)^2\theta + \frac{\gamma}{g(\bar{S})\alpha + \gamma}f(\bar{S}_2) + \left(\frac{\gamma}{g(\bar{S})\alpha + \gamma}\right)^2 f(\bar{S}_1)$$

因此第一时期情绪均衡价格的结构式为:

$$p_1^S = \left(1 - \left(\frac{\gamma}{g(\bar{S})\alpha + \gamma}\right)^2\right)p_0 + \left(\frac{\gamma}{g(\bar{S})\alpha + \gamma}\right)^2\theta + \frac{\gamma}{g(\bar{S})\alpha + \gamma}f(\bar{S}_2)$$
$$+ \left(\frac{\gamma}{g(\bar{S}_2)\alpha + \gamma}\right)^2 f(\bar{S}_1) - \frac{Var_1(p_2^S \mid x_{i1}^S)s_1}{\tau}$$

(2) 个体情绪投资者也借助价格系统来获取有价值的公共信息时,第二时期个体情绪投资者对风险资产清算价值的认知的一阶平均预期为:

$$\bar{E}_2(\theta \mid \xi_1, x_{i2}^S, \xi_2) = \frac{g(\bar{S})\alpha p_0 + n_1^2\delta_1\xi_1 + \gamma(\theta + f(\bar{S}_2)) + n_2^2\delta_2\xi_2}{g(\bar{S}_2)\alpha + n_1^2\delta_1 + \gamma + n_2^2\delta_2}$$

$$= \frac{\left\{\begin{array}{l}g(\bar{S})\alpha p_0 + n_1^2\delta_1\left(\dfrac{1}{\kappa_1 n_1}(p_1^S - \kappa_1 m_1 p_0) - \dfrac{l_1}{n_1}f(\bar{S}_1) - \dfrac{j_1}{n_1}f(\bar{S}_1)\right) \\ + \gamma(\theta + f(\bar{S}_2)) + n_2^2\delta_2\left(\dfrac{1}{\kappa_2 n_2}(p_2^S - \kappa_2 m_2 E(\theta \mid \xi_1)) - \dfrac{l_2}{n_2}f(\bar{S}_2)\right)\end{array}\right\}}{g(\bar{S})\alpha + n_1^2\delta_2 + \gamma + n_2^2\delta_2}$$

第二时期所有个体情绪投资者对风险资产清算价值的认知的条件方差为：

$$Var_2(\theta \mid \xi_1, x_{i2}^S, \xi_2) = \frac{1}{g(\bar{S})\alpha + n_1^2\delta_1 + \gamma + n_2^2\delta_2}$$

第二时期所有个体情绪投资者对风险资产的总需求为：

$$D_{2i}^S = \frac{\tau(\bar{E}_2(\theta \mid \xi_1, x_{i2}^S, \xi_2) - p_2^S)}{Var_2(\theta \mid \xi_1, x_{i2}^S, \xi_2)}$$

$$= \tau \left\{ \begin{array}{l} (g(\bar{S})\alpha + n_1^2\delta_1 - m_2 n_2\delta_2)E(\theta \mid \xi_1) + \gamma(\theta + f(\bar{S}_2)) - n_2 l_2\delta_2 f(\bar{S}_2) \\ -\left(g(\bar{S})\alpha + n_1^2\delta_1 + \gamma + n_2^2\delta_2 - \frac{n_2\delta_2}{\kappa_2} \right) p_2^S \end{array} \right\}$$

因此第二时期情绪均衡价格关于噪音供给的期望为：

$$E(p_2^S) = (1 - z_1)p_0 + z_1\theta + \frac{\gamma}{g(\bar{S})\alpha + n_1^2\delta_1 + \gamma + n_2^2\delta_2}f(\bar{S}_2)$$

其中，$z_1 = \dfrac{n_1^2\delta_1 + \gamma + n_2^2\delta_2}{g(\bar{S})\alpha + n_1^2\delta_1 + \gamma + n_2^2\delta_2}$。第一时期所有个体情绪投资者对第二时期情绪均衡价格的平均预期为：

$$\bar{E}_1(p_2^S \mid \xi_1, x_{i1}^S) = z_1\bar{E}_1(\theta \mid \xi_1, x_{i1}^S) + (1 - z_1)p_0$$

$$+ \frac{\gamma}{\alpha + n_1^2\delta_1 + \gamma + \tau^2\gamma^2\delta_2}f(\bar{S}_2)$$

$$= z_1 \cdot \frac{\alpha p_0 + n_1^2\delta_1\xi_1 + \gamma(\theta + f(\bar{S}_1))}{g(\bar{S})\alpha + n_1^2\delta_1 + \gamma} + (1 - z_1)p_0$$

$$+ \frac{\gamma}{\alpha + n_1^2\delta_1 + \gamma + \tau^2\gamma^2\delta_2}f(\bar{S}_2)$$

第一时期的情绪均衡价格关于噪音供给的期望为：

$$p_1^S = (1 - z_2 \cdot z_1)p_0 + z_2 \cdot z_1\theta$$

$$+ \frac{\gamma}{\alpha + n_1^2\delta_1 + \gamma} \cdot z_1 f(\bar{S}_1) + \frac{\gamma}{\alpha + n_1^2\delta_1 + \gamma + \tau^2\gamma^2\delta_2}f(\bar{S}_2)$$

其中，$z_2 = \dfrac{n_1^2\delta_1 + \gamma}{g(\bar{S})\alpha + n_1^2\delta_1 + \gamma}$。

9.3 基于高阶预期、锚定与调整行为的情绪资产定价模型

9.3.1 基于稀疏性的最优化策略

一些心理学者的研究表明,当个体投资者对交易资产进行估值时其心理认知会参考以前的估值水平。卡特勒等(Cutler et al. , 1989)指出,在一开始释放一个重大信号时股票价格往往没有大的变化,随着重大信号的扩散股票市场就会发生较高程度的调整,这意味着股票市场面临信息事件时具有某种程度的锚定调整现象。加贝克斯(Gabaix,2014,2012)从投资者的有限理性出发,简化了众多繁杂次要因素的参数,仅关注少数重要因素的参数结构,建立了一类稀疏性模型。其中,一些重要因素在一定区间内是常数,超过该区间数值就会发生明显变化。

一方面,指数效用函数由泰勒展开公式可以转化为二次效用函数,另一方面,指数效应函数的最大化问题本质上也是一个二次函数问题。因此,我们直接假定效应函数遵循如下的二次形式:

$$u(a, X) = -\frac{1}{2}\left(a - \sum_{i=1}^{n} \mu_i X_i\right)^2 \qquad (9-66)$$

其中,变量 a 表示投资者的决策行为,X_i 表示影响投资者决策的各种因素。

那么,传统投资者的最优化决策行为是:

$$a^r(X) = \sum_{i=1}^{n} \mu_i X_i \qquad (9-67)$$

传统投资者在最优化自己的决策时考虑了 n 种影响因素,比如风险资产的市场基础信息、投资者情绪、交易价格、期初价格等。

现实中,一个明智代理者在做投资决策时并不会考虑所有的影响因素,尤其是一些比较次要琐碎的因素。我们定义代理者基于稀疏性的认知的影响因素为:

$$X_i^s = m_i X_i \qquad (9-68)$$

其中, $m_i \in [0, 1]$ 是影响因素 X_i 的有限关注系数。理想的模型用向量 μ 来描述,而稀疏性的模型用向量 m 来刻画。当 $m_i = 0$ 时,投资者的决策行为没

有考虑影响因素 X_i；当 $m_i = 1$ 时，投资者考虑了影响因素 X_i 的真实值。

有限关注产生了一个心理成本 $p\sum\limits_{i=1,\cdots,n} m_i^\alpha$，表示变量缺乏稀疏性所带来的一个惩罚。其中，参数 $p \geqslant 0$ 是一个有限注意的成本参数，当 $p=0$ 时，投资者做了传统的最优决策。从先验知识中已知 $E(X_i)=0$，$E(X_iX_j)=\sigma^2_{X_iX_j}$。定义 $a_{X_i}=\dfrac{\partial a}{\partial X_i}=-u_{aa}^{-1}u_{aX_i}$，表示影响因素 X_i 的一单位变化所带来的代理者决策行为的变化。

因此，代理者基于稀疏性的最优化问题为选择一个有限关注向量 $\{m_i^*\}$，即：

$$m_i^* = \operatorname{argmin} \frac{1}{2} \sum_{i,\,j=1,\cdots,\,n} (m_i-1)\Lambda_{ij}(m_i-1) + p\sum_{i=1,\cdots,\,n} m_i^\alpha$$

$$(9-69)$$

其中，$\Lambda_{ij}=-\sigma_{X_iX_j}a_{X_i}u_{aa}a_{X_j}$ 为一有限注意成本的向量，p 为有限注意的成本参数。第一项测度了从一个不完美模型 m 中的预期损失，是有限注意效应损失的泰勒展开式的领导项。第二项是对缺乏稀疏性的一个惩罚，即有限注意的心理成本。

在稀疏性代理变量 $X_i^s=m_i^*X_i$ 基础上，投资者来选择自己的最优化决策行为，即：

$$a^s = \operatorname{argmax} u(a,\,X^s)=\sum_{i=1}^n \mu_i X_i^s \qquad (9-70)$$

稀疏性的代理者在一个简化的代表性世界 X_i^s 中来选择自己的最优化决策行为 a^s。

（1）有限注意函数

在此，有限注意函数被定义如下：

$$A_\alpha\left(\frac{\Lambda_{ij}}{p}\right)=\inf\left[\operatorname*{argmin}_m \frac{1}{2}\sum_{i,\,j=1,\cdots,\,n}(m_i-\mu_i)\Lambda_{ij}(m_i-\mu_i)+p\sum_{t-1,\cdots,\,n}m_i^\alpha\right]$$

$$(9-71)$$

inf 表示如果 m 有多个极小值，取 $m \geqslant 0$ 的最小值。

为简化论证和不失一般性，假定仅有一个影响代理者决策行为的因素 X_1，则有限注意函数变为 $A_\alpha\left(\dfrac{\sigma^2_{X_1}}{p}\right)=\inf\left[\operatorname*{argmin}_m \dfrac{1}{2}(m_i-1)^2\sigma^2_{X_1}+pm^\alpha\right]$。

当 $\alpha=0$ 时，pm^0 对应于稀疏性的固定惩罚，可得：

$$A_0\left(\frac{\sigma_{X_1}^2}{p}\right)=1$$

当 $\alpha=2$ 时，pm^2 对应于稀疏性的二次惩罚，可得：

$$A_2\left(\frac{\sigma_{X_1}^2}{p}\right)=\frac{\sigma_{X_1}^2}{\sigma_{X_1}^2+2p}$$

当 $\alpha=1$ 时，pm 对应于稀疏性的线性惩罚，可得：

$$A_1\left(\frac{\sigma_{X_1}^2}{p}\right)=\max\left(1-\frac{p}{\sigma_{X_1}^2},\ 0\right)=\begin{cases}0, & \text{如果}\ \dfrac{p}{\sigma_{X_1}^2}>1\\[2mm]1-\dfrac{p}{\sigma_{X_1}^2}, & \text{如果}\ \dfrac{p}{\sigma_{X_1}^2}\leqslant 1\end{cases}$$

由以上可知，当且仅当 $\alpha=1$ 时，有限注意算子 $A_1\left(\frac{\sigma_{X_1}^2}{k}\right)$ 有 0 取值，并且是连续的。

(2) 基于稀疏性的锚定与调整调整行为的 $\zeta(\cdot)$ 函数

至此，根据当 $\alpha=1$ 时的有限注意函数，我们可以定义基于稀疏性的锚定与调整调整行为的 ζ 函数，即：

$$\zeta\left(\mu_i,\frac{\sigma_{X_i}^2\mid a_{X_i}u_{aa}a_{X_i}\mid}{p}\right)=$$

$$\begin{cases}\mu_i+\dfrac{p}{\sigma_{X_i}^2\mid a_{X_i}u_{aa}a_{X_i}\mid}, & \text{如果}\ \mu_i\leqslant-\dfrac{p}{\sigma_{X_i}^2\mid a_{X_i}u_{aa}a_{X_i}\mid}\\[4mm]0, & \text{如果}\ \mid\mu_i\mid<\dfrac{p}{\sigma_{X_i}^2\mid a_{X_i}u_{aa}a_{X_i}\mid}\\[4mm]\mu_i-\dfrac{p}{\sigma_{X_i}^2\mid a_{X_i}u_{aa}a_{X_i}\mid}, & \text{如果}\ \mu_i\geqslant\dfrac{p}{\sigma_{X_i}^2\mid a_{X_i}u_{aa}a_{X_i}\mid}\end{cases}$$

$$(9-72)$$

当 $\mid\mu_i\mid<\dfrac{p}{\sigma_{X_i}^2\mid a_{X_i}u_{aa}a_{X_i}\mid}$ 时，有 $m_i=0$，投资者没有考虑变量 X_i 的影响，等价于 $X_i=0$，这导致了对原模型的稀疏性。当 $\mu_i>\dfrac{p}{\sigma_{X_i}^2\mid a_{X_i}u_{aa}a_{X_i}\mid}$ 时，有 $m_i=\mu_i-\dfrac{p}{\sigma_{X_i}^2\mid a_{X_i}u_{aa}a_{X_i}\mid}$，导致了对原模型的部分调整，该式很好地描述了卡尼曼和特沃斯基(Kahneman and Tversky，1974)论证的锚定与调整现象。

当变量 X_i 有更大的变异($\sigma_{X_i}^2$)，对投资者的决策行为有更大的边际影响($\mid a_{x_i}\mid$)，一个不完美的决策行为导致更大的效应损失($\mid u_{aa}\mid$)，以及成

本参数 p 较小时,变量 X_i 被赋予了更多的关注。$\zeta(\cdot)$ 函数对变量 X_i 稀疏性的过程消除了这样的一类变量,它们的变化较小地影响投资者的决策行为（$\left|\dfrac{\partial a}{\partial X_i}\right| < \sqrt{\dfrac{p}{\sigma_{X_i}^2 \mid \mu_i u_{aa}}}$）。稀疏性的代理者在做投资决策时只考虑显著影响他们决策行为的少数影响因素,并且对于这些少数重要的变量,稀疏性的投资者也只是给予了有限关注。

（3）稀疏性下的锚定与调整行为对需求函数的修订

面对众多的有关的个体投资者情绪,稀疏性的投资者在做投资决策时仅考虑显著影响风险资产需求的某类投资者情绪,比如该类情绪投资者情绪变异的平均质量 σ_{S_i} 较高,而忽略众多琐碎的情绪变异的标准范围较小的个体投资者情绪。基于稀疏性的最优化交易策略展示了对情绪默认值的锚定以及对情绪真实值的部分调整。在有限注意限制下,稀疏性的代理者认知的个体情绪变量 S_i^s 为:

$$S_i^s = \zeta\left(1, \frac{\sigma_{S_i}^2 \mid D_{S_i} u_{DD} D_{S_i}\mid}{p}\right) S_i \qquad (9-73)$$

其中,D_{S_i} 表示个体投资者情绪的变化对需求决策的边际影响,u_{DD} 为效用函数关于交易策略的二阶偏导,表示不完美的交易策略导致的效用损失。因此,在稀疏性下投资者的交易策略为 $D^s = \mathrm{argmax}\,u(D, S^s)$,进而可得:

$$D^s = \sum_{i=1}^{n} \mu_i S_i^s = \sum_{i=1}^{n} \tau\left(1, \frac{\sigma_{S_i}^2 \mu_i^2}{p}\right) \mu_i S_i \qquad (9-74)$$

其中,$D_{S_i} = \mu_i$,$u_{DD} = -1$。

9.3.2 高阶期望、锚定与调整行为的均衡

为了一般化和直观地分析个体情绪投资者的高阶预期、锚定与调整行为对资产均衡价格的影响作用,进一步将二期预期的均衡拓展为三阶预期的均衡。在此分析个体情绪投资者观测包含个体情绪扰动的私人信息时的高阶预期、锚定与调整行为对资产价格的动态影响。

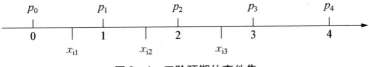

图 9-4 三阶预期的事件集

同样地,我们利用倒推法来求解三个时期的市场均衡价格。第一步结合个体情绪投资者的锚定与调整行为来分析稀疏性投资者在各个时期的最优交易策略;第二步在稀疏性投资者最优化需求的基础上,由市场出清条件确定各个时期的均衡价格。

1. 第三时期的市场出清价格

由于个体情绪投资者没有通过观察当前及以前的价格来获取有价值的公共信息,第三时期个体情绪投资者 i 拥有的信息集为 $\{p_0, x_{i3}^S\}$。因此,第三时期稀疏性的投资者对风险资产清算价值的一阶预期为:

$$E_{3i}^s(\theta \mid p_0, x_{i3}^2) = \left(1 - \frac{\gamma}{g(S_{i3})\alpha + \gamma}\right)p_0 + \frac{\gamma}{g(S_{i3})\alpha + \gamma}\theta +$$

$$\frac{\zeta\left(1, \dfrac{\sigma_{S_i}^2 \mid D_{S_i} u_{DD} D_{S_i} \mid}{p}\right)\gamma}{g(S_{i3})\alpha + \gamma} f(S_{i3}) \qquad (9 \to 75)$$

第三时期个体情绪投资者 i 对风险资产清算价值的条件方差为:

$$Var_{3i}(\theta \mid p_0, x_{i3}^S) = \frac{1}{g(S_{i3})\alpha + \gamma} \qquad (9-76)$$

假定所有的个体情绪投资者对风险资产的清算价值拥有共同的认知方差,即 $Var_3(\theta \mid p_0, x_{i3}^S) = \dfrac{1}{g(\bar{S}_3)\alpha + \gamma}$,其中 $\bar{S}_3$ 表示第三时期市场上所有投资者的平均情绪水平。因此,第三时期所有个体情绪投资者对风险资产的总需求为:

$$D_3^S = \frac{\tau(\bar{E}_3^s(\theta \mid p_0, x_{3i}^S) - p_3^S)}{Var_3(\theta \mid p_0, x_{3i}^S)}$$

$$= \frac{\tau\left(\left(1 - \dfrac{\gamma}{g(\bar{S}_3)\alpha + \gamma}\right)p_0 + \dfrac{\gamma}{g(\bar{S}_3)\alpha + \gamma}\theta + \right.}{Var_3(\theta \mid p_0, x_{3i}^S)}$$

$$\frac{\left. \displaystyle\sum_i \zeta\left(1, \dfrac{\sigma_{S_{i3}}^2 \mu_{i3}^2}{p}\right)\dfrac{\gamma}{g(\bar{S}_3)\alpha + \gamma} f(S_{i3}) - p_3^S\right)}{Var_3(\theta \mid p_0, x_{3i}^S)} \qquad (9-77)$$

由市场出清条件可得 $D_3^S = s_3$,可得第三时期的情绪均衡价格为:

$$p_3^S = \left(1 - \frac{\gamma}{g(\bar{S}_3)\alpha + \gamma}\right)p_0 + \frac{\gamma}{g(\bar{S}_3)\alpha + \gamma}\theta$$

$$+ \sum_i \zeta\left(1, \frac{\sigma_{S_{i3}}^2 \mu_{i3}^2}{p}\right)\frac{\gamma}{g(\bar{S}_3)\alpha + \gamma} f(S_{i3}) - \frac{Var_3(\theta \mid p_0, x_{3i}^S)s_3}{\tau}$$

$$(9-78)$$

2. 第二时期的市场出清价格

第二时期个体情绪投资者 i 拥有的信息集为 $\{p_0, x_{i2}^S\}$，稀疏性的投资者对风险资产清算价值的二阶预期为：

$$E_{2i}^s \bar{E}_3^s(\theta \mid p_0, x_{i2}^2) = \left(1 - \left(\frac{\gamma}{g(\bar{S})\alpha + \gamma}\right)^2\right)p_0 + \left(\frac{\gamma}{g(\bar{S})\alpha + \gamma}\right)^2 \theta$$

$$+ \zeta\left(1, \frac{\sigma_{S_{i2}}^2 \mu_{i2}^2}{p}\right)\left(\frac{\gamma}{g(\bar{S})\alpha + \gamma}\right)^2 f(S_{i2}) +$$

$$\sum_i \zeta\left(1, \frac{\sigma_{S_{i3}}^2 \mu_{i3}^2}{p}\right)\frac{\gamma}{g(\bar{S})\alpha + \gamma}f(S_{i3}) \qquad (9-79)$$

为了简化计算和不失一般性，在此假定所有个体情绪投资者对基础价值的认知精度统一为 $g(\bar{S})\alpha$。那么第二时期所有个体情绪投资者对风险资产的总需求为：

$$D_2^S = \frac{\tau(\bar{E}_2^s \bar{E}_3^s(\theta \mid p_0, x_{2i}^S) - p_2^S)}{Var_2(p_3^S \mid p_0, x_{2i}^S)}$$

$$= \frac{\left\{\begin{array}{l}\tau\left(\left(1 - \left(\frac{\gamma}{g(\bar{S})\alpha + \gamma}\right)^2\right)p_0 + \left(\frac{\gamma}{g(\bar{S})\alpha + \gamma}\right)^2\theta + \sum_i \zeta\left(1, \frac{\sigma_{S_{i2}}^2 \mu_{i2}^2}{p}\right)\right. \\ \left.\left(\frac{\gamma}{g(\bar{S})\alpha + \gamma}\right)^2 f(S_{i2}) + \sum_i \tau\left(1, \frac{\sigma_{S_{i3}}^2 \mu_{i3}^2}{p}\right)\frac{\gamma}{g(\bar{S})\alpha + \gamma}f(S_{i3}) - p_2^S\right)\end{array}\right\}}{Var_2(p_3^S \mid p_0, x_{2i}^S)}$$

$$(9-80)$$

由市场出清条件可得 $D_2^S = s_2$，可得第二时期的情绪均衡价格为：

$$p_2^S = \left(1 - \left(\frac{\gamma}{g(\bar{S})\alpha + \gamma}\right)^2\right)p_0 + \left(\frac{\gamma}{g(\bar{S})\alpha + \gamma}\right)^2\theta + \sum_i \zeta\left(1, \frac{\sigma_{S_{i2}}^2 \mu_{i2}^2}{p}\right)\left(\frac{\gamma}{g(\bar{S})\alpha + \gamma}\right)^2$$

$$f(S_{i2}) + \sum_i \zeta\left(1, \frac{\sigma_{S_{i3}}^2 \mu_{i3}^2}{p}\right)\frac{\gamma}{g(\bar{S})\alpha + \gamma}f(S_{i3}) - \frac{Var_2(p_3^S \mid p_0, x_{2i}^S)s_2}{\tau}$$

$$(9-81)$$

3. 第一时期的市场出清价格

第一时期个体情绪投资者 i 拥有的信息集为 $\{p_0, x_{i1}^S\}$，稀疏性的投资者对风险资产清算价值的三阶预期为：

$$E_{1i}^s \bar{E}_2^s \bar{E}_3^s(\theta \mid p_0, x_{i1}^S) = \left(1 - \left(\frac{\gamma}{g(\bar{S})\alpha + \gamma}\right)^3\right)p_0 + \left(\frac{\gamma}{g(\bar{S})\alpha + \gamma}\right)^3 \theta$$

$$+ \zeta\left(1, \frac{\sigma_{S_{i1}}^2 \mu_{i1}^2}{p}\right)\left(\frac{\gamma}{g(\bar{S})\alpha + \gamma}\right)^3 f(S_{i1}) + \sum_i \zeta\left(1, \frac{\sigma_{S_{i2}}^2 \mu_{i2}^2}{p}\right)\left(\frac{\gamma}{g(\bar{S})\alpha + \gamma}\right)^2 f(S_{i2})$$

$$+ \sum_i \zeta\left(1, \frac{\sigma_{S_{i3}}^2 \mu_{i3}^2}{p}\right) \frac{\gamma}{g(\bar{S})\alpha + \gamma} f(S_{i3}) \qquad (9-82)$$

进而可得第一时期所有个体情绪投资者对风险资产的总需求为:

$$D_1^S = \frac{\tau(\bar{E}_1^s \bar{E}_2^s \bar{E}_3^s(\theta \mid p_0, x_{i1}^S) - p_1^S)}{Var_1(p_2^S \mid p_0, x_{i1}^S)}$$

进一步由市场出清条件 $D_1^S = s_1$,可得第一时期的情绪均衡价格为:

$$p_1^S = \left(1 - \left(\frac{\gamma}{g(\bar{S})\alpha + \gamma}\right)^3\right) p_0 + \left(\frac{\gamma}{g(\bar{S})\alpha + \gamma}\right)^3 \theta + \sum_i \zeta\left(1, \frac{\sigma_{S_{i1}}^2 \mu_{i1}^2}{p}\right) \left(\frac{\gamma}{g(\bar{S})\alpha + \gamma}\right)^3$$

$$f(S_{i1}) + \sum_i \zeta\left(1, \frac{\sigma_{S_{i2}}^2 \mu_{i2}^2}{p}\right) \left(\frac{\gamma}{g(\bar{S})\alpha + \gamma}\right)^2 f(S_{i2}) + \sum_i \zeta\left(1, \frac{\sigma_{S_{i3}}^2 \mu_{i3}^2}{p}\right)$$

$$\frac{\gamma}{g(\bar{S})\alpha + \gamma} f(S_{i3}) - \frac{Var_1(p_2^S \mid p_0, x_{1i}^S) s_1}{\tau} \qquad (9-83)$$

依次迭代,稀疏性的个体情绪投资者在 t 时期对日期 $T+1$ 风险资产清算价值的高阶平均预期为:

$$\bar{E}_t^s \bar{E}_{t+1}^s \cdots \bar{E}_T^s(\theta \mid x_{iT}^S \mid \cdots x_{i,t+1}^S \mid x_{it}^S) = \left(1 - \left(\frac{\gamma}{g(\bar{S})\alpha + \gamma}\right)^{T+1-t}\right) p_0$$

$$+ \left(\frac{\gamma}{g(\bar{S})\alpha + \gamma}\right)^{T+1-t} \theta + \sum_{j=t}^{T} \sum_i \zeta\left(1, \frac{\sigma_{S_{ij}}^2 \mu_{ij}^2}{p}\right) \left(\frac{\gamma}{g(\bar{S})\alpha + \gamma}\right)^{T+1-j} f(S_{ij})$$

$$(9-84)$$

由市场出清条件 $D_t^S = s_t$,可得 t 时期的情绪均衡价格为:

$$p_t^S = \bar{E}_t^s \bar{E}_{t+1}^s \cdots \bar{E}_T^s(\theta \mid x_{iT}^S \mid \cdots x_{i,t+1}^S \mid x_{it}^S) - \frac{Var_t(p_{t+1}^S \mid x_{it}^S)}{\tau} s_t$$

$$= \left(1 - \left(\frac{\gamma}{g(\bar{S})\alpha + \gamma}\right)^{T+1-t}\right) p_0 + \left(\frac{\gamma}{g(\bar{S})\alpha + \gamma}\right)^{T+1-t} \theta$$

$$+ \sum_{j=t}^{T} \sum_i \zeta\left(1, \frac{\sigma_{S_{ij}}^2 \mu_{ij}^2}{p}\right) \left(\frac{\gamma}{g(\bar{S})\alpha + \gamma}\right)^{T+1-j} f(S_{ij}) - \frac{Var_t(p_{t+1}^S \mid x_{it}^S)}{\tau} s_t$$

$$(9-85)$$

随着预期阶数的逐渐增加,期初价格 p_0 的系数逐渐地接近于 1,表现了高阶预期的惰性成分;基础信息 θ 的系数逐渐地接近于 0,展现了高阶预期的吸收信息状态;情绪扰动的系数之和越来越大,表明更多的投资者情绪融入价格之中。反过来说,随着时间的推移,价格序列 p_1, p_2, …, p_T 逐渐降低对期初价格 p_0 的锚定,均衡价格融入的基础信息越来越多,逐渐靠近风险资产的理性预期价值,价格序列受投资者情绪扰动的影响越来越弱,最终收敛于基础信息的实现值。在稀疏性投资者的锚定与调整行为下,风险资产的定价舍去了这样的一类投资者情绪代理变量,它们的变化较小地影响投资者的需求决策行为。综上,我们有如下命题。

命题 9 - 3:

(1) 稀疏性的投资者对风险资产的最优化需求存在锚定与调整行为,即:

$$D^s = \sum_{i=1}^{n} \tau\left(1, \frac{\sigma_{S_i}^2 \mu_i^2}{p}\right) \mu_i S_i = \sum_{i=1}^{n} \mu_i S_i \begin{cases} 0, & \text{如果 } \mu_i^2 < \dfrac{p}{\sigma_{S_i}^2} \\ 1 - \dfrac{p}{\sigma_{S_i}^2 \mu_i^2}, & \text{如果 } \mu_i^2 \geqslant \dfrac{p}{\sigma_{S_i}^2} \end{cases}$$

(2) t 时期稀疏性的投资者仅仅观测到包含情绪扰动的私人信息时对风险资产的总需求为:

$$D_t^S = \frac{\bar{E}_t^s \bar{E}_{t+1}^s \cdots \bar{E}_T^s (\theta \mid x_{iT}^S \mid \cdots x_{i,t+1}^S \mid x_{it}^S)}{Var_t(p_{t+1}^S \mid x_{it}^S)}$$

$$= \frac{\left\{\left(1 - \left(\dfrac{\gamma}{g(\bar{S})\alpha + \gamma}\right)^{T+1-t}\right) p_0 + \left(\dfrac{\gamma}{g(\bar{S})\alpha + \gamma}\right)^{T+1-t} \theta \right\}}{\left. + \sum_{j=t}^{T} \sum_i \zeta\left(1, \dfrac{\sigma_{S_{ij}}^2 \mu_{ij}^2}{p}\right) \left(\dfrac{\gamma}{g(\bar{S})\alpha + \gamma}\right)^{T+1-j} f(S_{ij}) \right\}}{Var_t(p_{t+1}^S \mid x_{ti}^S)}$$

因此 t 时期的情绪均衡价格关于噪音供给的期望为:

$$E(p_t^S) = \left(1 - \left(\frac{\gamma}{g(\bar{S})\alpha + \gamma}\right)^{T+1-t}\right) p_0 + \left(\frac{\gamma}{g(\bar{S})\alpha + \gamma}\right)^{T+1-t} \theta$$

$$+ \sum_{j=t}^{T} \sum_i \zeta\left(1, \frac{\sigma_{S_{ij}}^2 \mu_{ij}^2}{p}\right) \left(\frac{\gamma}{g(\bar{S})\alpha + \gamma}\right)^{T+1-j} f(S_{ij})$$

9.4　本章小结

凯恩斯(Keynes,1936)专业投资的选美竞赛理论指出,在金融市场中由于投资者的短视行为资产的价格反映了资产未来收益的平均预期的平均预期。行为资产定价理论中的情绪投资者是天真幼稚的和短视的,在做投资决策时除了受到自身情绪扰动的影响外也会受到其他代理者平均偏好的影响,甚至预测平均偏好期望的平均偏好是什么,即在决策时存在高阶信念。为此我们尝试将选美竞赛理论中的高阶平均预期融入行为资产模型,分析金融市场中的公共信息和私人信息对个体情绪投资者选择与决策的影响。此外,金融市场上存在众多的个体情绪投资者,他们的情绪扰动或多或少地对资产定价产生一定的影响,稀疏性的个体情绪投资者在形成高阶平均预期时由于有限注意心理过程只考虑部分重要的代理变量和参数,存在着对默认值的锚定和新信息的不充分调整。因此,在个体情绪投资者形成高阶平均预期过程中,我们融入了稀疏性个体情绪投资者的锚定与调整行为,构建了一类基于代理者高阶期望、锚定与调整行为的情绪资产定价模型,首先分析了个体情绪投资者的高阶预期对资产价格形成和资产价格动态变化的影响机理,其次在稀疏性代理者的锚定与调整行为下进一步论证了高阶信念对资产价格形成的具体影响,得出以下有意义的结论和启示。

(1)在一阶预期的市场环境中,由于个体情绪投资者观测的私人信息中情绪扰动的作用,增添了均衡价格之中的情绪漂移成分;同时高涨的个体情绪降低了认知的基础信息方差,使得均衡价格又紧紧地锚定期初价格。当个体情绪投资者通过观测价格学习有价值的公共信息时,使得公共信息中的基础信息成分融入价格之中;由于公共信息中供给噪音的作用增加了市场总的风险承受能力,降低了基础信息的相对精度,因而降低了对期初价格的锚定,同时也降低了情绪扰动的相对精度,从而减弱了价格之中的情绪漂移成分。

(2)在二阶预期的市场环境中,当个体情绪投资者仅仅观测到包含情绪扰动的私人信息时,在个体情绪投资者对风险资产清算价值的二阶预期的作用下,降低了价格之中的信息漂移成分,增加了对期初价格的锚定成分;由于观测到的私人信息中包含第一时期的情绪扰动和在对第二时期均衡价格的前瞻性预期之中包含第二时期的情绪扰动,使得第一时期和第二时期的投资者情绪融入价格之中。当个体情绪投资者通过观测价格学习有价值的公共信息时,使得第一时期和第二时期的公共信息中的基础信息成分融入第二时期的均衡价格之中;两个时期公共信息中的供给噪音增加了第二时期市场总的风险承受能力,降低了基础信息和情绪扰动的相对精度。对于第一时期的情绪均衡价格,在个体情绪投资者二阶预期的作用下使得基础信息的敏感性系数变小。反之,随着时间的推移基础信息逐渐地融入价格之中,而情绪扰动融入价格的部分越来越少,情绪均衡价格逐渐靠近风险资产的理性预期价值。

（3）在高阶预期的市场环境中，对于 t 时期的市场均衡价格，当个体情绪投资者仅观测到私人信息时价格之中的信息成分最少；当个体情绪投资者学习有价值的公共信息时，由于公共信息中的有效信息融入价格之中使得价格之中的信息成分增加；当个体情绪投资者直接对风险资产清算价值进行条件预期时，该条件期望中的信息成分最多，当且仅当在最后一个交易日期 T，清算价值的平均条件预期等于学习信息的情绪均衡价格关于供给噪音的期望。当个体情绪投资者存在锚定与调整行为时，稀疏性的投资者存在有限注意心理过程，只关注显著影响他们投资者决策行为的少数个体情绪变量和参数。

总之，在选美竞赛规则下个体情绪投资者当前投资决策依赖于对下一期价格的前瞻性预期，迭代这种关系，当前的价格将取决于风险资产清算价值的高阶预期。高阶预期的阶数越高，情绪均衡价格损失的有效信息越多，增加了对期初价格的锚定成分，降低了价格之中的信息漂移成分。融入个体情绪投资者的锚定与调整行为条件下，高阶预期中稀疏性的代理者对众多琐碎的情绪扰动进行了简化处理，只对重要的情绪变量和参数进行了不充分调整。

9.5　本章附录

附录 1：理性投资者的条件期望和条件方差

在 9.2.1 节描述的经济环境下，理性投资者拥有的公共信息为：了解到风险资产的清算价值 θ 服从均值为 p_0，方差为 $\frac{1}{\alpha}$ 的正态分布；在交易前观测到一个含有噪音的私人信息 $x_i = \theta + \varepsilon_i$，噪音项 ε_i 服从均值为 0，方差为 $\frac{1}{\beta}$ 的正态分布。根据自身所拥有的信息集，理性投资者 i 对风险资产清算价值的条件期望为：

$$E_i(\theta \mid x_i) = E(\theta) + \frac{Cov(\theta, \theta + \varepsilon_i)}{Var(\theta + \varepsilon_i)}(x_i - E(\theta + \varepsilon_i))$$

$$= p_0 + \frac{\frac{1}{\alpha}}{\frac{1}{\alpha} + \frac{1}{\beta}}(x_i - p_0)$$

$$= \left(1 - \frac{\beta}{\alpha + \beta}\right) p_0 + \frac{\beta}{\alpha + \beta} x_i \qquad (9-86)$$

理性投资者 i 对风险资产清算价值的条件方差为：

$$Var_i(\theta \mid x_i) = Var(\theta) - \frac{Cov^2(\theta, \theta + \varepsilon_i)}{Var(\theta + \varepsilon_i)}$$

$$= \frac{1}{\alpha} - \frac{\dfrac{1}{\alpha} \times \dfrac{1}{\alpha}}{\dfrac{1}{\alpha} + \dfrac{1}{\beta}}$$

$$= \frac{1}{\alpha + \beta} \qquad (9-87)$$

附录 2：情绪投资者的条件期望和条件方差

在 9.2.1 节描述的经济环境下，情绪投资者在交易前观测到一个包含有个体情绪扰动的私人信息 $x_i^S = \theta + f(S_i)$，$f(S_i)$ 为个体情绪扰动 S_i 的线性函数，服从均值为 0，方差为 $\dfrac{1}{\gamma}$ 的正态分布。根据自身所拥有的信息集，个体情绪投资者 i 对风险资产清算价值的认知期望为：

$$E_i(\theta \mid \theta + f(S_i)) = E(\theta) + \frac{Cov(\theta, \theta + f(S_i))}{Var(\theta + f(S_i))}(\theta + f(S_i) - E(\theta + f(S_i)))$$

$$= p_0 + \frac{\dfrac{1}{g(S_i)\alpha}}{\dfrac{1}{g(S_i)\alpha} + \dfrac{1}{\gamma}}(\theta + f(S_i) - p_0)$$

$$= \left(1 - \frac{\dfrac{1}{g(S_i)\alpha}}{\dfrac{1}{g(S_i)\alpha} + \dfrac{1}{\gamma}}\right) p_0 + \frac{\dfrac{1}{g(S_i)\alpha}}{\dfrac{1}{g(S_i)\alpha} + \dfrac{1}{\gamma}}(\theta + f(S_i))$$

$$= \left(1 - \frac{\gamma}{g(S_i)\alpha + \gamma}\right) p_0 + \frac{\gamma}{g(S_i)\alpha + \gamma}(\theta + f(S_i)) \qquad (9-88)$$

个体情绪投资者 i 对风险资产清算价值的认知方差为：

$$Var_i(\theta \mid \theta + f(S_i)) = Var(\theta) - \frac{Cov^2(\theta, \theta + f(S_i))}{Var(\theta + f(S_i))}$$

$$= \frac{1}{g(S_i)\alpha} - \frac{\dfrac{1}{g(S_i)\alpha} \cdot \dfrac{1}{g(S_i)\alpha}}{\dfrac{1}{g(S_i)\alpha} + \dfrac{1}{\gamma}}$$

$$=\frac{1}{g(S_i)\alpha+\gamma} \tag{9-89}$$

附录3：情绪投资者通过观测价格学习时的条件期望和条件方差

在 9.2.1 节描述的经济环境下，个体情绪投资者通过观测价格来学习有价值的公共信息。根据观测到的公共信息 $\xi=\frac{1}{\kappa n}(p_1^S-\kappa mp_0)-\frac{l}{n}f(\bar{S}_1)=\theta-\frac{1}{n}s_1$，个体情绪投资者 i 对风险资产清算价值的条件期望为：

$$E_i(\theta\mid\xi)=E(\theta)+\frac{Cov\left(\theta,\theta-\frac{1}{n}s_1\right)}{Var\left(\theta-\frac{1}{n}s_1\right)}\left(\frac{1}{\kappa n}(p_1^S-\kappa mp_0)-\frac{l}{n}f(\bar{S}_1)-E\left(\theta-\frac{1}{n}s_1\right)\right)$$

$$=p_0+\frac{\frac{1}{\alpha}}{\frac{1}{\alpha}+\frac{1}{n^2\delta_1}}\left(\frac{1}{\kappa n}(p_1^S-\kappa mp_0)-\frac{l}{n}f(\bar{S}_1)-p_0\right)$$

$$=p_0+\frac{n^2\delta_1}{\alpha+n^2\delta_1}\left(\frac{1}{\kappa n}(p_1^S-\kappa mp_0)-\frac{l}{n}f(\bar{S}_1)-p_0\right)$$

$$=\frac{\alpha p_0+\frac{n\delta_1}{\kappa}(p_1^S-\kappa mp_0)-nl\delta_1f(\bar{S}_1)}{\alpha+n^2\delta_1}$$

$$=\frac{(\alpha-mn\delta_1)p_0-nl\delta_1f(\bar{S}_1)+\frac{n\delta_1}{\kappa}p_1^S}{\alpha+n^2\delta_1} \tag{9-90}$$

基于观测到的公共信息 ξ，个体情绪投资者 i 对风险资产清算价值 θ 的条件方差为：

$$Var(\theta\mid\xi)=Var(\theta)-\frac{Cov^2\left(\theta,\theta-\frac{1}{n}s_1\right)}{Var\left(\theta-\frac{1}{n}s_1\right)}$$

$$=\frac{1}{\alpha}-\frac{\frac{1}{\alpha}\cdot\frac{1}{\alpha}}{\frac{1}{\alpha}+\frac{1}{n^2\delta_1}}$$

$$= \frac{1}{\alpha} - \frac{1}{\alpha} \cdot \frac{n^2 \delta_1}{\alpha + n^2 \delta_1}$$

$$= \frac{1}{\alpha + n^2 \delta_1} \qquad (9-91)$$

进一步,在个体情绪投资者 i 观测到包含个体情绪扰动的私人信息条件下,个体情绪投资者 i 对风险资产清算价值的条件期望:

$$E_i(\theta \mid \xi, x_i^S) = E(\theta \mid \xi) + \frac{Cov(\theta, \theta + f(S_i) \mid \xi)}{Var(\theta + f(S_i) \mid \xi)}$$

$$(\theta + f(S_i) - E(\theta + f(S_i) \mid \xi))$$

$$= \frac{(\alpha - mn\delta_1)p_0 - nl\delta_1 f(\bar{S}_1) + \dfrac{n\delta_1}{\kappa}p_1^S}{\alpha + n^2 \delta_1} + \frac{\dfrac{1}{\alpha + n^2 \delta_1}}{\dfrac{1}{\alpha + n^2 \delta_1} + \dfrac{1}{\gamma}}$$

$$\left(\theta + f(S_i) \frac{(\alpha - mn\delta_1)p_0 - nl\delta_1 f(\bar{S}_1) + \dfrac{n\delta_1}{\kappa}p_1^S}{\alpha + n^2 \delta_1} \right)$$

$$= \frac{(\alpha - mn\delta_1)p_0 - nl\delta_1 f(\bar{S}_1) + \dfrac{n\delta_1}{\kappa}p_1^S}{\alpha + n^2 \delta_1} + \frac{\gamma}{\alpha + n^2 \delta_1 + \gamma}$$

$$\left(\theta + f(S_i) \frac{(\alpha - mn\delta_1)p_0 - nl\delta_1 f(\bar{S}_1) + \dfrac{n\delta_1}{\kappa}p_1^S}{\alpha + n^2 \delta_1} \right)$$

$$= \frac{(\alpha + n^2 \delta_1) \dfrac{(\alpha - mn\delta_1)p_0 - nl\delta_1 f(\bar{S}_1) + \dfrac{n\delta_1}{\kappa}p_1^S}{\alpha + n^2 \delta_1} + \gamma(\theta + f(S_i))}{\alpha + n^2 \delta_1 + \gamma}$$

$$= \frac{(\alpha - mn\delta_1)p_0 + \dfrac{n\delta_1}{\kappa}p_1^S - nl\delta_1 f(\bar{S}_1) + \gamma(\theta + f(S_i))}{\alpha + n^2 \delta_1 + \gamma} \qquad (9-92)$$

根据观测到的公共信息和私人信息,个体情绪投资者 i 对风险资产清算价值的条件方差为:

$$Var(\theta \mid \xi, x_i^S) = Var(\theta \mid \xi) - \frac{Cov^2(\theta, \theta + f(S_i) \mid \xi)}{Var(\theta + f(S_i) \mid \xi)}$$

$$= \frac{1}{\alpha + n^2 \delta_1} - \frac{\dfrac{1}{\alpha + n^2 \delta_1} \cdot \dfrac{1}{\alpha + n^2 \delta_1}}{\dfrac{1}{\alpha + n^2 \delta_1} + \dfrac{1}{\gamma}}$$

$$= \frac{1}{\alpha + n^2\delta_1} \left(1 - \frac{\frac{1}{\alpha + n^2\delta_1}}{\frac{1}{\alpha + n^2\delta_1} + \frac{1}{\gamma}} \right)$$

$$= \frac{1}{\alpha + n^2\delta_1 + \gamma} \tag{9-93}$$

附录4:情绪投资者通过观测价格学习时的市场出清价格

个体情绪投资者不仅观测到包含个体情绪扰动的私人信息,而且通过观测价格学习有价值的公共信息。在9.2.1节描述的经济环境下,模型的结果有一个易处理的线性结构,设定第一时期的线性定价规则为 $p_1^S = \kappa(mp_0 + n\theta + lf(\bar{S}_1) - s_1)$,其中 $\bar{S}_1$ 表示第一时期市场上所有个体投资者的平均情绪水平。那么个体情绪投资者 i 对风险资产清算价值的认知的条件期望和条件方差分别为:

$$E_i(\theta \mid \xi, x_i^S) = E(\theta \mid \xi) + \frac{Cov(\theta, \theta + f(S_i) \mid \xi)}{Var(\theta + f(S_i) \mid \xi)}$$

$$(\theta + f(S_i) - E(\theta + f(S_i) \mid \xi))$$

$$= \frac{(\alpha - mn\delta_1)p_0 + \frac{n\delta_1}{\kappa}p_1^S - nl\delta_1 f(\bar{S}_1) + \gamma(\theta + f(S_i))}{\alpha + n^2\delta_1 + \gamma}$$

$$Var(\theta \mid \xi, x_i^S) = Var(\theta \mid \xi) - \frac{Cov^2(\theta, \theta + f(S_i) \mid \xi)}{Var(\theta + f(S_i) \mid \xi)}$$

$$= \frac{1}{\alpha + n^2\delta_1 + \gamma} \tag{9-94}$$

结合风险资产的需求函数(9-2),可得个体情绪投资者 i 对风险资产的需求为:

$$D_i^S = \frac{\tau(E_i(\theta \mid \xi, x_i^S) - p_1^S)}{Var(\theta \mid \xi, x_i^S)}$$

$$= \frac{\tau \left(\frac{(\alpha - mn\delta_1)p_0 + \frac{n\delta_1}{\kappa}p_1^S - nl\delta_1 f(\bar{S}_1) + \gamma(\theta + f(S_i))}{\alpha + n^2\delta_1 + \gamma} - p_1^S \right)}{\frac{1}{\alpha + n^2\delta_1 + \gamma}}$$

$$= \tau \left[(\alpha - mn\delta_1)p_0 + \frac{n\delta_1}{\kappa}p_1^S - nl\delta_1 f(\bar{S}_1) + \right.$$

$$\gamma(\theta + f(S_i)) - (\alpha + n^2\delta_1 + \gamma)p_1^S \Big]$$

$$= \tau\Big[(\alpha - mn\delta_1)p_0 + \gamma(\theta + f(S_i)) - nl\delta_1 f(\bar{S}_1) -$$

$$\Big(\alpha + n^2\delta_1 + \gamma - \frac{n\delta_1}{\kappa}\Big)p_1^S\Big] \qquad (9-95)$$

加总所有个体情绪投资者的需求,得风险资产的总需求为:

$$D_1^S = \tau\Big[(\alpha - mn\delta_1)p_0 + \gamma(\theta + f(\bar{S})) -$$

$$nl\delta_1 f(\bar{S}_1) - \Big(\alpha + n^2\delta_1 + \gamma - \frac{n\delta_1}{\kappa}\Big)p_1^S\Big] \qquad (9-96)$$

其中,$\bar{S}$ 表示私人信息中个体情绪扰动的平均水平。由市场出清条件 $D_1^S = s_1$,即:

$$D_1^S = \tau\Big[(\alpha - mn\delta_1)p_0 + \gamma(\theta + f(\bar{S})) - nl\delta_1 f(\bar{S}_1) -$$

$$\Big(\alpha + n^2\delta_1 + \gamma - \frac{n\delta_1}{\kappa}\Big)p_1^S\Big] = s_1 \qquad (9-97)$$

解得情绪均衡价格 p_1^S 为:

$$\Big(\alpha + n^2\delta_1 + \gamma - \frac{n\delta_1}{\kappa}\Big)p_1^S = (\alpha - mn\delta_1)p_0 + \gamma\theta + (\gamma - nl\delta_1)f(\bar{S}_1) - \frac{s_1}{\tau}$$

$$\Rightarrow p_1^S = \frac{(\alpha - mn\delta_1)p_0 + \gamma\theta + (\gamma - nl\delta_1)f(\bar{S})}{\alpha + \gamma + n^2\delta_1 - \dfrac{n\delta_1}{\kappa}} - \frac{s_1}{\tau\Big(\alpha + \gamma + n^2\delta_1 - \dfrac{n\delta_1}{\kappa}\Big)}$$

$$(9-98)$$

便于简化计算和不失一般性,这里假定 $\bar{S} = \bar{S}_1$。结合设定的线性定价方程:

$$p_1^S = \kappa(mp_0 + n\theta + lf(\bar{S}_1) - s_1)$$

所以有:

$$\kappa m = \frac{\alpha - mn\delta_1}{\alpha + \gamma + n^2\delta_1 - \dfrac{n\delta_1}{\kappa}} \qquad (9-99)$$

$$\kappa n = \frac{\gamma}{\alpha + \gamma + n^2\delta_1 - \dfrac{n\delta_1}{\kappa}} \qquad (9-100)$$

$$\kappa = \frac{1}{\tau\left(\alpha + \gamma + n^2\delta_1 - \dfrac{n\delta_1}{\kappa}\right)} \tag{9-101}$$

$$\kappa l = \frac{\gamma - nl\delta_1}{\alpha + \gamma + n^2\delta_1 - \dfrac{n\delta_1}{\kappa}} \tag{9-102}$$

因此有：

$$n = \tau\gamma \tag{9-103}$$

$$m = \tau(\alpha - mn\delta_1) \tag{9-104}$$

$$l = \tau(\gamma - nl\delta_1) \tag{9-105}$$

$$\kappa(\alpha + \gamma + \tau^2\gamma^2\delta_1) - \tau\gamma\delta_1 = \frac{1}{\tau} \tag{9-106}$$

可推出：

$$n = \tau\gamma \tag{9-107}$$

$$m = \frac{\tau\alpha}{1 + \tau^2\gamma\delta_1} \tag{9-108}$$

$$l = \frac{\tau\gamma}{1 + \tau^2\gamma\delta_1} \tag{9-109}$$

$$\kappa = \frac{\dfrac{1}{\tau} + \tau\gamma\delta_1}{\alpha + \gamma + \tau^2\gamma^2\delta_1} \tag{9-110}$$

所以情绪均衡价格 p_1^S 的具体表达式为：

$$\begin{aligned}
p_1^S &= \frac{\dfrac{1}{\tau} + \tau\gamma\delta_1}{\alpha + \gamma + \tau^2\gamma^2\delta_1}\left[\frac{\tau\alpha}{1 + \tau^2\gamma\delta_1}p_0 + \tau\gamma\theta + \frac{\tau\gamma}{1 + \tau^2\gamma\delta_1}f(\bar{S}) - s_1\right] \\
&= \frac{\alpha}{\alpha + \gamma + \tau^2\gamma^2\delta_1}p_0 + \frac{\gamma + \tau^2\gamma^2\delta_1}{\alpha + \gamma + \tau^2\gamma^2\delta_1}\theta + \frac{\gamma}{\alpha + \gamma + \tau^2\gamma^2\delta_1}f(\bar{S}) - \\
&\qquad\qquad \frac{\dfrac{1}{\tau} + \tau\gamma\delta_1}{\alpha + \gamma + \tau^2\gamma^2\delta_1}s_1
\end{aligned} \tag{9-111}$$

附录 5:情绪投资者对价格 p_2^S 的条件期望和条件方差

在第一时期个体情绪投资者 i 根据自己所拥有的私人信息 $x_{i1}^S = \theta + f(S_{i1})$,形成对价格 p_2^S 的条件期望和条件方差。个体情绪投资者 i 对价格 p_2^S 的条件期望为:

$$E_{1i}(p_2^S \mid x_{i1}^S) = E_{1i}\left(\left(1 - \frac{\gamma}{g(\bar{S}_2)\alpha + \gamma}\right)p_0 + \frac{\gamma}{g(\bar{S}_2)\alpha + \gamma}\right.$$

$$\left.(\theta + f(\bar{S}_2)) - \frac{s_2}{\tau(g(\bar{S}_2)\alpha + \gamma)} \,\middle|\, x_{i1}^S\right)$$

$$= \left(1 - \frac{\gamma}{g(\bar{S}_2)\alpha + \gamma}\right)p_0 + \frac{\gamma}{g(\bar{S}_2)\alpha + \gamma}E_{1i}(\theta \mid x_{i1}^S) + \frac{\gamma}{g(\bar{S}_2)\alpha + \gamma}f(\bar{S}_2)$$

$$= \left(1 - \frac{\gamma}{g(\bar{S}_2)\alpha + \gamma}\right)p_0 + \frac{\gamma}{g(\bar{S}_2)\alpha + \gamma}\left[\left(1 - \frac{\gamma}{g(\bar{S}_1)\alpha + \gamma}\right)p_0\right.$$

$$\left. + \frac{\gamma}{g(\bar{S}_1)\alpha + \gamma}(\theta + f(S_{i1}))\right] + \frac{\gamma}{g(\bar{S})\alpha + \gamma}f(\bar{S}_2)$$

$$= \left(1 - \left(\frac{\gamma}{g(\bar{S})\alpha + \gamma}\right)^2\right)p_0 + \left(\frac{\gamma}{g(\bar{S})\alpha + \gamma}\right)^2\theta +$$

$$\frac{\gamma}{g(\bar{S})\alpha + \gamma}f(\bar{S}_2) + \left(\frac{\gamma}{g(\bar{S})\alpha + \gamma}\right)^2 f(S_{i1}) \qquad (9-112)$$

这里,为了简化计算和不失一般性,假定所有个体情绪投资者对基础价值的认知精度统一为 $g(\bar{S})\alpha$。

在第一时期个体情绪投资者 i 对价格 p_2^S 的条件方差为:

$$Var_{1i}(p_2^S \mid x_{i1}^S) = Var_{1i}\left(\left(1 - \frac{\gamma}{g(\bar{S})\alpha + \gamma}\right)p_0 + \frac{\gamma}{g(\bar{S})\alpha + \gamma}\right.$$

$$\left.(\theta + f(\bar{S}_2)) - \frac{s_2}{\tau(g(\bar{S})\alpha + \gamma)} \,\middle|\, x_{i1}^S\right)$$

$$= \left(\frac{\gamma}{g(\bar{S})\alpha + \gamma}\right)^2 Var_{1i}(\theta \mid x_{i1}^S) + \left(\frac{1}{\tau(g(\bar{S})\alpha + \gamma)}\right)^2 \frac{1}{\delta_2}$$

$$= \left(\frac{\gamma}{g(\bar{S})\alpha + \gamma}\right)^2 \frac{1}{g(\bar{S})\alpha + \gamma} + \left(\frac{1}{\tau(g(\bar{S})\alpha + \gamma)}\right)^2 \frac{1}{\delta_2}$$

$$= \left(\frac{1}{g(\bar{S})\alpha + \gamma}\right)^3 \gamma^2 + \left(\frac{1}{\tau(g(\bar{S})\alpha + \gamma)}\right)^2 \frac{1}{\delta_2} \qquad (9-113)$$

类似地,个体情绪投资者 i 对风险资产清算价值的三阶条件期望为:

$$E_{1i}\bar{E}_2\bar{E}_3(\theta \mid x_{i1}^S) = \left(1 - \left(\frac{\gamma}{g(\bar{S})\alpha + \gamma}\right)^2\right)p_0 + \left(\frac{\gamma}{g(\bar{S})\alpha + \gamma}\right)^2 E_{1i}(\theta \mid x_{i1}^S)$$

$$+\frac{\gamma}{g(\bar{S})\alpha+\gamma}f(\bar{S}_3)+\left(\frac{\gamma}{g(\bar{S})\alpha+\gamma}\right)^2 f(\bar{S}_2)$$

$$=\left(1-\left(\frac{\gamma}{g(\bar{S})\alpha+\gamma}\right)^2\right)p_0+\frac{\gamma}{g(\bar{S})\alpha+\gamma}f(\bar{S}_3)+\left(\frac{\gamma}{g(\bar{S})\alpha+\gamma}\right)^2 f(\bar{S}_2)$$

$$+\left(\frac{\gamma}{g(\bar{S})\alpha+\gamma}\right)^2\left[\left(1-\frac{\gamma}{g(\bar{S})\alpha+\gamma}\right)p_0+\frac{\gamma}{g(\bar{S})\alpha+\gamma}(\theta+f(S_{i1}))\right]$$

$$=\left(1-\left(\frac{\gamma}{g(\bar{S})\alpha+\gamma}\right)^3\right)p_0+\left(\frac{\gamma}{g(\bar{S})\alpha+\gamma}\right)^3\theta+\frac{\gamma}{g(\bar{S})\alpha+\gamma}f(\bar{S}_3)$$

$$+\left(\frac{\gamma}{g(\bar{S})\alpha+\gamma}\right)^2 f(\bar{S}_2)+\left(\frac{\gamma}{g(\bar{S})\alpha+\gamma}\right)^3 f(S_{i1})\quad(9-114)$$

附录 6：第二时期情绪投资者通过观测价格学习时的市场均衡价格

在两期交易的市场环境下，个体情绪投资者 i 在第二时期拥有的信息集为 $\{x_{i2}^S, \xi_1, \xi_2\}$。在 9.2.1 节描述的经济环境下，第二时期的市场均衡价格有一个易处理的线性结构，将第二时期的市场出清价格预设为 $p_2=\kappa_2(m_2 E(\theta\mid\xi_1)+n_2\theta+l_2 f(\bar{S}_2)-s_2)$，个体情绪投资者 i 基于观测到的公共信息 $\xi_2=\theta-\frac{1}{n_2}s_2$，进一步贝叶斯更新对风险资产清算价值的预期。在第二时期个体情绪投资者 i 对风险资产清算价值的条件期望为：

$$E_{2i}(\theta\mid\xi_i,x_{i2}^S,\xi_2)=\frac{\left\{\begin{array}{l}\alpha p_0+n_1^2\delta_1\left(\dfrac{1}{\kappa_1 n_1}(p_1^S-\kappa_1 m_1 p_0)-\dfrac{l_1}{n_1}\right.\\[4pt]\left.f(\bar{S}_1)-\dfrac{j_1}{n_1}f(\bar{S}_2)\right)+\gamma(\theta+f(S_{i2}))+\\[4pt]n_2^2\delta_2\left(\dfrac{1}{\kappa_2 n_2}(p_2^S-\kappa_2 m_2 E(\theta\mid\xi_1))-\dfrac{l_2}{n_2}f(\bar{S}_2)\right)\end{array}\right\}}{\alpha+n_1^2\delta_1+\gamma+n_2^2\delta_2}$$

$$=\left\{\begin{array}{l}\dfrac{\left(\dfrac{\alpha+n_1^2\delta_2-m_2 n_2\delta_2}{\alpha+n_1^2\delta_1}\right)\left[\alpha p_0+n_1^2\delta_1\left(\dfrac{1}{\kappa_1 n_1}(p_1^S-\kappa_1 m_1 p_0)-\right.\right.}{\alpha+n_1^2\delta_1+\gamma+n_2^2\delta_2}\\[12pt]\dfrac{\left.\left.\dfrac{l_1}{n_1}f(\bar{S}_1)-\dfrac{j_1}{n_1}f(\bar{S}_2)\right)\right]}{}\\[8pt]+\dfrac{n_2\delta_2/\kappa_2}{\alpha+n_1^2\delta_1+\gamma+n_2^2\delta_2}p_2^S+\dfrac{\gamma}{\alpha+n_1^2\delta_1+\gamma+n_2^2\delta_2}(\theta+f(S_{i2}))-\\[10pt]\dfrac{n_2 l_2\delta_2 f(\bar{S}_2)}{\alpha+n_1^2\delta_1+\gamma+n_2^2\delta_2}\end{array}\right\}$$

$$
=\left\{\begin{array}{l}
\dfrac{\alpha+n_1^2\delta_1-m_2n_2\delta_2}{\alpha+n_1^2\delta_1+\gamma+n_2^2\delta_2}\cdot\dfrac{\alpha-m_1n_1\delta_1}{\alpha+n_1^2\delta_1}p_0 \\[2ex]
+\dfrac{\alpha+n_1^2\delta_1-m_2n_2\delta_2}{\alpha+n_1^2\delta_1+\gamma+n_2^2\delta_2}\cdot\dfrac{n_1\delta_1/\kappa_1}{\alpha+n_1^2\delta_1}p_1^S \\[2ex]
+\dfrac{n_2\delta_2/\kappa_2}{\alpha+n_1^2\delta_1+\gamma+n_2^2\delta_2}p_2^S+\dfrac{r(\theta+f(S_{i2}))}{\alpha+n_1^2\delta_1+\gamma+n_2^2\delta_2}- \\[2ex]
\dfrac{\alpha+n_1^2\delta_1-m_2n_2\delta_2}{\alpha+n_1^2\delta_1+\gamma+n_2^2\delta_2}\cdot\dfrac{n_1l_1\delta_1f(\bar S_1)}{\alpha+n_1^2\delta_1} \\[2ex]
-\dfrac{\alpha+n_1^2\delta_1-m_2n_2\delta_2}{\alpha+n_1^2\delta_1+\gamma+n_2^2\delta_2}\cdot\dfrac{n_1j_1\delta_1f(\bar S_2)}{\alpha+n_1^2\delta_1}-\dfrac{n_2l_2\delta_2f(\bar S_2)}{\alpha+n_1^2\delta_1+\gamma+n_2^2\delta_2}
\end{array}\right\}
$$

$$(9-115)$$

个体情绪投资者 i 对风险资产清算价值 θ 的条件方差为：

$$Var_2(\theta\mid\xi_1,x_{i2},\xi_2)$$

$$=Var(\theta\mid\xi_1,x_{i2})-\dfrac{Cov^2\left(\theta,\theta-\dfrac{1}{n_2}s_2\mid\xi_1,x_{i2}\right)}{Var\left(\theta-\dfrac{1}{n_2}s_2\mid\xi_1,x_{i2}\right)}$$

$$=\dfrac{1}{\alpha+n_1^2\delta_1+\gamma}-\dfrac{\dfrac{1}{\alpha+n_1^2\delta_1+\gamma}\cdot\dfrac{1}{\alpha+n_1^2\delta_1+\gamma}}{\dfrac{1}{\alpha+n_1^2\delta_1+\gamma}+\dfrac{1}{n_2^2\delta_2}}$$

$$=\dfrac{1}{\alpha+n_1^2\delta_1+\gamma}\left(1-\dfrac{\dfrac{1}{\alpha+n_1^2\delta_1+\gamma}}{\dfrac{1}{\alpha+n_1^2\delta_1+\gamma}+\dfrac{1}{n_2^2\delta_2}}\right)$$

$$=\dfrac{1}{\alpha+n_1^2\delta_1+\gamma+n_2^2\delta_2}\qquad(9-116)$$

结合需求函数(9-2)，在第二时期个体情绪投资者 i 对风险资产的最优化需求为：

$$D_{2i}^S=\dfrac{\tau(E_{2i}(\theta\mid\xi_i,x_{i2}^S,\xi_2)-p_2^S)}{Var_2(\theta\mid\xi_1,x_{i2}^S,\xi_2)}$$

$$=\dfrac{\tau\left\{\begin{array}{l}\dfrac{(\alpha+n_1^2\delta_1-m_2n_2\delta_2)E(\theta\mid\xi_i)}{\alpha+n_1^2\delta_1+\gamma+n_2^2\delta_2}+\dfrac{\gamma(\theta+f(S_{i2}))}{\alpha+n_1^2\delta_1+\gamma+n_2^2\delta_2}\\[2ex]-\dfrac{n_2l_2\delta_2f(\bar S_2)}{\alpha+n_1^2\delta_1+\gamma+n_2^2\delta_2}+\dfrac{\dfrac{n_2\delta_2}{\kappa_2}p_2^S}{\alpha+n_1^2\delta_1+\gamma+n_2^2\delta_2}-p_2^S\end{array}\right\}}{1/(\alpha+n_1^2\delta_1+\gamma+n_2^2\delta_2)}$$

$$= \tau \left\{ \begin{array}{l} (\alpha + n_1^2 \delta_1 - m_2 n_2 \delta_2) E(\theta \mid \xi_1) + \gamma(\theta + f(S_{i2})) - n_2 l_2 \delta_2 f(\bar{S}_2) \\ - \left(\alpha + n_1^2 \delta_1 + \gamma + n_2^2 \delta_2 - \dfrac{n_2 \delta_2}{\kappa_2} \right) p_2^S \end{array} \right\} \tag{9-117}$$

加总所有个体情绪投资者的需求,可得风险资产的总需求为:

$$D_2^S = \tau \Big[(\alpha + n_1^2 \delta_1 - m_2 n_2 \delta_2) E(\theta \mid \xi_1) + \beta(\theta + f(\bar{S}_2)) - $$

$$n_2 l_2 \delta_2 f(\bar{S}_2) - \left(\alpha + n_1^2 \delta_1 + n_2^2 \delta_2 + \beta \dfrac{n_2 \delta_2}{\kappa_2} \right) p_2^S \Big] \tag{9-118}$$

其中,$\bar{S}_2$ 表示第二时期市场上所有投资者情绪扰动的平均水平。由市场出清条件 $D_2^S = s_2$,即:

$$\tau \Big[(\alpha + n_1^2 \delta_1 - m_2 n_2 \delta_2) E(\theta \mid \xi_1) + \gamma(\theta + f(\bar{S}_2)) - $$

$$n_2 l_2 \delta_2 f(\bar{S}_2) - \left(\alpha + n_1^2 \delta_1 + \gamma + n_2^2 \delta_2 - \dfrac{n_2 \delta_2}{\kappa_2} \right) p_2^S \Big] = s_2 \tag{9-119}$$

解得情绪均衡价格 p_2^S 为:

$$p_2^S = \frac{(\alpha + n_1^2 \delta_1 - m_2 n_2 \delta_2) E(\theta \mid \xi_1) + \gamma(\theta + f(\bar{S}_2)) - n_2 l_2 \delta_2 f(\bar{S}_2)}{\alpha + n_1^2 \delta_1 + \gamma + n_2^2 \delta_2 - \dfrac{n_2 \delta_2}{\kappa_2}}$$

$$- \frac{s_1}{\tau \left(\alpha + n_1^2 \delta_1 + \gamma + n_2^2 \delta_2 - \dfrac{n_2 \delta_2}{\kappa_2} \right)} \tag{9-120}$$

结合方程线性定价方程(9-35):

$$p_2 = \kappa_2 (m_2 E(\theta \mid \xi_1) + n_2 \theta + l_2 f(\bar{S}_2) - s_2)$$

因此有:

$$\kappa_2 m_2 = \frac{\alpha + n_1^2 \delta_1 - m_2 n_2 \delta_2}{\alpha + n_1^2 \delta_1 + \gamma + n_2^2 \delta_2 - \dfrac{n_2 \delta_2}{\kappa_2}} \tag{9-121}$$

$$\kappa_2 n_2 = \frac{\gamma}{\alpha + n_1^2 \delta_1 + \gamma + n_2^2 \delta_2 - \dfrac{n_2 \delta_2}{\kappa_2}} \tag{9-122}$$

$$\kappa_2 = \frac{1}{\tau\left(\alpha + n_1^2\delta_1 + \gamma + n_2^2\delta_2 - \dfrac{n_2\delta_2}{\kappa_2}\right)} \tag{9-123}$$

$$\kappa_2 l_2 = \frac{\gamma - n_2 l_2 \delta_2}{\alpha + n_1^2\delta_1 + \gamma + n_2^2\delta_2 - \dfrac{n_2\delta_2}{\kappa_2}} \tag{9-124}$$

所以有：

$$n_2 = \tau\gamma \tag{9-125}$$

$$m_2 = \tau(\alpha + n_1^2\delta_1 - m_2 n_2 \delta_2) \tag{9-126}$$

$$l_2 = \tau(\gamma - n_2 l_2 \delta_2) \tag{9-127}$$

$$\kappa_2 = \frac{1}{\tau\left(\alpha + n_1^2\delta_1 + \gamma + \tau^2\gamma^2\delta_2 - \dfrac{\tau\gamma\delta_2}{\kappa_2}\right)} \tag{9-128}$$

解得：

$$n_2 = \tau\gamma$$

$$m_2 = \frac{\tau(\alpha + n_1^2\delta_1)}{1 + \tau^2\gamma\delta_2}$$

$$l_2 = \frac{\tau\gamma}{1 + \tau^2\gamma\delta_2}$$

$$\kappa_2 = \frac{\dfrac{1}{\tau} + \tau\gamma\delta_2}{\alpha + n_1^2\delta_1 + \gamma + \tau^2\gamma^2\delta_2}$$

所以第二时期市场均衡价格的具体表达式为：

$$p_2^s = \frac{\dfrac{1}{\tau} + \tau\gamma\delta_2}{\alpha + n_1^2\delta_1 + \gamma + \tau^2\gamma^2\delta_2}$$

$$\left[\frac{\tau(\alpha + n_1^2\delta_1)}{1 + \tau^2\gamma\delta_2}E(\theta \mid \xi_1) + \tau\gamma\theta + \frac{\tau\gamma}{1 + \tau^2\gamma\delta_2}f(\bar{S}_2) - s_2\right]$$

$$= \frac{\alpha + n_1^2\delta_1}{\alpha + n_1^2\delta_1 + \gamma + \tau^2\gamma^2\delta_2}E(\theta \mid \xi_1) + \frac{\gamma + \tau^2\gamma^2\delta_2}{\alpha + n_1^2\delta_1 + \gamma + \tau^2\gamma^2\delta_2}\theta$$

$$+ \frac{\gamma}{\alpha + n_1^2\delta_1 + \gamma + \tau^2\gamma^2\delta_2}f(\bar{S}_2)$$

$$-\frac{\dfrac{1}{\tau}+\tau\gamma\delta_2}{\alpha+n_1^2\delta_1+\gamma+\tau^2\gamma^2\delta_2}s_2 \tag{9-129}$$

将条件期望 $E_{2i}(\theta\mid\xi_1)=$

$$\frac{(\alpha-m_1n_1\delta_1)p_0-n_1l_1\delta_1f(\bar{S}_1)-n_1j_1\delta_1f(\bar{S}_2)+\dfrac{n_1\delta_1}{\kappa_1}p_1^S}{\alpha+n_1^2\delta_1}\quad 代入上式得：$$

$$p_2^S=\frac{\alpha+n_1^2\delta_1}{\alpha+n_1^2\delta_1+\gamma+\tau^2\gamma^2\delta_2}\cdot$$

$$\frac{(\alpha-m_1n_1\delta_1)p_0-n_1l_1\delta_1f(\bar{S}_1)-n_1j_1\delta_1f(\bar{S}_2)+\dfrac{n_1\delta_1}{\kappa_1}p_1^S}{\alpha+n_1^2\delta_1}$$

$$+\frac{\gamma+\tau^2\gamma^2\delta_2}{\alpha+n_1^2\delta_1+\gamma+\tau^2\gamma^2\delta_2}\theta+\frac{\gamma}{\alpha+n_1^2\delta_1+\gamma+\tau^2\gamma^2\delta_2}f(\bar{S}_2)-$$

$$\frac{\dfrac{1}{\tau}+\tau\gamma\delta_2}{\alpha+n_1^2\delta_1+\gamma+\tau^2\gamma^2\delta_2}s_2$$

$$=\frac{(\alpha-m_1n_1\delta_1)p_0}{\alpha+n_1^2\delta_1+\gamma+\tau^2\gamma^2\delta_2}+\frac{\dfrac{n_1\delta_1}{\kappa_1}}{\alpha+n_1^2\delta_1+\gamma+\tau^2\gamma^2\delta_2}$$

$$\kappa_1(m_1p_0+n_1\theta+l_1f(\bar{S}_1)+j_1f(\bar{S}_2)-s_1)$$

$$-\frac{n_1l_1\delta_1f(\bar{S}_1)}{\alpha+n_1^2\delta_1+\gamma+\tau^2\gamma^2\delta_2}-\frac{n_1j_1\delta_1f(\bar{S}_1)}{\alpha+n_1^2\delta_1+\gamma+\tau^2\gamma^2\delta_2}$$

$$+\frac{\gamma+\tau^2\gamma^2\delta_2}{\alpha+n_1^2\delta_1+\gamma+\tau^2\gamma^2\delta_2}\theta+\frac{\gamma}{\alpha+n_1^2\delta_1+\gamma+\tau^2\gamma^2\delta_2}$$

$$f(\bar{S}_2)-\frac{\dfrac{1}{\tau}+\tau\gamma\delta_2}{\alpha+n_1^2\delta_1+\gamma+\tau^2\gamma^2\delta_2}s_2$$

$$=\frac{\alpha}{\alpha+n_1^2\delta_1+\gamma+\tau^2\gamma^2\delta_2}p_0+\frac{n_1^2\delta_1+\gamma+\tau^2\gamma^2\delta_2}{\alpha+n_1^2\delta_1+\gamma+\tau^2\gamma^2\delta_2}\theta$$

$$+\frac{\gamma}{\alpha+n_1^2\delta_1+\gamma+\tau^2\gamma^2\delta_2}f(\bar{S}_2)$$

$$-\frac{n_1\delta_1}{\alpha+n_1^2\delta_1+\gamma+\tau^2\gamma^2\delta_2}s_1-\frac{\dfrac{1}{\tau}+\tau\gamma\delta_2}{\alpha+n_1^2\delta_1+\gamma+\tau^2\gamma^2\delta_2}s_2$$

$$\tag{9-130}$$

第十章 投资者情绪影响股票价格的微观基础

本章针对理论模型的主要结论,采用主成分分析方法构建综合的个股投资者情绪指数,论证个股投资者情绪对个股价格的影响作用,系统地分析情绪加速器效应的微观基础和传导机理。首先研究个股情绪对个股价格在不同市态下的时序效应以及对不同类别公司股票价格的横截面效应,进而研究日、周、月三种频率个股情绪的期限结构效应以及混频个股情绪效应,阐释投资者情绪影响股票价格的微观基础。

10.1 个股情绪对个股价格的横截面效应和时序效应

近年来,关于金融资产价格和投资者情绪之间关系的研究在行为金融领域获得了显著的增长。许多经验研究方面的文献表明,在金融资产定价中投资者情绪施加了系统性和显著性的重要作用。一些实证研究针对市场层面的投资者情绪,如布朗和克里夫(Brown and Cliff,2004,2005)、贝克和沃格勒(Baker and Wurgler,2006,2007)、贝克等(Baker et al.,2012)、库马尔和李(Kumar and Lee,2006)、余剑峰和袁宇(Yu and Yuan,2011)、斯坦博等(Stambaugh et al.,2012,2014,2015)、赛伯特和杨(Seybert and Yang,2012)、杨春鹏和张壬癸(Yang and Zhang,2014)、杨春鹏和高斌(Yang and Gao,2014)以及李进芳(Li,2015,2020)。另外,一些学者涉猎了机构投资者情绪和个体投资者的效应,例如,陈和方(Chan and Fong,2004)、李和莱(Li and Laih,2005)、施梅林(Schmeling,2007)、维尔马和苏伊德米尔(Verma and Soydemir,2008)、克林与高(Kling and Gao,2008)。特别是布朗和克里夫(Brown and Cliff,2004)研究了市场范围的总体情绪以及它与近期股票市场收益的关系。他们表示,他们对市场总量的选择主要受数据限制的驱动。由于数据的局限性,他们研究的许多情绪指标仅适用于整个市场(调查、封闭式基金折价、提前下跌比率等)。

他们的研究结果表明,构建良好的股票层面的情绪指标是可能的,并将这个想法留给未来的研究。迄今为止,现有的关于投资者情绪的实证研究很少涉及个股情绪对股票价格的影响,更谈不上系统地论证个股情绪对股票价格的影响过程。因此,本章探讨个股情绪对股价影响的微观机制,即个股情绪对个股价格的横截面效应和时间序列效应。

投资者情绪对不同类型股票的不同影响归入横断面分析。对股票收益横截面的研究可以追溯到法玛和弗伦奇(Fama and French,1993)的三因素模型,其研究结果表明,规模和账面市值比这两个经验性决定的变量很好地解释了平均收益的横截面。随后,许多实证研究论证了投资者情绪如何影响股票价格的横截面,如贝克和沃格勒(Baker and Wurgler,2006)、库马尔和李(Kumar and Lee,2006)、弗拉齐尼和拉蒙特(Frazzini and Lamont,2008)、洪和卡佩奇克(Hong and Kacperczyk,2009)、高晓辉等(Gao et al.,2010)、裴和王(Bae and Wang,2012)、斯坦博等(Stambaugh et al.,2012)、钱晓琳(Qian,2014)、杨春鹏和周丽云(Yang and Zhou,2015)、张强和杨淑娥(2008)、蒋玉梅和王明照(2010)、刘维奇和刘新新(2014)、张维等(2015)。特别是,贝克和沃格勒(Baker and Wurgler,2006)预测,投资者情绪对估值高度主观且难以套利的证券的影响更大。他们发现,当期初情绪指标较低时,小盘股、年轻股、高波动性股票等的后续收益相对较高。库马尔和李(Kumar and Lee,2006)指出,对于小盘股、价值股、机构持股比例较低的股票和价格较低的股票,散户投资者情绪比标准风险因素具有更强的解释力,尤其是当这些股票套利成本较高时。斯坦博等(Stambaugh et al.,2012)探讨了投资者情绪在横截面股票收益的一系列异象中的作用。他们考虑了这样一种情景,由于卖空障碍,相对于过低定价,市场情绪导致的过高定价更普遍的存在。然而,他们并没有解释为什么在横截面上更大的错误定价与特定特征的更极端值相关。这就引出了我们研究的第一个问题,个股情绪如何影响股票价格的横截面。

投资者情绪在不同时间段或者不同市场状态下对股票市场的不同影响属于时间序列分析。许多研究证据提出了投资者情绪对股票市场的时间序列效应,如高晓辉等(Gao et al.,2010)、库洛夫(Kurov,2010)、余剑峰和袁宇(Yu and Yuan,2011)、杨春鹏和李进芳(Yang and Li,2013,2014)以及李进芳(Li,2014,2015)。特别是,余剑锋和袁宇(Yu and Yuan,2011)发现,在低情绪期股市预期的超额收益率与市场的条件方差呈正相关,但它与高情绪期的方差不相关。库洛夫(Kurov,2010)指出,熊市时期的货币政策行动对关于投资者情绪变化和信贷市场状况更敏感的股票有更大的影响。李进芳(Li，2015)的研究结果表明，与股市扩张期相比较，情绪冲击在股市低迷期不仅导致股票价格波动性更大，而且持续时间更长，表现出明显的不对称效应。在这方面的研究还包括麦克莱恩和赵(Mclean and Zhao，2014)、金等(Kim et al.，2014)以及国内的杨阳和万迪(2010)、胡昌生和池阳春(2013)、易志高等(2014)、文凤华等(2014)、宋泽芳和李元(2015)、高大良等(2015)……这就引出了我们研究的第二个问题，在不同的市场状态下个股情绪对股票价格的影响是否不同。

此外，钟等(Chung et al.，2012)指出，只有在扩张状态下，投资者情绪对小盘股、非盈利股票、成长股和非派息股票具有样本内和样本外的预测能力。麦克莱恩和赵(Mclean and Zhao，2014)发现，与时变的外部融资成本一致，投资和就业对托宾 q 的敏感性较低，而在经济衰退和投资者情绪低落时期对现金流更为敏感。为此，我们应该考察在不同市场状态下个股情绪对股价横截面的交互作用，即个股情绪对股票价格的双重非对称效应。

现在的问题是如何衡量个股情绪并明确量化其影响。库马尔和李(Kumar and Lee，2006)利用散户投资者交易活动的买卖不平衡(BSI)来衡量散户投资者的情绪水平。在累加水平上股票层次的 BSI 大于 0 表示散户投资者是给定股票的净买入者，BSI 小于 0 表示散户投资者是该股票的净卖出者。伯格哈特等(Burghardt et al.，2008)利用欧洲权证交易所银行发行权证的交易数据计算散户投资者情绪指数。他们将订单分为被正向和负向投资者情绪所驱动的订单流，并计算每一种净订单流与总订单量的比率。弗拉齐尼和拉蒙特(Frazzini and Lamont，2008)使用共同基金流动性作为个人投资者对不同股票情绪的衡量标准，他们发现基金流通过在不同的共同基金之间进行重新分配是一笔傻钱，从长远来看散户投资者会减少他们的财富。此外，廖彩玲等(Liao et al.，2011)选取个股收益率、个股交易量、整体市场情绪指标和基金情绪指标来提取综合情绪指数。一般说来，选择一个单一的代理来表示投资者情绪可能会忽略一些有价值的信息，正如布朗和克里夫(Brown and Cliff，2004)所述。根据贝克和沃格勒(Baker and Wurgler，2006)的估计方法，本章采用主成分分析法构建一个综合的个股情绪指数。

综上，我们利用带虚拟变量的面板数据模型检验中国股票市场个股价格与个股情绪之间的关系。从几个方面对之前的文献作出了贡献。首先，我们采用主成分分析法提取了中国股票市场的综合个股情绪指数。考虑到数据的可获得性,个股情绪指数基于四个基本情绪指标的共同变异。其次,我们首先运用三因素模型检验了中国股票市场股票价格的横截面,然后从个股情绪的角度解释了股票价格的横截面。再次,运用非参数诊断方法对不同的市场状态进行分类,然后分析了我国股票市场个股情绪的时间序列效应。最后,我们论证了在不同市场状态下个股情绪的横截面效应,即个股情绪对股票价格的交互作用。

10.1.1　个股情绪指数的构建

借鉴贝克和沃格勒(Baker and Wurgler,2006)市场情绪指数的构建思路,我们运用主成分分析方法构建复合个股情绪指数。虽然用单一的情绪代理变量来表征投资者情绪是非常简单方便的,但是一些学者经常地质疑单一性情绪指标的有效性和可信性(Qiu and Welch,2004;Brown and Cliff,2004,2005),致使它不是一个非常合适的情绪指示器。当前,个股层面的相关数据信息是统计完整的和易于获取的,使得我们能够采用一些情绪代理变量来综合地表征个股情绪指数。

1. 个股情绪的代理变量

参考相关的文献,我们选取调整换手率(ATR)、个股买卖不平衡指标(BSI)、个股交易金额(TA)以及心理线指标(PLI)四个指数作为各个交易的情绪代理变量。

(1) 调整换手率。第一个代表个股情绪的指标是基于调整后的换手率。贝克和斯坦(Baker and Stein,2004)指出,换手率是未来回报率的一个很好的预测因子,投资者情绪驱动的流动性变动原则上可以与更高的可预测性相关联,因此换手率可以作为情绪指标。然而,换手率无法显示投资者情绪是乐观还是悲观。杨春鹏和高斌(Yang and Gao,2014)以及李进芳和杨春鹏(Li and Yang,2017)认为,调整后的换手率是投资者情绪的良好代理。杨春鹏和周丽云(Yang and Zhou,2015,2016)使用调整后的换手率来区分乐观状态和悲观状态。如果回报率为负,则意味着股市看跌,高换手率意味着投资者情绪更加低落。如果回报率为正,则意味着股市看涨,高换手率意味着投资者情绪更加高涨。因此,在 t 月份股票 i 调整后的换手率可以表示成:

$$ATR_{it} = \frac{R_{it}}{|R_{it}|} \times \frac{VOL_{it}}{SHO_{it}} \tag{10-1}$$

其中,R_{it} 为股票 i 在月份 t 的收益率,VOL_{it} 表示股票 i 在月份 t 的交易量,SHO_{it} 表示股票 i 在月份 t 流通在外的总股数。

(2) 个股买卖不均衡指标。第二个代表个股情绪的指标是个股买卖不均衡指标。正如库马尔和李(Kumar and Lee, 2006)所建议的,我们可以考虑散户投资者的交易活动来衡量他们情绪的变化。正向变化($BSI>0$)表示散户投资者在一个时间段内净买入某只股票,负向变化($BSI<0$)意味着散户投资者在总水平上是净卖出者。要计算在 t 月份某个股票 i 的买卖不均衡指标,我们可以将 BSI_{it} 表示为:

$$BSI_{it} = \frac{\sum_{j=1}^{D_t} (VB_{i,j,t} - VS_{i,j,t})}{\sum_{j=1}^{D_t} (VB_{i,j,t} + VS_{i,j,t})} \qquad (10-2)$$

其中,$VB_{i,j,t}$ 表示在 t 月份第 j 日股票 i 的买入量,$VS_{i,j,t}$ 表示在 t 月份第 j 日股票 i 的卖出量,D_t 表示在 t 月份股票 i 的交易日数量。

(3) 个股交易金额。代表个股情绪的第三个指标是个股交易金额。资金量流入共同基金和其他类别资产(如无风险政府债券)的数据是很容易获取的(参见 Frazzini and Lamont, 2008; Lee, 2013)。考虑到数据的可获得性,李进芳和杨春鹏(Li and Yang, 2017)用交易金额代替共同资金流作为个股情绪的一个代理变量。一个给定股票的交易金额的增加通常伴有高涨的投资者情绪,可以理解为对股票需求的增加以回应投资者情绪的变化。个股交易金额是股票 i 在一段时间 t 内的交易量和期末收盘价的乘积。不同的交易金额水平揭示了散户投资者对不同股票的不同看法。个体股票在一定时期 t 内的交易金额(TA_{it})可以通过以下公式得出:

$$TA_{it} = TV_{it} \times p_{it} \qquad (10-3)$$

式中 TV_{it} 为股票 i 在一定时期 t 内的成交量,p_{it} 为股票 i 在一定时期 t 内的期末收盘价。

(4) 心理线指标。金和哈(Kim and Ha, 2010)、杨春鹏和高斌(Yang and Gao, 2014)以及杨春鹏和周丽云(Yang and Zhou, 2016)指出心理线指标可以作为投资者情绪的一个指示器。向后看的心理线指标 PLI_{it} 能够表明市场是超买的还是超卖的,如果心理线指标 PLI_{it} 大于 75,意味着市场表现为过多的买进,如果心理线指标小于 25,意味着市场表现为过多的卖出。股票 i 在 t 时期的心理线指标 PLI_{it} 可表示为:

$$PLI_{it} = \frac{T_{it}^u}{T_{it}} \times 100 \qquad (10-4)$$

其中，T_{it}^{u} 表示股票 i 在 t 时期 j 日的收盘价高于 $j-1$ 日的收盘价时的交易日数量，T_{it} 表示股票 i 在 t 时期的总交易日数量。

2. 数据来源与个股情绪指数的计算

本研究数据中，用来计算买卖不均衡指标涉及散户投资者交易活动的高频率分笔交易数据来源于巨灵数据库。个体股票收益、换手率、个股交易金额和心理线指标等数据来自 CSMAR 数据库。市场溢价因子、规模因子、账面市值比因子等三因素模型数据取自锐思金融研究数据库。由于 2005 年中国股票市场全面推进了股权分置改革以及样本数据的可获得性，个股交易数据的时间段为月度，样本数据区间从 2006 年 1 月至 2017 年 12 月。考虑到个体股票的停盘情况，剔除了样本区间内交易日数量相对较少的股票，最终从上海证券交易所 A 股中筛选了 566 只样本股票。

综合个股情绪指数基于四个情绪代理共同变异的第一个主成分。因此，个股情绪指数关于四个代理变量的表达式为：

$$ISI_{it} = \beta_1 \cdot ATR_{it} + \beta_2 \cdot BSI_{it} + \beta_3 \cdot TA_{it} + \beta_4 \cdot PLI_{it} \quad (10-5)$$

其中，考虑到四个代理变量量纲的不同，对各个情绪代理分别进行了标准化处理。以白云机场股票为例（代码 600004），其月度的综合个股情绪指数具体可表示为：

$$ISI_t = 0.6103 \cdot ATR_t + 0.1201 \cdot BSI_t + 0.6025 \cdot TA_t + 0.3501 \cdot PLI_t \quad (10-6)$$

这里，仅有第一个主成分对应的特征值远远大 1。第一个主成分解释了正交变量样本方差的 65.16%，因此一个因子能够捕捉绝大部分的共同变异信息。关于白云机场股票的情绪指数非常吸引人，因为每一个代理都带着预期的系数值进入方程。此外，个体股票投资者情绪的变化可写为 $\Delta ISI_t = ISI_t - ISI_{t-1}$，其中，$\Delta ISI_t > 0$ 表明在 t 月份散户投资者关于个体股票变得更乐观，而 $\Delta ISI_t < 0$ 表明在 t 月份散户投资者关于个体股票变得更悲观。关于白云机场股票情绪指数的描述统计和相关统计检验如表 10-1 所示。

表 10-1　情绪指数的描述统计和属性检验

指数	均值	标准差	最大值	最小值	偏度	峰度	S-W 统计量/ P 值	ADF 统计量/ P 值
ISI	0.0000	1.3587	4.7652	−1.5437	1.5862	3.1734	0.9265 (0.0001)	−3.75 (0.0012)

从上表可知,白云机场股票情绪指数的平均值为0,标准差为1.3587。该个体情绪指数的最大值为4.7652,最小值为-1.5437。它的偏度系数为1.5862,呈现右偏态的分布特征。它的峰度系数为3.1734,大于正态分布的峰度系数3。S-W统计量数值表明,在1‰的显著性水平下拒绝了该变量序列服从正态分布的原假设。非正态性是金融时间序列数据的典型特征,在回归分析中基于正态概率统计量的假设检验会导致一些潜在的问题。ADF单位根检验的结果表明,白云机场股票情绪指数可以看作平稳时间序列,不会存在伪回归问题。同样地,其他个体股票情绪指数通过了平稳性检验,可以运用面板数据模型进行经验分析。

10.1.2　模型的设定

近年来,一些基于投资者情绪的资本资产定价模型被提出,以强调投资者情绪对资产价格的系统作用,如杨春鹏和闫伟(Yang and Yan, 2011)、杨春鹏等(Yang et al., 2012)、杨春鹏和李进芳(Yang and Li, 2013,2014)、杨春鹏和张壬癸(Yang and Zhang, 2013)、李进芳(Li, 2014,2019)。尤其是,相关定价模型结论得到了一些金融实验的支持(Ganzach, 2000; Statman et al., 2008; Kempf et al., 2014)。另一方面,尽管Fama-French三因素模型很好地描述了平均收益的横截面,但该模型更多的是经验研究的结果,缺乏CAMP模型完善的理论机制(Fama and French, 1993)。因此,我们试图从投资者情绪的角度来解释股票价格的横截面,特别是规模效应。为了组织实证工作,我们首先构造了一个简单的双因素模型,包括总体市场因素和情绪因素,然后提出了带有虚拟变量的面板数据模型。

1. 两因素的面板数据模型

为了检验个股情绪对股票价格的系统性影响,我们采用以下两个因素的面板数据模型:

$$R_{it} - R_{ft} = \alpha + \beta_{Rmrf}(R_{mt} - R_{ft}) + \beta_S \Delta ISI_{it} + \varepsilon_{it}, \ i=1, \cdots, 566$$

$$(10-7)$$

式中R_{it}是个体股票的收益率,R_{mt}是总体市场的回报率,R_{ft}是无风险的收益率,ΔISI_{it}是个体股票投资者情绪的变化。原假设设定情绪贝塔系数β_S等于0,备择假设假定系数β_S不等于0,以反映情绪因素所带来的资产误定价。

2. 横截面效应的面板数据模型

为了检验个股情绪对股票价格的横截面效应,我们根据股票类别的横截面特征构造一个虚拟变量。例如,我们建立了一个与公司规模大小相关的虚拟变量,以检验小公司是否比大公司更容易受到投资者情绪影响。具体而言,按照法玛和弗伦奇(Fama and French, 1993)的做法,我们对 2006 年至 2017 年期间每年 6 月底的 566 只个股进行了规模(流通市值)排名。根据个体股票流通市值每年动态排名情况将它们划分为较大 50% 和较小 50% 的两组。因此,我们定义以下虚拟变量:

$$D_{ct} = \begin{cases} 1, & \text{小规模公司} \\ 0, & \text{大规模公司} \end{cases} \qquad (10-8)$$

结合方程(10-7)和方程(10-8),我们可以定义如下横截面效应模型:

$$R_{it} - R_{ft} = \alpha + \beta_{Rmrf}(R_{mt} - R_{ft}) + \beta_{S2}\Delta ISI_{it} + \beta_{CS}(D_{ct}\Delta ISI_{it}) + \varepsilon_{it}$$
$$(10-9)$$

式中系数 β_{S2} 测度投资者情绪对较大 50% 公司的影响,系数 ($\beta_{S2} + \beta_{CS}$) 测度投资者情绪对较小 50% 公司的影响。如果系数 β_{CS} 大于 0,这意味着平均而言,相对于大规模公司股票个股情绪对小规模公司股票施加了更大的影响效应。

3. 时序效应的面板数据模型

类似地,为了检验个股情绪对股票价格的时间序列效应,需要依据不同的市场状态构造一个虚拟变量。根据帕干和索苏诺夫(Pagan and Sossounov, 2003)的方法,我们采用非参数诊断方法将中国股票市场划分为牛市和熊市。因此,根据牛市和熊市的划分结果,我们可以定义以下虚拟变量:

$$D_{tt} = \begin{cases} 1, & \text{熊市} \\ 0, & \text{牛市} \end{cases} \qquad (10-10)$$

式中 D_{tt} 是市场状态的虚拟变量,如果在 t 月份的市场状态是牛市,那么 $D_{tt} = 0$。如果在 t 月份的市场状态是熊市,那么 $D_{tt} = 1$。

结合方程(10-7)和方程(10-10),我们可以定义如下时序效应模型:

$$R_{it} - R_{ft} = \alpha + \beta_{Rmrf}(R_{mt} - R_{ft}) + \beta_{S3}\Delta ISI_{it} + \beta_{TS}(D_{tt}\Delta ISI_{it}) + \varepsilon_{it}$$
$$(10-11)$$

式中系数 β_{S3} 测度牛市状态中个股情绪对股票价格的影响效应,系数 $(\beta_{S3}+\beta_{TS})$ 测度熊市状态中个股情绪对股票价格的影响效应。如果系数 β_{TS} 大于0,这意味着平均而言,相对于牛市状态个股情绪在熊市状态对股票价格施加了更大的影响效应。

4. 交互效应的面板数据模型

我们感兴趣的最终目标是论证在不同股票市场状态下个股情绪对股票价格横截面的交互影响。为此,将方程(10-8)、方程(10-10)与方程(10-7)相结合,建立如下交互效应模型:

$$R_{it}-R_{ft}=\alpha+\beta_{Rmrf}(R_{mt}-R_{ft})+\beta_{S4}\Delta ISI_{it}$$
$$+\beta_{CS2}(D_{ct}\Delta ISI_{it})+\beta_{TS2}(D_{tt}\Delta ISI_{it})+\beta_{CTS}(D_{ct}D_{tt}\Delta ISI_{it})+\varepsilon_{it}$$

$$(10-12)$$

上式中系数 β_{S4} 测度牛市状态中个股情绪对较大50%公司股票的影响效应,系数 $(\beta_{S4}+\beta_{CS2})$ 测度牛市状态中个股情绪对较小50%公司股票的影响效应,系数 $(\beta_{S4}+\beta_{TS2})$ 测度熊市状态中个股情绪对较大50%公司股票的影响效应,系数 $(\beta_{S4}+\beta_{CS2}+\beta_{TS2}+\beta_{CTS})$ 测度熊市状态中个股情绪对较小50%公司股票的影响效应。如果 β_{CS2} 大于0并且 $(\beta_{TS2}+\beta_{CTS})$ 大于0,这意味着在股市低迷的情况下,投资者情绪对小规模公司股价的影响效应最大。

10.1.3 实证结果分析

1. 个股情绪的系统性效应

在本节,我们利用两因素的面板数据模型来分析个股情绪对股票价格的系统性效应。关于方程(10-7)的相关回归结果如表10-2所示。

表10-2 个股情绪的系统性效应检验结果

	Estimate	t Value	Pr>|t|	Adj-R^2
α	0.0105	18.38	<0.0001	0.4905
β_{Rmrf}	1.0011	184.52	<0.0001	
β_S	0.0285	60.62	<0.0001	

从上表可知,市场溢价因子和个股情绪因子在1%的显著性水平下是统计显著的。个股情绪因子按照预期的符号值进入了方程(10-7),它的贝塔系数值为0.0285,表明个股情绪变化上升一个单位,平均而言个股超

额收益增加 2.85% 个单位,这说明个股情绪因子对股票价格施加了显著的系统性效应。两因素模型拟合下调整的可决系数为 0.490 5,这意味着市场溢价因子和个股情绪因子能够解释个体股票收益变异的 49.05%。

2. 个股情绪的横截面效应

我们首先运用包含市场溢价因子、规模因子和账面市值比因子的 Fama-French 三因素模型考察中国股票市场的横截面特征,如规模效应和账面市值比效应。然后,从个股情绪的角度,通过引入虚拟变量分析股票收益的横截面特征。基于规模大小和账面市值比高低的 25 个组合的相关数据来源于锐思金融研究数据库。25 个股票组合的回归结果如表 10-3 所示。

表 10-3 25 个股票组合的三因素模型回归结果

Size	BE/ME	β_{Rmrf}	t Value	Pr>|t|	β_{SmB}	t Value	Pr>|t|	β_{HmL}	t Value	Pr>|t|
1	5	1.029 8	31.803 7	0.000 0	1.259 9	17.419 5	0.000 0	0.113 3	0.967 0	0.336 7
1	4	1.009 5	39.175 2	0.000 0	1.292 9	22.463 2	0.000 0	0.062 9	0.675 0	0.501 8
1	3	0.990 2	33.840 5	0.000 0	1.285 1	19.662 7	0.000 0	-0.046 0	-0.434 6	0.665 1
1	2	1.029 2	31.192 0	0.000 0	1.416 7	19.222 8	0.000 0	-0.081 7	-0.684 8	0.495 6
1	1	0.953 8	22.068 5	0.000 0	1.330 6	13.783 6	0.000 0	0.029 4	0.187 8	0.851 5
2	5	1.017 8	35.781 7	0.000 0	1.194 1	18.794 5	0.000 0	0.310 0	3.012 5	0.003 5
2	4	1.079 9	32.145 8	0.000 0	1.165 7	15.534 6	0.000 0	0.099 5	0.818 8	0.415 5
2	3	1.021 5	33.446 8	0.000 0	1.135 2	16.640 8	0.000 0	-0.179 1	-1.620 4	0.109 4
2	2	1.031 4	38.161 3	0.000 0	1.043 4	17.283 6	0.000 0	-0.103 0	-1.053 4	0.295 6
2	1	1.000 3	28.547 0	0.000 0	1.147 1	14.656 7	0.000 0	-0.417 5	-3.292 9	0.001 5
3	5	1.069 8	32.896 8	0.000 0	0.907 6	12.494 7	0.000 0	0.411 0	3.492 8	0.000 8
3	4	1.054 8	32.054 4	0.000 0	1.049 4	14.277 5	0.000 0	0.094 4	0.793 1	0.430 3
3	3	1.043 8	31.003 1	0.000 0	0.941 3	12.517 4	0.000 0	-0.185 5	-1.523 1	0.132 0
3	2	1.026 1	32.838 4	0.000 0	0.978 0	14.012 7	0.000 0	-0.181 7	-1.606 8	0.112 4
3	1	1.043 8	28.543 4	0.000 0	0.927 2	11.351 1	0.000 0	-0.563 7	-4.260 0	0.000 1
4	5	1.052 8	32.033 4	0.000 0	0.596 9	8.131 4	0.000 0	0.370 2	3.113 7	0.002 6
4	4	1.097 4	29.487 2	0.000 0	0.698 6	8.403 3	0.000 0	-0.049 7	-0.369 1	0.713 1
4	3	1.112 2	34.043 0	0.000 0	0.677 0	9.276 5	0.000 0	-0.190 6	-1.612 5	0.111 1
4	2	1.046 4	28.986 3	0.000 0	0.794 6	9.855 1	0.000 0	-0.369 7	-2.830 5	0.006 0
4	1	1.012 9	27.449 2	0.000 0	0.696 0	8.443 9	0.000 0	-0.605 4	-4.534 2	0.000 0

Size	BE/ME	β_{Rmrf}	t Value	Pr>|t|	β_{SmB}	t Value	Pr>|t|	β_{HmL}	t Value	Pr>|t|
5	5	1.006 1	31.798 2	0.000 0	−0.264 3	−3.739 5	0.000 4	0.596 2	5.208 0	0.000 0
5	4	0.982 0	28.494 1	0.000 0	0.051 1	0.664 0	0.508 8	0.581 8	4.665 5	0.000 0
5	3	1.127 4	31.148 0	0.000 0	0.117 1	1.448 8	0.151 6	0.093 0	0.710 5	0.479 6
5	2	1.102 2	33.350 5	0.000 0	0.003 4	0.045 8	0.963 6	−0.533 2	−4.458 8	0.000 0
5	1	0.988 5	34.806 1	0.000 0	−0.032 4	−0.510 6	0.611 1	−0.968 0	−9.420 6	0.000 0

注：三因素模型的设定为 $R_t - R_{ft} = \alpha + \beta_{Rmrf}(R_{mt} - R_{ft}) + \beta_{SmB}SmB_t + \beta_{HmL}HmL_t + \varepsilon_t$，其中，$R_t$ 是股票组合的收益率，R_{mt} 是总体市场的回报率，R_{ft} 是无风险的收益率，SmB_t 是小规模公司股票组合收益与大规模公司股票组合收益之差，HmL_t 是高账面市值比股票组合收益与低账面市值比股票组合收益之差。表中阴影数值表示系数 β_{HmL} 在 1% 的显著性水平下是统计显著的。

表 10-3 显示，绝大多数的公司规模因素贝塔系数 β_{SmB} 是正向的并且是统计显著的，除了股票组合 (5，5)、(5，4)、(5，3)、(5，2) 和 (5，1) 之外。这说明中国股票市场总体上存在显著的规模效应。公司规模越小，其超额收益越高。此外，大多数的股东权益账面市值比因素贝塔系数 β_{HmL} 在统计上并不是显著的，并且大部分取值是负向的。这表明在我们所研究的样本区间内中国股票市场的账面市值比效应并不明显。

现在，我们利用方程 (10-9) 从个股情绪的角度来论证中国股票市场的规模效应。关于方程 (10-9) 的相关回归结果如表 10-4 所示。

表 10-4　个股情绪的规模效应检验结果

	Estimate	t Value	Pr>|t|	Adj-R^2
α	0.010 5	18.37	<0.000 1	0.490 9
β_{Rmrf}	1.001 3	184.63	<0.000 1	
β_{S2}	0.025 6	37.44	<0.000 1	
β_{CS}	0.005 5	5.89	<0.000 1	

由表 10-4 可知，个股情绪变化对小规模公司股票收益的影响大于对大规模公司股票收益的影响，呈现出明显的规模效应。大规模公司股票收益的情绪敏感性系数 β_{S2} 在 1% 的显著性水平上统计显著，它的取值为 0.025 6。这意味着个股情绪变化每上升一个单位，大规模公司股票超额收益将增加 2.56% 个单位。小规模公司股票收益的情绪敏感性系数在 1% 的显著性水平上统计显著，它的取值为 0.031 1($\beta_{S2} + \beta_{CS}$)，比大规模公司的高出 21.47%。

3. 个股情绪的时序效应

在此,我们利用方程(10-11)来检验个股情绪在不同市场状态下对股票收益的时序效应。关于方程(10-11)的相关回归结果如表10-5所示。

表 10-5　个股情绪的时序效应检验结果

	Estimate	t Value	Pr>|t|	Adj-R²
α	0.0107	18.78	<0.0001	0.4908
β_{Rmrf}	1.0025	184.57	<0.0001	
β_{S3}	0.0258	36.73	<0.0001	
β_{TS}	0.0047	5.05	<0.0001	

由表10-5可知,所有的贝塔系数在1%的显著性水平下是统计显著的。在牛市状态下个股情绪的敏感性系数 β_{S3} 的数值为0.0258,这表示在牛市状态下个股情绪变化每上升一个单位,个股超额收益将增加2.58%个单位。在熊市状态下投资者情绪的敏感性系数 $(\beta_{S3}+\beta_{TS})$ 的数值为0.0396,比牛市状态下的数值大18.39%。因此,这意味着相对于股市上行期而言,个股情绪在股市下行期对股票价格施加了更大的影响,存在明显的时序效应。

4. 个股情绪的交互效应

最后,利用方程(10-12)设定的交互效应模型考察不同股票市场状态下个股情绪对股票价格横截面的交互效应。关于方程(10-12)的相关研究结果见表10-6。

表 10-6　个股情绪的交互效应检验结果

	Estimate	t Value	Pr>|t|	Adj-R²
α	0.0107	18.78	<0.0001	0.4913
β_{Rmrf}	1.0027	184.68	<0.0001	
β_{S4}	0.0214	21.61	<0.0001	
β_{CS2}	0.0087	6.28	<0.0001	
β_{TS2}	0.0078	5.71	<0.0001	
β_{CTS}	−0.0063	−3.35	0.0008	

表10-6显示,在1%的显著性水平上所有的贝塔系数都具有统计显

著性。交互效应模型下调整的可决系数为 0.491 3。股票市场扩张中大规模公司股票收益的情绪敏感性系数 β_{S4} 为 0.0214,而股票市场扩张中小规模公司股票收益的情绪敏感性系数 $(\beta_{S4}+\beta_{CS2})$ 为 0.030 2,比股票市场扩张中大规模公司的高出 40.66%。股票市场下行中大规模公司股票收益的情绪敏感性系数 $(\beta_{S4}+\beta_{TS2})$ 为 0.029 2,比股票市场扩张中大规模公司的高出 36.36%。在股市低迷时期,小规模公司股票收益的情绪敏感性系数 $(\beta_{S4}+\beta_{CS2}+\beta_{TS2}+\beta_{CTS})$ 为 0.0317,比股票市场扩张中大规模公司的高出 47.73%。所以这意味着在股市低迷的情况下,个股情绪对小规模公司股价的影响最大,存在显著的双重不对称效应。此外,两个虚拟变量的交互作用是负的,$\beta_{CTS}=-0.006\,3$,在 1% 的水平上具有统计显著性,这表明两个虚拟变量的交互作用稀释了它们的个体效应。

总而言之,个股情绪对小规模公司的影响效应比大规模公司的大,存在明显的横截面效应。个股情绪在股市低迷时期对股票价格的影响效应比股市膨胀时期的大,存在明显的时序效应。个股情绪在股市低迷时期对小规模公司的影响效应最大,存在显著的双重非对称效应。个股情绪对小公司的特定影响效应可以追溯到以前的研究。贝克和沃格勒(Baker and Wurgler, 2006)指出,在情绪高涨时期投机性更强的公司受到投资者青睐,而在情绪低落时期则被投资者回避。坎佩洛等(Campello et al.,2011)认为,较小的公司,特别是投机性或无信用评级的公司,在经济衰退期间更可能受到融资约束。同样,伯南克等(Bernanke, et al., 1996,1999 年)的研究表明,如果抵押品价值存在更大的不确定性,并且违约的可能性更高,那么在经济衰退期间小公司和信用评级差的公司的借款应该特别困难。因此,低落情绪可能会增加财务依赖型公司的外部融资成本,特别是对于小公司和信用评级较差的公司。

10.1.4 结论

最近,在行为金融领域日益增长的兴趣集中于投资者情绪如何影响金融资产价格,并且越来越多的文献表明股票层面的情绪测度指标可能是未来研究的一个很好议题(Brown and Cliff, 2004, 2005; Yang and Zhang, 2014; Li and Yang, 2017)。基于此,利用中国股票市场的个体股票交易数据,采用主成分分析法构建了一个综合的个股情绪指数。然后利用带虚拟变量的面板数据模型论证了个股情绪对股票价格影响的微观机理。

实证结果表明:第一,投资者情绪的个体效应不仅具有统计显著性,而且是导致金融市场异常的系统性因素之一。第二,相对于大规模公司而言个股情绪对小规模公司股票价格施加了更大的影响,存在明显的横截面效应。这与贝克和沃格勒(Baker and Wurgler,2006)的观点是一致的,"投资者情绪对难以评估且易于投机的股票有更大的影响"。第三,相对于股市扩张期而言个股情绪在股市低迷期对股票价格施加了更大的影响,存在明显的时序效应。第四,在投资者情绪低落期间由于小规模公司昂贵的外部融资成本,使得个股情绪在股市下行期对小规模公司的股价冲击最为明显。这与麦克莱恩和赵(Mclean and Zhao,2014)的观点是一致的,"低落情绪增加了公司的外部融资成本,因而限制了投资和就业,尤其对小公司和信用评级较差的公司而言"。

　　总之,从个股情绪的角度论证投资者情绪对股票价格的影响过程,有助于理解情绪效应的微观机制。个股情绪是影响股票价格的一个重要的系统性因素。个股情绪不仅显著地影响股票价格的横截面,而且在不同市场状态下表现出不同的影响效应,从而解释了情绪溢价的时序变异。此外,在股市低迷的情况下,个股情绪对小规模公司股票的影响最大,这解释了不同市场状态下情绪效应的横截面异象。

10.2　个股情绪的期限结构效应

　　投资者情绪如何影响股票价格是行为经济学家长久以来感兴趣的话题。近年来,越来越多的研究开始关注投资者情绪对股票市场短期决策的重要作用。麦克卢尔等(McClure et al.,2004)指出,根据距离预期的交付日的长短选择的相对价值是关于时间贴现的,致使在短期决策中情感因素占据主导地位,而在长期决策时理性因素居于主导地位。布朗和克里夫(Brown and Cliff,2004)研究了投资者情绪对股票市场短期收益的影响作用,结果表明情绪对短期的未来股票收益具有非常弱的预测能力。辛格等(Singer et al.,2013)研究了投资者情绪在德国股票市场的短期表现。杨春鹏和高斌(Yang and Gao,2014)指出在股指期货市场的短期决策中非理性因素发挥了更加显著的效果。随着时间的推移越来越多的市场基础信息被暴露出来,导致与短期限的投资者情绪相比,长期限的投资者情绪很可能对股票市场发挥的作用较小。因此,这提出了这样一个问题,由于时间期限的不同投资者情绪是否对股票市场施加了不同的影响。基于此,我们实证检验中国股票市场个股情绪的期限结构效应。

　　个股情绪对个股价格的期限结构效应是一个新颖且有意义的论点。

该论点在一些资产定价模型中已经有所体现。在第五章构建的多期交易的情绪资产定价模型中我们指出,在短期内由于情绪投资者行为的一致性投资者情绪导致了风险资产的错误定价,而在长期内由于理性投资者力图利用错误定价的机会进行套利,非理性的错误定价被理性投资者所消除。施瓦茨和史密斯(Schwartz and Smith,2000)建立了一个关于商品价格的两因素模型,该模型允许短期价格的均值回归,模型中均衡价格与现货价格之间的偏差随着时间的推移逐渐收敛于零。科塔萨和纳兰乔(Cortazar and Naranjo,2006)、科塔萨等(Cortazar et al.,2015)发展了施瓦茨和史密斯(Schwartz and Smith,2000)的商品价格模型,论证了商品期货偏差的期限结构。

另一方面,大多数的实证文献集中于单一频率投资者情绪的研究。例如,钱虹(Qian,2009)采用季度频率的数据构建了投资者情绪指数;布朗和克里夫(Brown and Cliff,2005)、库马尔和李(Kumar and Lee,2006)、施梅林(Schmeling,2009)、李进芳(Li,2015)以及李进芳和杨春鹏(Li and Yang,2017)利用月度频率的数据构建投资者情绪指数;王江(Wang,2003)、库洛夫(Kurov,2008)取样于周度频率的情绪数据;西蒙斯和威金斯三世(Simons and Wiggins III,2001)、萨法和马罗尼(Safa and Maroney,2012)抽样于日度频率的情绪数据。虽然一些实证研究涉及了两种频率的情绪数据,比如,布朗和克里夫(Brown and Cliff,2004)采用了周度和月度频率的情绪数据,高晓辉等(Gao et al.,2010)、李等(Lee et al.,1991)采用了月度和年度频率的情绪数据,但是他们集中于研究回归结果的一致性,有关的文献很少涉及市场层面的投资者情绪在不同频率期限下对股票收益的差异性影响。

随着经验研究的不断深入,有关情绪效应的研究正在从市场情绪的总体效应转向具体股票投资者情绪的个体效应。一些研究专注于市场范围的投资者情绪,比如,德龙等(De Long et al.,1990)、巴贝里斯等(Barberis et al.,1998)、布朗和克里夫(Brown and Cliff,2004,2005)、贝克和沃格勒(Baker and Wurgler,2006,2007)、库马尔和李(Kumar and Lee,2006)、余剑峰和袁宇(Yu and Yuan,2011)、贝克等(Baker et al.,2012)、赛伯特和杨(Seybert and Yang,2012)、斯坦博等(Stambaugh et al.,2012,2014,2015)、杨春鹏和高斌(Yang and Gao,2014)以及李进芳(Li,2015)。特别是贝克和沃格勒(Baker and Wurgler,2006)利用主成分分析方法构建了综合的市场情绪指数。正如贝克和沃格勒(Baker and Wurgler,2007)所言,当前所面临的问题已聚焦于投资者情绪指数的构建以及它对股票价格的数量化影响,而不再是最初的议题,即投资者情绪是否影响股价变动。

此外,一些学者致力于个股情绪效应的研究,比如,库马尔和李(Kumar and Lee,2006)、伯格哈特等(Burghardt et al.,2008)、弗拉齐尼和拉蒙特(Frazzini and Lamont,2008)、李(Lee,2013)、杨春鹏和周丽云(Yang and Zhou,2016)以及李进芳和杨春鹏(Li and Yang,2017)。特别是布朗和克里夫(Brown and Cliff,2004)指出特定股票的情绪指示器可能包含更多有关见解的信息。库马尔和李(Kumar and Lee,2006)发现系统性的散户投资者情绪能够解释具有高散户集中度的股票收益联动,尤其当这些股票的套利成本非常高昂时。他们的研究表明市场范围的情绪测度很可能忽略一些有价值的信息,而这些信息有可能包含在组合水平的情绪测度中。相对于市场范围的情绪测度,具体股票水平的情绪测度包含更多有价值的信息。事实上,投资者更感兴趣的是具体的股票,而不是总体市场或者组合情况(Blume et al.,1974)。因此,相对于总体市场情绪的期限结构效应而言,集中研究个股情绪的期限结构效应是更有意义的。

简言之,我们实证研究中国股票市场日、周、月三种频率个股情绪的期限结构效应。相比于以前的文献研究,我们进行了如下几个方面的实证研究。首先,我们实证检验总体市场情绪的期限结构效应,为进一步研究个股情绪的期限结构效应提供一个基准案例。其次,我们利用包含单个情绪因子的面板数据模型来论证日、周、月三种频率个股情绪对股票超额收益的不同影响,结果表明投资者情绪的个体效应是时间期限的单调递减函数,存在明显的期限结构效应。再次,我们结合市场溢价因子和个体情绪因子进一步检验个股情绪的期限结构效应。最后,在面板数据模型中融入中国股票市场的 Fama-French 三因子,利用多因子面板数据模型进行相应的回归分析,结果发现情绪因子能够比规模因子和账面市值比因子更好地解释股票超额收益的变异,因此情绪因子在资产定价当中比规模因子和账面市值比因子发挥了更显著的作用。

10.2.1　模型的设定

我们利用主成分分析方法来构建日、周、月三种频率的综合性的个股情绪指数,进而论证不同频率期限的个股情绪对股票超额收益的差异性影响。为了有效比较三种频率的情绪贝塔系数,我们需要分两个步骤进行回归分析。第一步,利用面板数据回归模型得到不同频率的情绪贝塔系数;第二步,考虑到现金流的时间价值,利用年化算法将不同频率的情绪贝塔系数转化为年度化贝塔系数,然后在年度期限对不同的情绪贝塔系数进行比较分析。

1. 包含单个情绪因子的面板数据模型

为了有效论证三种频率个股情绪的期限结构效应,我们首先利用包含单个情绪因子的面板数据模型检验日、周、月三种频率个股情绪对个股超额收益的不同影响。包含单个情绪因子的面板数据模型的具体表达式如下所示:

$$R_{it} - R_{ft} = \alpha + \beta_S \Delta ISI_{it} + \varepsilon_{it},\ i = 1, \cdots, n \qquad (10-13)$$

其中,R_{it} 为股票 i 在日期 t 的对数收益率,R_{ft} 为无风险收益率,则 $(R_{it} - R_{ft})$ 表示股票 i 在日期 t 的超额收益率,ΔISI_{it} 表示股票 i 在 t 时期的情绪变化,情绪贝塔系数 β_S 反映了因承受情绪扰动交易风险所获得的风险补偿,ε_{it} 为随机扰动项。

鉴于资本的时间价值,无法对不同频率的情绪贝塔系数直接进行比较。我们根据年化算法将不同频率的情绪贝塔系数转化为年度化的系数,进而在年度期限比较不同频率情绪因子所带来的错误定价。借鉴杨春鹏和高斌(Yang and Gao,2014)的年化算法,年度化情绪贝塔系数 β_{AS} 的计算公式为:

$$\beta_{AS} = (1 + \beta_S)^{250/D_t} - 1 \qquad (10-14)$$

其中,假定每年的交易日数量为 250 天,D_t 表示不同期限的交易日数量。

2. 包含市场溢价因子和情绪因子的面板数据模型

市场溢价因子在传统 CAPM 模型中是一个非常重要的系统因子。参考李进芳和杨春鹏(Li and Yang,2017)的思路,我们将市场溢价因子加入方程(10-13),可获得如下的两因素面板数据模型:

$$R_{it} - R_{ft} = \alpha + \beta_{Rmrf}(R_{mt} - R_{ft}) + \beta_S \Delta ISI_{it} + \varepsilon_{it},\ i = 1, \cdots, n$$
$$(10-15)$$

其中,R_{mt} 表示总体市场收益率,则 $(R_{mt} - R_{ft})$ 可表示影响股票收益的市场风险溢价因素。

同理,我们不能直接比较两因素面板数据模型下不同频率的情绪贝塔系数。我们需要根据方程(10-14)将日、周、月三种频率的情绪贝塔系数转化为年度化的情绪贝塔系数,进而分析个股情绪的期限结构效应。

3. 包含 Fama-French 三因子和情绪因子的面板数据模型

法玛和弗伦奇(Fama and French,1993)的三因子模型拓展了经典的 CAPM 模型,能够很好地诠释股票收益的横截面差异。因此,结合 Fama-French 三因子模型和方程(10 - 13)来构建相应的四因素面板数据模型,在更一般化的情形下论证个股情绪的期限结构效应。四因素面板数据模型的具体表达式如下所示:

$$R_{it} - R_{ft} = \alpha + \beta_{Rmrf}(R_{mt} - R_{ft}) + \beta_{SmB}SmB_t$$
$$+ \beta_{HmL}HmL_t + \beta_S \Delta ISI_{it} + \varepsilon_{it}, \ i = 1, \cdots, n \qquad (10 - 16)$$

其中,SmB_t 表示影响股票收益的规模因素,HmL_t 表示影响股票收益的账面市值比因素。同样地,我们利用方程(10 - 14)将四因素面板数据模型下的不同频率的情绪贝塔系数转化为年化系数,然后在年度期限进行相应的比较分析。

10.2.2 数据来源和个股情绪指数的描述统计

1. 数据来源

考虑到个股数据的可获得性和可信性,我们测度日、周、月三种频率的个股情绪。与上一章节一样,我们选取个股交易的四个情绪代理变量:调整换手率(ATR_{it})、个股买卖不均衡指标(BSI_{it})、个股交易金额(TA_{it})以及心理线指标(PLI_{it}),进而利用贝克和沃格勒(Baker and Wurgler,2006)的估计方法来计算复合个股情绪指数。股票样本仍然选取在上交所上市的 566 只 A 股股票为代表,这些股票在所研究样本区间的开始日期和结束日期均挂牌存在,数据样本区间为 2006 年 1 月至 2017 年 12 月。计算个体股票买卖不平衡关于日、周、月三种频率期限的原始高频率分笔数据来源于巨灵数据库,计算调整换手率、个股交易金额和心理线指标关于日、周、月三种频率期限的原始交易数据来自 CSMAR 数据库,有关个股收益和无风险利率的样本数据也来自 CSMAR 数据库,日、周、月三种频率的三因素模型数据来自锐思数据库。最终,日、周、月三种频率的复合个股情绪指数 ISI_{it} 基于上述四个情绪代理变量的第一主成分,个股情绪的变化可表示为 $\Delta ISI_{it} = ISI_{it} - ISI_{i, t-1}$。

2. 描述统计

混合抽样方法(Pooled Sampling Method)对每个变量的时间序列数据和横截面数据进行简单合并,然后计算每个变量相应的统计值。基于混合抽样方法关于个股情绪和个股情绪变化的描述统计如表 10 - 7 所示。

表 10 - 7　个股情绪和个股情绪变化的统计特征

变量	均值100	中位数	标准差	偏度	峰度	最大值	最小值
ISI_{it}_daily	0.033 2	-0.367 1	1.317 2	2.378 8	9.920 6	22.447 6	-4.490 9
ISI_{it}_weekly	0.289 8	-0.323 1	1.318 6	1.647 6	4.479 0	13.470 1	-7.274 7
$ISI_{it}\_monthly$	1.545 1	-0.247 9	1.315 1	1.071 1	1.753 3	8.435 5	-4.775 6
ΔISI_{it}_daily	-0.008 7	-0.025 8	0.925 9	0.935 3	15.718 7	22.437 7	-17.980 7
ΔISI_{it}_weekly	0.078 0	-0.029 2	1.085 4	0.453 2	5.357 5	13.218 0	-9.099 1
$\Delta ISI_{it}\_monthly$	0.733 0	-0.013 6	1.207 8	0.226 6	1.965 4	8.222 9	-6.339 9

由表 10 - 7 可知,所有的样本统计量都是非常吸引人的。日、周、月三种频率个股情绪的混合均值分别为 0.000 332、0.002 898 和 0.015 451;而日、周、月三种频率个股情绪变化的混合均值分别为 -0.000 087、0.000 780 和 0.007 330。日、周、月三种频率个股情绪的偏度系数分别为 2.378 8、1.647 6 和 1.071 1;而日、周、月三种频率个股情绪变化的偏度系数分别为 0.935 3、0.453 2 和 0.226 6,每一个情绪变量均呈现右偏的分布特征,分布右侧的长尾由一些极大值所引起。日、周、月三种频率个股情绪的峰度系数分别为 9.920 6、4.479 0 和 1.753 3;而日、周、月三种频率个股情绪变化的峰度系数分别为 15.718 7、5.357 5 和 1.965 4。因此,每一个情绪变量均呈现尖峰厚尾的分布特征,个股情绪和个股情绪变化都不服从正态分布。

10.2.3　实证结果分析

在开始论证个股情绪对股票超额收益的期限结构效应之前,首先讨论总体市场情绪对股指收益的期限结构效应,这为我们进一步研究个股情绪的期限结构效应提供了一个基本的参考。

1. 总体市场情绪的期限结构效应分析

考虑到上海股票市场总体市场情绪代理变量数据的可获得性,我们构建周、月、季三种频率的复合市场情绪指数①,样本区间从 2006 年 1 月至 2017 年 12 月。关于总体市场情绪对股指收益的影响效应的回归结果如

---

① 我们利用主成分分析方法构建复合市场情绪指数。该市场情绪指数基于六个潜在情绪代理变量的共同变异,即新增股票开户数、新增基金开户数、封闭式基金折价率、上证基金指数、沪市股票成交量和前一期上证综合指数。鉴于 IPO 系列数据在我国发行的数次中断,情绪代理变量没有包含 IPO 数量和 IPO 首日收益率。

表 10-8 所示。

表 10-8 市场情绪对股指收益的期限结构效应

$R_{mt} = \alpha + \beta_S \Delta SI_t + \varepsilon_t$				
频率	α	β_S	β_{AS}	Adj - R^2
周	0.0015	0.0328***	4.0212***	0.1660
月	0.0053	0.0613***	1.0420***	0.1499
季	0.0014	0.1454***	0.7212***	0.4430

注：***、**和*分别表示在1%、5%和10%的显著性水平上统计显著。R_{mt}表示周、月、季三种频率的沪市股指收益率，ΔSI_t表示周、月、季三种频率的复合市场情绪指数的变化，即$\Delta SI_t = SI_t - SI_{t-1}$。$\beta_S$表示不同频率的情绪贝塔系数，$\beta_{AS}$表示根据方程(10-14)转化后的年化情绪贝塔系数。

由表 10-8 可知，所有的情绪贝塔系数 β_S 在 1% 的显著性水平下都是统计显著的，这意味着周、月、季三种频率的市场情绪对股指收益具有显著的系统性影响。考虑到资本的时间价值，我们将不同频率的情绪贝塔系数转化为年度化的系数，然后在年度期限内比较总体市场情绪效应的错误定价。季度频率的年化情绪贝塔系数 β_{AS} 为 0.7212，它在三种频率的年化情绪贝塔系数之中是最小的；月度频率的年化情绪贝塔系数为 1.0420，它比季度频率的大 44.48%；周度频率的年化情绪贝塔系数为 4.0212，它在三种频率的年化情绪贝塔系数之中是最大的。因此，总体市场情绪对股指收益的影响效应是时间期限的递减函数，期限越长，投资者情绪对股指收益的影响效应越弱，存在明显的期限结构效应。由此，我们的实证结果证实了麦克卢尔等(McClure et al.，2004)的金融实验的结论，并且我们的实证结论在本质上与杨春鹏和高斌(Yang and Gao，2014)关于股指期货市场的论点是一致的。

2. 个股情绪的期限结构效应分析

在总体市场情绪的期限结构效应分析基础上，接下来我们深入到微观层面，分析个股情绪对个股超额收益的期限结构效应。考虑到个股交易数据的可获得性和可信性，我们论证日、周、月三种频率个股情绪的期限结构效应。

(1) 基于单个情绪因子模型的期限结构效应分析

在该部分，我们采用仅涉及单一性情绪因子的面板数据模型来分析不同频率期限的个股情绪对股票超额收益的差异性影响。基于单一性情绪因子的面板数据模型回归结果如表 10-9 所示。

表 10 - 9　单个情绪因子模型的回归结果

频率	α	β_S	β_{AS}	Adj - R^2
日	0.0014***	0.0116***	16.8733***	0.1015
周	0.0063***	0.0286***	3.0957***	0.1680
月	0.0278***	0.0408***	0.6097***	0.0905

注：* * *、* *和 *表示在 1%、5%和 10%的水平上分别统计显著。

由表 10 - 9 可知，所有的情绪贝塔系数 β_S 在 1%的显著性水平下都是统计显著的，这表明个股情绪对个股超额收益具有显著的系统性影响。根据方程(10 - 14)的年化算法，我们将不同频率的情绪贝塔系数转化为年化贝塔系数，进而在年度的期限比较不同频率个股情绪对个股超额收益的影响效应。日度频率数据的年化情绪贝塔系数 β_{AS} 为 16.8733，它在日、周、月三种频率的年化情绪贝塔系数之中是最大的；月度频率数据的年化情绪贝塔系数为 0.6097，它在三种频率的年化情绪贝塔系数之中是最小的；周度频率数据的年化情绪贝塔系数为 3.0957，它在三种频率的年化情绪贝塔系数之中居于中间水平。由此可见，个股情绪对个股超额收益的影响效应是时间期限的递减函数，时间期限越短，个股情绪对个股超额收益的影响效应越强，在个股层面存在明显的期限结构效应。因此，我们的实证结果进一步支持了麦克卢尔等(McClure et al.，2004)的观点，"相对于长期的决策而言，情感因素在甚短期的决策中具有更大的影响效应"。

(2) 基于两因子模型的期限结构效应分析

由于市场溢价因子在传统 CAPM 模型中是一个非常重要的系统性因子，在此，我们结合包含市场溢价因子和情绪因子的两因素面板数据模型来阐述个股情绪的期限结构效应。包含两因素的面板数据模型回归结果如表 10 - 10 所示。

表 10 - 10　两因子模型的回归结果

频率	α	β_{Rmrf}	β_S	β_{AS}	Adj - R^2
日	0.0002***	1.0270***	0.0103***	11.9595***	0.4775
周	0.0042***	0.8573***	0.0247***	2.3872***	0.3967
月	0.0133***	0.9884***	0.0299***	0.4201***	0.4487

注：* * *、* *和 *表示在 1%、5%和 10%的水平上分别具有统计显著性。

通过表 10 - 10 我们可知,日、周、月三种频率的贝塔系数 β_{Rmrf} 和 β_S 在 1% 的显著性水平下都是统计显著的,这说明市场溢价因子和个股情绪因子均对个股超额收益具有显著的影响。当把市场溢价因子纳入面板数据模型后模型的拟合优度显著提高,这表明市场溢价因子能够较好地解释股票超额收益的变异。其中,在日度频率下两因子模型的调整可决系数为 0.477 5,这意味着市场溢价因子和个股情绪因子能够解释个股超额收益 47.75% 的变异。结合表 10 - 10 和表 10 - 9,我们可知市场溢价因子相较于个股情绪因子对股票超额收益的变异做出了更大的贡献。相对于个股情绪因子而言,市场溢价因子依然是风险资产定价中一个非常重要的系统性因子。此外,三种频率的年化情绪贝塔系数 β_{AS} 仍然是时间期限的递减函数,存在明显的期限结构效应。

(3) 基于多因子模型的期限结构效应分析

为了进一步论证个股情绪对个股超额收益的影响效应,接下来我们利用包含市场溢价因子($Rmrf_t$)、规模因子(SmB_t)、账面市值比因子(HmL_t)和情绪因子(ΔISI_{it})的四因素面板数据模型进行相应的实证分析。在此,我们在更一般的情形下检验个股情绪对个股超额收益的期限结构效应,进而比较不同因子对股票超额收益变异的不同贡献。基于多因子的面板数据模型回归结果如表 10 - 11 所示。

由表 10 - 11 可知,在以中国股票市场的 Fama-French 三因子作为控制变量条件下,个股情绪对个股超额收益的影响效应仍然是时间期限的递减函数,存在明显的期限结构效应。总之,随着时间期限的增长,投资者能够获得更多有价值的市场信息,致使随着时间的推移,投资者的非理性因素对股票市场的影响逐渐变弱,最终表现为当时间期限增长时,个股情绪对个股超额收益的影响效应变弱。

在日度频率的两因子模型中调整的可决系数为 0.477 5,这表明市场溢价因子和情绪因子能够解释股票超额收益 47.75% 的变异,而在日度频率的三因子模型中调整的可决系数为 0.451 0,这意味着市场溢价因子、规模因子和账面市值比因子能够解释股票超额收益 45.10% 的变异。前者比后者大 5.88%,表明情绪因子相对于规模因子和账面市值比因子而言能够更好地解释股票超额收益的变异。在周度频率的两因子模型中调整的可决系数为 0.396 7,而在周度频率的三因子模型中调整的可决系数为 0.322 4,前者比后者大 23.05%,说明在周度频率下情绪因子比规模因子和账面市值比因子可以更好地解释股票超额收益的变异。在月度频率的两因子模型中调整的可决系数为 0.496 6,而在月度频率的三因子模型中

表10-11 多因子模型的回归结果

模型	α	β_{Rmrf}	β_{SmB}	β_{HmL}	β_S	β_{AS}	Adj-R^2
日度频率							
单因子模型	0.0001***	1.0553***					0.3984
两因子模型	0.0002***	1.0270***			0.0103***	11.9595***	0.4775
三因子模型	0.0003***	1.0318***	0.8067***	0.0634***			0.4510
四因子模型	0.0003***	1.0025***	0.8235***	0.0726***	0.0105***	12.6169***	0.5322
周度频率							
单因子模型	0.0040***	0.9311***					0.2736
两因子模型	0.0042***	0.8573***			0.0247***	2.3872***	0.3967
三因子模型	0.0024***	0.8993***	0.6329***	0.2109***			0.3224
四因子模型	0.0028***	0.8338***	0.5624***	0.2109***	0.0236***	2.2101***	0.4336
月度频率							
单因子模型	0.0127***	1.0363***					0.4008
两因子模型	0.0133***	0.9884***			0.0299***	0.4201***	0.4966
三因子模型	0.0031***	1.0125***	0.87983***	0.1582**			0.4487
四因子模型	0.0044***	0.9707***	0.8295***	0.2383***	0.0264***	0.3637***	0.5333

注:***、**和*表示在1%、5%和10%的水平上分别具有统计显著性。

调整的可决系数为 0.4487,前者比后者大 10.68%。通过不同频率下两因子模型和三因子模型的拟合优度的比较分析,我们发现情绪因子能够比规模因子和账面市值比因子更好地解释股票超额收益的变异,说明情绪因子在风险资产定价中比规模因子和账面市值比因子发挥了更大的作用。因此,在风险资产定价中我们应该更多地关注投资者非理性因素的影响效应。此外,通过不同频率下单因子模型和两因子模型的拟合优度的比较分析,我们发现当把情绪因子纳入传统的 CAPM 模型后模型的拟合优度显著增加,但是情绪因子对股票超额收益变异的解释力还没有超越市场溢价因子的解释力。

10.2.4　结论

随着行为金融实践的发展,关于情绪效应的实证研究逐渐从市场范围的投资者情绪深入到具体股票的投资者情绪,股票水平的情绪效应研究是一个更有意义的议题(Brown and Cliff, 2004;Yang and Zhou, 2015;Li and Yang,2017)。另一方面,近年来行为金融资产定价理论越来越多地关注投资者情绪在短期决策中的差异性影响。基于这两点考虑,我们实证研究了中国股票市场不同频率的个股情绪对股票超额收益的不同影响效应。

本节的主要特点和结论如下:首先,我们实证研究了周、月、季三种频率的市场情绪对股指收益的差异性影响,结果表明市场层面的投资者情绪存在明显的期限结构效应。其次,考虑到个股交易数据的可获得性和可信性,我们构建了日、周、月三种频率的复合个股情绪指数,进而研究三种频率个股情绪对股票超额收益的不同影响。结果表明个股情绪对个股超额收益的影响效应是时间期限的递减函数,存在明显的期限结构效应,这证实了麦克卢尔等(McClure et al.,2004)金融实验的结论。再次,以市场溢价因子、规模因子和账面市值比因子作为控制变量,进一步论证了个股情绪的期限结构效应。最后,通过不同因子模型的可决系数的比较分析,我们发现情绪因子能够比规模因子和账面市值比因子更好地解释股票超额收益的变异,说明情绪因子在风险资产定价中比规模因子和账面市值比因子发挥了更大的作用。

总之,我们的实证研究有两个重要的亮点:一是结合市场范围的情绪和个股层面的情绪,论证了投资者情绪的期限结构效应。这有助于我们理解投资者情绪在不同的时间期限如何影响投资者的决策,在短期的投资决策中投资者应该对非理性因素给予更多的关注,而在长期的决策中更多地关注资产的潜在价值。二是在中国的股票市场股票超额收益的变异更多地来自情绪因子而非规模因子和账面市值比因子，为此在风险资产的定价之中我们应该更多地注意非理性因素所带来的异常现象。

10.3　混频个股情绪对个股价格的影响力和预测力

鉴于高频率的个股情绪包含有更多的市场信息，相对于低频率的个股情绪，其对个股价格的影响更加显著。在上一节日、周、月三种频率个股情绪的期限结构效应分析的基础上，在此我们运用混合数据抽样（MIDAS）模型把高频率数据处理为低频率数据，研究混频个股情绪对个股价格的影响力和预测力。

近年来，关于高频率投资者情绪与金融市场表现之间的关系逐渐引起了行为金融学家的兴趣，我们特别感兴趣的是高频率的个股投资者情绪是否有助于预测低频率的股票价格。实践中，关于高频率个股情绪在金融市场中的表现研究是一个特别有意义的议题。高频率个股情绪的一个明显优势是个股交易数据的实时可获得性。个股情绪代理变量的高频率数据很少受到修正，并且高频率的日度、周度数据是易于获取的。另一方面，高频率的个股交易数据包含更多潜在的有价值的信息，它融入了市场的一些前瞻性信息（Yang and Zhang，2014）。此外，在上一章节个股情绪的期限结构效应研究中，我们发现期限越短，个股情绪对个股超额收益的影响越大，即高频率的个股情绪对股票价格施加了更大的影响效应。在跨期投资中，投资者不仅要考虑众多投资者的交易行为对当前资产价格的影响，而且还要考虑投资者的交易行为对未来资产价格的影响。因此，低频率的股票价格不仅受到低频率个股情绪的影响，而且很可能受到高频率个股情绪的跨期影响效应。

个股情绪的代理变量数据在日、周、月三种频率上是统计完整的和易于获取的。日度或周度的个股情绪合并为月度的股价表现需要使用混频数据模型。对于变量在不同频率数据下的抽样模型研究最近几年引起了许多学者的兴趣。佛罗尼等（Foroni et al.，2013）对变量在不同频率数据下的抽样方法做了一个综述。舍夫海德和桑（Schorfheide and Song，2014）构建了一个混频向量自回归模型（Mixed-frequency Vector Autoregressive，MF-VAR），论证了不同频率的数据合并所带来的益处。格希尔斯、圣克拉拉和瓦尔卡诺夫（Ghysels，Santa-Clara and Valkanov，

2004)提出了一个单变量的混合数据抽样模型（Mixed-data Sampling，MIDAS）。格希尔斯、辛科和瓦尔卡诺夫（Ghysels，Sinko and Valkanov，2007），安德烈欧、格希尔斯和库特洛斯（Andreou，Ghysels and Kourtellos，2013）均指出与简单地把高频数据加总为低频数据的传统估计方法相比，混合数据抽样模型能够导致更有效的估计效果。混合数据抽样模型采用分布滞后多项式的形式以确保不同频率数据的抽样。因此，我们利用 MIDAS 模型将高频率的个股情绪转化为低频率数据，进而论证混频个股情绪对个股价格的影响力。

与低频率的预测元相比，高频率的预测元或许对低频率的被预测变量提供更显著的预测力。一些学者的实证研究表明，MIDAS 回归能够显著提高低频率被预测变量的预测精度，比如，利用月度数据的预测元提高季度预测的准确性，使用日度或周度数据的预测元提高月度预测的准确性（Clements and Galvao，2009；Armesto et al.，2010；Andreou et al.，2013；Baumeister et al.，2015；Yang and Gao，2017）。特别是鲍迈斯特等（Baumeister et al.，2015）在 MIDAS 模型中利用周度的预测元来预测月度的石油价格，实证检验表明在一系列可供选择的高频预测元之中，美国原油存货的累积变化能够显著提高实时预测的准确性。杨春鹏和高斌（Yang and Gao，2017）检验了混频股指期货情绪和混频股指情绪对股指期货收益的预测力，结果表明与混频股指情绪相比，混频股指期货情绪对股指期货收益具有更强的预测力。显然我们的兴趣是深入到个股层面的实证研究。为了充分利用可获得的数据集的信息内容和得到关于股票收益的更准确预测，我们采用 MIDAS 模型来研究高频率个股情绪对低频率股价的预测力。

不同于以往的文献，我们进行了如下几个方面的实证研究。首先，我们利用主成分分析方法构建了日、周、月三种频率的个股情绪指数，进而利用混合数据抽样方法将高频率的个股情绪转化为低频率的数据，研究混频个股情绪的影响效应。其次，我们利用一元线性回归模型论证混频个股情绪对股票超额收益的影响力。实证结果表明混频个股情绪，尤其是高频率的混频情绪，能够更好地解释股票超额收益的变异；与同频率的个股情绪相比，混频情绪特别是高频率的混频情绪对股票超额收益施加了更大的影响。再次，我们利用多元线性回归模型论证混频个股情绪对股票超额收益的影响力。在混频个股情绪对股票超额收益的影响力以及混频个股情绪对股票超额收益变异的解释力方面，与单因子模型回归结果存在类似的结论。此外，多因子回归模型结果表明情绪因子特别是混频情绪因子相较于公司规模因子和账面市值比因子能够更好地解释股票超额收益的方差变异。最后,我们检验了混频个股情绪的预测力。从情绪贝塔系数、调整的可决系数(Adj-R^2)和均方根误差(RMSE)三个统计量的数值来看,混频个股情绪的频率越高,模型的预测效果越好。通过比较影响力模型和预测力模型中对应的情绪贝塔系数、调整的可决系数,我们发现混频个股情绪对股票超额收益的影响力要显著于它的预测力。

10.3.1 模型的设定

我们构建日、周、月三种频率的个股情绪指数,在此基础上我们首先利用一元 MIDAS 模型分析混频个股情绪对股票超额收益的影响力,进而采用多元 MIDAS 模型分析混频个股情绪的影响力,最后研究混频个股情绪对股票超额收益的预测力。在此,我们从混频个股情绪的影响力和预测力两个方面对比较吝啬的单变量的模型进行评介,关于多变量的模型则在实证分析过程中进行具体评介。

1. 单变量的混频影响模型

一个处理混频数据的比较吝啬的方法涉及单变量的 MIDAS 模型。在采用单变量的 MIDAS 模型进行回归分析时存在三种情况,将高频率的日度数据转化为低频率的月度数据,把高频率的周度数据转化为低频率的月度数据,把日度数据转化为周度数据。在此,以周度个股情绪混合到月度频率的数据为例,那么周度个股情绪对月度股票收益影响的 MIDAS 模型为:

$$R_{it} - R_{ft} = \alpha + \beta_{MS} B(L^{1/w}; \Theta) \Delta ISI_{it}^w + \varepsilon_{it}, \ i = 1, \cdots, n$$

$$(10-17)$$

其中,R_{it} 表示月度股票收益率的当前水平,R_{ft} 表示当前的月度无风险收益率,ΔISI_{it}^w 表示 t 月份涉及的周度情绪变化水平,$w \in \{1, 2, 3, 4, \cdots\}$,$\varepsilon_{it}$ 为一随机扰动项。$B(L^{1/w}; \Theta)$ 是参数向量 Θ 的滞后多项式函数,L 为高频个股情绪的滞后算子,t 是低频率变量 R_{it} 的时间指标,而 w 是高频率变量 ΔISI_{it}^w 的时间指标。

在 MIDAS 模型中,$B(L^{1/w}; \Theta)$ 满足:

$$B(L^{1/w}; \Theta) = \sum_{k=0}^{K} b(k; \Theta) L^{k/w} \qquad (10-18)$$

其中,k 为高频数据的滞后阶数,K 表示高频数据滞后阶数的最大值。

滞后算子的运算规则为 $L^{k/w}\Delta ISI_{i,t}^{w}=\Delta ISI_{i,t-k/w}^{w}$。 参考以前的相关文献，我们选择指数 Almon 多项式权重函数，即：

$$b(k;\Theta)=\frac{\exp(\theta_1 k+\theta_2 k^2+\cdots+\theta_p k^p)}{\sum_{k=0}^{K}\exp(\theta_1 k+\theta_2 k^2+\cdots+\theta_p k^p)} \quad (10-19)$$

指数 Almon 多项式函数能够构造各种不同的权重函数，保证高频数据的滞后权重函数为正数，且能使回归方程获得零逼近误差的良好性质。指数 Almon 多项式函数的关键是如何选择关于参数 p、Θ 和 K 的适当值。幸运的是，我们的回归结果对指数 Almon 多项式的阶数 p 不太敏感，为简单起见，我们选择 $p=2$ 和 $\Theta\equiv\{\theta_1,\theta_2\}$。 为了保证指数多项式权重函数是递减的，需要约束条件 $\theta_1\leqslant 300$，$\theta_2<0$（Clements and Galvao，2008）。为此，我们设定快速衰减参数值为 $\theta_1=7\times 10^{-4}$ 和 $\theta_2=-0.005$，缓慢衰减参数值为 $\theta_1=7\times 10^{-4}$ 和 $\theta_2=-0.0005$。

2. 单变量的混频预测模型

MIDAS 模型的一个重要用处是它的即时预测功能，在低频率变量的观测值尚未知道情况下，它可以融入高频率变量的观测值。在 MIDAS 预测模型中，我们可以充分利用高频率的周度个股情绪的最新观测值来预测低频率的月度股票收益。h 步向前预测的 MIDAS 模型的表达式为：

$$R_{i,t+h}^{*}=\alpha+\beta_{PS}B(L^{1/w};\Theta)\Delta ISI_{it}^{w}+\varepsilon_{i,t+h}, i=1,\cdots,n$$
$$(10-20)$$

其中，$R_{i,t+h}^{*}$ 表示股票 i 在月份 $t+h$ 的超额收益率。MIDAS 模型的预测精度取决于时间跨度参数 h，同时也依赖于日期 t 可获得的数据信息集。

为便于比较，我们给出对应的同频数据预测模型。月度个股情绪对月度股票收益的 h 步向前预测模型为：

$$R_{i,t+h}^{*}=\alpha+\beta_{PS}\Delta ISI_{it}^{m}+\varepsilon_{i,t+h}, i=1,\cdots,n \quad (10-21)$$

其中，ΔISI_{it}^{m} 表示月度频率的个股情绪变化。

10.3.2　数据来源和相关变量的描述统计

1. 数据来源

我们研究的样本主要包括在上交所挂牌交易的 566 只 A 股股票，这些股票在所研究样本区间的开始日期和结束日期均挂牌存在。数据样本区间从 2006 年 1 月至 2017 年 12 月，由于中国证券市场在 2005 年进行了影响深远的全面股权分置改革,考虑到这一点,样本期从 2006 年初开始。有关个股收益率和无风险利率的样本数据来自 CSMAR 中国股票市场交易数据库。特别,我们采用法玛和弗伦奇(Fama and French,1993)的方法来形成中国股票市场的三因子,包括市场溢价因子($Rmrf_t$)、规模因子(SmB_t)、账面市值比因子(HmL_t),有关三因子的样本数据来自锐思数据库。

与上一章节一样,我们构建日、周、月三种频率的个股情绪指数,个股情绪指数基于四个潜在情绪代理变量的共同变异,它们分别是调整换手率(ATR_{it})、个股买卖不均衡指标(BSI_{it})、个股交易金额(TA_{it})以及心理线指标(PLI_{it})。计算日、周、月三种频率个股买卖不均衡指标的分笔交易高频数据来自巨灵数据库,计算日、周、月三种频率调整换手率、个股交易金额和心理线指标的交易数据来自 CSMAR 中国股票市场交易数据库。最终,日、周、月三种频率的复合个股情绪指数 ISI_{it} 来源于上述四个情绪代理变量的第一主成分,个股情绪的变化可表示为 $\Delta ISI_{it} = ISI_{it} - ISI_{i,t-1}$,$\Delta ISI_{it} > 0$ 表示投资者在 t 时期变动更乐观,而 $\Delta ISI_{it} < 0$ 表示投资者在 t 时期变得更悲观。

2. 描述统计

我们使用混合抽样方法计算主要相关变量的概括性统计量。混合抽样方法(Pooled Sampling Method)对每个变量的时间序列数据和横截面数据进化简单合并,然后计算每个变量相应的统计量。基于混合抽样方法关于个股收益率(R_{it})、市场溢价因子($Rmrf_t$)、公司规模因子(SmB_t)、公司账面市值比因子(HmL_t)和个股情绪变化(ΔISI_{it})的描述统计如表 10-12 所示。

表 10-12　主要变量的统计特征

变量	均值	中位数	标准差	偏度	峰度	最大值	最小值
R_{it}_daily	0.0014	0.0021	0.0339	0.1507	4.8263	1.1209	−0.3529
$Rmrf_t\_daily$	0.0012	0.0020	0.0203	−0.1992	3.0593	0.1109	−0.0891
SmB_t_daily	0.0006	0.0012	0.0098	−0.6677	1.9641	0.0305	−0.0517
HmL_t_daily	−0.0001	−0.0004	0.0054	0.3673	2.1173	0.0271	−0.0212
ΔISI_{it}_daily	−0.0001	−0.0258	0.9259	0.9353	15.7187	22.4377	−17.9807
R_{it}_weekly	0.0063	0.0051	0.0759	0.4328	3.3492	1.1394	−0.7813

续表

变量	均值	中位数	标准差	偏度	峰度	最大值	最小值
$Rmrf_t\_weekly$	0.0024	0.0027	0.0426	−0.0038	1.4629	0.1554	−0.1466
SmB_t_weekly	0.0029	0.0031	0.0271	−0.7268	2.3113	0.0793	−0.1268
HmL_t_weekly	−0.0007	−0.0011	0.0138	0.2826	0.6243	0.0489	−0.0411
ΔISI_{it}_weekly	0.0008	−0.0292	1.0854	0.4532	5.3575	13.2180	−9.0991
$R_{it}\_monthly$	0.0281	0.0177	0.1638	0.8556	4.0327	1.8945	−0.7703
$Rmrf_t\_monthly$	0.0148	0.0255	0.1001	−0.4026	0.2101	0.2243	−0.2624
$SmB_t\_monthly$	0.0119	0.0125	0.0583	−0.4801	−0.2391	0.1191	−0.1326
$HmL_t\_monthly$	−0.0032	−0.0029	0.0288	−0.1181	0.9116	0.0779	−0.0971
$\Delta ISI_{it}\_monthly$	0.0073	−0.0136	1.2078	0.2266	1.9654	8.2229	−6.3399

通过表 10-12 我们可知,除了变量 HmL_t 的平均值以外所有的样本统计量都是非常吸引人的。日、周、月三种频率个股收益率(R_{it})的混合均值分别为 0.0014、0.0063 和 0.0281;日、周、月三种频率市场风险溢价因子($Rmrf_t$)的混合均值分别为 0.0012、0.0024 和 0.0148;日、周、月三种频率公司规模因子(SmB_t)的混合均值分别为 0.0006、0.0029 和 0.0119;日、周、月三种频率公司账面市值比因子(HmL_t)的混合均值分别为 −0.0001、−0.0007 和 −0.0032;日、周、月三种频率个股情绪变化(ΔISI_{it})的混合均值分别为 −0.0001、0.0008 和 0.0073。变量 R_{it}、HmL_t 和 ΔISI_{it} 在日、周、月三种频率的偏度系数都是正值,呈现右偏的分布特征,在右边的长尾被一些极大值所引起,但变量 HmL_t 月度频率的偏度系数除外。变量 $Rmrf_t$ 和 SmB_t 在日、周、月三种频率的偏度系数都是负值,呈现左偏的分布特征,在左侧的长尾被一些极小值所引起。所有变量的峰度系数都是正值,呈现尖峰的分布特征,但变量 SmB_t 月度频率的峰度系数除外。结合变量的偏度系数和峰度系数,我们可知非正态性是每一个相关变量的典型分布特征。

10.3.3　实证结果分析

1. 混频个股情绪的影响力分析

与低频率的数据相比,高频率的个股情绪包含有潜在的有价值的信息和拥有更有效的价格发现功能。我们利用 MIDAS 模型将高频的数据转化为低频的数据,然后结合单变量的面板数据模型对混频个股情绪的影响效应进行初步分析,进而我们以市场溢价因子($Rmrf_t$)、公司规模因子(SmB_t)、公司账面市值比因子(HmL_t)作为控制变量,进行相应的多变量的面板数据模型回归分析。

(1)单变量模型的回归结果分析

正如在 10.2.2 节所提到的,MIDAS 模型的回归结果对指数 Almon 多项式的阶数是不太敏感的,因此我们简单地设定 $p=2$ 和 $\Theta \equiv \{\theta_1, \theta_2\}$。关键问题是如何选择参数 θ_1、θ_2 和 K 的最佳数值。对于 θ_1 和 θ_2,我给定两种模式:快速衰减模式和缓慢衰减模式。月/周表示高频率的周度数据混合为低频率的月度数据。月/周 MISDAS 模型关于不同最大滞后阶数 K 的回归结果如表 10-13 所示。

表 10-13　月/周 MISDAS 模型的回归结果

模式	滞后阶数	α	β_{MS}	$Adj - R^2$
快速衰减	4	0.029 7 ***	0.147 4 ***	0.102 4
	5	0.026 9 ***	0.165 6 ***	0.089 0
	6	0.026 2 ***	0.198 5 ***	0.091 9
缓慢衰减	4	0.029 9 ***	0.145 4 ***	0.099 7
	5	0.027 0 ***	0.159 6 ***	0.082 9
	6	0.026 2 ***	0.188 1 ***	0.082 9

注:本表给出了关于参数 θ_1、θ_2 和 K 不同取值的回归结果。其中,上栏给出了 $\theta_1 = 7 \times 10^{-4}$、$\theta_2 = -0.005$ 快速衰减模式下的回归结果,下栏给出了 $\theta_1 = 7 \times 10^{-4}$、$\theta_2 = -0.0005$ 缓慢衰减模式下的回归结果。模型的应变量为月度的个股超额收益率,自变量为月/周混频个股情绪变化。* * *、* * 和 * 表示在 1%、5% 和 10% 的水平上分别具有统计显著性。

调整的可决系数($Adj - R^2$)是关于回归方程拟合优度检验的一个统计度量,表示应变量的变异被自变量的变化所解释的程度。对于最大滞后阶数(K)的不同取值,指数 Almon 多项式函数快速衰减模式下的调整可决系数明显大于缓慢衰减模式下的对应值,并且快速衰减模式下的情绪贝塔系数显著大于缓慢衰减模式下的相应情绪贝塔系数。当最大滞后阶数(K)的取值为 4 时,回归方程的拟合效果最好。因此,在我们研究的样本期内以快速衰减模式下的最大滞后阶数取值为 4 时拟合优度最佳。

基于不同的混频个股情绪,我们首先考虑最简单的单变量面板数据模型回归结果,在其中仅有单个的情绪因子作为解释变量。不同频率下单变量模型的回归结果如表 10-14 所示。

表 10 - 14　单变量模型的回归结果

频率	α	β_S	β_{MS}	Adj - R^2
月	0.0278***	0.0408***		0.0905
周	0.0063***	0.0286***		0.1680
日	0.0014***	0.0116***		0.1015
月/周	0.0297***		0.1474***	0.1024
月/日	0.0299***		0.3876***	0.1620
周/日	0.0062***		0.1517***	0.2229

注:本表给出了在不同频率下单变量模型的回归结果。其中,上栏给出了同频个股情绪的回归结果,下栏给出了混频个股情绪的回归结果。月/周表示周度的个股情绪混合为月度的数据,月/日表示日度的个股情绪混合为月度的数据,周/日表示日度的个股情绪混合为周度的数据。回归系数 β_S 测量同频个股情绪对股票超额收益的影响效应,回归系数 β_{MS} 测量混频个股情绪对股票超额收益的影响效应。* * *、* * 和 * 表示在 1%、5% 和 10% 的水平上分别具有统计显著性。

由表 10 - 14 可知,所有的回归系数 β_{MS} 在 1% 的显著性水平下是统计显著的,这意味着混频个股情绪对股票超额收益具有重要的系统性影响。在同频的月度数据下,调整的可决系数为 0.0905,说明月度的个股情绪可以解释股票超额收益 9.05% 的变异。在月/周的频率下,调整的可决系数为 0.1024,说明月/周的个股情绪可以解释股票超额收益 10.24% 的变异,比月度个股情绪的解释能力大 13.15%。在月/日的频率下,调整的可决系数为 0.1620,比同频月度数据的可决系数大 79.01%。同样地,周/日频率数据的可决系数为 0.2229,远远大于同频率下周度数据的可决系数(0.1680)。因此,这表明与低频率的月度个股情绪比较而言,混频个股情绪,尤其是高频的月/日个股情绪能够更好地解释股票超额收益的变异。

此外,在同频的月度个股情绪下回归系数 β_S 为 0.0408,而在月/周个股情绪下回归系数 β_{MS} 为 0.1474,比月度频率的回归系数大 261.27%,在月/日个股情绪下回归系数 β_{MS} 为 0.3876,远远大于月/周频率的回归系数。同样地,在周/日个股情绪下回归系数 β_{MS} 为 0.1517,远大于周度频率的回归系数(0.0286)。因此,这意味着与同频率的月度个股情绪比较而言,混频个股情绪,尤其是高频的月/日个股情绪对股票超额收益施加了更大的影响。

(2) 多变量模型的回归结果分析

在本小节,我们将 Fama-French 三因子加入面板数据模型,在更一般的情形下论证混频个股情绪对股票超额收益的影响效应。同时,我们检验这样一个问题,相较于市场溢价因子、公司规模因子、账面市值比因子,混频个股情绪是否更好地解释了股票超额收益的变异。在月/周个股情绪下多变量 MISDAS 模型的设定如下：

$$R_{it} - R_{ft} = \alpha + \beta_{Rmrf}(R_{mt} - R_{ft}) + \beta_{MS}B(L^{1/w}; \Theta)\Delta ISI_{it}^w + \varepsilon_{it}$$
$$(10-22)$$

$$R_{it} - R_{ft} = \alpha + \beta_{Rmrf}(R_{mt} - R_{ft}) + \beta_{SmB}SmB_t +$$
$$\beta_{HmL}HmL_t + \beta_{MS}B(L^{1/w}; \Theta)\Delta ISI_{it}^w + \varepsilon_{it} \qquad (10-23)$$

上面两个式子中 R_{it} 表示股票 i 在月份 t 的收益率，R_{ft} 表示月度的无风险收益率，R_{mt} 为总体的市场收益率，$(R_{mt} - R_{ft})$ 表示市场溢价风险因子。式中 SmB_t 表示公司规模因子，HmL_t 表示公司账面市值比因子，$B(L^{1/w}; \Theta)\Delta ISI_{it}^w$ 表示月/周的混频情绪因子。不同频率下多变量模型的回归结果如表 10-15 所示。

在两因素回归模型中，所有的贝塔系数 β_{Rmrf} 和 β_{MS} 在 1% 的水平上分别具有统计显著性，表明市场溢价因子和混频情绪因子在不同频率下均对股票超额收益具有显著的影响。在两因素模型月/周的频率下，调整的可决系数为 0.5570，这意味着市场溢价因子和混频情绪因子的变化可以解释股票超额收益 55.70% 的变异，比月度频率的调整可决系数(0.4966)大 11.49%。在两因素模型月/日的频率下，调整的可决系数为 0.6258，远大于月/周频率的调整可决系数(0.5570)。在两因素模型周/日的频率下，调整的可决系数为 0.4792，远大于周度频率的调整可决系数(0.3967)。同样地，在四因素模型中，月/日频率的调整可决系数为 0.6437，它在月度、月/周、月/日三种频率之中是最大的；月度频率的调整可决系数为 0.5333，它在月度、月/周、月/日三种频率之中是最小的；周/日频率的调整可决系数为 0.5285，远大于周度频率的调整可决系数(0.4336)。简言之，个股情绪的频率越高，个股情绪越能更好地解释低频率股票超额收益的变异。

另一方面，两因素模型中的情绪贝塔系数(β_S 或 β_{MS})在月度、月/周、月/日三种频率下分别为 0.0299、0.1098 和 0.2489，呈现单调递增的趋势。在两因素模型中，周/日频率的情绪贝塔系数 β_{MS} 为 0.1413，远大于周度频率的情绪贝塔系数 β_S(0.0247)。类似地，四因素模型中的情绪贝塔系数在月度、月/周、月/日三种频率下分别为 0.0264、0.0991 和 0.2593，同样呈现单调递增的趋势。此外，四因素模型周/日频率的情绪贝塔系数为 0.1423，也远大于周度频率的情绪贝塔系数(0.0236)。因此，这意味着与同频率的个股情绪比较而言，混频个股情绪，尤其是高频率的混频个

表 10-15　多变量模型的回归结果

模型	频率	α	β_{Rmrf}	β_{SmB}	β_{HmL}	β_S	β_{MS}	Adj-R²
两因素模型	月	0.0133***	0.9884***					0.4966
	周	0.0042***	0.8573***					0.3967
	日	0.0002**	1.0270					0.4775
	月/周	0.0147***	0.9831***			0.0299***	0.1098***	0.5570
	月/日	0.0145***	0.9981***			0.0247***	0.2489***	0.6258
	周/日	0.0038***	0.9362***			0.0103***	0.1413***	0.4792
四因素模型	月	0.0044**	0.9707***	0.8295***	0.2383***	0.0264***		0.5333
	周	0.0028**	0.8338***	0.5624***	0.2109***	0.0236***		0.4436
	日	0.0003***	1.0025***	0.8235***	0.0726***	0.0105***		0.5322
	月/周	0.0053***	0.9662***	0.8293***	0.1274***		0.0991***	0.5822
	月/日	0.0046***	0.9731***	0.8854***	0.0972***		0.2593***	0.6437
	周/日	0.0023***	0.9046***	0.6461***	0.2138***		0.1423***	0.5285
三因素模型	月	0.0031***	1.0125***	0.8798***	0.1582***			0.4487
	周	0.0024***	0.8993***	0.6329***	0.2109***			0.3224
	日	0.0003***	1.0318***	0.8067***	0.0634***			0.4510

注：本表给出了在不同频率下多变量模型的回归结果。其中，上栏给出了包含市场溢价因子和混频情绪因子的两因素模型的回归结果，中栏给出了包含市场溢价因子、公司规模因子和混频情绪因子的四因素模型的回归结果，下栏给出了包含市场溢价因子、公司规模因子和账面市值比因子的三因素模型的回归结果。公司规模因子比值面市值比因子。回归系数 β_S 测量同频个股情绪对股票超额收益的影响效应，回归系数 β_{MS} 测量混频个股情绪对股票超额收益的影响效应。***、** 和 * 表示在 1%、5% 和 10% 的水平上分别具有统计显著性。

股情绪对股票超额收益施加了更大的影响力。

此外,在三因素模型中,月度频率的调整可决系数为 0.448 7,这意味着市场溢价因子、公司规模因子和账面市值比因子的变化能够解释股票超额收益 44.87% 的变异。在两因素模型中,调整的可决系数在月度、月/周、月/日三种频率下分别为 0.496 6、0.557 0 和 0.625 8,均大于三因素模型月度频率的调整可决系数。类似地,两因素模型周度、周/日频率的调整可决系数分别为 0.396 7 和 0.479 2,均大于三因素模型周度频率的调整可决系数(0.322 4);两因素模型日度频率的调整可决系数为 0.477 5,大于三因素模型日度频率的调整可决系数(0.451 0)。通过比较两因素模型和三因素模型相应的调整可决系数,我们可以得出市场溢价因子和情绪引子能够比市场溢价因子、公司规模因子和账面市值比因子更好地解释股票超额收益的变异。因此,这意味着与公司规模因子和账面市值比因子比较而言,情绪因子,尤其是混频情绪因子对股票超额收益的变异具有更强的解释力。

2. 混频个股情绪的预测力分析

在上一小节关于混频个股情绪对股票超额收益的影响力研究的基础上,参考王昌云(Wang,2003)、杨春鹏和高斌(Yang and Gao,2017)关于情绪—收益之间预测性的研究,接下来我们研究高频的个股情绪是否有助于预测低频的股票收益。我们的兴趣目标是利用周度或日度的预测元来预测月度的股票收益。麦克卢尔等(McClure et al.,2004)指出非理性的因素对短期决策具有更显著的影响,基于此短期预测性的效果会更好一些。在此我们集中研究一步向前预测的情况,即月度的时间跨度参数 $h = 1$。月度收益关于周度预测元的一步向前预测模型可设定如下:

$$R_{i,t+1}^* = \alpha + \beta_{PS} B(L^{1/w}; \Theta) \Delta ISI_{it}^w + \varepsilon_{i,t+1} \qquad (10-24)$$

$$R_{i,t+1}^* = \alpha + \beta_{Rmrf}(R_{mt} - R_{ft}) + \beta_{PS} B(L^{1/w}; \Theta) \Delta ISI_{it}^w + \varepsilon_{i,t+1} \qquad (10-25)$$

$$R_{i,t+1}^* = \alpha + \beta_{Rmrf}(R_{mt} - R_{ft}) + \beta_{SmB} SmB_t + \beta_{HmL} HmL_t + \beta_{PS} B(L^{1/w}; \Theta) \Delta ISI_{it}^w + \varepsilon_{i,t+1} \qquad (10-26)$$

方程(10-24)为仅包含混频情绪预测元的单变量预测模型,方程(10-25)为包含市场溢价预测元和混频情绪预测元的两变量预测模型,方程(10-26)为包含 Fama-French 三因素预测元和混频情绪预测元的四变量预测模型。其中,$R_{i,t+1}^*$ 表示股票 i 在 $t+1$ 月份的超额收益率,ΔISI_{it}^w 表

示股票 i 在 t 月份 w 周的投资者情绪变化,情绪贝塔系数 β_{PS} 反映了混频个股情绪的预测力。在不同预测模型下混频个股情绪对股票收益的预测表现结果如表 10-16 所示。

　　由表 10-16 可知,所有的情绪贝塔系数(β_{PS})在 1% 的显著性水平下是统计显著的,其中单因素模型月/周频率的情绪贝塔系数在 5% 的显著性水平下统计显著,这说明混频个股情绪对股票收益具有一定的预测力。在单因素模型中,情绪贝塔系数(β_{PS})在月度、月/周和月/日三种频率下分别为 0.0016、0.0043 和 0.1247,呈现单调递增的趋势;单因素模型月度、月/周和月/日三种频率的调整可决系数(Adj-R^2)也呈现单调递增的趋势;单因素模型月度、月/周和月/日三种频率的预测均方根误差(RMSE)呈现单调下降的趋势。类似地,在两因素模型和四因素模型中,情绪贝塔系数(β_{PS})、调整的可决系数(Adj-R^2)和均方根误差(RMSE)呈现相同的趋势。结合 β_{PS}、Adj-R^2 和 RMSE 三个统计量,我们可知个股情绪的频率越高,预测的效果越好。

　　通过表 10-16 与表 10-14 和表 10-15 的对比,我们可知混频个股情绪的影响力模型中的情绪贝塔系数(β_{MS})远大于混频个股情绪的预测力模型中的对应的情绪贝塔系数(β_{PS}),并且影响力模型中的调整可决系数也远大于预测力模型中对应的调整可决系数。这意味着混频个股情绪对股票收益的影响效应要显著于混频个股情绪对股票收益的预测能力。此外,四因素预测模型中公司规模因子的回归系数(β_{SmB})在月/周和月/日两种频率下都是负值,并且在 10% 的显著性水平下是不显著的;公司账面市值比因子的回归系数(β_{HmL})在月/周和月/日两种频率下都是负值,表现出反方向的预测力。或许,正如杨春鹏和高斌(Yang and Gao,2017)所论述的,公司规模因子和账面市值比因子仅仅是两个描述性的因子,在中国股票市场它们对股价几乎没有预测力。

10.3.4　结论

　　个股情绪的一个明显优势是个股情绪代理变量在日度或周度频率下可以实时地被获取。与低频率的数据相比,高频率的个股情绪包含潜在的有价值的信息和拥有更有效的股价发现功能,将日度或周度的个股情绪融入月度的股票价格表现需要用到 MIDAS 模型。因此,我们利用主成分分析方法构建了日、周、月三种频率的个股情绪指数,进而采用 MIDAS 模型将高频率的个股情绪转化为低频率的数据。首先,我们结合面板数据模型和 MIDAS 模型论证了混频个股情绪对股票超额收益的影响力;其次,我

表 10 – 16 混频预测模型的回归结果

模型	频率	α	β_{Rmrf}	β_{SmB}	β_{HmL}	β_{PS}	Adj – R^2	RMSE
单因素模型	月	0.0283*** (35.56)				0.0016*** (2.55)	0.0002	0.1647
	月/周	0.0282*** (35.42)				0.0043* (1.97)	0.0003	0.1646
	月/日	0.0277*** (34.92)				0.1247*** (16.62)	0.0064	0.1642
两因素模型	月/周	0.0254*** (31.73)	0.1709*** (21.49)			0.0109*** (4.89)	0.0108	0.1638
	月/日	0.0246*** (30.82)	0.1892*** (23.85)			0.1513*** 20.07	0.0194	0.1631
四因素模型	月/周	0.0237*** (28.96)	0.1773*** (22.36)	−0.0144 (−1.06)	−0.5572*** (−20.28)	0.0101*** (4.55)	0.0203	0.1630
	月/日	0.0231*** (28.39)	0.1942*** (24.55)	−0.0216 (−1.60)	−0.5254*** (19.16)	0.1420*** (18.87)	0.0278	0.1624

注：本表给出了不同频率下混频预测模型的回归结果。其中，上栏给出了仅含混频情绪预测元的单因素模型的回归结果，中栏给出了包含市场溢价预测元和混频情绪预测元的两因素模型的回归结果，下栏给出了包含市场溢价预测元、公司规模预测元、账面市值比预测元和混频情绪预测元的四因素模型的回归结果。RMSE 为预测的均方根误差。***、** 和 * 表示在 1%、5% 和 10% 的水平上分别具有统计显著性。括号内的数值为各回归系数对应的 t 统计量。

们研究了混频个股情绪对股票收益的预测力。

　　混频个股情绪对个股收益的影响力的实证结果表明与同频率的个股情绪相比,混频个股情绪,尤其高频率的月/日个股情绪不仅更好地解释了低频率月度超额收益的变异,而且对股票超额收益施加了更大的影响力。此外,与公司规模因子和账面市值比因子相比,混频个股情绪,尤其高频的混频情绪能够更好地解释股票超额收益的变异。因此,基于这些结论,我们有必要进一步论证高频率的个股情绪是否有助于预测低频率的股票收益。

　　在研究混频个股情绪对个股收益的预测力的过程中,结合情绪贝塔系数、调整的可决系数和预测的均方根误差三个统计量,我们发现个股情绪的频率越高,预测的效果越好。通过对比影响力模型和预测力模型中对应的统计量,我们得出混频个股情绪对股票收益的影响效应要显著于混频个股情绪对股票收益的预测能力。总之,我们应该更多地关注个股投资者情绪在中国股票市场的现实表现,特别是高频率的混频个股情绪的具体影响。

第十一章 投资者情绪影响股票价格的宏观表现

在上一章中,我们从股票市场微观个股的层面系统论证了个股情绪对个股价格的影响机理,进一步,本章从股票市场宏观整体的层面来阐述市场情绪对股指价格的影响表现。首先研究市场情绪与货币政策对股指价格的动态影响效应,进而研究二者对股指价格的非对称效应,最后研究市场情绪对股指价格的动量效应和反转效应。

11.1 市场情绪与货币政策对股价的动态效应

长期经济增长从根本上决定了股票市场的基础价值变动,在一定程度上股市是实体经济的先导指标,二者之间存在内在的、必然的逻辑关系,但是股市周期与经济周期经常不完全同步,有时系统性地偏离实体经济,说明短期内股票价格很容易受到非基本面因素的重要影响。"资产价格特别是股票价格很容易出现剧烈变化,虽然资产价格最终是经济系统的内生变量,但是许多时期里资产价格变化似乎完全脱节于总体经济状况。非基本面因素时常左右资产价格,……资产价格与基础价值的暂时偏离可能来自流动性过度,或者投资者过分乐观或悲观"(Bernanke and Gertler,2000)。因此,在短期内投资者心理因素和货币政策变量等非基本面因素有可能导致股票价格波动,结合目前关于投资者情绪的最新研究,我们集中研究市场情绪和货币政策对股指价格的动态影响效应。

目前,围绕货币政策、投资者情绪与股票价格之间关系的研究主要集中在以下四个方面:

第一,货币政策工具对股票价格的影响效应。股票价格与货币政策之间的关系甚为密切,宽松的货币政策会增加资本市场的流动性,降低其投融资成本,带动股票价格上涨。国内外许多学者的研究表明,广义货币供给量、央行基准利率、商业银行信贷余额等货币政策因素的变动会显著地影响股票价格,国外方面的研究例如罗斯(Ross,1976)、罗尔和罗斯(Roll and Ross,1980)、恩格尔和格兰杰(Engle and Granger,1987)、约阿尼迪斯和康托尼卡(Ioannidis and Kontonikas,2007)、比恩兰和雷特莫(Bjrnland and Leitemo,2009)。此外,一些学者指出货币政策变量在不同市场状态或经济周期阶段会对股票价格产生差异性的影响效应,在这方面的代表性研究如麦奎因和罗利(McQueen and Roley,1993)、巴西莎和库洛夫(Basistha and Kurov,2008)。国内方面,郑鸣等(2010)采用Markov区制转换VAR模型实证分析了货币供应量、银行信贷、利率等货币政策工具对股票价格的特定效应,发现股价响应在波动幅度、持续时间和变化方向方面有所不同。刘明明(2019)定量分析了美国联邦基金利率变动通过汇率、利率、资本流动等传递媒介对中国股票价格的外溢影响,发现在短期内美联储利率调整会显著地影响中国股票价格。

第二,投资者情绪对股票价格的影响效应。近年来,越来越多的实证研究显示在金融资产定价方面投资情绪扮演着十分重要的系统性角色,国际方面的代表性研究如李等(Lee et al.,2002)、布朗和克里夫(Brown and Cliff,2004,2005)、库马尔和李(Kumar and Lee,2006)、贝克和沃格勒(Baker and Wurgler,2006,2007)、赛伯特和杨(Seybert and Yang,2012)、斯坦博等(Stambaugh et al.,2012,2014,2015)、金等(Kim et al.,2014)、李进芳(Li,2015)、杨春鹏和周丽云(Yang and Zhou,2015,2016)、李进芳和杨春鹏(Li and Yang,2017)。国内方面,伍燕然和韩立岩(2007)、易志高和茅宁(2009)、陆静等(2017)……对股票市场波动与投资者情绪变化之间的关系进行了深入研究,认为投资者情绪对股票价格具有显著的影响效应。此外,高晓辉等(Gao et al.,2010)、余剑锋和袁宇(Yu and Yuan,2011)、麦克莱恩和赵(Mclean and Zhao,2014)、闫伟和杨春鹏(2011)、胡昌生和池阳春(2013)、易志高等(2014)、文凤华等(2014)、宋泽芳和李元(2015)、高大良等(2015)……将股票市场划分为牛熊市状态、投资者情绪乐观低落区间等不同时间间隔,有关研究表明投资者情绪在不同的时间间隔内对股票价格施加了不同的时序效应。

第三,货币政策对投资者情绪的影响效应。以货币供给量M1为代表的流动性周期与股市周期几乎同步,货币政策对股市周期起着显著的、外在的决定性作用。货币政策工具借助何种渠道放大对股票市场的波动。一般而言,扩张性货币政策导致资本市场流动性充盈,投资者心理预期向好,投资者信心增加,从而投资情绪高涨,增加股票订单,导致股票价格上涨。在研究货币政策对资产价格的影响作用时,需要重视投资者的非理性行为,如羊群行为、过度乐观等心理因素的影响,众多的研究(Eichengreen and Mody,1998;Bernanke and Gertler,2000;Bernanke and Kuttner,2005)均表达了这一观点。"货币政策对投资者情绪具有显著的影响效应,并且在货币政策影响股票市场的过程中投资者情绪起到了非常重要的作用"(Kurov,2010)。基于此需要分析货币政策变量对投资者情绪的影响作用。

第四,一些学者的研究表明,在投资情绪影响资产价格时不同地域的投资者情绪之间互相感染,使得彼此的相关性很大,在新兴市场尤其如此(Valdes,1997;Kaminsky and Reinhart,2000;Arora and Cerisola,2001;Bekaert et al.,2010)。"投资者情绪本身经由资本流动、媒体等机制形成并传播,使得投资者情绪在不同地域之间具有较强的感染性"(Baker et al.,2012)。为此,需要确立投资者情绪在股票价格波动过程中的重要作用,探寻心理机制的媒介作用,找出股价变动的深层次原因,从而货币政策、投资者情绪与股票价格之间的逻辑关系可以以下图概括之。

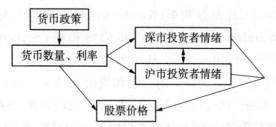

图 11-1 货币政策、投资者情绪和股票价格逻辑关系图

基于投资者情绪的视角,本章节力求证明三个核心推论:首先,投资者情绪对股票价格具有重要的动态效应,即投资者情绪对股票价格波动的影响比货币政策大;其次,投资者情绪是股票价格波动的货币政策传导媒介,即货币政策对投资情绪具有重要的动态影响;最后,投资者情绪具有很强的感染性,即在股票价格波动过程中自身成为重要的波动源。

综上,本章节试图分析货币政策变量、沪市投资者情绪、深市投资者情绪、上证股指收益和深证综指收益之间的动态影响作用,深入研究在不同时间区间的变异情况。DCC-MGARCH 模型能够很好地捕捉有关变量之间的动态相关关系。鉴于此,基于投资者情绪的视角,运用 DCC-MGARCH 模型深入分析货币政策、市场情绪和股票价格之间的动态相关关系,以突显投资者情绪对股票价格影响的重要性,并试图证明前面提出的三个推论。

11.1.1　DCC - MGARCH 模型的评介

为了论证货币政策变量、投资者情绪和股票价格之间的动态相关关系,围绕 DCC - MGARCH(Dynamic Conditional Correlation Multivariate GARCH)来组织我们的实证工作。关于 k 维时间序列向量 $r_t = (r_{1t}, \cdots, r_{kt})'$ 的条件均值方程的设定如下:

$$r_t = E[r_t \mid \Omega_{t-1}] + \mu_t, \ \mu_t \mid \Omega_t \sim N(0, H_t) \qquad (11-1)$$

其中, $E[r_t \mid \Omega_{t-1}]$ 表示 k 个资产收益率的条件均值向量, $\mu_t = (\mu_{1t}, \cdots, \mu_{kt})'$ 为相应的随机误差项向量,服从均值为零条件异方差的多元正态分布, H_t 为随机误差项的条件方差协方差矩阵, Ω_{t-1} 为在 t 时刻关于 r_t 的信息集合。

在金融市场上假定条件相关是时变的更贴近于实际情况。恩格尔(Engle, 2002)、谢和崔(Tse and Tsui, 2002)各自建立了 DCC - MGARCH 模型[分别简称 DCC(E)、DCC(T)],拓展了博勒斯莱夫(Bollerslev, 1990)的 CCC - MGARCH 模型。对于时间依赖的条件相关矩阵必是正定的 $\forall_t$。

关于谢和崔(Tse and Tsui, 2002)的 DCC 模型的条件方差协方差矩阵的定义如下:

$$H_t = D_t R_t D_t = (\rho_{ijt} \sqrt{h_{iit} h_{jjt}}) \qquad (11-2)$$

其中, $D_t = diag(h_{11t}^{1/2} \cdots h_{kkt}^{1/2})$, h_{iit} 为 μ_{it} 的条件方差, R_t 是包含条件相关系数 ρ_{ijt} 的 $k \times k$ 阶对称矩阵,可表示为:

$$R_t = (1 - \alpha - \beta)R + \alpha \Psi_{t-1} + \beta R_{t-1} \qquad (11-3)$$

对上式需要 α 和 β 非负且 $\alpha + \beta < 1$ 以满足 H_t 的正定性要求。R 是无条件相关系数矩阵, Ψ_{t-1} 是 $k \times k$ 阶 ε_t 的 $t-M, t-M+1, \cdots, t-1$ 期相关矩阵,它的元素可表示为:

$$\varphi_{ijt} = \frac{\sum_{m=1}^{M} \varepsilon_{i, t-m} \varepsilon_{j, t-m}}{\sqrt{(\sum_{m=1}^{M} \varepsilon_{i, t-m}^2)(\sum_{m=1}^{M} \varepsilon_{j, t-m}^2)}} \qquad (11-4)$$

其中, $\varepsilon_{it} = \mu_{it} / \sqrt{h_{iit}}$。

恩格尔(Engle, 2002)构建了一个不同的 DCC 模型。关于恩格尔

(Engle，2002)的 DCC 模型的条件相关系数矩阵 R_t 被设定为：

$$R_t = diag(q_{11t}^{-1/2} \cdots q_{kkt}^{-1/2}) Q_t diag(q_{11t}^{-1/2} \cdots q_{kkt}^{-1/2}) \qquad (11-5)$$

其中，$k \times k$ 阶的对称正定矩阵 $Q_t = (q_{ij,t})$ 可表示为：

$$Q_t = (1 - \theta_1 - \theta_2)\bar{Q} + \theta_1 \varepsilon_{t-1} \varepsilon_{t-1}' + \theta_2 Q_{t-1} \qquad (11-6)$$

θ_1 和 θ_2 非负且 $\theta_1 + \theta_2 < 1$ 以满足 H_t 的正定性要求，$\bar{Q}$ 是 ε_{it} 的 $k \times k$ 阶无条件方差矩阵。

虽然上述两个 DCC 模型对于条件方差和条件相关系数的参数化处理方式存在一定的差别，但是这两个 DCC 模型均较好地描述了有关变量之间的动态相关关系。结合分离出的条件方差矩阵和条件相关矩阵，DCC 模型能够参数化各个变量的时变条件方差以及它们之间的时变条件相关系数。因此，这种分解方法不仅减少了未知参数的数量，而且更好地刻画了各个时序变量之间如何传递波动性。

11.1.2 市场情绪指数的构建

1. 市场情绪代理变量的选取

目前关于投资情绪指数的表征方式可分四类。一是直接调查情绪指标。一些研究机构和个体设计出关于投资者和消费者心理预期方面的调查问卷，定期有组织地询问一些有代表性的投资者、分析师、研究者等对未来市场发展态势的看法，借助统计定量分析方法计算出看涨情绪、看平情绪以及看跌情绪。直接调查情绪指数如投资者智能指数、美国个人投资者协会指数、央视看盘投资者调查指数。二是间接单一性情绪指标。采集金融市场的相关交易数据，借助统计指数计算方法求得情绪指标。间接单一性情绪指标如封闭式基金折价率、调整换手率、买卖价差比。单一性情绪指标有时忽略了部分潜在的有用的交易信息，一些学者对它的有效性提出了质疑(Qiu and Welch 2004；Brown and Cliff，2005)。三是间接综合情绪指标。当前关于市场交易的各种数据是统计完整的和易于获取的，采集计算数个情绪代理变量，利用统计综合评价方法计算出综合情绪指标(Baker and Wurgler，2006，2007)。四是其他特殊情绪指标，利用与资本市场交易相关的非金融市场变量来预测情绪，如月运周期、球赛输赢结果、日照长短。目前，国内外众多学者倾向于以多个代理变量来计算综合情绪指数。

贝克和沃格勒(Baker and Wurgler，2006)结合封闭式基金折价率、

IPO 数目、IPO 首日收益、换手率、股息溢价和新股发行股本六个情绪代理变量,利用主成分分析方法求得它们的共同变异来表征综合市场情绪指数。在此,根据贝克和沃格勒(Baker and Wurgler,2006)的情绪指数构建方式,我们阐述上海股票市场投资者情绪指数的构建过程,深圳股票市场投资者情绪指数的形成方式与此相同,这里就不再重复阐述。由于中国股票市场 IPO 发行的数次中断,情绪代理变量不再纳入 IPO 数目、IPO 首日收益。考虑到中国股票市场作为一个新兴的尚未成熟的资本市场,我们纳入了能反映中国股票市场交易行为的代理变量,如新增股票开户数、新增基金开户数。最终,我们选取了六个情绪代理变量来确切地表征上海股票市场的情绪水平。它们是沪市新增股票开户数(NSA)、沪市新增基金开户数(NFA)、上证基金指数(FI)、前期上证综指(PCI)、沪市股票成交量(STV)以及封闭式基金折价率(CFD)。

当期沪市新增股票开户数、当期沪市新增基金开户数和封闭式基金折价率等情绪代理变量数据来源于锐思金融研究数据库。当期上证基金指数、当期沪市股票成交量、上证综合指数等研究数据来自 CSMAR 数据库。考虑到 2005 年中国股票市场全面推进了意义深远的股权分置改革,深入解决了股权流通性问题,样本数据区间为 2006 年 1 月至 2014 年 6 月,数据频率为月度[①]。六个情绪代理变量的描述统计特征如表 11-1 所示。

表 11-1　情绪代理变量的描述统计

	均值	中位数	最大值	最小值	标准差	N
NSA(户)	481 812.3	392 956	3 059 094	26 125	537 365.4	102
NFA(户)	164 813.7	85 900	2 822 237	614	357 315.2	102
CFD(%)	−24.25	−24.17	−4.60	−45.54	11.62	102
FI(基点)	2 788.22	3 230.38	5 070.79	740.85	1 554.34	102
STV(100 股)	1.38E+11	1.28E+11	4.17E+11	1.16E+10	9.63E+10	102
PCI(基点)	2 380.33	2 359.22	5 954.77	1 060.74	1 054.80	102

---

①　不用于个股情绪指数的情绪代理变量,综合市场情绪指数的构建需要用到市场层面的情绪代理变量,并且随着理论研究的深入和应用实践的探索,市场情绪指数构建的方式方法会发生变化,代理变量的选取也会随之改变。鉴于情绪代理变量层次的不同、数据测度频率的差异以及相应数据的可获得性,这里市场情绪指数的数据区间很可能不同于个股情绪指数的数据区间。

2. 市场情绪指数的计算

依据贝克和沃格勒(Baker and Wurgler, 2006)构建投资者情绪综合指数的思路,对中国股票市场的六个情绪代理变量实行标准化处理,得到六个潜在变量的共同变异,由第一个主成分来形成综合的情绪指数(SI_t)。投资者情绪综合指数关于六个代理变量的线性组合如下:

$$SI_t = 0.4344NSA_t + 0.2901NFA_t + 0.3784CFD_t +$$
$$0.4895FI_t + 0.3222STV_t + 0.4905PCI_{t-1} \quad (11-7)$$

这里,六个代理变量样本协方差矩阵的特征值分别为 3.1309、1.1832、0.8318、0.3559、0.1618 和 0.0364。第一个主成分的特征值远远大于 1,它对总体变异的贡献度为 65.18%,这说明第一个主成分能够代表六个代理变量变异的绝大多数信息,用它来表示投资者情绪是合理的。对于投资者情绪综合指数和六个情绪代理变量,使用 Eviews8.0 统计软件对各个变量之间的相关性进行分析,相关系数如表 11-2 所示。

从表 11-2 相关性分析的结果来看,沪市投资者情绪综合指数与上证基金指数的相关性最高,二者的相关系数高达 0.903,且在 1% 的显著性水平下统计显著。其次为沪市投资者情绪综合指数与前一期上证综合指数的相关性,二者的相关系数为 0.902,通过了 1% 的显著性水平检验。沪市投资者情绪综合指数与封闭式基金折价率的相关性最低,二者的相关系数为 0.585。总体来看,沪市投资者情绪指数与沪市情绪代理变量的相关性很高,且均通过了 1% 的显著性水平检验,说明选择这六个指标来构建投资者情绪综合指数是合理的。

表 11-2 情绪指数与代理变量的相关性分析

	SI	NSA	NFA	FI	PCI	STV	CFD
SI	1						
NSA	0.854***	1					
NFA	0.598***	0.699***	1				
FI	0.903***	0.586***	0.295***	1			
PCI	0.902***	0.800***	0.563***	0.810***	1		
STV	0.804***	0.657***	0.323***	0.744***	0.542***	1	
CFD	0.585***	0.193**	-0.021	0.751***	0.435***	0.447***	1

注:＊＊＊、＊＊、＊ 分别表示在 1%、5%、10% 显著性水平下是统计显著的。

股票价格的波动与投资者情绪的水平值相对应,从而股指收益与投资者情绪的变化值相对应。此外,投资者情绪的变化值通常是一个平稳的时间序列。投资者情绪在 t 时期的变化值为 $\Delta SI_t = SI_t - SI_{t-1}$,$\Delta SI_t > 0$ 意味着投资者在 t 时期情绪更高涨,而 $\Delta SI_t < 0$ 暗示着投资者在 t 时期情绪更低落。

3. 描述统计

我们选择广义货币供应量 M2 和利率来代表货币政策因素[①],其中利率选取相对活跃的 7 天同业银行拆借利率的平均值。鉴于货币政策变量的季节变异,我们采用 Census X12 方法对广义货币供应量进行了调整。此外,我们用广义货币供应量和拆借利率的对数的一阶差分作为它们的增长率或者变化率,用上证综合指数、深证综合指数的对数的一阶差分表示它们各自的收益率。上证收益率、沪市情绪变化、深证收益率、深市情绪变化、广义货币供应量增长率和利率变化率的描述统计和有关统计检验如表 11-3 所示。

从表 11-3 可以看出,六个变量的描述统计和统计检验结果是吸引人的。(1)上证收益率、深证收益率的偏度系数小于 0,二者呈现左偏态的分布特征;沪市情绪变化、深市情绪变化、广义货币供应量增长率、利率变化率的偏度系数均大于 0,它们表现出右偏态的分布特征。六个变量的峰度系数都大于 3,说明它们的概率分布呈现尖峰厚尾性。(2)根据 J-B 统计量数值,除了深证收益率之外,其他各个变量在 1% 的显著性水平下拒绝了正态分布的原假设。非正态性是金融时间序列的典型特征,在下面模型拟合时使用 t 分布。(3)根据 ADF 单位根检验数值,沪市情绪变化在 5% 的显著性水平下拒绝了含单位根的非平稳的原假设,其他五个变量均在 1% 的显著性水平下拒绝了含单位根的非平稳的原假设。这说明对这六个平稳变量采用 GARCH 类模型进行拟合是比较合理的。(4)对六个变量序列分别拟合 ARMA 模型,残差平方对应的 Ljung-BoxQ 统计量(M2 除外)非常显著,说明各残差序列存在着 ARCH 效应。(5)对各变量序列进行记忆性检验,从 GPH 检验[②]的 d 值结果来看,六个变量序列存在不同程度的长期记忆性,因此均值方程采用 ARFIMA 模型。

---

① 1996 年中国人民银行把货币供应量作为货币政策的中介目标,开始公布 M0(流通中的现金)、M1(狭义货币)和 M2(广义货币)三个层次的货币供应量指标。

② 格威克、波特和胡达克(Geweke,Porter and Hudak)提出的半参数方法检验时间序列的长期记忆性。当 $0<d<0.5$,ARFIMA 过程具有长期记忆性特征;当 $d=0$ 时,ARFIMA 模型即为 ARMA 模型,时间序列具有短期记忆性;但 $-0.5<d<0$ 时,时间序列具有负的冲击持续性效应。

表 11-3　六个变量的描述统计和属性检验

统计指标	上证收益率	深证收益率	沪市情绪变化	深市情绪变化	M2增长率	利率变化率
均值	0.0036	0.0074	0.0167	0.0234	0.0138	0.0059
标准差	0.0823	0.0993	0.6243	0.5729	0.0076	0.1874
偏度	-0.5896	-0.4433	1.7893	1.3030	1.3673	0.5213
峰度	4.6043	3.3454	8.6472	6.4782	9.4065	5.9856
J-B统计量	10.7361***	3.8484	213.5076***	80.278***	195.6645***	20.7352***
ADF值	-5.6782***	-4.9623***	-2.5181**	-2.9232***	-8.7348***	-9.6758***
Q(5)	9.3949**	18.246***	44.175***	58.267***	0.7837	7.419*
d值	0.2450**	0.2547**	0.2309	0.1444	0.4858***	-0.2218**

注：***、**、* 分别表示在 1%、5%、10%显著性水平下是统计显著的。

11.1.3　实证结果分析

1. 无条件相关性分析

在我们开始采用 DCC-MGARCH 模型论证上证收益率、沪市情绪变化、深证收益率、深市情绪变化、广义货币供应量增长率和利率变化率六个时间序列变量的动态相关性之前，首先对任意两个变量的无条件相关性进行简单分析。六个变量的无条件相关矩阵如表 11-4 所示。

由表 11-4 可知，上证收益率-沪市情绪变化的无条件相关系数为 0.3800，并且在 1%的显著性水平下是统计显著的，而上证收益率-M2 增长率的无条件相关系数为 0.2188，上证收益率-利率变化率的无条件相关系数为 0.0457，且在 10%的显著性水平下不是统计显著的。由此可见，在上海股票市场与 M2 增长率、利率变化率相比，投资者情绪很可能对股票价格施加了更大的影响。在深圳股票市场可以得到类似的结果。

表 11-4　六个变量的无条件相关系数

	上证收益率	深证收益率	沪市情绪变化	深市情绪变化	M2增长率	利率变化率
上证收益率	1.0000					
深证收益率	0.9151***	1.0000				
沪市情绪变化	0.3800***	0.3840***	1.0000			

	上证收益率	深证收益率	沪市情绪变化	深市情绪变化	M2 增长率	利率变化率
深市情绪变化	0.3892***	0.3898***	0.9624***	1.0000		
M2 增长率	0.2188**	0.2339**	−0.0166	−0.0274	1.0000	
利率变化率	0.0457	0.0248	−0.3318***	−0.3082***	−0.0786	1.0000

注:＊＊＊、＊＊、＊分别表示在1％、5％、10％显著性水平下统计显著。

沪市情绪变化-利率变化率的无条件相关系数为−0.3318,深市情绪变化-利率变化率的无条件相关系数为−0.3082,这两个相关系数在1％的显著性水平下都是统计显著的,这意味着利率变化率越大,投资者情绪变化越小,由此我们猜测货币政策变量很可能通过投资者情绪的传递来影响股票市场。此外,上证收益率-深证收益率的无条件相关系数高达0.9151,并且在1％的显著性水平下是统计显著的;沪市情绪变化-深市情绪变化的无条件相关系数为0.9624,几乎接近于1,且在1％的显著性水平下是统计显著的。或许,上海股票价格和深圳股票价格相似的波动来源于两个股票市场投资者情绪的传染。简言之,在货币政策因素影响股票市场的过程中投资者情绪发挥了显著的作用。

2. DCC-MGARCH 模型的拟合结果

考虑到资本市场冲击的非对称效应,结合有关参数的显著性检验,最终确定条件方差方程为 GJR-GARCH-DCC(E)[①]。根据方程的残差检验结果,残差平方序列 Ljung-BoxQ(10)统计量均对应较大的尾部概率,自相关和波动聚集性在模型拟合后的残差序列中已经消失,说明我们所选定的均值方程和条件方差方程均是非常确切的。

根据表 11-5 给出的均值方程和方差方程的估计结果,上证收益率、沪市情绪变化、深证收益率、深市情绪变化和广义货币供应量增长率等在长期内存一定程度的记忆性,说明这几个因素以往的扰动将会持续显著地影响它们将来的变动情况,而利率变化率序列呈现负向相关性或负向持续性。六个变量的 ARCH 项和 GARCH 项系数都显著(M2 增长率的ARCH 项除外),表明异方差效应明显。

---

① 我们在预先估计出的 GJR-GARCH-CCC 模型的基础上进行了原假设为 CCC 的 LM检验,在1％显著性水平上拒绝了 CCC 的原假设,表明变量之间存在时变条件相关性。

表 11-5　单变量 ARFIMA(1, d, 1)-GJR-GARCH(1, 1)方程的估计结果

	条件均值方程			条件方差方程		
	d-Arfima	AR(1)	MA(1)	ARCH(α)	GARCH(β)	GJR(γ)
上证收益率	0.1792	−0.6554***	0.5450***	0.2053**	0.8963***	−0.1733***
深证收益率	0.2108*	−0.6637***	0.5474***	0.1635***	0.9087***	−0.1239**
沪市情绪变化	0.5918**	−0.1664	−0.5686***	0.9327***	0.5618**	−0.8838**
深市情绪变化	0.5287**	−0.0838	−0.5768***	0.9486***	0.6627**	−0.8664***
M2增长率	0.2451	1.0008***	−0.9833***	0.0182	0.8853***	0.3043
利率变化率	−0.1669*	−0.7165***	0.8973***	0.3511**	0.8005***	−0.1693

注：***、**、* 分别表示在 1%、5%、10%显著性水平下是统计显著的，下同。

根据条件方差的 GJR 项系数，上证收益率、沪市情绪变化、深证收益率和深市情绪变化的波动变异存在一定的非对称效应，相对于市场下跌情形波动率对市场上升的反应更加迅速，存在反向的"杠杆效应"。

表 11-6　DCC 方程的拟合结果

参数	α	β	df
估计值	0.0416*	0.5947**	6.1897***
P值	0.0754	0.0199	0.0001

根据表 11-6 给出的 DCC 方程的估计结果，α 和 β 参数估计值均通过了统计显著性检验，并且两个参数估计值的和小于 1，满足 DCC 模型的约束条件。其中，α 等于 0.0416 意味着相关系数受近期信息的冲击（标准化残差乘积）的影响较小，β 等于 0.5947 说明本期相关系数受前期的影响较大，相关性具有较强的持续性特征。

3. 动态条件相关性分析

根据本章节第一部分提出的三个问题，以及货币政策、投资者情绪和股票价格之间内在的逻辑关系，把得到的动态条件相关系数分类汇总以便有效地回答本章节提出的三个问题。

其一，投资者情绪对股票价格有重要的影响。

（1）股票价格与货币供应量的关系

图 11-2 中间的短虚线是上证收益率与广义货币供应量增长率之间的动态条件相关系数。其中，上证收益率与广义货币供应量增长率的条件

相关系数最大值为0.2781,最小值为0.0431,平均值为0.1872;深证收益率与广义货币供应量增长率之间的动态条件相关系数最大值为0.2611,最小值为0.0081,平均值为0.1645。总体上来看,上证收益率与广义货币供应量增长率之间的条件相关性和深证收益率与广义货币供应量增长率之间的条件相关性变动趋势一致,前者比后者稍大,且二者均为正,都在0.2附近变动。这与以往研究结论是一致的,沪市比深市的代表性更强,因此与M2关系更紧密。货币供给增长,流动性增强,对股市来讲是利好消息,推动股价上扬。

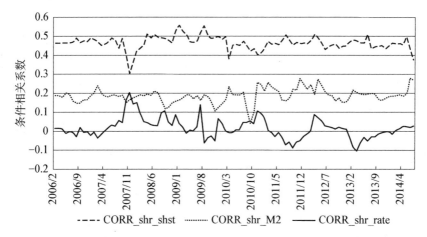

图11-2　M2增长率、利率变化率、投资者情绪与上证收益率的动态条件相关系数

注:shr表示上证收益率,szhr表示深证收益率,shst表示沪市情绪变化,szhst表示深市情绪变化,M2表示其增长率,rate表示利率变化率,下同。

（2）股票价格与利率的关系

图11-2下面的实线是上证收益率与利率增长率之间的动态条件相关系数。总体上来看,二者均在0附近变动,股市价格和利率的直接联动性不太明显,而有关经济理论表明利率变动会对投资者的预期产生较大影响,因此,利率很可能经由投资情绪传导对股票价格产生间接作用。

（3）股票价格与投资者情绪的关系

图11-2上面的长虚线是上证收益率与沪市投资者情绪变化之间的动态条件相关系数。其中,上证收益率与沪市投资者情绪变化的条件相关系数最大值为0.5573,最小值为0.3059,平均值为0.4650;深证收益率与深市投资者情绪变化之间的动态条件相关系数最大值为0.5262,最小值为0.3108,平均值为0.4555。总体上来看,上证收益率与沪市投资者情绪变化之间的条件相关系数和深证收益率与深市投资者情绪变化之间的条

件相关系数变动趋势一致,前者比后者稍大,且二者均为正,都在 0.5 附近变动。这与以往研究结论是一致的,高涨的投资者情绪推动金融资金价格上升,而低落的投资者情形带动金融资产价格下降。

最后,通过对比分析三组动态条件相关系数,不难得出结论,股票价格和投资者情绪的关系最为密切,远远大于股票价格和货币政策有关变量的相关程度。因此,投资者情绪是影响股票价格波动的重要因素。

其二,投资者情绪的媒介性。

(1) 投资者情绪与货币供应量的关系

图 11-3 上面的虚线是沪市投资者情绪变化与广义货币供应量增长率之间的动态条件相关系数。其中,沪市投资者情绪变化与广义货币供应量增长率的条件相关系数最大值为 0.1824,最小值为 -0.0957,平均值为 0.0473;深市投资者情绪变化与广义货币供应量增长率的条件相关系数最大值为 0.1931,最小值为 -0.1334,平均值为 0.0403。总体上来看,二者的变动趋势一致,前者比后者稍大,且二者均为正。这与有关经济理论是一致的,货币供给增长,流动性增强,对投资者来讲是利好消息,促使投资者变得乐观。

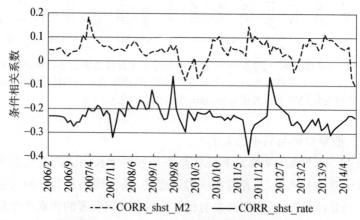

图 11-3 M2 增长率、利率变化率与沪市投资者情绪的动态条件相关系数

(2) 投资者情绪与利率的关系

图 11-3 下面的实线是沪市投资者情绪变化与利率变化率之间的动态条件相关系数。其中,沪市投资者情绪变化与利率变化率的条件相关系数最大值为 -0.0636,最小值为 -0.3856,平均值为 -0.2293;深市投资者情绪变化与利率增长率的条件相关系数最大值为 0.0351,最小值为 -0.3678,平均值为 -0.1960。总体上来看,沪市投资者情绪变化与利率

增长率之间的条件相关性和深市投资者情绪变化与利率增长率之间的条件相关性变动趋势一致,前者绝对值比后者稍大,并且二者的数值均为负数,都在-0.2附近变动。这与有关经济理论是一致的,利率增大,投资者对未来预期悲观,情绪低落。

　　总之,货币政策对投资者情绪有重要影响,尤其是利率。投资者情绪和利率之间存在较强的负相关,说明投资者情绪是一个非常重要的传导变量,货币政策经由投资者情绪的传导对股价产生作用。

　　其三,投资者情绪具有很强的感染性。

　　图11-4上面的虚线和下面的实线分别是沪市投资者情绪变化与深市投资者情绪变化和上证收益率与深证收益率之间的动态条件相关系数。其中,沪市投资者情绪变化与深市投资者情绪变化的条件相关系数最大值为0.9649,最小值为0.9257,平均值为0.9530,说明沪市投资者情绪和深市投资者情绪相关性极其高,沪市投资者和深市投资者通过情绪和行为互相感染,彼此模仿,使得两市的投资者情绪具有很强的感染性。

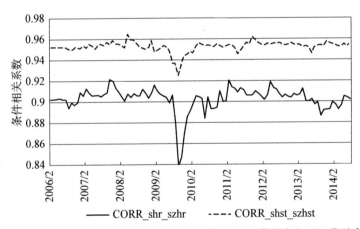

图11-4　沪市投资者情绪与深市投资者情绪、上证收益率与深证收益率
　　　　的条件相关系数

　　上证收益率与深证收益率的条件相关系数最大值为0.9216,最小值为0.8374,平均值为0.9027,说明沪市股价和深市股价的相关性非常高,二者表现出较强的同步性。从上图可以看出上证收益率与深证收益率的条件相关系数和沪市投资者情绪与深市投资者情绪的条件相关系数变动规律几乎一致,其中,上证收益率与深市收益率的条件相关系数最小值发生在2009年9月,沪市投资者情绪变化与深市投资者情绪变化的条件相关系数最小值也发生在2009年9月。从上文已知投资者情绪是影响股票

价格变动的重要因素,我们可以得出结论,沪市股指价格和深市股指价格变动趋势的一致性源于投资者情绪的影响及其较强的感染性。

11.1.4 结论

我们以股市周期与经济周期背离之谜为出发点,探寻决定股票价格波动的重要因素。在系统梳理国内外相关文献资料的基础上,进一步印证了伯南克和格特勒(Bernanke and Gertler,2000)的观点,货币政策和投资者情绪是影响股价波动的极其重要的非基本面因素。货币政策不仅对投资者情绪有显著影响,而且经由投资者情绪的传导放大机制对股票价格波动产生间接作用。

通过无条件相关性和动态条件相关性分析发现,与货币供应量、利率两因素相比较,投资者情绪是影响股价波动的最为重要的因素。货币政策因素尤其是利率变动对投资者情绪产生重要影响,投资者情绪具有很强的媒介性。沪市投资者情绪与深市投资者情绪的条件相关系数非常大,几乎接近于1,他们之间具有较强的感染性,这培养了行为的同步性和对他人情绪的跟踪,即使个人没有明确关注信息。此外,沪市投资者情绪与深市投资者情绪的条件相关系数和上证收益率与深证收益利率的条件相关系数变动趋势非常类似,由此沪市股指价格和深市股指价格变动规律的一致性主要归因于两市投资者情绪极其强的感染性。

总之,投资者情绪在股票价格波动的过程中既是重要的波动源(感染性),也是股票价格波动的货币政策传导中介(媒介性),同时也是影响股票价格变动的重要因素,由此揭开股市周期与经济周期背离之谜。我们的研究引发了未来新的研究方向,例如不同经济状态下,货币政策、投资者情绪和股票价格之间的非对称性关系等。

11.2 市场情绪与货币政策对股价的非对称效应

近年来,越来越多的实证研究表明投资者情绪对资产定价具有显著的系统性影响(Baker and Wurgler,2006,2007;Baker et al.,2012;Kumar and Lee,2006;Lee et al.,2002;Brown and Cliff,2004,2005;Yu and Yuan,2011;Seybert and Yang,2012;Stambaugh et al.,2012,2014,2015)。特别是贝克和沃格勒(Baker and Wurgler,2006,2007)、布朗和克里夫(Brown and Cliff,2005)以及库马尔和李(Kumar and Lee,2006)发

现投资者情绪在总体和横截面上可以预测股票的收益。他们指出投资者情绪驱动股票价格,进而影响预期的股票收益。科雷多等(Corredor et al.,2013)的研究结果表明投资者情绪显著地影响股票收益,并且影响强度随市场的不同而有所差异。

另外,一些学者构建了情绪资产定价模型来强调投资者情绪在资产定价中的系统性角色,对该类模型展开研究的有杨春鹏和闫伟(Yang and Yan,2011)、杨春鹏等(Yang et al.,2012)、杨春鹏和张壬癸(Yang and Zhang,2013)、杨春鹏和李进芳(Yang and Li,2013,2014)、梁汉超等(Liang et al.,2017)和李进芳(Li,2017,2019)等。特别是杨春鹏和李进芳(Yang and Li,2013,2014)建立的模型研究了在不同的市场状态下(牛市和熊市)投资者情绪对资产定价的差异性影响。在第三章,我们建立了一个包含异质情绪投资者的资产定价模型,该模型的研究结果表明在包含有悲观情绪者和乐观情绪投资者的经济环境下,由于风险资产的需求函数是投资者情绪的非线性形式,异质的情绪会显著地影响资产均衡价格。这就提出了我们实证研究的第一个问题,即与股市上行期相比投资者情绪是否在股市下行期对股票价格施加了更大的影响效应。

货币政策试图实现两个主要经济目标:价格稳定和持续经济增长。然而,货币政策措施,如货币供应量的变化,最好以一种间接的方式影响这两个终极目标。股票市场作为最重要的金融市场之一,能够快速地融入新的信息。因此,识别货币政策变量和股票价格之间的关系能够更加深入地洞察货币政策的传导机制。许多实证研究表明,股票价格的波动幅度极易受到货币供应量、基准利率和银行信贷额度等货币政策的影响,在这方面的代表性研究有罗斯(Ross,1976)、罗尔和罗斯(Roll and Ross,1980)、恩格尔和格兰杰(Engle and Granger,1987)、约阿尼迪斯和康托尼卡(Ioannidis and Kontonikas,2007)、比恩兰和雷特莫(Bjrnland and Leitemo,2009)。贝尔克等(Belke et al.,2014)发现在全球范围内货币流通额和利率是影响商品价格指数的两个有价值的指示器。

此外,一些实证结果发现货币政策变量在不同的市场状态下对股票价格的影响效应会有所差异。麦奎因和罗利(McQueen and Roley,1993)研究发现,在允许经济周期的不同状态下,股票价格和关于真实经济活动的信息之间存在比较强烈的关系,信息对股票市场的效应取决于相对于权益折现率的预期现金流的不同响应。巴西莎和库洛夫(Basistha and Kurov,2008)检验了美联储政策对股票市场影响的周期性变化,发现股票收益在信贷市场收紧和经济不景气的条件下对联邦基金利率未预期的变化具有更强烈的响应。国内学者郑鸣等(2010)利用 MSIH(2)-VAR(4)模型实证分析了货币供应量、银行信贷、利率等货币政策因素在股市膨胀期和股市低迷期两种区制下对股票价格的不同影响,发现总体而言在股票低迷期货币政策变量对股票市场的影响效果较为明显。韩学文(2013)采用结构 VAR 模型实证分析了货币供应量、物价指数、实体经济变化以及利率对不同行业、不同特征公司股票价格的非对称性影响,发现在行业和公司两个层面货币政策对股票价格具有一定的非对称性效应。

伯南克和格特勒(Bernanke and Gertler, 2000)指出资产价格的非基本面波动来源于两种可能:低效的货币政策和投资者的不完全理性。伯南克和库特纳(Bernanke and Kuttner, 2005)的研究表明货币政策对股票市场预期超额收益的影响很可能与货币政策改变了股票的风险和投资者的风险厌恶有关,他们注意到伴随货币政策改变的超额收益的较大运动反映了投资者的过度反应或者对货币冲击的超额敏感性。尤其库洛夫(Kurov, 2010)发现货币政策行动在熊市时期对关于投资者情绪变化更为敏感的股票影响更大,投资者情绪可能在货币政策对股票价格的影响中起着重要作用。因此,在实证分析过程中,联合分析投资者情绪和货币政策对股票价格的影响效应是非常有必要的。这就提出了我们实证研究的第二个问题,即与货币政策变量相比投资者情绪是否更显著地影响了股票价格的波动。

牛市和熊市划分是一个描述股票市场不同状态的常见方式。帕干和索苏诺夫(Pagan and Sossounov, 2003)利用非参数诊断方法将一个给定的股票价格时间序列划分为两种市场状态:牛市和熊市。然而,非参数诊断方法的缺陷在于它事先主观地预设市场状态,并且采用线性模型划分市场状态,这忽略了一些可用的信息。因此,我们采用参数诊断方法来区分股票市场的牛熊市。汉密尔顿(Hamilton, 1990)提出了一个参数诊断方法——Markov 区制转换 VAR 模型来描述经济周期的不同区制。向量自回归的参数被模型化为一个未知转移概率的不可观测离散 Markov 过程的结果。除确定了每个区制下的向量自回归参数之外,还确定了不可观测区制以及区制转移概率。Markov 区制转换模型在宏观经济学和传统金融学领域有着广泛的应用(Ang and Bekaert, 2002;Chen, 2007)。然而,Markov 区制转换 VAR 模型很少应用于研究投资者情绪和股票收益的协同关系,它正好能够解决上面所提出的问题。基于 Markov 区制转换 VAR 模型,我们集中来研究所关心的核心问题,即投资者情绪和货币政策是否对股票价格具有非对称性影响。

不同于以往的文献,我们进行了如下几个方面的实证研究。首先,我们利用传统的多元线性回归模型来论证投资者情绪和货币政策变量对股票价格的重要系统性效应,进而采用带虚拟变量的多元线性回归模型来研究股票市场的非对称效应。其次,我们采用 Markov 区制转换 VAR 模型来论证在不同市场状态下股票价格对投资者情绪和货币政策变量冲击的响应,进而研究股票价格对真实冲击的响应。

11.2.1　MS‐VAR 模型的评介

对于投资者情绪和货币政策变量对股票价格的非线性影响,我们利用 Markov 区制转换 VAR 模型来组织我们的实证工作。在 Markov 区制转换 VAR 模型中有一个不可观测的变量 s_t,它服从离散的马尔科夫过程,并且决定了每个时间步长的区制。考虑到区制变换后过程均值立即出现一次跳跃,我们不再涉及均值调整的 MS‐VAR 类别。对于 K 维时间序列向量 $y_t = (y_{1t}, \cdots, y_{Kt})'$ 滞后 p 阶自回归的 MS‐VAR 模型的定义如下:

$$y_t = v(s_t) + A_1(s_t)y_{t-1} + \cdots + A_p(s_t)y_{t-p} + u_t \qquad (11-8)$$

其中,v 表示 $K \times 1$ 阶的截距向量,A_j 表示 $K \times K$ 阶的自回归系数矩阵,随机扰动项序列 $u_t \sim NID(0, \sum(s_t))$。

Markov 区制转换模型的特点是假定不可观测的区制 s_t 的实现值由一个离散时间的马尔科夫随机过程所控制,它由转移概率来定义。根据观测到的变量 y_t,从区制 i 变换到区制 j 的转移概率 $p_{i,j}$ 是:

$$p_{i,j} = Pr(s_{t+1} = j \mid s_t = i), \sum_{j=1}^{M} p_{i,j} = 1, \forall i, j \in \{1, \cdots, M\}$$

$$(11-9)$$

MS‐VAR 模型允许各种各样的设定。当自回归参数和截距项是区制依赖的,并且误差项是异方差或者同方差时,可以引入特别的 MS‐VAR 模型。以马尔科夫链状态为条件的多种 MS‐VAR 类别如表 11‐7 所示。

表 11‐7　MS‐VAR 模型的类别

	$\sum$ 不变		$\sum$ 时变	
	v 不变	v 时变	v 不变	v 时变
A_j 不变	线性 VAR	MSI‐VAR	MSH‐VAR	MSIH‐VAR
A_j 时变	MSA‐VAR	MSIA‐VAR	MSAH‐VAR	MSIAH‐VAR

在表 11-7 中,字母 I 表示马尔科夫区制转换的截距项,A 表示马尔科夫区制转换的自回归参数,H 表示马尔科夫区制转换的异方差。对于实证应用,在模型中假定一些参数是马尔科夫链状态依赖的,而其他参数是区制不变的将更有帮助。

在 Markov 区制转换 VAR 模型中,假定所有的参数均是状态变量 s_t 依赖的,可得模型的一般形式:

$$y_t = \begin{cases} v_1 + A_{11}y_{t-1} + \cdots + A_{p1}y_{t-p} + \sum_1^{1/2} u_t, & s_t = 1 \\ v_M + A_{1M}y_{t-1} + \cdots + A_{pM}y_{t-p} + \sum_M^{1/2} u_t, & s_t = M \end{cases}$$

$$(11-10)$$

其中,随机干扰项序列 $u_t \sim NID(0, I_K)$。

11.2.2 数据来源和相关变量的描述统计

1. 市场情绪的代理变量

在本章节,我们继续倾向于用多个情绪代理变量来构建综合市场情绪指数。虽然用单一情绪代理(消费者信心指数、封闭式基金折价率)来表征投资者情绪提供了一个关于投资者情绪指数的便利的测度,但是一些学者时常质疑它的有效性和可信性(Qiu and Welch, 2004; Brown and Cliff, 2004, 2005)。单一情绪指标仅仅体现了股票市场交易行为的某个方面的投资者心理变化,丢失了潜在的一部分投资者情绪信息,使得它不是一个非常合适的情绪指示器。因此,根据贝克和沃格勒(Baker and Wurgler, 2006, 2007)的主成分构建方法,我们形成一个综合的市场情绪指数。

在此,我们阐述上海股票市场情绪指数的构建过程,深圳股票市场情绪指数的构建形式与此类似。与上一章节一样,我们选取能表征中国股票市场投资者情绪变化的六个情绪代理变量,它们是新增股票开户数(NSA)、新增基金开户数(NFA)、封闭式基金折价率(CFD)、基金指数(FI)、股票交易量(STV)和前期上证综合指数(PCI)。考虑到 IPO 发行在中国股票市场的数次中断,如从 2005 年 5 月至 2006 年 6 月期间 IPO 被禁止发行,情绪代理变量不再包含 IPO 数量和平均首日收益。

2. 数据来源

本研究数据中,当期新增股票开户数、当期新增基金开户数和封闭式基金折价率等情绪代理变量数据来源于锐思金融研究数据库。当期沪市股票成交量、当期上证基金指数、前期上证综合指数、深证综合指数等数据来自 CSMAR 数据库。鉴于研究数据的可得性,数据的测度频率为月度,样本区间从 2003 年 7 月到 2012 年初。根据贝克和沃格勒(Baker and Wurgler,2006)的估算方法,综合投资者情绪指数为六个情绪代理变量的第一主成分。因此,可得市场情绪指数的表达式如下所示。

$$SI_t = 0.413\,4NSA_t + 0.300\,1NFA_t + 0.386\,4CFD_t +$$
$$0.436\,7FI_t + 0.362\,7STV_t + 0.426\,5PCI_{t-1} \qquad (11-11)$$

这里,每一个情绪代理变量首先被标准化处理,仅有第一个特征值显著大于 1。第一主成分能够解释样本方差的 65.16%,因此市场情绪指数能够捕获共同变异的很大程度的信息。投资者情绪在 t 时期的变化可表示为 $\Delta SI_t = SI_t - SI_{t-1}$,从而采用市场情绪的变化量来考察其对股指收益的影响。

广义货币供应量(M2)和利率被选择为货币政策变量代表,其中利率为同业银行 7 天拆借利率的加权平均值,广义货币供给量采用 Census X12 方法对季节变异进行了调整。此外,我利用对数一阶差分的形式来表示上证股指收益率、深证综指收益率、广义货币供给量增长率和同业银行拆借利率的增长率。

3. 描述统计

我们使用 EViews8.0 和 OxMetrics6 等统计分析软件对上证收益率、沪市情绪变化、M2 增长率和利率变化率的基本统计特征进行了描述统计,相关结果如表 11-8 所示。

表 11-8　相关变量的描述统计和属性检验

统计指标	上证收益率	沪市情绪变化	M2 增长率	利率变化率
均值	0.003 8	0.018 8	0.014 2	0.006 1
标准差	0.091 4	0.641 4	0.007 1	0.194 7
偏度	−0.598 9	1.699 4	1.383 2	0.511 2
峰度	4.054 4	9.747 1	9.401 7	4.958 8
J-B统计量	10.823***	242.567 9***	206.697 4***	20.750 3***
ADF 值	−5.077 1***	−2.419 3**	−8.783 4***	−10.657 9***

注:* * *、* *、* 分别表示在 1%、5%、10% 显著性水平下是统计显著的。

从表 11-8 可以看出,所有的统计指标都是吸引人的。上证股指收益率的平均值为 0.003 8,沪市情绪变化的平均值为 0.018 8,M2 增长率的平均值为 0.0142，同业拆借利率变化率的平均值为 0.0061。上证股指收益率的偏度系数是 -0.5889，呈现出左偏态势的分布特征，而沪市情绪变化、M2 增长率、利率变化率三个时序变量的偏度系数显著大于 0，表现出右偏态的分布特征。四个时序变量的峰度系数均大于 3，表明各个时间序列呈现尖峰、厚尾的分布特征。根据 J—B 统计量数值，四个时序变量在 1‰ 的显著性水平下拒绝了正态分布的原假设，非正态性是四个时序变量的典型特征。根据 ADF 统计量单位根检验值，四个时序变量都是平稳时间序列，不存在伪回归问题。

11.2.3　实证结果分析

1. 多元线性回归模型的拟合结果

在我们开始利用 MS－VAR 模型分析货币政策和投资者情绪对股票价格的非对称效应之前，我们首先采用传统的多元线性回归模型论证货币政策和投资者情绪对股票价格的影响效应。我们先考虑最简单的情形，即研究货币政策变量和投资者情绪对股票价格的系统性影响。此时，多元线性回归模型的设定如下：

$$R_t = \alpha + \beta_1 \Delta\ln(M2)_t + \beta_2 \Delta\ln(rate)_t + \beta_3 \Delta SI_t + \varepsilon_t \quad (11-12)$$

其中，R_t 为上证指数的对数收益率，$\Delta\ln(M2)_t$ 为 M2 取对数后的一阶差分，表示 M2 增长率，$\Delta\ln(rate)_t$ 为银行间拆借利率取对数后的一阶差分，表示利率变化率，ΔSI_t 表示市场情绪的变化。那么回归系数 β_1、β_2 和 β_3 分别测量货币供应量、利率和投资者情绪对股票市场的系统性影响。

为了进一步研究股票市场的非对称效应，我们需要分析乐观情绪和悲观情绪对股票市场的差异性影响。由于投资者心理导致投资者行为的变化，股票市场很可能对乐观情绪和悲观情绪表现出不同的响应。为此，我们设定如下带虚拟变量的多元线性回归模型，即：

$$R_t = \alpha + \beta_1 \Delta\ln(M2)_t + \beta_2 \Delta\ln(rate)_t + \beta_3 \Delta SI_t$$
$$+ \beta_4 D_t \cdot \Delta\ln(M2)_t + \beta_5 D_t \cdot \Delta\ln(rate)_t + \beta_6 D_t \cdot \Delta SI_t + \varepsilon_t$$
$$(11-13)$$

其中，D_t 是一个表示乐观情绪和悲观情绪状态的虚拟变量。变量 D_t 满足：(1)当 $SI_t \leqslant 0$ 时 $D_t = 0$；(2) 当 $SI_t > 0$ 时 $D_t = 1$。回归系数 β_1、β_2 和 β_3 测量在悲观情绪状态下货币供应量、利率和投资者情绪对股票市场的影响效应，回归系数 $(\beta_1 + \beta_4)$、$(\beta_2 + \beta_5)$ 和 $(\beta_3 + \beta_6)$ 测量在乐观情绪状

态下货币供应量、利率和投资者情绪对股票市场的影响效应。方程(11-12)和方程(11-13)的回归结果如表11-9所示。

表 11-9　多元线性回归模型的估计结果

	α	β_1	β_2	β_3
方程(11-12)	-0.0353^* (-1.9583)	2.9472^{**} (2.2756)	0.0696^* (1.6824)	0.0635^{***} (4.7735)
方程(11-13)	-0.0389^{**} (-2.0045)	4.0192^{***} (2.9331)	0.0969 (1.5256)	0.0602^{***} (3.1248)
	β_4	β_5	β_6	$Adj-R^2$
方程(11-12)				0.2039
方程(11-13)	-2.0428 (-1.5588)	-0.0556 (-0.6545)	-0.0365 (-0.9355)	0.2042

注:***、**、* 分别表示在1%、5%、10%显著性水平下是统计显著的。括号内的数值为各回归系数对应的 t 统计量。

　　由表11-9可知,在方程(11-12)中所有的回归系数都是统计显著的,这意味着货币政策变量和投资者情绪对股票价格具有显著的系统性影响。此外,在方程(11-13)中回归系数 β_4、β_5 和 β_6 的估计结果为负值,表明与乐观情绪状态相比货币供应量、利率和投资者情绪在悲观情绪状态下对股票价格具有更大的影响效应,但没有通过变量的显著性检验。根据货币政策的信贷传递理论,在熊市状态下小规模公司的信用评级较差,给公司带来一定程度的融资约束。贝克和沃格勒(Baker and Wurgler,2006)指出投资者情绪对高主观估值和难以套利的证券具有更大的影响。库洛夫(Kurov,2010)研究表明货币政策行动在熊市状态下对这样一类股票具有较大的影响效应,该类股票的主要特征表现为对投资者情绪和信贷市场条件的变化更为敏感。因此,在货币政策对股票市场的影响之中投资者情绪很可能发挥了显著的作用。为了强调货币政策变量、投资者情绪以及它们的滞后项对股票市场的非对称影响,接下来我们利用 MS-VAR 模型进行相应的脉冲响应分析。

　　2. MS-VAR 类模型的设定

　　根据股票市场呈现出来的低迷期和膨胀期的周期性特征,我们集中研究两区制的 MS-VAR 类模型的设定。在所有类别的模型中,滞后阶数 p 取值在1到8之间的情况被予以评估。对于每个模型,AIC、HQ 和 SC 统计量的数值分别被计算。对于四变量 MS-VAR 模型滞后两阶的部分拟合结果如表 11 - 10 所示。

表 11 - 10　MS - VAR 类模型的选择

	线性系统	非线性系统					
	VAR(2)	MSI(2)	MSIA(2)	MSIH(2)	MSA(2)	MSAH(2)	MSIAH(2)
AIC	−7.334 2	−7.419 6	−7.539 4	−8.176 1*	−7.434 4	−8.058 3	−7.925 1
HQ	−6.849 2	−6.871 4	−6.653 8	−7.522 4*	−6.591	−7.109 4	−6.934
SC	−6.135 8	−6.065	−5.351 1	−6.560 9*	−5.350 3	−5.713 7	−5.476 2

注：*表示根据最小准则值的最优选择。

根据 AIC、HQ 和 SC 统计量，两区制滞后阶数 $p = 2$ 的 MSIH(2)-VAR(2)模型被选定。MSIH(2)- VAR(2)模型的 LR 线性检验统计量的数值为 94.005 6，卡方统计量的尾部概率小于 1%。因此，我们可以拒绝线性模型的原假设，MSIH(2)- VAR(2)模型的选定是恰当的。

3. MSIH(2)- VAR(2)模型的估计结果

关于两区制下滞后 2 阶的 MSIH(2)- VAR(2)模型的部分拟合结果如表 11 - 11 所示。

表 11 - 11　两区制下 MSIH(2)- VAR(2)模型的部分拟合值

	状态	上证收益率	沪市情绪变化	M2 增长率	利率变化率
截距 v	区制 1	−0.021 7 (−1.109 9)	−0.061 0 (−0.837 3)	0.013 2 (5.950 5)	0.025 3 (0.915 6)
	区制 2	0.050 1 (2.341 8)	0.267 0 (1.652 6)	0.019 5 (6.841 0)	0.033 1 (0.556 5)
标准误 SE	区制 1	0.083 3	0.249 4	0.008 5	0.084 5
	区制 2	0.068 6	0.829 5	0.010 1	0.307 8

注：括号内为各个参数对应的 t 统计量数值。

根据四个时序变量在两区制下各自的截距项和标准误差项的数值，同时结合每个区制下四个时序变量各自的平均值，我们可以看出对于月度股票市场数据而言存在两个截然不同的区制。区制 1 的市场特征表现为萧条呆滞的股市状态，悲观的投资者情绪以及相对稳定的货币政策；区制 2 的市场特征表现为膨胀上行的股市状态，乐观的投资者情绪以及更加积极的货币政策。

表 11－12　转移概率矩阵

转移概率	区制 1	区制 2
区制 1	0.832 5	0.167 5
区制 2	0.342 1	0.657 9

从表 11－12 的转移概率矩阵可以看出,在当前状态为区制 1 的条件下,下一时期保持在区制 1 的概率是 0.832 5;而下一时期转移到区制 2 的概率是 0.167 5。在当前状态为区制 2 的条件下,下一时期维持在区制 2 的概率是 0.657 9;而下一时期转移到区制 1 的概率是 0.342 1。此外,膨胀上行的区制 2 是不太稳定的,其预期的平均持续时间仅为 3 个月,$1/(1-p_{22})=1/(1-0.657\,9)\approx 3$。萧条下行的区制 1 的预期的平均持续时间大约为 6 个月,$1/(1-p_{11})=1/(1-0.832\,5)\approx 6$。一旦在整个周期内膨胀期和收缩期交替发生,这条信息对于我们了解每个周期的持续时长是非常重要的。

MS－VAR 模型一个重要的优势是它估计区制转换的时机时没有任何预先的关于转换正在发生的假设。图 11－5 阐释了平滑的区制概率、滤波的区制概率以及预测的区制概率。例如,从平滑的区制概率中我们可以看出,2006 年第四季度至 2007 年末和 2008 年底至 2009 年初可以看作为股票市场的膨胀上行期,而其他时间区间被认为是股票市场的萧条下行期。

4. 区制依赖的脉冲响应分析

为了研究股票价格对情绪冲击和货币政策冲击的响应情况,我们进行了区制依赖的脉冲响应分析。给定沪市情绪变化、M2 增长率、利率变化率以及上证股指收益率一单位的扰动,我们分析 20 月以内的上证股指收益的脉冲响应情况。通过对 MSIH(2)－VAR(2)模型的马尔科夫链蒙特卡洛(MCMC)模拟,并采用 Cholesky 分解来识别区制,脉冲响应函数的计算结果如图 11－6 至图 11－9 所示。

(1) 股票价格对投资者情绪冲击的响应

在区制 1 下给予 1 单位正向的沪市情绪变化的扰动,上证股指收益立即开始增加,并且股票市场的波动绝大程度上在正向变化,它的持续时间高达 10 个月。在区制 2 下给予 1 单位正向的沪市情绪变化的扰动,上证股指收益也立即开始增加,但是它变化的程度大约为区制 1 情况下的一半。然后,在随后 1 个月它转换为负向的波动,响应的持续时间达 8 个月。

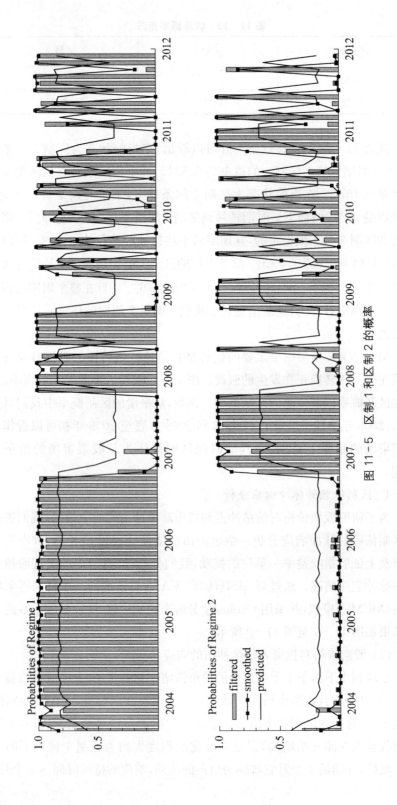

图 11-5　区制 1 和区制 2 的概率

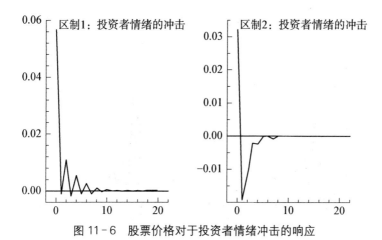

图 11-6　股票价格对于投资者情绪冲击的响应

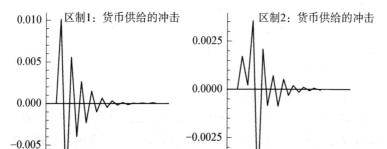

图 11-7　股票价格对于货币供给冲击的响应

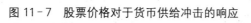

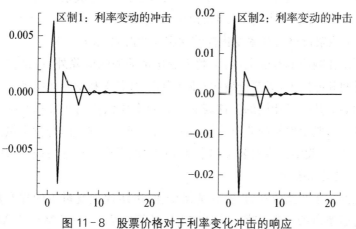

图 11-8　股票价格对于利率变化冲击的响应

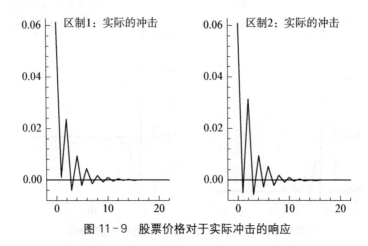

图 11-9　股票价格对于实际冲击的响应

图 11-6 表明悲观的投资者情绪在股票市场下行期能够立即降低股票价格，并且响应的持续时间比较长。然而，乐观的投资者情绪在股票市场上行期能够立即增加股票价格，但是它的变化程度大约是股市下行期的一半，而且股票价格表现出显著的反转效应。

（2）股票价格对货币供给冲击的响应

在区制 1 下给予 1 单位正向的广义货币供给增长率的扰动，在本期内上证股指收益没有立即反应，但是在随后的第二个时期内它表现出相对较大的正向变化，然后它转向为负向变化，总体上表现出震荡衰退模式。在区制 2 下给予一单位正向的广义货币供给增长率的扰动，在本期内上证股指收益也没有立即反应，在接下来的第二期内它表现出正向的变化。此外，在随后的第四期内它存在一个相对较大的正向变化。总体而言，股票价格对货币供给量扰动的反应存在一期的滞后性，与股票市场上行期相比较，股票价格在股票市场下行期的响应更为剧烈。

（3）股票价格对利率变化扰动和实际冲击的响应

不论在响应的幅度上（名义利率变化扰动的响应除外）还是在反应的持续时间和方向上，股票价格在不同区制下对名义利率变化扰动或者真实扰动的响应几乎是相同的。这表明名义利率变化扰动或者真实扰动在不同区制下对股票价格的非对称性影响不十分显著。此外，与货币供给冲击的响应类似，股票价格对名义利率变化扰动的反应也存在一期的滞后性。

5. 稳定性检验

上面关于股指收益、投资者情绪变化、情绪代理变量等的样本数据来自上海股票市场。为了进一步证实上述的研究结论，基于 MS-VAR 类模型我们采用深圳股票市场的相关数据进行了相同的实证分析。深圳股票市场的相关研究结果与上海股票市场的类似,这里就不再重复阐述。

11.2.4　结论

以往的文献或者研究侧重于投资者情绪对股票价格的影响效应,或者论证货币政策因素对股票价格的影响作用,很少涉及投资者情绪和货币政策因素对股票价格的联合效应,难免有失偏颇。我们系统梳理了以前的相关研究文献,发现在影响股票价格变化方面投资者情绪和货币政策变量是非常重要的非基本面因素。根据传统的多元线性回归模型和 MS-VAR 类模型,我们论证了投资者情绪和货币政策变量对股票价格的系统性效应和非对称效应。

根据股票市场的周期性特征,我们集中论证了两区制的 MS-VAR 类模型的选择问题。实证结果表明在所研究的样本区间内股票市场萧条下行期的预期的平均持续时间大约是 6 个月,而股票市场膨胀上行期的预期的平均持续时间仅为 3 个月。根据两区制非线性模型的拟合概率,在我们所研究的样本时期内存在两个明显的股市扩张区间,而在其他时期内股票市场表现得相对沉寂,可视为股市收缩区间。

给予一单位的投资者情绪扰动或者货币供给量扰动,相对于股票市场膨胀上行期而言股票价格在股票市场萧条下行期的反应更加剧烈。从持续时间的角度来看,股票价格在股市萧条下行期对投资者情绪扰动和货币供应量扰动的响应持续性要比在股市膨胀上行期长得多。此外,在两种市场状态下,相同方向和规格的外部扰动有可能引起不同方向的股票价格波动。

总之,相对于股票市场膨胀上行期而言,货币政策变量扰动特别是投资者情绪扰动在股票市场萧条下行期不仅引起股票价格的更剧烈波动,而且导致股票价格波动的持续时间更长。从区制依赖的脉冲响应图形中,我们可以直观地看到在两种股市状态下股票价格的响应存在非对称效应。此外,股票价格对投资者情绪扰动和实际冲击的反应表现为即时效应,而对货币政策变量扰动的反应存在一期滞后性。

11.3　市场情绪对股价的动量效应和反转效应

鉴于投资者情绪的概率分布呈现尖峰厚尾的特征,情绪剧烈变化出现的概率比较大,本章节进一步分析极端情绪对股票价格的影响。

　　非正态性是金融时间序列数据的典型特征,在基于正态概率分布的假设检验条件下它将导致潜在的回归问题。通常情况下,投资者情绪的概率分布表现出厚尾性(Li, 2015；Li and Yang, 2017)。向左边变形的厚尾性是由一些极小值所引起,而右侧的厚尾性则由一些极大值所导致。与正态分布相比较而言,投资者情绪的较多数值出现在概率分布的较低部分和较高部分。目前为止,很少有实证研究专门分析极端投资者情绪对股票价格的影响作用。因此,在本章节中我们将引入非参数回归模型来阐述极端投资者情绪对股票价格的效应,即投资者情绪温和变化时对股票价格的动量效应和投资者情绪剧烈变化时的反转效应。

　　传统金融理论的有效市场假说和新兴的行为金融学均把对噪音或噪音交易者的分析作为理论形成的基础之一。然而,关于噪音交易者在股票价格中的决定作用存在两种相反的观点。一方面,弗里德曼(Friedman, 1953)指出,在市场中存在理性交易者和非理性的噪音交易者,相对于噪音交易者而言理性投资者持有长期相反的头寸,最终噪音交易者被理性交易者驱逐出市场之外①。法玛(Fama, 1965)认为噪音交易者相互之间是无关联的,在长期中他们不能生存。此外,韦斯特(West, 1988)声明:"没有直接的证据表明天真投资者的交易在股票价格决定中起着非常重要的作用。"简言之,在有效市场理论中非理性的噪音交易者无法生存很长的一段时间。随着时间的推移,理性投资者驱使资产价格回到它的内在价值,噪音逐渐地消失在市场中。因此,由于市场选择噪音交易者将消失不见,最终理性交易者主导了市场。

　　另一方面,布莱克(Black, 1986)指出,噪音交易者有时候利用噪音来进行交易,就好像噪音是信息一样,理性交易者可能无法采取足够多的头寸来消除噪音,因此价格之中短期的噪音波动将大于短期的价值波动②。特鲁曼(Trueman, 1988)认为噪音交易者诱导了市场中必要的流动性,因此创造了知情交易者利用噪音交易的机会。此外,德龙等(De Long et al., 1990a)的DSSW模型模拟了噪音交易对资产均衡价格的影响作用。他们指出,非理性的噪音交易者利用错误的随机信念来影响股票价格,他们情绪的不可预测性创造了资产价格中的风险,从而阻止了理性套利者攻击性的对赌交易。因此,资产价格能够显著地偏离基础价值,由于噪音本

---

　　① Friedman, M. The case for flexible exchange rates [M]. Essays in Positive Economics, University of Chicago Press, Chicago, 1953.

　　② Black, F. Noise [J]. Journal of Finance, 1986, 41: 529-543.

身创造了风险致使噪音交易者创造了他们自己的生存空间。类似地,谢弗林和斯塔曼(Shefrin and Statman,1994)提出了一个行为资本资产定价模型,论证了噪音交易者和知情交易者之间的相互作用。他们声称,噪音交易者在市场中引进了第二个驱动器,驱使市场远离效率。

在这些预测之后,大量的实证研究集中在股票价格和投资者之间的关系问题。许多实证结果表明投资者情绪在股票价格形成中扮演着系统性和显著性的角色(Lee et al. ,2002;Brown and Cliff,2004,2005;Baker and Wurgler,2006,2007;Kumar and Lee,2006;Yu and Yuan,2011;Baker et al. ,2012;Seybert and Yang,2012;Stambaugh et al. ,2012,2014,2015;Li,2015;Li and Yang,2017;Gao and Yang,2018)。特别是贝克和沃格勒(Baker and Wurgler,2006,2007)采用主成分分析方法构建了综合的市场情绪指数。正如贝克和沃格勒(Baker and Wurgler,2007)所说的,现在的问题已上升为如何量化测度投资者情绪指数,而不再是纠结于投资者情绪是否影响资产价格。李进芳和杨春鹏(Li and Yang,2017)实证研究了个股投资者情绪对股票价格的横截面效应和时间序列效应。他们的研究结果表明,相对于大公司股票价格而言个股投资者情绪对小公司股票价格具有较大的效应,并且相对于股票市场上行期而言个股投资者情绪在股票市场下行期导致了更大幅度的股票价格波动。

总之,新兴的行为金融学强调,由于情绪传染和信息生成过程非理性投资者的行动彼此之间是相互依赖的,从而非理性投资者能够创造风险,进而创造他们自己的生存空间。虽然已有的研究结果略有不同,但是它们形成了较一致的结论,较高的股票定价伴有乐观的投资者情绪而较低的股票定价伴有悲观的投资者情绪。再则,有关的研究结论得到了一些金融实验的支持。非理性投资者拥有高涨情绪时将作出乐观的决策,从而将增加风险资产的认知价值,反之亦然(Statman et al. ,2008;Kempf et al. ,2014)。

回顾以弗里德曼(Friedman,1953)为代表的理性套利者空间和以布莱克(Black,1986)为代表的噪音交易者空间,从二者观点中我们看出在金融市场上存有理性交易者和噪音交易者,他们的根本差异是噪音交易者所占比例的大小问题。根据布莱克(Black,1986)的见解,噪音交易者构成了交易者中的绝大多数,他们可以创造自身的生存空间。那么,噪音交易者拥有高涨投资者情绪时导致较高的金融资产定价,即投资者情绪对资产价格的动量效应。接下来,我们考虑这样一种极端情况,假设噪音交易者的情绪是极端的高涨,要么它引起金融资产的过高定价,最终导致严重的情绪泡沫①；要么当投资者情绪超过某一门限值时噪音交易者在市场中遇到理性套利者极其强烈的对赌势力，使得资产价格回归它的内在价值。此时此刻，理性套利者构成了交易者中的绝大多数，这符合弗里德曼（Friedman，1953）论证的市场条件。在现实金融市场中，我们经常遇到第二种情况。因此，这涉及了投资者情绪的临界值问题，如果投资者情绪高于该临界值将发生关于资产价格的反转效应。

为了达到弗里德曼（Friedman，1953）和布莱克（Black，1986）对立统一的观点，我们假定在短期内投资者情绪的变化比较温和时理性不知情者追逐由噪音交易者引起的价格上涨（Mendel and Shleifer，2012）。理性不知情者的行为就像噪音交易者一样，二者合起来战胜了理性知情者，创造了噪音交易者的生存空间（De Long et al.，1990a，1991）。尽管如此，长期内当投资者情绪的变化极端剧烈并且金融资产定价过高或者过低时，理性不知情者转向与噪音交易者进行对赌（Mendel and Shleifer，2012），出现了理性投资者的套利空间。二者的联合力量驱动资产价格向它的内在价值移动，呈现出投资者情绪临界值的反转效应。资产价格越远离它的内在价值，它会越快地向内在价值移动（Li，2014）。

在行为金融学中能够找到一些关于资产价格反转效应的解释。丹尼尔等（Daniel et al.，1998）证实有偏的自我归因增加了股票价格变化正向的短期滞后自相关（动量）和长期滞后的负相关（反转）。巴贝里斯等（Barberis et al.，1998）提供了一个简易的关于投资者如何形成预期的模型。该模型阐述了一个给定公司的收益行为在两种状态之间的移动，在第一种状态时收益是均值回复的，在第二种状态下它们呈现趋势性。李进芳（Li，2014）模型化了这样一个过程，连续的过度反应导致短期的动量，如果长期内最初的过度反应被修正将表现出长期的反转。李进芳（Li，2019）指出，接近于交易结束时市场变得无限有弹回力，因此长期内最初的过度反应被理性投资者所修正。杨春鹏和闫伟（Yang and Yan，2011）从投资者情绪出发发展了德龙等（De Long et al.，1990a）的 DSSW 模型，他们指出当投资者情绪高于某一临界值时风险资产有负向的超额收益，而当投资者情绪低于该临界值时将有正向的超额收益。李君和余剑锋（Li and Yu，2012）实证分析了投资者对信息的过度反应。到目前为止，已有的实

---

① 资产泡沫度量方式很多，如市盈率（P/E值）、公司净资产的股市价值与重置价值之比（Q值）、红利与股票价格之比（红利率）、国债收益率与红利率之比、股票市值增长率与名义 GDP 增长率之比等。情绪泡沫指资产情绪价格偏离基础价值的部分，由于该部分受投资者情绪影响，故称之为情绪泡沫。

证研究很少从投资者情绪临界值的角度分析股票价格的反转效应。在本章节中,我试图将理性投资者和情绪投资者的博弈行为与投资者情绪的临界值结合起来,对股票价格的短期动量和长期反转进行实证研究。因此,布莱克(Black,1986)和弗里德曼(Friedman,1953)二者的论点被放在一个统一的经验架构下。

事实上,应变量和自变量之间的函数关系常常是未知的。假定它们服从一个特定的线性函数或者一个非线性的函数形式,这可能导致模型的设定误差问题。考虑到投资者情绪对股票价格的影响特点,我们引入非参数回归模型来探索股票价格和投资者情绪之间的显性函数关系。基于非参数回归模型,我们论证投资者情绪的温和变化对股票价格的动量效应以及投资者情绪的剧烈变化对股票价格的反转效应。进一步,我们构建三区制非线性参数模型[①]来证实非参数模型的估计结果,并且进行参数值的显著性检验。

我们从如下几个方面对现存的文献作出了贡献。首先,通过投资者情绪变化的密度函数的核估计表明,当投资者情绪变化异常剧烈时它的概率分布高于对应的正态分布。因此,投资者情绪的剧烈变化对股票收益的特定影响是一个值得深入研究的主题。其次,我们使用非参数回归模型找到了关于投资者情绪剧烈变化的两个临界值,大于上临界值时投资者情绪变化越大,股票收益越低,表现出明显的反转效应;低于下临界值时股票收益与投资者情绪变化之间具有类似的关系特征,也表现出显著的反转效应。当投资者情绪变化介于下临界值和上临界值之间时,投资者情绪变化越大,股票收益越高,表现出明显的动量效应。再次,进一步我们使用三区制非线性参数模型进行了统计显著性和经济意义检验。结果表明在上海股票市场由极端乐观投资者情绪引起的反转效应大于由极度悲观投资者情绪所引起的反转效应,呈现显著的非对称性。最后,我们的实证检验把布莱克(Black,1986)和弗里德曼(Friedman,1953)两种相对立的观点放在一个统一的架构下。当投资者情绪变化比较温和时,噪音交易者占交易者总数相当大比例,最终创造了他们自己的生存空间(Black,1986)。然而,当投资者情绪变化异常剧烈时,出现了理性投资者的套利空间,推动市场价格回归基础价值(Friedman,1953)。

① 这里的"非线性模型"不包括非参数模型,并且非线性是针对回归变量而言的,下同。

11.3.1 数据来源和相关变量的描述统计

1. 投资者情绪代理变量

虽然刻画投资者情绪的单一情绪代理提供了一个关于投资者情绪的方便测度,但是一些研究人员经常质疑它的有效性和可信性(Brown and Cliff,2004,2005),单一的情绪指示器不能保证它包含所有有关的信息。目前,关于市场情绪的许多代理是统计完整的和易于获取的,因此我们使用主成分分析来提取综合的市场情绪指数。贝克和沃格勒(Baker and Wurgler,2006)基于六个潜在情绪代理的共同变异采用主成分分析构建综合的市场情绪指数。因此,根据贝克和沃格勒(Baker and Wurgler,2006)的构建方法,我们来阐明上海股票市场综合情绪指数的构建过程,深圳股票市场情绪指数的形成过程与此类似。这里考虑到中国股票市场IPO发行的数次时段内中断,情绪代理不再包含关于IPO的首日收益和数目。此外,我们融入了几个特定的情绪代理来确切地反映中国股票市场的情绪水平,如新增股票开户数、新增基金开户数、心理线指标。杨春鹏和高斌(Yang and Gao,2014)以及杨春鹏和周丽云(Yang and Zhou,2016)指出,心理学指标能够作为一个情绪指示器,它代表了向后看的市场情绪水平。最终我们筛选了六个情绪代理变量,它们是新增股票开户数(NSA)、新增基金开户数(NFA)、封闭式基金折价率(CFD)、基金指数(FI)、股票成交量(STV)和心理线指标(PLI)。

2. 数据来源

关于新增股票开户数、新增基金开户数和封闭式基金折价率等的研究数据来自锐思金融研究数据库,关于股票综合指数、基金指数、股票成交量、心理线指标等的研究数据来源于CSMAR数据库。此外,我们采用对数的一阶差分形式来表示上证综合指数的收益。考虑到高频率的数据包含潜在的有价值的信息以及它们是实时可获得的(Yang and Zhang,2014),接下来的实证分析将采用周度频率的数据。考虑到2005年中国推出全面的股权结构改革,周度数据的样本范围从2006年1月4日到2017年12月31日。

在此,根据贝克和沃格勒(Baker and Wurgler,2006)的构建方法我们用六个情绪代理的第一主成分来表示投资者情绪指数。因此,投资者情绪指数的具体表示如下:

$$SI_t = 0.4436NSA_t + 0.2852NFA_t + 0.3773CFD_t + 0.4765FI_t$$

$$+0.3213STV_t+0.4438PLI_t \qquad (11-14)$$

每一个情绪代理变量首先被标准化处理,只有第一主成分的特征值显著大于1。第一主成分解释了正交变量的样本方差的 65.38%,所以一个因子能够捕获共同变异的绝大多数。由于股票价格的波动对应于投资者情绪的水平高低,所以以股票收益的大小对应于投资者情绪变化的大小。此外,投资者情绪变化通常是一个平稳的时间序列。投资者情绪变化被表示为 $\Delta SI_t=SI_t-SI_{t-1}$,其中 $\Delta SI_t<0$ 意味着投资者在第 t 周变得更悲观,$\Delta SI_t>0$ 表示投资者在第 t 周变得更乐观。

3. 描述统计

关于上海股票市场股指收益和投资者情绪变化的单变量描述统计结果如表 11-13 所示,其中涉及了一些重要的数据描述特征。

表 11-13　沪市股指收益和市场情绪变化的统计特征

指数	均值	标准差	最大值	最小值	偏度
R	0.0026	0.0413	0.1498	−0.1382	0.0424
ΔSI	0.0015	0.4312	1.5243	−1.3200	0.3461

指数	峰度	J-B统计量/ P值	ADF值/ P值
R	4.2914	7.8614(0.019)	−21.53(0.000)
ΔSI	4.1812	66.1254(0.000)	−22.16(0.000)

从表 11-13 可以看出,所有的样本统计量都是吸引人的。周度频率上证股指收益 R_t 的平均值为 0.0026,R_t 的标准差为 0.0413。沪市投资者情绪变化 ΔSI_t 的平均值为 0.0015,ΔSI_t 的标准差为 0.4312。R_t 和 ΔSI_t 的偏度系数分别为 0.0424 和 0.3461。两个时间序列数据均表现出右偏的分布特征,这意味着在右侧的长尾由一些极大值所引起。R_t 和 ΔSI_t 的峰度系数都显著大于3,这表明两个时间序列数据均呈现出尖峰、厚尾的特质,也说明投资者情绪变化处在极端值的概率比较大,需要特别分析极端情绪的影响作用。根据 J-B 统计量,R_t 和 ΔSI_t 分别在 5% 和 1% 的显著性水平下不服从正态分布。ADF 单位根检验的结果表明两个变量都可以看作是平稳的时间序列,不存在伪回归问题。非正态分布是两个时序变量的典型特征,正如我们将在下文深入讨论的,R_t 和 ΔSI_t 之间复杂的非线性关系是非常盛行的。

11.3.2 模型的构建

通常情况下,参数回归模型不管它是不是线性形式,都需要给出被解释变量和解释变量之间具体的函数关系,以便利用模型的估计结果求得相应的参数值和进行必要的显著性检验。然而,变量之间函数关系的设定具有很强的主观性。建模者往往需要尝试各种各样的模型来最终确定合适的函数形式,这涉及诸多的考量因素,如统计学检验、经济意义检验。在某些情况下,甚至发生模型的设定误差。因此,我们尝试采用非参数回归模型来确定股指收益和情绪变化之间潜在的函数关系。未知的非参数回归模型可以通过核估计方法进行拟合。

1. 单变量密度函数的核估计

一个随机变量密度函数的具体形式常常是未知的,当没有关于随机变量密度函数的相关信息时,我们可以考虑密度函数的核估计。核估计方法的初步设想来自显示数据的直方图。我们可以利用一个给定点 x 周围的观测值来建立其密度函数 $f(x)$ 的近似值。为简单起见,设定 $f(x)$ 为临近观测值的标准正态分布的局部平均,观测值的标准正态分布的均值为 X_t,标准差为 h。那么,密度函数 $f(x)$ 在给定点 x 的平滑估计可表示为:

$$\hat{f}(x)=\frac{1}{n}\sum_{t=1}^{n}\frac{1}{\sqrt{2\pi}h}e^{-\frac{(x-X_t)^2}{2h^2}}=\frac{1}{n}\sum_{t=1}^{n}\frac{1}{h}K\left(\frac{x-X_t}{h}\right) \quad (11-15)$$

这里,$K(x)=\frac{1}{\sqrt{2\pi}}e^{-\frac{x^2}{2}}$ 是核函数,h 是带宽参数,它满足 $\lim_{n\to\infty}h=0$ 和 $\lim_{n\to\infty}nh=\infty$。

类似地,我们可以用其他的一些密度函数引入核函数。均匀密度函数的核形式为 $K(x)=\frac{1}{2}I[-1\leqslant x\leqslant 1]$。因此,$K(x)$ 函数的表达形式可以被指定为一般的表现方式。带宽 h 用来决定密度估计的平滑程度,带宽越大,估计结果越平滑。在大样本情况下能够证实,带宽越小,估计偏差越小,但是估计的方差越大,反之亦然。最优带宽的选择必定考虑两个统计量之间的权衡取舍。最小化 $\hat{f}(x)$ 的均方误差可以找到一个最优的带宽值 $h_{optimal}$,即 $MSE(x;h_{optimal})=\min_{over\ all\ h} MSE(x;h)$。

2. 单变量非参数回归模型

设定随机变量 Y_t 为被解释变量，X_t 为影响 Y_t 的一个非常重要的解释变量。一个很自然的非参数模型可以表示为：

$$Y_t = m(X_t) + e_t \qquad (11-16)$$

其中，$\{e_t\}$ 是均值为 $E(e_t)=0$ 方差为 $E(e_t^2)=1$ 的一平稳时间序列误差。对于给定值 x，我们有 $m(x)=E(Y_t \mid X_t=x)$，即 $e_t = Y_t - E(Y_t \mid X_t=x)$。在非参数情景下，一个典型的假定就是 $m(x)$ 是给定值 x 的一个未知平滑函数。在此，我们侧重于核平滑方法。给定 (Y_t, X_t) 的二元数据，我们用特定点 x 的临近观测值 X_t 的局部平均来估计 $m(x)$。因此，一个非参数的最优估计方法可以表示为：

$$\sum_{t=1}^{n} (Y_t - \alpha)^2 K\left(\frac{x-X_t}{h}\right) = \min! \qquad (11-17)$$

至此，我们仅仅需要估计常量 α，这意味着我们可以用如下的表达式估计 $m(x)$，即：

$$\hat{m}(x) = \alpha = \frac{\displaystyle\sum_{t=1}^{n} K\left(\frac{x-X_t}{h}\right) Y_t}{\displaystyle\sum_{t=1}^{n} K\left(\frac{x-X_t}{h}\right)} \qquad (11-18)$$

在接下来的实证分析部分，我们将演示核平滑方法在具体实践的应用。

3. 三区制非线性回归模型

根据投资者情绪变化对股指收益的影响特征，进一步考虑投资者情绪的剧烈变化对股指收益的特定影响是非常有必要的。非参数回归模型假定两个变量之间的函数关系遵循一个潜在的形式。它能够很好地呈现股指收益和投资者情绪变化之间的函数关系，特别能够捕获投资者情绪的极端变化对股指收益的特殊影响。我们从哈德尔（Hardle, 1990）以及哈德尔等（Hardle et al., 2000）的研究中能够找到一些详细的论述。因此，我们首先采用非参数回归模型来找到投资者情绪变化对股指收益的影响特征，然后使用带虚拟变量的非线性参数模型进行显著性检验和具体分析。带虚拟变量的非线性参数模型建立在非参数模型的估计结果基础之上。非线性参数模型是非参数模型的延伸和拓展，它不仅考虑了股指收益和投资者情绪变化之间潜在的函数形式，而且给出了不同区间的差异情绪敏感性系数,还可以进行相应的显著性检验。这种极富弹性的非参数—参数联合分析方法极大地提高了投资者情绪变化对股指收益影响的准确性。

当投资者情绪剧烈变化时,我们猜测投资者情绪变化对股指收益的影响很可能存在特定临界值。在接下来的实证分析部分,幸运的是我们碰巧证实了存在对应的临界值。当投资者情绪变化是极其乐观并且大于某一临界值时,对股指收益具有负向的效应;当投资者变化是比较温和并且小于该临界值时,对股指收益具有正向的效应。相对应地,当投资者变化是极其悲观时存在另一个临界值。假定我们用非参数回归模型找到了这两个临界值,一个代表极度乐观的情绪门限,用 ΔSI_O 表示,另一个表示极度悲观的情绪门限,用 ΔSI_P 表示。因此,根据极度乐观门限值 ΔSI_O,我们可以定义如下的虚拟变量:

$$D_{Ot} = \begin{cases} 1, & \text{如果 } \Delta SI_t \geqslant \Delta SI_O \\ 0, & \text{如果 } \Delta SI_t < \Delta SI_O \end{cases} \quad (11-19)$$

如果投资者情绪变化大于上门限值 ΔSI_O,那么有 $D_{Ot}=1$;如果投资者情绪变化小于上门限值 ΔSI_O,则有 $D_{Ot}=0$。类似地,根据极度悲观门限值 ΔSI_P,我们可以定义如下的另一个虚拟变量:

$$D_{Pt} = \begin{cases} 1, & \text{如果 } \Delta SI_t \leqslant \Delta SI_P \\ 0, & \text{如果 } \Delta SI_t > \Delta SI_P \end{cases} \quad (11-20)$$

如果投资者情绪变化小于下门限值 ΔSI_P,那么有 $D_{Pt}=1$;如果投资者情绪变化大于下门限值 ΔSI_P,则有 $D_{Pt}=0$。联合方程(11-19)、方程(11-20)与一般的回归模型,我们能够得到如下的三区制非线性回归模型:

$$R_t = \alpha + \beta_S \Delta SI_t + \beta_O(\Delta SI_t - \Delta SI_O)D_{Ot} + \beta_P(\Delta SI_t - \Delta SI_P)D_{Pt} + \varepsilon_t \quad (11-21)$$

贝塔系数 β_S 测度投资者情绪的温和变化对股票收益的影响效应,系数 $(\beta_S + \beta_O)$ 测度投资者情绪变化大于极度乐观门限值 ΔSI_O 条件下其对股票收益的影响效应,系数 $(\beta_S + \beta_P)$ 测度投资咨情绪变化小于极度悲观门限值 ΔSI_P 条件下其对股票收益的影响效应。如果有 $\beta_S > 0$ 并且 $(\beta_S + \beta_O) < 0$,这意味着当投资者情绪变得极端乐观时对股票收益施加了反转效应。如果有 $\beta_S > 0$ 并且 $(\beta_S + \beta_P) < 0$,这暗示着当投资者情绪变得极度悲观时对股票收益也施加了反转效应。

11.3.3 实证结果分析

1. 投资者情绪变化的核密度估计结果

正如上文所讨论的,我们采用核密度估计方法来描述投资者情绪变化的密度函数图形。作为对比分析,正态密度函数的图形也呈现在同一图表中。投资者情绪变化的密度函数的估计结果如图 11-10 所示。

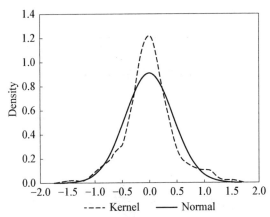

图 11-10 沪市投资者情绪变化的核密度曲线及正态分布曲线

从图 11-10 我们发现沪市投资者情绪变化的核密度估计曲线不同于正态密度函数曲线。正如我们在上文的描述统计中所论证的,周度频率投资者情绪变化表现出尖峰厚尾的分布特征。从上图可以看出,当投资者情绪变化是极度剧烈时,它的概率分布高于正态分布。这表明一些极端值发生的概率是比较大的,因此极端情绪变化对股指收益的特定影响值得我们深入地去研究。

2. 非参数回归模型的估计结果

我们采用非参数回归的核估计方法来刻画股指收益和投资者情绪变化之间的真实函数关系。此外,核函数采用了 Epanechnikov 的形式。考虑到沪市股指收益和投资者情绪变化的规格尺度,我们分别选择了 0.10、0.25 和 0.40 三种带宽,相应的估计结果如图 11-11、图 11-12 和图 11-13 所示。

正如在模型构建部分所讨论的,带宽参数 h 用来控制拟合曲线的平滑程度。带宽参数越大,拟合曲线越平滑,但是偏差成分越大。带宽参数越小,核估计的偏差越小。结合图 11-11、图 11-12 和图 11-13,我们可以看出伴随着带宽的增大股指收益和投资者情绪变化之间的函数曲线变得

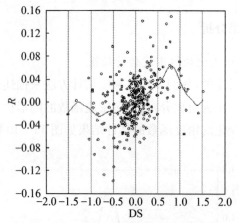

图 11-11　沪市股指收益和投资者情绪变化的函数关系 ($h = 0.1$ 时)

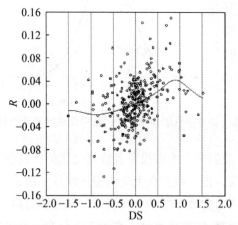

图 11-12　沪市股指收益和投资者情绪变化的函数关系 ($h = 0.25$ 时)

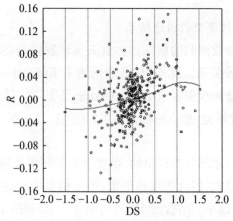

图 11-13　沪市股指收益和投资者情绪变化的函数关系 ($h = 0.4$ 时)

越来越平滑。当带宽参数 h 为 0.40 时,两个平稳变量之间的函数关系接近于一般参数回归的估计结果。在此,我们集中分析图 11 - 11 的估计结果。当投资者情绪变得极度乐观时,在 0.50～1.00 之间有一个明显的拐点。在该拐点以上,投资者情绪变化越大,股票收益越低,表现出明显的反转效应。在该拐点以下,投资者情绪变化越大,股票收益越高,表现出显著的动量效应。相对应地,当投资者情绪变得极度悲观时,在 -1.00～ -0.50 之间存在另一个显著的拐点。在该拐点以下,投资者情绪变化越大,股票收益越低,表现出明显的反转效应。最终,在带宽参数 h 为 0.10 时,根据非参数回归的拟合结果两个门限值分别被设定为 $\Delta SI_O = 0.7838$ 和 $\Delta SI_P = -0.7226$。

3. 三区制非线性参数模型的估计结果

在本节,我们进一步使用带虚拟变量的非线性参数模型进行特定的具体分析和相应的显著性检验。作为比较分析,我们也给出了一般线性回归模型的估计结果,两类模型的估计结果如表 11 - 14 所示。

表 11 - 14 沪市股指收益与情绪变化的普通回归和三区制非线性回归结果

回归模型	α	β_S	β_O	β_P	Adj - R^2	F 值
普通回归	0.0026 (1.23)	0.0378*** (7.46)			0.1523	54.18
非线性回归	0.0034 (1.56)	0.0593*** (8.92)	-0.1417*** (-4.26)	-0.1164*** (-3.43)	0.2347	28.94

注:***、**和*分别表示在1%、5%、10%显著性水平下是统计显著的。在括号内的数值是各回归系对应的 t 值。普通的线性回归模型被设定为 $R_t = \alpha + \beta_S \Delta SI_t + \varepsilon_t$。$R_t$ 表示上海股票市场周度频率的综合股指收益,ΔSI_t 表示上海股票市场周度频率的综合市场情绪变化。系数 β_S 测度投资者情绪变化对股指收益的总体效应。

从表 11 - 14 中我们可以看出,普通线性回归模型的情绪敏感性系数是 0.0378,它在 1% 的显著性水平下是统计显著的。对应调整的可决系数是 0.1523,这意味着股票收益 15.23% 的变异可以被情绪因子的变异所解释。在三区制非线性回归模型中,所有的贝塔系数在 1% 的显著性水平下是统计显著的。投资者情绪温和变化的贝塔系数(β_S)是 0.0593,相比较而言比普通线性回归模型的大 56.88%。当投资者情绪的乐观变化大于极度乐观门限值 ΔSI_O 时,情绪贝塔系数是 -0.0824($\beta_S + \beta_O$)。这意味着极度乐观的情绪变化增加一个单位,股票收益下降 8.24 个百分点,表现出显著的反转效应。当投资者情绪的悲观变化小于极度悲观门限值 ΔSI_P 时,情绪贝塔系数是 $-0.0571(\beta_S + \beta_P)$。 这意味着极度悲观的情绪变化增加一个单位,股票收益反而下降 5.71 个百分点,也表现出显著的反转效应。此外,在所研究的样本区间内极度乐观情绪所带来的反转程度大于极度悲观情绪所引起的反转效应。在非线性回归模型中,调整的可决系数等于 0.2347,大于普通线性回归模型的对应值。

总之,投资者情绪的温和变化与股指收益之间是正相关的,表现出明显的动量效应。这可以被认为与布莱克(Black,1986)的论点是一致的,在短期内投资者情绪的变化比较温和时,不知情的噪音交易者战胜了知情的理性投资者,进而创造了风险和自身的生存空间。然而,当投资者情绪的变化比较剧烈时,长期内股票收益表现出显著的反转效应。这可以被看作与弗里德曼(Friedman,1953)的观点是一致的,在长期内金融资产定价过高或者过低时,噪音交易真的生存空间消失而理性投资者的套利空间出现,驱动市场价格回归基础价值。此外,在极端乐观情绪条件下的反转程度大于在极端悲观情绪条件下的反转效应,表现出一定的非对称性。在一定程度上,我们的实证结果对股票收益均值回复、股票市场缓升陡降等金融异象给出了部分解释。

11.3.4　其他支持证据

到目前为止,我们的实证结果表明投资者情绪变化的极端值对股票收益表现为反转模式。带虚拟变量的非线性参数模型进一步说明,我们需要使用非参数模型来决定情绪的极端门限值。在本节,我们提供一些额外的支持证据来表明非参数模型的诊断设计是必要的,并且极端的情绪对股票价格施加了显著的反转效应。首先,我们直接使用标准差来设定门限值,例如情绪变化的均值加 2 倍的标准差来设定极端乐观的情绪门限,情绪变化的均值减 2 倍的标准差来设定极端悲观的情绪门限。其次,考虑到时间序列效应,我们论证这样一个问题,在不同市场状态下投资者情绪对股票价格的影响作用是否存在差异,特别是极端情绪的影响作用。最后,考虑到规模效应,笔者使用中小型企业股票指数表示小盘股,进一步研究小盘股情况下极端情绪对股票价格的影响作用。

1. 经验门限的估计结果

经验法则(Empirical Rules)有助于我们衡量数值在均值上方和下方的分布方式,并有助于我们识别异常值。经验法则表明对于对称钟形分布大约有 95% 的数值分布在平均值加减 2 倍的标准差范围内。切比雪夫法则(Chebyshev Rule)指出,无论数据的分布形状如何,至少有75%的数值分布在平均值加减2倍的标准差范围内。两个法则暗含着在平均值加减3倍的标准差范围之外的数值通常被认为是异常值。因此,我们以平均值加2倍的标准差来表示极其乐观的情绪门限,平均值减2倍的标准差来表示极其悲观的情绪门限。对于经验门限的实证结果如表11-15所示。

表 11-15 关于经验门限下的回归结果

统计量	$\mu \pm 2\sigma$ 范围内	低于 $\mu - 2\sigma$	高于 $\mu + 2\sigma$
β_s	0.0524***	-0.0839***	-0.1062***
t 值	8.67	-2.72	-3.86
Adj-R^2	0.2945		

注:***、**、*分别表示在1%、5%、10%显著性水平下统计显著。参数 μ 表示情绪变化的平均值,σ 表示情绪变化的标准差。

由表11-15可以看出,无论情绪变化值处于何种范围内,所有的情绪敏感性系数在1%的显著性水平下是统计显著的。在经验门限模型中,调整的可决系数为0.2945,略大于11.3.3节三区制非线性模型的拟合结果。当情绪变化值处于平均值加减2倍的标准差范围内,情绪贝塔系数为0.0524。当情绪变化值低于平均值减2倍的标准差,极其悲观情绪的贝塔系数为-0.0839,呈现明显的反转效应。当情绪变化值高于平均值加2倍的标准差,极其乐观情绪的贝塔系数为-0.1062,也呈现显著的反转效应。因此,这进一步证实了上述论点,投资者情绪的温和变化对股指收益具有动量效应,而投资者情绪的剧烈变化对股指收益具有反转效应。

2. 不同市场状态下的时序效应

在以前的研究中我们指出,投资者情绪在不同市场状态下对股票价格的差异性影响属于时序分析的范畴。因此,我们需要分析在不同市场状态下极端情绪是否对股票价格施加了不同的影响。遵循帕干和索苏诺夫(Pagan and Sossounov, 2003)诊断方法,我们采用非参数诊断方法来划分上海股票市场的牛熊市区间。表11-16给出了熊市状态和牛市状态下的回归结果,其中第二列为不区分牛熊市区间的基准情况。

表 11-16　不同市场状态下的估计结果

统计量	基准情况	熊市	牛市
α	0.003 4 (1.56)	−0.006 5** (−2.29)	0.016 3*** (5.19)
β_S	0.059 3*** (8.92)	0.063 3*** (6.71)	0.042 1*** (4.78)
β_O	−0.141 7*** (−4.26)	−0.115 7 (−1.59)	−0.128 3*** (−3.78)
β_P	−0.116 4*** (−3.43)	−0.107 6 (−1.39)	−0.063 6* (−1.66)
Adj - R^2	0.234 7	0.251 5	0.153 9

注：＊＊＊、＊＊、＊分别表示在 1%、5%、10%显著性水平下统计显著。括号内的数值为各回归系数对应的 t 统计量。

　　由上表可知,在熊市状态下情绪温和变化的贝塔系数 β_S 为 0.063 3,大于牛市状态下的对应值。这意味着在股票市场下行期,投资者情绪的温和变化对股指收益施加了更大的动量。在熊市状态下,当投资者情绪的乐观变化大于临界值 ΔSI_O 时,情绪贝塔系数为 −0.052 4($\beta_S+\beta_O$)。在牛市状态下,当投资者情绪的乐观变化大于临界值 ΔSI_O 时,相应的情绪贝塔系数为 −0.086 2,它的绝对值显著大于熊市状态下的对应值。这意味着牛市状态下极其乐观情绪的反转效应大于熊市状态下相应的反转效应。在熊市状态下,当投资者情绪的悲观变化小于临界值 ΔSI_P 时,情绪贝塔系数为 −0.044 3($\beta_S+\beta_P$)。在牛市状态下,相应的情绪贝塔系数为 −0.021 5。前者的绝对值显著大于后者的绝对值,这意味着牛市状态下极其悲观情绪的反转效应小于熊市状态下对应的反转效应。总之,投资者情绪对股票价格的动量效应和反转效应随着市场状态的不同而有所不同。

　　3. 小盘股效应

　　通常情况下,由于小盘股的估值具有较高的主观性并更难以套利(Baker and Wurgler, 2006; Yang and Zhou, 2015),投资者情绪对小盘股具有较大的影响作用。考虑大规模效应,我们将检验投资者情绪对小盘股的具体影响,特别是检验极端情绪的影响效应。我们使用深圳股票市场的中小企业股票指数作为小型股票投资组合的代理,进而采用非参数回归模型来描述中小型企业股指收益和情绪变化之间的函数关系。相应的拟合结果如图 11-14 所示。

　　由上图可以看出,拟合曲线上有两个明显的拐点,这意味着对小盘股

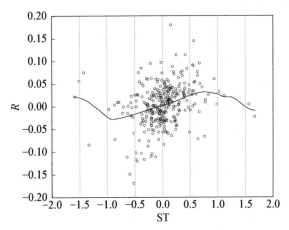

图 11-14　中小型企业股指收益和情绪变化的函数关系(h=0.15 时)

而言极端的投资者情绪同样具有显著的反转效应。根据非参数回归的拟合结果,极度乐观和极度悲观的情绪门限值分别被设定为 $\Delta SI_O = 0.6718$ 和 $\Delta SI_P = -0.6489$。 进一步,我们采用三区制非线性参数模型进行了具体的检验。作为比较,我们也给出了一般线性回归模型的估计结果。有关的估计结果如表 11-17 所示。

表 11-17　小盘股的有关估计结果

回归模型	α	β_S	β_O	β_P	Adj - R^2	F 值
普通回归	0.0048* (1.89)	0.0429*** (7.46)			0.1323	46.19
非线性回归	0.0037 (1.48)	0.0697*** (8.51)	-0.1405*** (-4.75)	-0.0961*** (-4.26)	0.2002	25.12

注:***、**、*分别表示在1%、5%、10%显著性水平下统计显著。括号内的数值为各回归系数对应的 t 统计量。

　　在普通线性回归中,小盘股的情绪贝塔系数为 0.0429。在非线性回归中,投资者情绪温和变化的贝塔系数为 0.0697。当投资者情绪的变化小于极其悲观的情绪门限值时,贝塔系数为 -0.0264。如果投资者情绪的变化大于极其乐观的情绪门限值,那么贝塔系数为 -0.0708。与表 11-14 的大盘股估计结果相比,投资者情绪对小盘股施加了更大的动量效应。然而,在我们所研究的样本区间内极端投资者情绪对小盘股施加了较小的反转效应。

11.3.5 稳定性检验

考虑到上海股票市场在中国股票市场的重要地位,除了小盘股效应之外,上述研究样本的交易数据取自上海股票市场。为了进一步证实上述的结论,对深市股指收益和其市场情绪变化两变量进行了同样的实证分析,二者的函数关系如图11-15所示。

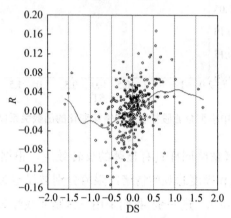

图11-15 深市股指收益和其情绪变化的函数关系($h=0.15$时)

从上图可以看出,在深圳股票市场中股指收益与情绪变化之间的函数关系出现了两个明显的拐点。如果投资者情绪的变化大于极其乐观的门限值,那么股指收益与投资者情绪变化之间是负相关的,表现出明显的反转效应。如果投资者情绪的变化小于极其悲观的门限值,那么股指收益与投资者情绪变化之间也是负相关的,也呈现出显著的反转效应。

至此,我们使用带虚拟变量的非线性参数模型来评估具体的情绪敏感性系数。类似地,我们根据非参数回归的拟合结果来设定两个极端情绪门限值。关于三区制非线性回归模型的估计结果如表11-18所示。为便于比较,我们也给出了一般线性回归的基准情况。

表11-18 深市股指收益与情绪变化的普通回归和三区制非线性回归结果

回归模型	α	β_S	β_O	β_P	Adj - R^2	F 值
普通回归	0.003 4 (1.29)	0.032 8*** (5.05)			0.078 9	25.54
非线性回归	0.002 6 (1.03)	0.061 4*** (7.29)	−0.133 7*** (−4.41)	−0.121 6*** (−3.62)	0.153 0	17.82

注:***、**、*分别表示在1%、5%、10%显著性水平下统计显著。括号内的数值为各回归系数对应的 t 统计量。

从表 11-18 可以看出,深圳股票市场的估计结果与上海股票市场的类似。深圳股票市场中非线性回归的调整的可决系数为 0.153 0,大于普通线性回归的调整的可决系数。这意味着非线性回归模型能够更好地解释股票收益的变异。如果投资者情绪的变化介于上门限值和下门限值之间,那么情绪贝塔系数为 0.0614。此种情形下,股票收益与投资者情绪变化正相关,呈现出动量效应。然而,如果投资者情绪的变化大于上临界值,那么情绪贝塔系数为 -0.0723。因此,股票收益与极其乐观的情绪变化负相关,表现出反转效应。如果投资者情绪的变化小于下临界值,那么情绪贝塔系数为 -0.060 2,也表现出显著的反转效应。简言之,在短期内当投资者情绪的变化比较温和时,投资情绪越高,股票价格越高,表现出动量效应。在长期内当投资者情绪的变化比较剧烈时,投资者情绪越高,股票价格反而越低,表现出均值回归。

11.3.6　结论

以前的研究文献指出投资者情绪的概率分布表现出一定的厚尾性(Li, 2015;Li and Yang, 2017)。因此,集中研究投资情绪的极端值对股票收益的影响效应是非常有必要的。本研究通过论证投资者情绪的剧烈变化是否对股票收益具有反转效应,拓展了日益增长的文献资料。根据中国股票市场的交易数据,我们首先采用非参数回归模型诊断了股票收益和投资者情绪变化之间的显性函数关系,然后利用带虚拟变量的非线性参数模型进行了显著性检验和具体的特定分析。我们实证分析的结论和特点如下:

(1)通过投资者情绪变化的核密度估计,我们直观地发现投资者情绪变化的概率分布表现出尖峰厚尾的特征。当投资者情绪是极其乐观或者悲观时,它的概率分布大于正态分布的概率分布。这意味着投资者情绪的剧烈变化的分布概率是比较大的,因而投资者情绪变化的极端值对股票收益的特定影响是值得我们深入研究的。

(2)我们利用非参数回归模型找到了投资者情绪剧烈变化时的两个临界值。一个是极其乐观情绪的上门限,另一个是极其悲观情绪的下门限。它表明投资者情绪的温和变化与股指收益是正相关的,表现出明显的动量效应。如果乐观情绪变化或者悲观情绪变化异常剧烈时,股票收益呈现显著的反转现象。

(3)我们进一步采用三区制非线性回归模型进行了统计显著性和经济意义检验。研究结果表明所有的情绪贝塔系数在 1% 的水平下是统计显著的。在我们所研究的样本区间内,上海股票市场由极度乐观情绪引起的反转效应程度大于由极度悲观情绪所引起的,这与股票市场所表现出来的缓升陡降特征相一致。

(4)我们的实证研究发现是德龙等(De Long et al.,1990a)的 DSSW 模型结论的重要补充。当投资者情绪的变化是比较温和时,噪音交易者构成了交易者总体数量的绝大多数,最终战胜了理性投资者,创造了他们自己的生存空间(Black,1986)。然而,当投资者情绪极度乐观(悲观)并且金融资产定价过高(过低)时,噪音交易者的生存空间逐渐消失,理性投资者的套利空间逐渐显现,驱使市场价格回归它的基础价值(Friedman,1953)。

总之,我们的实证研究结果对布莱克(Black,1986)和弗里德曼(Friedman,1953)之间相对立的观点从投资者情绪在不同市场情境下对股票价格的不同影响性能的角度给予了有效解释,二者之间的论点是对立统一的关系。此外,我们的研究结果对股票收益的均值回复、中国股票市场缓升陡降特征等金融异象给予了部分解释。

第十二章 减少非理性交易、提高股票市场有效性的对策建议

12.1 理论模型和实证检验研究结论与启示

笔者基于心理学实验、金融实验,结合信息传递理论和情绪加速器机制的主要特征,深入研究了基于投资者情绪和市场基础信息的静态资产定价模型、动态资产定价模型,以及投资者的行为特征影响资产价格形成和资产价格动态变化的经济机理,并进一步针对理论模型的主要结论,从微观个股和宏观市场两方面进行了相应的实证检验。希望从以上几个主要方面入手,有效解释金融市场的异常现象和投资者的异常行为,从而有效解释股票价格的异常变化。理论模型和实证检验得出的研究结论与启示主要包括如下四个方面。

1. 静态资产定价理论方面给予的有效解释

在传统的噪音理性预期模型架构基础上,我们特别纳入了一类不知情的情绪投资者,构建了一个广义的包含基础信息的静态情绪资产定价模型。在我们的基本模型中,情绪扰动相对应于信息因素。理性知情投资者是完全理性的,进行信息因素条件下的交易;情绪投资者错误地将情绪扰动认为信息,进行情绪扰动条件下的交易;理性不知情投资者不占有信息,借助价格系统来学习有用的信息。我们的模型集中论证了理性知情投资者、理性不知情投资者和情绪投资者的相互博弈如何导致资产误定价,得出以下有意义的结论与启示:

首先,当仅有理性知情投资者在市场上存在时,市场是完全有效率的;当仅有理性不知情投资者在市场上存在时,这种情况下均衡价格没有纳入第一时期的任何信息,市场是完全无效率的;当仅有情绪投资者在市场上存在时,市场是完全无效率的。其次,当理性知情投资者和理性不知情投

329

资者两类投资者在市场上存在时,理性不知情投资者能够借助价格系统完美地进行学习,市场是完全有效率的。再次,当理性不知情投资者和情绪投资者两类投资者在市场上存在时,理性不知情投资者选择对赌情绪投资者,在这种情况下市场是完全无效率的。然后,当理性知情投资者和情绪投资者两类投资者在市场上存在时,增加情绪投资者的相对比重,降低信息质量,就会增大价格对情绪扰动的敏感程度,而价格关于信息变量的敏感程度与此相反。最后,当理性知情投资者、理性不知情投资者和情绪投资者三类投资者在市场上存在时,理性不知情投资者有时会受到情绪扰动的误导而跟随情绪投资者,从而放大情绪扰动的边际影响效应,使得资产价格远离它的内在价值。与仅有理性知情投资者和情绪投资者两类投资者在市场上存在的情形类似,总体而言,增加理性知情投资者相对于情绪投资者的比重,提高信息质量,缩小情绪膨胀系数,增大信息相对于情绪的平均变异,均会提高价格系统的信息量,从而市场越有效率。

进一步,我们构建了一类包含异质代理者的情绪资产定价模型,从异质情绪投资者加总效应的角度分析了不同类型情绪投资者的相异认知如何导致资产误定价。我们的模型得出以下有意义的结论与启示:

首先,我们考虑了一个基准情况,所有的投资者在市场上都是同质情绪投资者。在该情境下,情绪敏感性系数是情绪扰动的单调递减函数。平均而言,在情绪低落区间的情绪敏感性系数显著大于在情绪高涨区间的情绪敏感性系数,存在明显的非对称性,高涨的情绪最终导致资产价格的过度反应。其次,在包含乐观情绪投资者和悲观情绪投资者的经济环境下,由于情绪扰动以非线性的形式影响风险资产的最佳需求,相异的情绪扰动在总体水平上显著地影响均衡价格,从而在加总效应上能够放大资产价格的波动。最后,在包含多种类型情绪投资者的经济环境下,尽管风险资产的需求函数退化为个体情绪扰动的线性形式,但由于不同类型情绪投资者人数分布的变动,异质的情绪扰动在加总水平上对均衡价格仍然具有显著的影响。

不论是包含理性知情投资者、理性不知情投资者和情绪投资者的资产定价模型,还是包含众多类型情绪投资者并涉及加总效应的资产定价模型,均表明均衡价格的情绪部分使得资产的价格偏离其内在价值。如果在第一时期释放一个负向的基础信息,个体情绪投资者在看跌情绪的影响下会减少对风险资产的需求,导致股票价格的下跌,股票价格跌落触发了情绪投资者的恐慌心理,进一步导致股票市场的下挫,个体投资者的情绪扰动开始演变到了焦虑的程度,引起股票价格的进一步下跌,最终导致股票价格下跌的幅度远远超过了由正向信息所带来的股票价格上涨的程度。

2. 动态资产定价理论方面给予的有效解释

在实际金融市场中，几乎所有的投资者通常多次交易资产，而且会根据将来的交易机会来作出当前的投资决策。同时，非理性的情绪投资者的情绪扰动也会随着周围环境的变化而发生改变，最终多种类型投资者的数期相互博弈决定了风险资产的均衡价格。我们将静态的经济环境拓展为动态的经济环境，构建了一个包含投资者情绪和信息的两阶段交易的资产定价模型。通过关注代表性理性投资者和不知情情绪投资者之间的相互作用，我们的模型展示了这种相互作用如何维持不正确的价格，并且描述了一个锚定在初始价格上的动态价格路径。该模型的主要结论与启示如下：

首先，增大情绪扰动与信息因素的线性相关程度，就会有更多的信息被纳入均衡价格之中。其次，市场深度关于情绪需求的强度显著增加，因此情绪交易对市场流动性而言是至关重要的。再次，适度膨胀的投资者情绪使得资产价格更接近它的潜在价值，从而提高了市场效率。而急剧膨胀的投资者情绪导致资产价格的过度反应，从而降低了市场效率。最后，每个时期的资产价格变动取决于代表性理性投资者和代表性情绪投资者所提交的交易量。如果情绪需求的强度超过某一常数，那么总的交易量会带来资产价格的过度反应，而持续的过度反应则会引致短期动量和长期反转。

在两阶段交易的均衡基础上，我们提出了一个带信息的多阶段交易的情绪资产定价模型。该模型包含一类天真幼稚的情绪投资者，他们的情绪扰动随着时间的推移而发生变化。不知情的情绪投资者将情绪扰动视为信息，结果对资产价格的影响变得显著。因此，风险资产的均衡价格既反映了理性投资者交易的信息，也反映了情绪投资者交易的情绪。如果序贯交易仅发生两次，则多阶段交易的均衡可以退化为两阶段交易的均衡。该模型的主要结论与启示如下。

首先，理性投资者输入资产价格的信息量是逐步累积的，在市场封闭的时候，信息融入价格的速度比在市场开放的时期要快得多。然而，情绪扰动输入价格系统的速度越来越慢。因此，随着时间的逐步推移风险资产价格趋向于它的内在价值。其次，增大情绪交易量，就会增强市场的流动性。情绪投资者的存在提供了理性投资者利用垄断势力交易的可能性，但也降低了市场的效率。最后，由于情绪扰动和信息因素之间存在某种程度的关联性，平均而言积极的信号增强投资者信心，导致资产价格的过度反应。持续的过度反应在初始过度反应阶段会产生短期动量,而初始阶段的过度反应在长期内则会得到纠正。

当多期交易之间的时间间隔接近于零,并且交易非常频繁地发生时,多期序贯交易的均衡趋向于连续交易的均衡。资产交易在一个交易日进行,开始时间为 $t=0$,结束时间为 $t=1$,此时情绪投资者的情绪扰动遵循一个维纳过程。模型的主要结论与启示如下。

首先,在连续交易均衡中,市场深度随时间的推移是恒定的,数值为单阶段交易均衡的一半。一方面,增加情绪交易量,会增大市场的流动性指标。另一方面,情绪交易为理性投资者提供了迷惑,提高了未来交易机会的不确定性。其次,在单阶段交易均衡和连续交易均衡中,价格弹性是由信息交易和情绪交易二者共同决定的。信息交易推动资产价格趋于效率市场,而情绪交易则导致资产价格偏离效率市场。此外,在连续交易均衡中,市场在接近交易结束时具有无限的弹性,因此价格最终会收敛到其潜在价值。再次,在连续交易均衡中,价格系统在交易结束时纳入所有的信息。然而,在单阶段交易均衡中,价格体系只纳入一半理性投资者的私人信息。最后,理性投资者的预期利润(事前)与情绪交易量和信息交易量成正比,就像在单阶段交易模型中一样。

不论是两阶段交易、多阶段交易的离散定价模型,还是连续交易的资产定价模型均表明,释放一个积极的信号平均而言会增加乐观的情绪扰动,导致股票价格正向的过度反应。连续的过度反应在最初的过度反应阶段带来资产价格的短期动量,然而最初的过度反应长期内得到修正。而释放一个的消极信号会加剧悲观的情绪扰动,导致股票价格负向的过度反应,下跌的股价引发了非理性投资者的恐慌心理,带来进一步的股价下跌,致使不安的情绪扰动演化到了焦虑的程度,引起进一步的股价下跌,最终由消极信号引起的股价下跌的幅度远超过由积极信号带来的股价上涨的程度。

3. 行为资产定价理论方面给予的有效解释

结合投资者最常见的三种行为:学习信息行为、拥挤交易行为、锚定与调整行为,进一步研究了包含信息的动态行为资产定价问题。在传统噪音理性预期模型架构的基础上,我们提出了一个一般化的包含理性知情投资者、理性不知情投资者和情绪投资者的学习信息行为资产定价模型。模型中,假定在甚短期内没有发生理性不知情投资者和情绪投资者的学习信息行为,短期内理性不知情投资者借助价格体系间接获取有用的基本信息,长期内情绪投资者的非理性因素逐渐弱化,也能够借助价格系统间接学习有用的基本信息。我们的模型得出以下有意义的结论与启示：

第一，当理性知情投资者和理性不知情投资者两类投资者在市场上存在时，在甚短期内理性不知情投资者没有学习信息行为，此时增加理性知情投资者比重，提高信息质量，增大信息的变异，就会增加好的方差；随着时间的推移在短期内理性不知情投资者借助价格体系来学习有价值的信息，最终他完美地进行了学习，将全部信息全部纳入价格之中，市场完全富有效率。

第二，当理性知情投资者和情绪投资者两类投资者在市场上存在时，在短期内情绪投资者没有开始学习信息，此时增加理性知情投资者比重，提高信息质量，缩小情绪膨胀系数，增大信息的变异，减小情绪的变异，就会提高价格系统的信息量，从而市场越有效率；在长期内情绪投资者借助价格系统学习有用的基础信息，最后将全部信息纳入价格中，情绪扰动在第一期引起的资产价格任何变化都是资产价格相对于理性预期价值的过度反应，并且价格系统的信息量不再依赖信息的质量。

第三，当理性知情投资者、理性不知情投资者和情绪投资者三类投资者在市场上存在时，在甚短期内理性不知情投资者和情绪投资者没有开始学习信息，理性不知情投资者的存在仅仅增加了总的市场风险，增加理性知情投资者相对于情绪投资者的比重，提高信息质量，缩小情绪膨胀系数，增大信息的变异，减小情绪的变异，就会提高价格系统的信息量，市场越有效率。

第四，在短期内理性不知情投资者学习有价值的信息，一方面理性不知情者选择对赌情绪投资者，增加情绪投资者相对于理性知情投资者的比重，降低信息的质量，减小信息的变异，增大情绪的变异，就会降低情绪的敏感性，另一方面理性不知情投资者受到情绪扰动误导而跟随情绪投资者，增加情绪投资者相对于理性知情投资者的比重，降低信息的质量，就会增加情绪的敏感性；与理性不知情投资者没有学习信息时一样，增加理性知情投资者相对于情绪投资者的比重，提高信息质量，缩小情绪膨胀系数，增大信息的变异，减小情绪的变异，就会提高价格系统的信息量。

第五，在长期内理性不知情投资者和情绪投资者共同学习有价值的信息，一方面理性不知情投资者选择对赌情绪投资者，增加情绪投资者相对于理性知情投资者的比重，减小信息的变异，增大情绪的变异，就会降低情绪的敏感性，不再依赖信息的质量，另一方面理性不知情投资者受到情绪扰动误导而追逐情绪投资者，增加情绪投资者相对于理性知情投资者的比重，就会增加情绪的敏感性，信息的质量不再发生作用；增加理性知情投资者相对于情绪投资者的比重,缩小情绪膨胀系数,增大信息的变异,减小情绪的变异,就会提高价格系统的信息量,市场越有效率,信息的质量不再发生作用。

在存在乐观投资者、悲观投资者以及卖空限制的市场中,情绪宽度对均衡价格和预期收益施加了显著的影响。与此同时,当数量巨大的个体投资者不再采取各自的锚定策略,同时进行相同的交易时拥挤交易行为就发生了。为此,我们研究了两个引起外部性的复杂因素:情绪宽度和拥挤交易。首先建立了基于情绪宽度的资产定价模型,进一步建立了基于拥挤交易行为的资产定价模型,研究了情绪投资者的拥挤交易行为和理性投资者的拥挤交易行为。模型的主要结论与启示如下:

首先,当情绪异质偏差小于某一临界值时,卖空限制约束条件不再发挥作用,此时的市场均衡简化为无约束的价格。当情绪异质偏差大于该临界值时,有约束的市场均衡价格是情绪异质偏差的一个单调递增函数,但是该均衡价格远远小于资产的理性预期价值,甚至小于资产的初始价格。

其次,在情绪异质偏差处于正常范围内时,股票价格低于理性预期价值,随着理性投资者风险承受能力的增加,其增加仓位,推动股票价格靠近理性预期价值。当情绪异质偏差处于极端高水平时,均衡价格关于理性投资者风险容忍系数的斜率为负值,股票价格超过理性预期价值,出现了理性投资者的套利空间,其建立空头头寸,使得股票价格向理性预期价值回归。

再次,在限制区域内,情绪投资者的异质偏差越大,情绪宽度和理性预期收益均越小。无论任何其他因素导致资产价格的横截面变化均引起了情绪宽度和理性预期收益之间的无条件正相关。

最后,随着情绪投资者风险容忍能力的逐渐增加,高情绪意见分歧的均衡价格最先超过股票的理性预期价值,发生情绪投资者的拥挤交易行为。当理性投资者的需求退化为线性收益交易策略时,理性投资者表现得像趋势追逐者,增加的套利趋势就像内生的噪音交易。当理性投资者数量这一随机变量有较高的实现值时,发生了理性投资者的拥挤交易,有可能使得资产价格比完全没有套利时更远离基本面。

总之,基于情绪宽度的资产定价模型表明,情绪宽度是理性预期收益的一个稳健的预测指标,在控制了其他预测元后,情绪宽度的预测能力应该减低。模型中加入投资者的拥挤行为后发现,情绪投资者风险承受能力超过一定限度,使得股票价格远离理性预期价值;理性投资者拥挤交易的负外部性甚至导致了市场的更无效率。

选美竞赛理论强调投资者在做投资决策时不仅考虑自身对资产未来收益的预期,而且更多地考虑其他投资者的心理预期和高阶信念。心理学家证实,当人们进行数量化估计时其判断受该项目先前的价值所影响,投资者对股价进行调整时存在锚定行为。为此,我们将投资者的高阶信念和锚定与调整行为融入到行为资产定价之中,构建了一类基于代理者高阶期望、锚定与调整行为的情绪资产定价模型。我们的模型得出以下有意义的结合与启示:

首先,在一阶预期的市场环境中,由于个体情绪投资者观测的私人信息中情绪扰动的作用,增添了均衡价格之中的情绪漂移成分;同时高涨的个体情绪降低了认知的基础信息方差,使得均衡价格又紧紧地锚定于期初价格。当个体情绪投资者通过观测价格来学习有价值的公共信息时,使得公共信息中的基础信息成分融入价格之中;由于公共信息中供给噪音的作用增加了市场总的风险承受能力,降低了基础信息的相对精度,因而降低了对期初价格的锚定,同时也降低了情绪扰动的相对精度,从而减弱了价格之中的情绪漂移成分。

其次,在二阶预期的市场环境中,当个体情绪投资者仅仅观测到包含情绪扰动的私人信息时,在个体情绪投资者对风险资产清算价值的二阶预期的作用下,降低了价格之中的信息漂移成分,增加了对期初价格的锚定成分;由于观测到的私人信息中包含第一时期的情绪扰动和在对第二时期均衡价格的前瞻性预期之中包含第二时期的情绪扰动,使得第一时期和第二时期的投资者情绪融入价格之中。当个体情绪投资者通过观测价格来学习有价值的公共信息时,使得第一时期和第二时期的公共信息中的基础信息成分融入第二时期的均衡价格之中;两个时期公共信息中的供给噪音增加了第二时期市场总的风险承受能力,降低了基础信息和情绪扰动的相对精度。对于第一时期的情绪均衡价格,在个体情绪投资者二阶预期的作用下使得基础信息的敏感性系数变小。反之,随着时间的推移基础信息逐渐地融入价格之中,而情绪扰动融入价格的部分越来越少,情绪均衡价格逐渐地靠近风险资产的理性预期价值。

最后,在高阶预期的市场环境中,对于 t 时期的市场均衡价格,当个体情绪投资者仅观测到私人信息时价格之中的信息成分最少;当个体情绪投资者学习有价值的公共信息时,由于公共信息中的有效信息融入价格之中使得价格之中的信息成分增加;当个体情绪投资者直接对风险资产清算价值进行条件预期时,该条件期望中的信息成分最多,当且仅当在最后一个交易日期 T,清算价值的平均条件预期等于学习信息的情绪均衡价格关于供给噪音的期望。当个体情绪投资者存在锚定与调整行为时,稀疏性的投资者存在有限注意心理过程,只关注显著影响他们投资者决策行为的少数个体情绪变量和参数。

总之,在选美竞赛规则下个体情绪投资者当前投资决策依赖对下一期价格的前瞻性预期,迭代这种关系,当前的价格将取决于风险资产清算价值的高阶预期。高阶预期的阶数越高,情绪均衡价格损失的有效信息越多,增加了对期初价格的锚定成分,降低了价格之中的信息漂移成分。融入个体情绪投资者的锚定与调整行为条件下,高阶预期中稀疏性的代理者对众多琐碎的情绪扰动进行了简化处理,只对重要的情绪变量和参数进行了不充分调整。

4. 实证研究方面给予的有效解释

在理论模型研究的基础上,进一步从微观个股、宏观市场两个层面出发,系统探讨了情绪加速器效应在中国股票市场的实践问题,有效解释了股票价格的异常变化。运用主成分分析方法构建了综合个股情绪指数,研究个股情绪对个股价格的影响作用,系统地分析情绪加速器效应的微观基础和传导机理。

由于信贷市场信息非对称性和信贷配额的限制,在股票市场下行期间投机性更强的小公司和信用评级较差的公司更可能受到外部融资约束,因此投资者情绪在不同市场状态下对不同规模公司的影响效应呈现双重非对称性。针对情绪加速器机制的这种特点,构建个股情绪指数,运用虚拟变量面板数据模型实证检验了情绪效应的横截面特性和时序变异特征,得出以下结论与启示:第一,投资者情绪的个体效应不仅具有统计显著性,而且是导致金融市场异常的系统性因素之一。第二,相对于大规模公司而言,个股情绪对小规模公司股票价格施加了更大的影响,存在明显的横截面效应。第三,相对于股市扩张期而言,个股情绪在股市低迷期对股票价格施加了更大的影响,存在明显的时序效应。第四,在投资者情绪低落期间由于小规模公司昂贵的外部融资成本,使得个股情绪在股市下行期对小规模公司的股价冲击最为明显。

由于时间期限的不同投资者情绪是否对股票市场施加了不同的影响。基于此,我们构建了日、周、月三种频率的个体情绪指数,实证检验中国股票市场个股情绪的期限结构效应,得出的结论与启示如下:首先,我们实证研究了周、月、季三种频率的市场情绪对股指收益的差异性影响,结果表明市场层面的投资者情绪存在明显的期限结构效应。其次,考虑到个股交易数据的可获得性和可信性,我们构建了日、周、月三种频率的复合个股情绪指数,进而研究三种频率个股情绪对股票超额收益的不同影响。结果表明个股情绪对个股超额收益的影响效应是时间期限的递减函数,存在明显的期限结构效应。再次,以市场溢价因子、规模因子和账面市值比因子作为控制变量,进一步论证了个股情绪的期限结构效应。最后,通过不同因子模型的可决系数的比较分析,我们发现情绪因子能够比规模因子和账面市值比因子更好地解释股票超额收益的变异,说明情绪因子在风险资产定价中比规模因子和账面市值比因子发挥了更大的作用。

一方面,高频率个股情绪的一个明显优势是个股交易数据的实时可获得性。另一方面,高频率的个股交易数据包含更多潜在的有价值的信息,它融入了市场的一些前瞻性信息。在日、周、月三种频率个股情绪的期限结构效应分析的基础上,我们运用混合数据抽样(MIDAS)模型把高频率数据处理为低频率数据,研究了混频个股情绪对个股价格的影响力和预测力,得出以下结论与启示:第一,混频个股情绪对个股收益的影响力的实证结果表明与同频率的个股情绪相比,混频个股情绪,尤其高频率的月/日个股情绪不仅更好地解释了低频率月度超额收益的变异,而且对股票超额收益施加了更大的影响力。此外,与公司规模因子和账面市值比因子相比,混频个股情绪,尤其高频的混频情绪能够更好地解释股票超额收益的变异。第二,在研究混频个股情绪对个股收益的预测力的过程中,结合情绪贝塔系数、调整的可决系数和预测的均方根误差三个统计量,我们发现个股情绪的频率越高,预测的效果越好。通过对比影响力模型和预测力模型中对应的统计量,我们得出混频个股情绪对股票收益的影响效应要显著于混频个股情绪对股票收益的预测能力。总之,我们应该更多地关注个股投资者情绪在中国股票市场的现实表现,特别是高频率的混频个股情绪的具体影响。

在系统分析情绪加速器效应的微观机理的基础上,进一步从股票市场宏观整体的层面来阐述市场情绪对股指价格的影响表现。首先研究市场情绪与货币政策对股指价格的动态影响效应,进而研究二者对股指价格的非对称效应,最后研究市场情绪对股指价格的动量效应和反转效应。

运用DCC-MGARCH模型深入分析了货币政策、市场情绪与股票价格三者之间的动态相关关系,以突显投资者情绪对股票价格影响的重要性,得出的结论与启示如下:首先,与货币供应量、利率两因素相比较,投资者情绪是影响股价波动最为重要的因素。其次,货币政策因素尤其是利率变动对投资者情绪产生重要影响,投资者情绪具有很强的媒介性。最后,沪市投资者情绪与深市投资者情绪的条件相关系数非常大,几乎接近于

1,他们之间具有较强的感染性,这培养了行为的同步性和对他人情绪的跟踪,即使个人没有明确关注信息。此外,沪市投资者情绪与深市投资者情绪的条件相关系数和上证收益率与深证收益利率的条件相关系数变动趋势非常类似,由此沪市股指价格和深市股指价格变动规律的一致性主要归因于两市投资者情绪极其强的感染性。总之,投资者情绪在股票价格波动的过程中既是重要的波动源(感染性),也是股票价格波动的货币政策传导中介(媒介性),同时也是影响股票价格变动的重要因素,由此揭开股市周期与经济周期背离之谜。

采用 Markov 区制转换 VAR 模型着重分析了在不同市场状态下市场情绪与货币政策对股指价格的非对称效应,得出的结论与启示如下:首先,应用两区制的非线性模型发现,在所研究的样本区间内股票市场萧条下行期的预期的平均持续时间大约为股票市场膨胀上行期的预期的持续期的两倍。其次,给予一单位的投资者情绪扰动或者货币供给量扰动,相对于股票市场膨胀上行期而言股票价格在股票市场萧条下行期的反应更加剧烈。再次,从持续时间的角度来看,股票价格在股市萧条下行期对投资者情绪扰动和货币供应量扰动的响应持续性要比在股市膨胀上行期长得多。最后,在两种市场状态下,相同方向和规格的外部扰动有可能引起不同方向的股票价格波动。此外,股票价格对投资者情绪扰动和实际冲击的反应表现为即时效应,而对货币政策变量扰动的反应存在一期滞后性。最终有效解释了股市周期与经济周期背离之谜以及中国股市"缓升陡降"的特征。

鉴于投资者情绪的概率分布呈现尖峰厚尾的特征,情绪剧烈变化出现的概率比较大,进一步分析了极端情绪对股票价格的影响。首先,通过投资者情绪变化的核密度估计,直观地发现投资者情绪变化的概率分布表现出尖峰厚尾的特征,投资者情绪的剧烈变化的分布概率是比较大的。其次,根据非参数回归模型拟合结果,投资者情绪的温和变化与股指收益是正相关的,表现出明显的动量效应。当投资者情绪的变化是比较温和时,噪音交易者构成了交易者总体数量的绝大多数,最终战胜了理性投资者,创造了他们自己的生存空间(Black, 1986)。最后,如果乐观情绪变化或者悲观情绪变化是异常剧烈时,股票收益呈现显著的反转现象。当投资者情绪极度乐观(悲观)并且金融资产定价过高(过低)时,噪音交易者的生存空间逐渐消失,理性投资者的套利空间逐渐显现,驱使市场价格回归它的基础价值(Friedman, 1953)。简言之,布莱克和弗里德曼二者之间的论点是对立统一的关系。该研究结果对股票收益的均值回复、中国股票市场缓升陡降特征等金融异象给予了部分解释。

12.2　增强股票市场有效性的对策建议

鉴于股票市场信息不对称、信息不完全、投资者心理等因素导致的投资者异常行为和股票价格异常变化，加强股票市场信用机制建设，加快推进证券市场监管体系现代化建设是实现国家治理体系和治理能力现代化的必然要求。因此，根据理论模型研究和应用实践成果，主要从信息非对称性、投资者心理、信用机制建设、宏观审慎市场监管四个方面入手，提出增强股票市场有效性的对策建议。

1. 在信息非对称性方面

信息对非对称理论认为，在不完美的资本市场上拥有较多信息的一方处于优势地位，而拥有较少信息的一方存在劣势。股票市场上的信息不仅包含市场外部输入的宏观信息，比如政府的政策性信息、管理部门的监管信息，还包括股票市场本身存在的各种信息、运行过程中产生的信息，例如上市公司根据相关法律法规政策披露的信息、法律法规限定范围之外自愿披露的信息、各种股价序列的收益信息、投资者之间收集传播的信息。这些信息在股票市场上是非均匀分布的，在各个市场参与者之间是不对等的，因此，股票市场是典型的信息非对称市场。特别是二级市场投资者之间的信息非对称是一种普遍现象。股票市场各个参与者之间的信息非对称导致了"劣股驱逐良股"的逆向选择，引发了一系列的道德风险问题，引起市场交易的不公平，制约了股票市场的流动性和利益的正常分配，致使内幕交易、股价操纵行为频频发生，这严重制约了股市的运行效率和资源配置效率。

消除或缓解股票市场信息非对称问题，在政府管理层面，规范政策制定者的宏观决策行为，增加管理者依法行政的透明度，增强宏观公告信息、行业公告信息的时效性，提高资本市场释放的信息质量，建立必要的市场信息传递机制，缩短信息在价格系统的传递过程。在股价结构上，降低国有股和法人股的比例，增加机构投资者的持股比例，适当提高管理层持股比例和股权集中度，扩大大宗交易股权转让规模，充分发挥机构投资者的规模优势、较强的信息获取分析能力，有效监督、防止股东内幕交易行为。在证券分析层面上，提高分析师行业的准入门槛，增强其研究报告和盈利预测的精确度，动员股票分析师积极加入到技术分析中来，缩减股票买卖价差，降低流动性成本和逆向选择成本，减缓信息事件的发生。在报价制度上,引入双向报价的做市商制度,实时披露股票价格、数量、委托方式等信息,提高股票价格的透明度,活跃二级市场的交易,增加主板市场之外的流动性,为投资者在公开、公正、开放的市场环境中进行投资提供选择。在上市公司信息披露上,健全上市公司的交易制度和会计制度,使股价更多地反映公司特质信息,提高其财务报表的透明度,完善信息生态环境,增加公司现状和盈利的公告信息。在委托代理关系上,针对代理人设计一套有效的激励约束机制来引导和限制代理人的决策行为,让代理人真实地显示偏好,使其提供更多的真实信息。在股票市场国际化上,适度扩充沪港通、深港通、沪伦通名单,扩大沪港通、深港通每日额度,提高沪伦通的国际开放水平,进一步改善股票市场的信息非对称问题。此外,上市公司需要适时付出一定的信息成本,向市场传递企业价值、文化理念、产品质量、管理能力等方面的信息,以降低交易双方的信息非对称性。

2. 在投资者心理方面

股票市场中的异常现象和投资者异常行为对有效市场假说理论提出了强有力的挑战,一些金融学者开始认识到投资者心理对资产价格产生重要系统影响,尝试将认知心理学运用到金融理论中。在股票交易前投资者对风险资产的价值判断受到认知心理的影响,在股票交易时非成熟老练的投资者会受到从众心理的传染,面对投资结果时投资者会形成心理归因。成功投资者的心理特征表现为自信、设置目标、专心致志、心态调整、精神调节、控制焦虑等,而失败投资者的心理特征往往表现为人格冲突、固守成见、犹豫不决、强迫、偏执、焦虑、狂热、贪婪、恐慌等。其中贪婪和恐惧是失败投资者最为典型的两个心理特征,投资者的贪婪是对股市的获利永不满足,在获得利益时贪欲变得更强烈,恐慌以扩散方式传播,由于股价跌落而严重失眠,引起股市的暴跌。投资者认知偏差就是导致个体投资者有限理性而作出非理性投资决策的各种心理因素。投资者在非理性心理因素的作用下,对资产价格未来变化带有系统性偏差的预期就是投资者情绪,投资者情绪既是一种偏好,又属于一种信念。

作为新兴市场,我国股票市场中个体投资者投资理念并不成形、投资心理尚未成熟,中国股市具有典型的"投机市"和"政策市"两大特征,绝大部分个体投资者是"噪音型"和"从众型"的交易者,投资者心理因素影响着股市波动,过度自信、代表性效应、后悔厌恶、认知失调、赌徒谬误等心理偏差造成投资行为的失误,系统性情绪的错误信念导致投资者的过度投机行为,带来股市的异常波动,引起整个股市的动荡。

因此,针对投资者的心理特征,政府和监管层应采取有效措施,开设投资者心理咨询机构,提高投资者心理素质。在市场处于狂热萌芽时及时给予投资者心理疏导,抑制狂热心理的蔓延,防止股市一骑绝尘疯狂上涨,而在市场处于恐慌状态时对投资者进行引导,普及心理健康卫生知识,平稳投资者情绪波动,杜绝股市一泻千里暴跌不止。一旦投资者心理偏差形成系统性连续性的市场情绪,会导致政府政策的暂时性失效,甚至带来区域性的系统性风险。新入市的投资者心理健康水平较低,随着股价的涨跌其心理健康受到的损害较大。个体投资者因性别、专业水平、职业状态、投资年限等因素的不同在股票市场剧烈变化时心理健康状况遭到的损害程度存在差异,针对个体投资者的心态特征分类开展心理卫生保健工作,降低投资者心理变化的幅度和频率。增强个体投资者的心理调控纠偏能力,建立正确的自我认知,认清心理自我和社会自我的类型特征,投资保持理性、果断、平和、自省的心态,输得起放得下,有效克服个体投资行为中的心理弱点。

对资本市场投资者定期开展投资教育工作,普及相关的投资专业知识、法律法规常识,增强投资者的专业水平。构建证券交易所、监管机构、证券公司、第三方评级机构等多层次投资者教育体系,发挥各种主体的功能和优势,帮助投资者理解掌握投资理财基础知识,培养其股市风险的防范意识。引导广大投资者变短线投资为长期投资,变投机行为为价值投资、未来成长投资,维护投资者特别是中小投资者合法权益。第三方投资者教育机构应开展报告会、培训班、知识讲座、朋友圈交流等多样化的教育形式,预防和减少投资者因过度自信、羊群心态、有限关注等所带来的投资者心理偏差现象,疏导投资者情绪,增强对信息的理性关注,培养理性投资者,促进资本市场稳定健康发展。

3. 在信用机制建设方面

从信用机制入手,发挥证券行业协会自律监管在股票市场中的作用。证券市场自律监管体系的改革是完善股票市场信用机制、保障投资者权益的关键。现代证券市场的全球化特征和复杂性,以及股灾后证券管理部门的监管失灵对证券业协会、证券投资基金业协会、证券期货业协会等为代表的证券领域行业协会的自律监管提出了更高的要求。需要进一步明确证券行业协会的法律地位,提高行业协会的独立性及自律主动性,赋予其进行自律管理的权利,注重行业自律规则的制定。证券行业协会要正确认识自身的自律管理原则,把握行业发展方向,规范证券市场,厘清证券行业协会自律监管和政府监管之间的权利界限,实现内在治理与外部治理的协调统一。

第一，完善证券市场自律组织的法人治理。吸取欧美发达国家证券行业自律组织法人化改革的先进经验，证券业协会作为证券行业的自律性组织和社会团体，证券法对协会职能进行了法律授权，明确了协会的社会团体法人地位，为此协会要扮演好公法人属性的法律授权、私法人属性的契约自治的双重性，重构行业的法律关系、法律责任和权利关系，塑造互联网金融、多层次资本市场下的自律监管新模式。第二，加强证券自律规则效力的司法审查。证券自律组织依法制定自律规则，实现对证券业上市规则、交易活动的自律。司法审查在遵循合法性审查原则的前提下，在穷尽先行救济后启动，对证券自治规则的审查方式、审查效果制定统一标准，加强对司法自治规则效力大小、效力有无的审查，在有限司法介入条件下保证证券自律规则发挥最大效力。第三，充分发挥行业协会的投资者保护职能。健全投资者权益保护工作制度体系，设立投资者保护委员会和机构，普及投融资专业知识，培养投资者的自律意识，提高投资者的金融素养和风险识别诊断能力，切实保护中小投资者、非专业投资者的利益。第四，完善证券纠纷调解机制，强化投资者保护。培养投资者合理利用证券纠纷投诉的理念，保障投资者的合法权益。在证券行业自律的范围内，推动立法层面改革，丰富多元化调解主体，吸纳证券交易所、证券投资者保护基金公司参与证券纠纷调解工作，以法律授权形式赋予其纠纷调解职能，构建多元化纠纷调解体系。健全第三方纠纷处理机制和专门化的证券申诉专员制度，成立证券行业纠纷调解中心，从行业协会和投资者保护组织中推荐调解专员，增强其仲裁、调解的专业性和独立性。第五，增强分析师行业自律。分析师在荐股评级和对股票盈余进行预测时，要不偏不倚、真实客观地进行预测，提高价值信息在企业生产经营与股票价格变动之间的传导效率，消除散户投资者在消息获取上的劣势。从而使得广大普通投资者理性进行投资决策，选择与自身风险偏好相适应的资产组合，促进资本市场稀缺资源的合理有效配置。第六，构建分布式账本技术的证券登记结算信用机制。从中央证券存管机制逐渐过渡到去中心化的、点对点传递讯息的分布式账本数据库和区块链，利用无中心、多节点的数据库技术实现证券登记结算系统的即时交易，缩短传递信息的时间，节约中介服务的经济成本，降低证券交易中的信用风险，利用分布式结算系统的扁平化架构重塑证券行业的信用机制。

此外，加强证券市场信用生态环境建设，增强投资者的信用意识，培养投资公众的责任意识，形成良好的信用氛围。加强信用激励约束机制的建设，失信惩戒，守信得益。完善企业信用评级体系建设，建立上市企业信用生态圈。第三方信用评级机构作为证券市场的看门人,在大数据、现代信息技术、智能互联环境下提高自身的业务水平,对企业投资信誉、履约能力、发展前景等作出综合评价,及时向市场传达风险警示,为投资者进行理性投资提供决策依据。

4. 在宏观审慎市场监管方面

证券市场监管现代化是实现国家治理体系和治理能力现代化的客观要求。在宏观审慎市场监管协调方面,提高股票市场的市场化程度,加快其法制化进程,协调好法律法规、机构设置、监管行动、公共媒体等,防范化解区域性系统性金融风险,强化综合监管,突出功能监管和行为监管,构建一套科学合理、符合新时代要求又具有前瞻性的现代市场监管体系,推动实现证券市场监管方式精准化、科学化和高效化。为加强统筹协调,完善适应现代金融市场发展的金融监管框架,2017 年设立国务院金融稳定发展委员会,补齐了监管短板,强化了人民银行宏观审慎管理职责,随后金融监管体制从"一行三会"升格为"一委一行两会",进一步加强了监管的协调性,防范监管重叠、监管真空和监管套利,显示我国金融监控体制改革逐步趋向功能监管和目标监管。2020 年中国证监会在京召开系统工作会议,强调以防风险强监管为抓手,加强对杠杆性资金和输入性、交叉性风险的监测研判,积极防范化解市场运行风险。

新修订的证券法,全面落实注册制法定化,加大证券违法犯罪成本,加强投资者权益保护,深入解决虚假信息、欺诈发行、内幕交易、财务造假、操纵市场等市场机制不能调解与平衡的证券市场失灵问题,维护证券市场正常秩序。证券市场监管体制向有机统一监管方向发展,加强各金融监管部门之间的沟通与协调,统筹协调证券发行、信息披露与交易过程中的事前、事中和事后监管机制。

首先,以新修订的证券法施行为契机,全面加强股票市场监管法制化建设。构建以信息披露为核心的证券发行注册制法律框架,制定和修改配套规则制度,试点创业板注册制,推动新三板改革。加强股票市场的法律法规建设,优化市场监管治理体系,处理好市场机制与行政监管的责任边界问题。明确市场秩序与规则,推动新三板条例和私募基金条例出台,为广大市场参与者提供一个公平、公正的市场环境。相关法律法规应明确市场主体应该干什么,不应该干什么,超越界限后应承担的法律责任。其次,完善事前监管规范,给证券市场参与主体稳定的心理预期。制定证券市场的强制性规则、倡导性规则,加强对证券从业资格以及上市公司高管、中介机构管理者、承销商的资格认定,建设好证券公司的经营许可制度,规范上市公司资格审查制度。制定禁止性规范和惩罚性规范,警示与威慑市场主体违法犯罪行为,禁止误导投资者的自媒体信息和网络股评,维护证券市场秩序。再次,优化事中监管机制。对证券市场相关主体涉嫌虚假信息、内幕交易、操纵市场等问题,证券监督管理机构进行执法,警告、抽查,启动立案调查、取证、分析、定性,对被调查人作出行政处罚决定。健全行政和解机制和先行赔付机制,避免行政处罚行为对上市公司声誉的影响以及由此造成的股价波动,为上市公司提供改正机会和诚信机会。然后,健全事后监管机制。对各种违法违规行为执行行政管理措施,实行行政处罚,提高违法犯罪成本,形成必要的法律威慑。加大投资者保护力度,作出投资者权益保护安排,保障证券市场稳定运行,协调好监管的公正与效率,成本与收益。推动完善上市公司退市制度,加强监管手段,促进退市常态化,保证资本市场资源的有效配置。最后,建全综合执法体系,加强与相关监管机构和刑事司法机关的协调。证券监督管理机构加强与司法机关、境内外监管机构的有力合作,对市场违法人的惩戒不再局限于特定的地区范围,也不局限于特定监管机构的管辖范围,促进资本市场功能发挥,提高股票市场的有效性。

参考文献

[1] Abreu, D. , Brunnermeier, M. Bubbles and crashes [J]. Econometrica, 2003, 71 (1): 173 - 204.

[2] Abreu, D. , Brunnermeier, M. Synchronization risk and delayed arbitrage [J]. Journal of Financial Economics, 2002, 66(2): 341 - 360.

[3] Adam, K. , Marcet, A. Internal rationality, imperfect market knowledge and asset prices [J]. Journal of Economic Theory, 2011, 146: 1224 - 1252.

[4] Adam, K. , Marcet, A. , Nicolini, J. Stock market volatility and learning [J]. Journal of Finance, 2016, 71(1): 419 - 438.

[5] Allen, F. , Morris, S. , Postlewaite, A. Finite bubbles with short sales constraints and asymmetric information [J]. Journal of Economic Theory, 1993, 61: 206 - 229.

[6] Allen, F. , Morris, S. , Shin, H. Beauty contests and iterated expectations in asset markets [J]. Reviews of Financial Studies, 2006, 19: 719 - 752.

[7] Andreou, E. , Ghysels, E. , Kourtellos, A. Should macroeconomic forecasters use daily financial data and how? [J]. Journal of Business and Economic Statistics, 2013, 31: 240 - 251.

[8] Arkes, H. , Herren, L. , Isen, A. The role of potential loss in the influence of affect on risk taking behavior [J]. Organizational Behavior and Human Decision Processes, 1988, 42(2): 181 - 193.

[9] Armesto, M. , Engemann, K. , Owyang, M. Forecasting with mixed frequencies [J]. Federal Reserve Bank of St. Louis Review, 2010, 92: 521 - 536.

[10] Arora, V. , Cerisola, M. How does U. S. monetary policy influence sovereign spreads in emerging markets? [J]. IMF Staff Papers, 2001, 48(3): 474 - 498

[11] Bacchetta, P. , VanWincoop, E. Can information heterogeneity explain the exchange rate determination puzzle? [J]. American Economic Review, 2006, 96 (3): 552 - 576.

[12] Bacchetta, P. , VanWincoop, E. Higher order expectations in asset pricing [J]. Journal of Money, Credit and Banking, 2008, 40(5): 837 - 866.

[13] Bae, K. , Wang, W. What's in a "China" name? A test of investor sentiment hypothesis [R]. SSRN working paper. York University, Toronto, 2010.

[14] Bagozzi, R. , Gopinath, M. , Nyer, P. The role of emotions in marketing [J]. Journal of the Academy of Marketing Science, 1999, 27(2): 184 - 206.

[15] Baker, M., Stein, J. Market liquidity as a sentiment indicator [J]. Journal of Financial Markets, 2004, 7(3): 271 - 299.

[16] Baker, M., Wang, J., Wurgler, J. How does investor sentiment affect the cross-section of stock returns? [R]. SSRN working paper, Harvard Business School, Boston, 2009.

[17] Baker, M., Wurgler, J. Investor sentiment and the cross-section of stock returns [J]. Journal of Finance, 2006, 61(4): 1645 - 1680.

[18] Baker, M., Wurgler, J. Investor sentiment in the stock market [J]. Journal of Economic Perspective, 2007, 21(2): 129 - 151.

[19] Baker, M., Wurgler, J., Yuan, Y. Global, local and contagious investor sentiment [J]. Journal of Financial Economics, 2012, 104: 272 - 287.

[20] Banerjee, S., Green, B. Learning whether other traders are informed [R]. SSRN Working Paper, 2013.

[21] Banerjee, S., Kaniel, R., Kremer, I. Price drift as an outcome of differences in higher-order beliefs [J]. Review of Financial Studies, 2009, 22(9): 3707 - 3734.

[22] Barber, B., Odean, T., Zhu, N. Do retail trades move markets? [J]. The Review of Financial Studies, 2009, 22: 151 - 186.

[23] Barberis, N., Huang, M., Santos, T. Prospect theory and asset prices [J]. The Quarterly Journal of Economics, 2001, 116(1): 1 - 53.

[24] Barberis, N., Shleifer, A., Vishny, R. A model of investor sentiment [J]. Journal of Financial Economics, 1998, 49(3): 307 - 343.

[25] Barberis, N., Thaler, R. A survey of behavioral finance [M]. In G. Constantinides, M. Harris, and R. Stulz(editors) Handbook of the Economics of Finance North-Holland, Amsterdam, 2003.

[26] Basistha, A., Kurov, A. Macroeconomic cycles and the stock market's reaction to monetary policy [J]. Journal of Banking & Finance, 2008, 32 (12): 2606 - 2616.

[27] Basu, P. Bayesian updating rules and AGM belief revision [J]. Journal of Economic Theory, 2019, 179: 455 - 475.

[28] Baumeister, C., Guerin, P., Kilian, L. Do high-frequency financial data help forecast oil prices? The MIDAS touch at work [J]. International Journal of Forecasting, 2015, 31: 238 - 252.

[29] Beauregard, M., Levesque, J., Bourgouin, P. Neural correlates of conscious self-regulation of emotion [J]. Journal of Neuroscience, 2001, 21(18): 1 - 6.

[30] Bekaert, G., Baele, L., Inghelbrecht, K. The determinants of stock and bond return comovements [J]. Review of Financial Studies, 2010, 23: 2374 - 2428.

[31] Belke, A., Bordon, I., Hendricks, T. Monetary policy, global liquidity, and commodity price dynamics [J]. North American Journal of Economics and Finance, 2014, 28: 1 - 16.

[32] Bernanke, B., Gertler, M. Monetary policy and asset price volatility [R]. NBER Working Paper No. 7559, 2000.

[33] Bernanke, B. S., Kuttner, K. N. What explains the stock market's reaction to Federal Reserve policy? [J]. Journal of Finance, 2005, 60: 1221 - 1257.

[34] Bernoulli, D. Exposition of a new theory on the measurement of risk [J]. Econometrica, 1954, 22: 23 - 36.

[35] Bhushan, R. , Brown, D. , Mello, A. Do noise traders "create their own space?" [J]. Journal of Financial, Quantitative Analysis, 1997, 32(1): 25 - 45.

[36] Bjrnland, H. , Leitemo, K. Identifying the interdependence between US monetary policy and the stock market [J]. Journal of Monetary Economics, 2009, 56(2): 275 - 282.

[37] Black, F. Capital market equilibrium with restricted borrowing [J]. Journal of Business, 1972, 45(3): 444 - 455.

[38] Black, F. Noise [J]. Journal of Finance, 1986, 41: 529 - 543.

[39] Black, F. , Scholes, M. The pricing of options and corporate liabilities [J]. Journal of Political Economy, 1973, 81(3): 637 - 654.

[40] Blocher, J. Network externalities in mutual funds [J]. Journal of Financial Markets, 2016, 30: 1 - 26.

[41] Blume, M. , Crockett, J. , Friend, I. Stock ownership in the United States: Characteristics and trends [J]. Survey of Current Business, 1974, 54: 16 - 40.

[42] Bower, G. Mood and memory [J]. American Psychologist, 1981, 36 (2): 129 - 148.

[43] Bower, G. Mood congruity of social judgment [J]. Emotion and Social Judgment, Oxford, Pergamon Press, 1991: 31 - 54.

[44] Branch, W. , Evans, G. Asset return dynamics and learning [J]. Review of Financial Studies, 2010, 23: 1651 - 1680.

[45] Breeden, D. T. An intertemporal asset pricing model with stochastic consumption, investment opportunities [J]. Journal of Financial Economics, 1979, 7: 265 - 296.

[46] Breiter, H. , Aharon, I. , Kahneman, D. , Dale, A. , Shizgal, P. Functional imaging of neural responses to expectancy and experience of monetary gains and losses [J]. Neuron, 2001, 30(2): 619 - 639.

[47] Brennan, M. , Xia, Y. Stock price volatility and equity premium [J]. Journal of Monetary Economics, 2001, 47: 249 - 283.

[48] Brown, G. , Cliff, M. Investor sentiment and asset valuation [J]. Journal of Business, 2005, 78(2): 405 - 440.

[49] Brown, G. , Cliff, M. Investor sentiment and the near-term stock market [J]. Journal of Empirical Finance, 2004, 11(1):1 - 27.

[50] Burghardt, M. , Czink, M. , Riordan, R. Retail investor sentiment and the stock market [R]. SSRN Working Paper, 2008.

[51] Burrell, O. Possibility of an experimental approach to investment studies [J]. Journal of Finance, 1951, 6(2): 211 - 219.

[52] Campbell, J. , Kyle, A. Smart money, noise trading and stock price behavior [J]. Review of Economic Studies, 1993, 60(1): 1 - 34.

[53] Campbell, J. , Viceira, L. Consumption and portfolio decisions when expected returns are time varying [J]. Quarterly Journal of Economics, 1999, 114: 433 - 495.

[54] Capocci, A., Zhang, Y. Market ecology of active and passive investors [J]. Physica A Statistical Mechanics & Its Applications, 2001, 29: 488 - 498.

[55] Carceles-Poveda, E., Giannitsarou, C. Adaptive learning in practice [J]. Journal of Economic Dynamics and Control, 2007, 31: 2659 - 2697.

[56] Cecchetti, S., Lam, P., Mark, N. Asset pricing with distorted beliefs: Are equity returns too good to be true? [J]. American Economic Review, 2000, 90 (4): 787 - 805.

[57] Cen, L., Lu, H., Yang, L. Investor sentiment, disagreement, and the breadth-return relationship [J]. Management Science, 2013, 59: 1076 - 1091.

[58] Cespa, G., Vives, X. The beauty contest and short-term trading [J]. The Journal of Finance, 2015, 70(5): 2099 - 2154.

[59] Chan, Y. How does retail sentiment affect IPO returns? Evidence from the internet bubble period [J]. International Review of Economics and Finance, 2014, 29: 235 - 248.

[60] Chen, J., Hong, H., Stein, J. Breadth of ownership and stock returns [J]. Journal of financial Economics, 2002, 66(2): 171 - 205.

[61] Chen, H., Jegadeesh, N., Wermers, R. The value of active mutual fund management: An examination of the stockholdings and trades of fund managers [J]. Journal of Financial and Quantitative Analysis, 2000, 35: 343 - 368.

[62] Chung, S. L., Hung, C. H., Yeh, C. Y. When does investor sentiment predict stock returns? [J]. Journal of Empirical Finance, 2012, 19: 217 - 240.

[63] Clements, M., Galvao, A. Forecasting US output growth using leading indicators: An appraisal using MIDAS models [J]. Journal of Applied Econometrics, 2009, 24: 1187 - 1206.

[64] Clements, M., Galvao, A. Macroeconomic forecasting with mixed-frequency data: Forecasting output growth in the United States [J]. Journal of Business and Economic Statistics, 2008, 26(4): 546 - 554.

[65] Cogley, T., Sargent, T. The market price of risk and the equity premium: A legacy of the Great Depression? [J]. Journal of Monetary Economics, 2008, 55: 454 - 476.

[66] Cornelli, F., Goldreich, D., Ljungqvist, A. Investor sentiment, pre-IPO markets [J]. Journal of Finance, 2006, 61(3): 1187 - 1216.

[67] Corredor, P., Ferrer, E., Santamaria, R. Investor sentiment effect in stock markets: Stock characteristics or country-specic factors? [J]. International Review of Economics and Finance, 2013, 27: 572 - 591.

[68] Cox, J., Ingersoll, J., Ross, S. An intertemporal general equilibrium model of asset prices [J]. Econometrica, 1985, 53(2): 363 - 384.

[69] Cross, F. The behavior of stock prices on Fridays and Mondays [J]. Financial Analysts Journal, 1973, 29: 67 - 69.

[70] D'Avolio, G. The market for borrowing stock [J]. Journal of Financial Economics, 2002, 66: 271 - 306.

[71] Damasio, A. Descartes' error: emotion, reason, and the human brain [M]. G. P. Putnam, USA, 1994.

[72] Daniel, K., Hirshleifer, D., Subrahmanyam, A. Investor psychology, security market under and overreactions [J]. Journal of Finance, 1998, 53 (6): 1839 – 1885.

[73] De Bondt, W. Betting on trends: intuitive forecasts of financial risk and return [J]. International Journal of Forecasting, 1993, 9(3): 335 – 371.

[74] De Long, J., Shleifer, A., Summers, L., Waldmann, R. Noise trader risk in financial markets [J]. Journal of Political Economy, 1990a, 98(4): 703 – 738.

[75] De Long, J., Shleifer, A., Summers, L., Waldmann, R. Positive feedback investment strategies and destabilizing rational speculation [J]. Journal of Finance, 1990b, 45: 379 – 395.

[76] De Long, J., Shleifer, A., Summers, L., Waldmann, R. The survival of noise traders in financial markets [J]. Journal of Business, 1991, 64(1): 1 – 19.

[77] DeBondt, W., Thaler, R. Financial decision-making in markets and firms: A behavioral perspective; in Robert A. Jarrow, Voijslav Maksimovic, and William T. Ziemba, eds.: Finance. Handbooks in Operations Research and Management Science, 1995, 9: 385 – 410.

[78] Dow, J., Gorton, G. Arbitrage chains [J]. Journal of Finance, 1994, 49(3): 819 – 849.

[79] Dow, J., Gorton, G. Stock market efficiency, economic efficiency: is there a connection? [J]. Journal of Finance, American Finance Association, 1997, 52 (3): 1087 – 1129.

[80] Eckbo, B., Norli, O. Liquidity risk, leverage, and long-run ipo retums [J]. Journal of Corporate Finance, 2005, 11(1 – 2): 1 – 35.

[81] Edwards, W. Conservatism in human information processing [M]. New York: Wiley, 1968.

[82] Eichengreen, B., Mody, A. What explains changing spreads on emerging-market debt: Fundamentals or market sentiment? [R]. NBER Working Paper No. 6408, 1998.

[83] Elias, C. Asset pricing with active traders and passive investors: An adaptive learning approach [R]. Working Paper, 2013.

[84] Engle, R., Granger, C. Cointegration and error correction: representation, estimation, and testing [J]. Econometrica, 1987, 55(2): 251 – 276.

[85] Fama, E. Efficient capital market: a review of theory and empirical work [J]. Journal of finance, 1970, 25: 383 – 417.

[86] Fama, E. Random walks in stock market prices [J]. Financial Analysts Journal, 1965, 21(5): 55 – 59.

[87] Fama, E. The behavior of stock market prices [J]. Journal of Business, 1965, 38: 34 – 106.

[88] Fama, E., French, K. Common risk factors in the returns of stocks and bonds [J]. Journal of Financial Economics, 1993, 33: 3 – 56.

[89] Fong, W., Toh, B. Investor sentiment and the MAX effect [J]. Journal of Banking & Finance, 2014, 46: 190 – 201.

[90] Forgas, J. Mood and judgment: the affect infusion model (AIM) [J].

Psychological Bulletin, 1995, 117(1): 39 - 66.

[91] Foroni, C., Ghysels, E., Marcellino, M. Mixed-frequency vector autoregressive models [J]. Advances in Econometrics, 2013, 32: 247 - 272.

[92] Frazzini, A., Lamont, O. Dumb money: mutual fund flows and the cross-section of stock returns [J]. Journal of Financial Economics, 2008, 88(2): 299 - 322.

[93] French, K. Presidential address: The cost of active investing [J]. Journal of Finance, 2008, 63: 1537 - 1573.

[94] Friedman, M. The case for flexible exchange rates [M]. Essays in Positive Economics, University of Chicago Press, Chicago, 1953.

[95] Friedman, M. A Theory of the Consumption [M]. Princeton: princeton university press, 1957.

[96] Gabaix, X. A sparsity-based model of bounded rationality [J]. Quarterly Journal of Economics, 2014, 129(4): 1661 - 1710.

[97] Gabaix, X. Boundedly rational dynamic programming [R]. NBER Working Paper 17783, 2012.

[98] Ganzach, Y. Judging risk and return of financial assets [J]. Organizational Behavior and Human Decision Processes, 2000, 83(2): 353 - 370.

[99] Gao, X., Yu, J., Yuan, Y. Investor sentiment and idiosyncratic risk puzzle [R]. SSRN working paper, University of Pennsylvania, Philadelphia, 2010.

[100] Ghysels, E., Santa-Clara, P., Valkanov, R. The MIDAS touch: Mixed data sampling regressions [R]. Cirano Working Paper, 2004.

[101] Ghysels, E., Sinko, A., Valkanov, R. MIDAS regressions: Further results and new directions [J]. Econometric Reviews, 2007, 26: 53 - 90.

[102] Glushkov, D. Sentiment beta [R]. SSRN working paper, University of Pennsylvania, Philadelphia, 2006.

[103] Gromb, D., Vayanos, D. Equilibrium and welfare in markets with financially constrained arbitrageurs [J]. Journal of Financial Economics, 2002, 62: 997 - 1039.

[104] Grossman, S., Stiglitz, J. Information and competitive price systems [J]. American Economic Review, 1976, 66: 246 - 253.

[105] Grossman, S., Stiglitz, J. On the impossibility of informationally efficient markets [J]. American Economic Review, 1980, 70: 393 - 408.

[106] Hamilton, J. Analysis of time series subject to changes in regime [J]. Journal of Econometrics, 1990, 45: 39 - 70.

[107] Han, B., Kong, D. Institutional investors and equity prices: Information, behavioral bias and arbitrage [R]. SSRN Working Paper, 2016.

[108] Harrison, M., Kreps, D. Speculative investor behavior in a stock market with heterogeneous expectations [J]. Quarterly Journal of Economics, 1978, 92: 323 - 336.

[109] Hengelbrock, J., Theissen, E., Westheide, C. Market response to investor sentiment [R]. CFS Working Paper, 2011.

[110] Hirshleifer, D. Investor psychology and asset pricing [J]. The Journal of

Finance, 2001, 56: 1533 - 1597.

[111] Hong, H. , Kacperczyk, M. The price of sin: the effects of social norms on markets [J]. Journal of Financial Economics, 2009, 93(1): 15 - 36.

[112] Hong, H. , Li, W. , Ni, S. , Scheinkman, J. , Yan, P. Days to cover and stock returns [J]. NBER Working Paper, 2015.

[113] Hong, H. , Scheinkman, J. , Xiong, W. Asset float and speculative bubbles [J]. Journal of Finance, 2006, 61(3): 1073 - 1117.

[114] Hong, H. , Stein, J. A unified theory of underreaction, momentum trading, and overreaction in asset markets [J]. Journal of Finance, 1999, 54 (6): 2143 - 2184.

[115] Hong, H. , Stein, J. Differences of opinion, rational arbitrage and market crashes [R]. NBER Working Paper, 1999.

[116] Hsee, C. Less is better: when low-value options are judged more highly than high-value options [J]. Journal of Behavioral Decision Making, 1998, 11(2): 107 - 121.

[117] Hsu, M. , Bhatt, M. , Adolphs, R. Neural system responding to degrees of uncertainty in human decision making [J]. Science, 2005, 310 (5754): 1680 - 1683.

[118] Ioannidis, C. , Kontonikas, A. The impact of monetary policy on stock prices [J]. Journal of Policy Modeling, 2007, 30(1): 33 - 53.

[119] Isen, A. , Shalker, T. , Clark, M. , Karp, L. Affect, accessibility of materialin memory, and behavior: a cognitive loop? [J]. Journal of Personality and Social Psychology, 1978, 36(1): 1 - 12.

[120] Kahneman, D. Maps of bounded rationality: Psychology for behavioral economics [J]. The American Economic Review, 2003, 93(5): 1449 - 1475.

[121] Kahneman, D. , Tversky, A. Judgment under uncertainty: heuristics and biases [J]. Science, 1974, 185: 1124 - 1131.

[122] Kahneman, D. , Tversky, A. Prospect theory: An analysis of decision under risk [J]. Econometrica, 1979, 47: 263 - 291.

[123] Kaminsky, G. , Reinhart, C. On crises, contagion, and confusion [J]. Journal of International Economics, 2000, 51(1): 145 - 168.

[124] Kaniel, R. , Saar, G. , Titman, S. Individual investor trading and stock returns [J]. The Journal of Finance, 2008, 63: 273 - 310.

[125] Kaufmann, G. , Vosburg, S. Paradoxical mood effects on creative problem-solving [J]. Cognition and Emotion, 1997, 11(2): 151 - 170.

[126] Kelley, E. , Tetlock, P. How wise are crowds? Insights from retail orders and stock returns [J]. The Journal of Finance, 2013, 68(3): 1229 - 1265.

[127] Kempf, A. , Merkle, C. , Niessen, A. Low risk and high return-affective attitudes and stock market expectations [J]. European Financial Management, 2014, 20(5): 995 - 1030.

[128] Kendall, M. G. The analysis of economic time-series-part I : prices [J]. Journal of the Royal Statistical Society, 1953, 116(1): 11 - 34.

[129] Keynes, J. The general theory of employment, interest and money [M].

Macmillan Cambridge University Press, 1936.

[130] Kim, J. , Ryu, D. , Seo, S. Investor sentiment and return predictability of disagreement [J]. Journal of Banking & Finance, 2014, 42: 166 - 178.

[131] Kling, G. , Gao, L. Chinese institutional investors' sentiment [J]. Journal of International Financial Markets, Institutions, Money, 2008, 18(4): 374 - 387.

[132] Kogan, L. , Ross, S. , Wang, J. , Westerfield, M. The price impact and survival of irrational traders [J]. Journal of Finance, 2006, 61(1): 195 - 229.

[133] Kondor, P. The more we know about the fundamental, the less we agree on the price [J]. The Review of Economic Studies, 2012, 79(3): 1175 - 1207.

[134] Kumar, A. , Lee, C. Retail investor sentiment and return comovements [J]. Journal of Finance, 2006, 61(5): 2451 - 2486.

[135] Kurov, A. Investor sentiment and the stock market's reaction to monetary policy [J]. Journal of Banking & Finance, 2010, 34: 139 - 149.

[136] Kurov, A. Investor sentiment, trading behavior and informational efciency in index futures markets [J]. Financial Review, 2008, 43: 107 - 127.

[137] Kyle, A. Continuous auctions and insider trading [J]. Econometrica, 1985, 53: 1315 - 1336.

[138] Kyle, A. , Wang, F. Speculation duopoly with agreement to disagree: can overcondence survive the market test? [J]. Journal of Finance, 1997, 52(5): 2073 - 2090.

[139] Lawrence, E. R. , McCabe, G. , Prakash, A. J. Answering financial anomalies: sentiment-based stock pricing [J]. The Journal of Behavioral Finance, 2007, 8(3): 161 - 171.

[140] LeDoux, J. The emotional brain [M]. New York: Simon, Schuster, 1996.

[141] Lee, C. , Shleifer, A. , Thaler, R. Investor sentiment and the closed-end fund puzzle [J]. The Journal of Finance, 1991, 46: 75 - 109.

[142] Lee, E. Individual stock investor sentiment, stock issuance, and nancial market anomalies [D]. Publicly Accessible Penn Dissertations, 2013.

[143] Lee, W. , Jiang, C. , Indro, D. Stock market volatility, excess returns, and the role of investor sentiment [J]. Journal of Banking and Finance, 2002, 26(12): 2277 - 2299.

[144] Lempérière, Y. , Deremble, C. , Nguyen, T. , Seager, P. , Potters, M. , Bouchaud, J. Risk premia: Asymmetric tail risks and excess returns [J]. Quantitative Finance, 2017, 17(1): 1 - 14.

[145] Li, J. Sentiment trading, informed trading and dynamic asset pricing [J]. North American Journal of Economics and Finance, 2019, 47: 210 - 222.

[146] Li, J. The momentum and reversal effects of investor sentiment on stock prices [J]. North American Journal of Economics and Finance, 2020, 54: 1 - 13.

[147] Li, J. Investor sentiment, heterogeneous agents and asset pricing model [J]. North American Journal of Economics and Finance, 2017, 42: 504 - 512.

[148] Li, J. Multi-period sentiment asset pricing model with information [J]. International Review of Economics and Finance, 2014, 34: 118 - 130.

[149] Li, J. The asymmetric effects of investor sentiment and monetary policy on stock

prices [J]. Applied Economics, 2015, 47(24): 2514 - 2522.

[150] Li, J., Yang, C. The cross-section and time-series effects of individual stock sentiment on stock prices [J]. Applied Economics, 2017, 49(47): 4806 - 4815.

[151] Li, J., Yu, J. Investor attention, psychological anchors, and stock return pedictability [J]. Journal of Financial Economics, 2012, 104: 401 - 419.

[152] Liang, H., Yang, C., Cai, C. Beauty contest, bounded rationality, and sentiment pricing dynamics [J]. Economic Modelling, 2017, 60: 71 - 80.

[153] Liang, H., Yang, C., Zhang, R., Cai, C. Bounded rationality, anchoring-and-adjustment sentiment, and asset pricing [J]. North American Journal of Economics and Finance, 2017, 40: 85 - 102.

[154] Liang, S. X. Sentimental CCAPM [R]. Hong Kong University of Science and Technology Working Paper, 2006.

[155] Liang, S. X. The market sentiment premium: a sentimental consumption approach [R]. Hong Kong University of Science and Technology Working Paper, 2011.

[156] Liao, T., Huang, C., Wu, C. Do fund managers herd to counter investor sentiment [J]. Journal of Business Research, 2011, 64(2): 207 - 212.

[157] Ling, D. C., Naranjo, A., Scheick, B. Investor Sentiment and Asset Pricing in Public and Private Markets. In 46th Annual AREUEA Conference Paper, 2010.

[158] Lintner, J. The valuation of risk assets and the selection of risky investments in stock portfolios and capital budgets [J]. The Review of Economics and Statistics, 1965, 47(1): 13 - 37.

[159] Loewenstein, G., Weber, E., Hsee, C., Welch, N. Risk as feelings [J]. Psychological Bulletin, 2001, 127(2): 267 - 286.

[160] Lucas, R. Asset prices in an exchange economy [J]. Econometrica, 1978, 46: 1429 - 1446.

[161] Markowitz, M. Portfolio selection [J]. Journal of Finance, 1952, 7(1): 77 - 91.

[162] Massa, M., Yadav, V. Do mutual funds play a sentiment-based strategy? When marketing is more important than performance [R]. SSRN Working Paper, 2012.

[163] McClure, S., Laibson, D., Loewenstein, G., Cohen, J. Separate neural systems value immediate and delayed monetary rewards [J]. Science, 2004, 306: 503 - 507.

[164] Mclean, R., Zhao, M. The business cycle, investor sentiment, and costly external finance [J]. Journal of Finance, 2014, 69(3): 1377 - 1409.

[165] McQueen, G., Roley, V. Stock prices, news, and business conditions [J]. Review of Financial Studies, 1993, (6): 683 - 707.

[166] Mehra, R., Prescott, E. The equity premium: a puzzle [J]. Journal of Monetary Economics, 1985, 15(2): 145 - 161.

[167] Mehra, R., Sah, R. Mood fluctuations, projection bias, and volatility of equity prices [J]. Journal of Economic Dynamics and Control, 2002, 26(5): 869 - 887.

[168] Mendel, B., Shleifer, A. Chasing noise [J]. Journal of Financial Economics,

2012, 104: 303 - 320.

[169] Menkveld, A. Crowded trades: An overlooked systemic risk for central clearing counterparties [C]. AFA 2015 Boston Meetings. 2015.

[170] Menkveld, A. Systemic risk in central clearing: Should crowded trades be Avoided? [R]. SSRN Working Paper, 2016.

[171] Merton, R. An intertemporal capital asset pricing model [J]. Econometrica, 1973, 41: 867 - 887.

[172] Miller, E. Risk, uncertainty and divergence of opinion [J]. The Journal of Finance, 1977, 32: 1151 - 1168.

[173] Mitchell, M., Pulvino, T., Stafford, E. Limited arbitrage in equity markets [J]. HBS Finance Working Paper No. 01 - 069, 2001.

[174] Morris, S. Speculative investor behavior and learning [J]. Quarterly Journal of Economics, 1996, 111: 1111 - 1133.

[175] Mossin, J. Equilibrium in a capital asset market [J]. Econometrica, 1966, 35: 768 - 783.

[176] Osborne, M. F. M. Brownian motion in the stock market [J]. Operations Research, 1959, 7: 145 - 173.

[177] Pagan, A. R., Sossounov, K. A. A simple framework for analysing bull and bear markets [J]. Journal of Applied Econometrics, 2003, 18(1): 23 - 46.

[178] Palomino, F. Noise trading in small markets [J]. Journal of Finance, 1996, 51: 1537 - 1550.

[179] Pastor, L., Veronesi, P. Learning in financial markets [R]. NBER Working Paper No. 14646, 2009.

[180] Peri, M., Vandone, D., Baldi, L. Internet, noise trading and commodity futures prices [J]. International Review of Economics and Finance, 2013, 33: 82 - 89.

[181] Pojarliev, M., Levich, R. Detecting crowded trades in currency funds [J]. Financial Analysts Journal, 2011, 67(1): 26 - 39.

[182] Qian, H. Time variation in analyst optimism: An investor sentiment explanation [J]. The Journal of Behavioral Finance, 2009, 10: 182 - 193.

[183] Qian, X. Small investor sentiment, differences of opinion and stock overvaluation [J]. Journal of Financial Markets, 2014, 19: 219 - 246.

[184] Qiu, L., Welch, I. Investor sentiment measures [R]. NBER Working Paper, 2004.

[185] Roberts, H. V. Statistical versus clinical prediction of the Stock Market [R]. Unpublished Paper Presented to the Seminar on the Analysis of Security Prices, University of Chicago, 1967.

[186] Roberts, H. V. Stock-market "patterns" financial analysis: methodological suggestions [J]. Journal of Finance, 1959, 14(1): 1 - 10.

[187] Roll, R., Ross, S. An empirical investigation of the arbitrage pricing theory [J]. Journal of Finance, 1980, 35: 1073 - 1103.

[188] Ross, S. The arbitrage theory of capital asset pricing [J]. Journal of Economic Theory, 1976, 13(3): 341 - 360.

[189] Ross, S. The arbitrage theory of capital asset pricing [J]. Journal of Economic Theory, 1976, 13: 341 – 360.

[190] Rossignol, M. , Philippot, P. , Douilliez, C. , Crommelinck, M. , Campanella, S. The perception of fearful and happy facial expression is modulated by anxiety: an event-related potential study [J]. Neuroscience Letters, 2005, 377(2): 115 – 120.

[191] Routledge, B. Adaptive learning in financial markets [J]. Review of Financial Studies, 1999, 12: 1165 – 1202.

[192] Rozeff, M. S. , Kinney, W. J. Capital market seasonality: the case of stock returns [J]. Journal of Financial Economics, 1976, 3: 379 – 402.

[193] Rusch, B. , Aberceombie, H. , Oakes, T. , Schaefer, S. , Davidson, R. Hippocampal morphometry in depressed patients, control subjects: relations to anxiety symptoms [J]. Society of Biological Psychiatry, 2001, 50 (12): 960 – 964.

[194] Safa, M. , Maroney, N. Bid-ask spread, futures market sentiment and exchange rate returns [J]. Journal of Economic Cooperation and Development, 2012, 33: 63 – 85.

[195] Samuelson, P. A. Proof that properly anticipated prices fluctuate randomly [J]. Industrial Management Review, 1965, 6: 41 – 49.

[196] Sargent, T. Bounded rationality in macroeconomics: The Arne Ryde memorial lectures [J]. Oup Catalogue, 1993, 35(3): 509 – 518.

[197] Schaefer, S. , Jackson, D. , Davidson, R. , Aguirre, G. , Kimberg, D. , Thompson-Schill, S. Modulation of amygdalar activity by the conscious regulation of negative emotion [J]. Journal of Cognitive Nuerosience, 2002, 14 (6): 913 – 921.

[198] Scheinkman, J. , Xiong, W. Overcondence and speculative bubbles [J]. Journal of Political Economy, 2003, 111: 1183 – 1219.

[199] Schmeling, M. Institutional and individual sentiment: Smart money and noise trader risk? [J]. International Journal of Forecasting, 2007, 23(1): 127 – 145.

[200] Schmeling, M. Investor sentiment and stock returns: Some international evidence [J]. Journal of Empirical Finance, 2009, 16(3): 394 – 408.

[201] Schorfheide, F. , Song, D. Real-time forecasting with a mixed frequency VAR [J]. Journal of Business and Economic Statistics, 2015, 33(3): 366 – 380.

[202] Schwarz, N. , Bless, H. Happy and mindless, but sad and smart? The impact of affective states on analytic reasoning [M]. Emotion and social judgments, Pergamon, 1991: 55 – 71.

[203] Servan-Schreiber, D. , Perlstein, W. M. Selective limbic activation and its relevance to emotional disorders [J]. Cognition and Emotion, 1998, 12: 331 – 352.

[204] Seybert, N. , Yang, H. The role of earning guidance in resolving sentiment-driven overvaluation [J]. Management Science, 2012, 58(2): 308 – 319.

[205] Sharpe, W. Capital asset prices: a theory of market equilibrium under conditions of risk [J]. Journal of Finance, 1964, 19(3): 425 – 442.

[206] Sharpe, W., Alexander, G. Investments [M], 4th edition, Prentice Hall, Engle-wood Cliffs, N. J., 1990.

[207] Shefrin, H., Statman, M. Behavioral capital asset pricing theory [J]. Journal of Financial, Quantitative Analysis, 1994, 29(3): 323 - 349.

[208] Sheila, C. D. Cognition, market sentiment and financial instability [J]. Cambridge Journal of Economics, 2011, 35(2): 233 - 249.

[209] Shiller, R. Democratizing and Humanizing Finance. In Reforming US Financial Markets: Reflections Before and Beyond Dodd-Frank, edited by Randall S. Kroszner and Robert J. Shiller, Alvin Hansen Symposium on Public Policy at Harvard University. Cambridge MA: MIT press, 2011.

[210] Shiller, R. Do stock prices move too much to be justified by subsequent changes in dividends? [J]. American Economic Review, 1981, 71: 421 - 436.

[211] Shiller, R. Measuring bubble expectations, investor confidence [J]. Journal of Psychology and Financial Markets, 2000, 1(1): 49 - 60.

[212] Shiller, R. Speculative asset prices [J]. American Economic Review, 2014, 104 (6): 1486 - 1517.

[213] Shiller, R. Stock prices and social dynamics [J]. Brookings Papers on Economic Activity, 1984, 2: 457 - 498.

[214] Shleifer, A. Inefficient markets: An introduction to behavioral finance [M]. New York: Oxford University Press, 2000.

[215] Shleifer, A., Vishny, R. The limits of arbitrage [J]. Journal of Finance, 1997, 52: 35 - 55.

[216] Shliller, R. J. From efficient markets theory to behavioral finance [J]. The Journal of Economic Perspectives, 2003, 17(1): 83 - 104.

[217] Shu, H. C. Investor mood and financial markets [J]. Journal of Economic Behavior & Organization, 2010, 76: 267 - 282.

[218] Sias, R., Turtle, H., Zykaj, B. Hedge fund crowds and mispricing [J]. Management Science, 2015, 62(3): 764 - 784.

[219] Simon, H. A behavioral model of rational choice [J]. The Quarterly Journal of Economics, 1955, 69(1): 99 - 118.

[220] Simons, D., Wiggins III., R. S&P futures returns and contrary sentiment indicators [J]. Journal of Futures Markets, 2001, 21(5): 447 - 462.

[221] Singer, N., Laser, S., Dreher, F. Published stock recommendations as investor sentiment in the near-term stock market [J]. Empirical Economics, 2013, 45 (3): 1233 - 1249.

[222] Slovic, P. Psychological study of human judgment: implications for investment decision making [J]. Journal of Finance, 1972, 27(4): 779 - 799.

[223] Solomon, D., Soltes, E., Sosyura, D. Winners in the spotlight: Media coverage of fund holdings as a driver of flows [J]. Journal of Financial Economics, 2014, 113(1): 53 - 72.

[224] Stambaugh, R., Yu, J., Yuan, Y. Arbitrage asymmetry and the idiosyncratic volatility puzzle [J]. The Journal of Finance, 2015, 70(5): 1903 - 1948.

[225] Stambaugh, R., Yu, J., Yuan, Y. The long of it: Odds that investor sentiment

spuriously predicts anomaly returns [J]. Journal of Financial Economics, 2014, 114: 613 - 619.

[226] Stambaugh, R., Yu, J., Yuan, Y. The short of it: Investor sentiment and anomalies [J]. Journal of Financial Economics, 2012, 104(2): 288 - 302.

[227] Statman, M., Fisher, K., Anginer, D. Affect in a behavioral asset-pricing model [J]. Financial Analysts Journal, 2008, 64(2): 20 - 29.

[228] Stein, J. Presidential address: sophisticated investors and market efficiency [J]. Journal of Finance, 2009, 64(4): 1517 - 1548.

[229] Sutton, S., Davidson, R., Donzella, B., Irwin, W., Dottl, D. Manipulating affective state using extended picture presentation [J]. Psychophysiology, 1997, 34(2): 217 - 226.

[230] Thaler, R. Behavioral economics: Past, present, and future [J]. American Economic Review, 2016, 106(7): 1577 - 1600.

[231] Timmermann, A. How learning in financial markets generates excess volatility and predictability in stock prices [J]. The Quarterly Journal of Economics, 1993, 108: 1135 - 1145.

[232] Trueman, B. A theory of noise trading in securities markets [J]. Journal of Finance, 1988, 43(1): 83 - 95.

[233] Valdes, R. Emerging market contagion: Evidence and theory [R]. Working Paper Series No. 7 (Santiago: Central Bank of Chile), 1997.

[234] Vayanos, D. Transaction costs and asset prices: a dynamic equilibrium model [J]. Review of Financial Studies, 1998, 11(1): 1 - 58.

[235] Verma, R., Verma, P. Noise trading and stock market volatility [J]. Journal of Multinational Financial Management, 2007, 17(3): 231 - 243.

[236] Victoravich, L. M. Overly optimistic? investor sophistication and the role of affective reactions to financial Information in investors' stock price judgments [J]. The Journal Behavioral Finance, 2010, 11: 1 - 10.

[237] Von Neumann, J., Morgenstern, O. Theory of games and economic behavior [M]. Princeton: Princeton University Press, 1947.

[238] Wang, C. Investor sentiment, market timing, and futures returns [J]. Applied Financial Economics, 2003, 13: 891 - 898.

[239] Wang, J. A model of intertemporal asset prices under asymmetric information [J]. Review of Economic Studies, 1993, 60: 249 - 282.

[240] Wright, W., Bower, G. Mood effects on subjective probability assessment [J]. Organizational Behavior and Human Decision Processes, 1992, 52 (2): 276 - 291.

[241] Wurgler, J., Zhuravskaya, K. Does arbitrage flatten demand curves for stocks? [J]. Journal of Business, 2002, 75: 583 - 608.

[242] Xiong, W. Convergence trading with wealth effects: an amplication mechanism in financial markets [J]. Journal of Financial Economics, 2001, 62(2): 247 - 292.

[243] Xiong, W., Yan, H. Heterogeneous expectations and bond markets [J]. The Review of Financial Studies, 2010, 23: 1405 - 1432.

[244] Yan, H. J. Is noise trading cancelled out by aggregation? [J]. Management Science, 2010, 57(7): 1047 - 1059.

[245] Yan, P. Crowded trades, short covering, and momentum crashes [R]. SSRN Working Paper, 2013.

[246] Yang, C., Gao, B. Forecasting stock index futures returns with mixed-frequency sentiment [J]. International Review of Economics and Finance, 2017, 49: 69 - 83.

[247] Yang, C., Gao, B. The term structure of sentiment effect in stock index futures market [J]. North American Journal of Economics and Finance, 2014, 30: 171 - 182.

[248] Yang, C., Li, J. Investor sentiment, information and asset pricing model [J]. Economic Modelling, 2013, 35: 436 - 442.

[249] Yang, C., Li, J. Two-period trading sentiment asset pricing model with information [J]. Economic Modelling, 2014, 36: 1 - 7.

[250] Yang, C., Xie J., Yan, W. Sentiment capital asset pricing model [J]. International Journal of Digital Content Technology and its Applications, 2012, 6 (3): 254 -261.

[251] Yang, C., Yan, W. Does high sentiment cause negative excess return? [J]. International Journal of Digital Content Technology and Its Applications, 2011, 5 (12): 211 - 217.

[252] Yang, C., Zhang, R. Does mixed-frequency investor sentiment impact stock returns? —Based on the empirical study of MIDAS regression model [J]. Applied Economics, 2014, 46(9): 966 - 972.

[253] Yang, C., Zhang, R. Dynamic asset pricing model with heterogeneous sentiments [J]. Economic Modelling, 2013b, 33: 248 - 253.

[254] Yang, C., Zhang, R. Sentiment asset pricing model with consumption [J]. Economic Modelling, 2013a, 30: 462 - 467.

[255] Yang, C., Zhou, L. Individual stock crowded trades, individual stock investor sentiment and excess returns [J]. North American Journal of Economics and Finance, 2016, 38: 39 - 53.

[256] Yang, C., Zhou, L. Investor trading behavior, investor sentiment, and asset prices [J]. North American Journal of Economics and Finance, 2015, 34: 42 - 62.

[257] Yu, J., Yuan, Y. Investor sentiment and mean-variance relation [J]. Journal of Financial Economics, 2011, 100: 367 - 381.

[258] Zajonc, R. B. Feeling and thinking: Preferences need no inference [J]. American Psychologist, 1980, 35: 151 - 175.

[259] 安德瑞·史莱佛. 并非有效的市场:行为金融学导论[M]. 赵英军,译. 北京:中国人民大学出版社,2015.

[260] 巴曙松,朱虹. 融资融券、投资者情绪与市场波动[J]. 国际金融研究,2016,8: 82 - 96.

[261] 蔡创群. 基于投资者情绪与选美竞赛的资产定价模型研究[D]. 广州:华南理工大学,2014.

[262] 陈国进,陶可.机构投资者的拥挤效应与蓝筹股泡沫[J].系统工程,2011,2: 1-8.

[263] 陈珺.在BSV模型下矫正投资者对信息的认知偏差[J].山西财经大学学报, 2005,27(2):119-124.

[264] 陈军,陆江川.基于DSSW模型投资者情绪与股价指数关系研究[J].预测,2010, 29(4):53-57.

[265] 陈鹏程,周孝华.机构投资者私人信息、散户投资者情绪与IPO首日回报率[J]. 中国管理科学,2016,4:37-44.

[266] 陈其安,赖琴云,陈亮,张媛.基于噪音交易者的风险资产定价模型及其应用[J]. 系统工程理论与实践,2010,30(3):385-395.

[267] 陈其安,雷小燕.货币政策、投资者情绪与中国股票市场波动性:理论与实证[J]. 中国管理科学,2017,11:1-11.

[268] 陈庭强,马百超,李心丹.投资者情绪、偿债能力与CDS交易对手流动性风险传 染[J].系统工程理论与实践,2020,3:559-578.

[269] 陈文博,陈浪南.股市投资者对盈余公告的反应——基于博彩偏好的视角[J].中 国管理科学,2020,8:1-13.

[270] 陈展辉.股票收益的截面差异与三因素资产定价模型[J].中国管理科学,2004, 12(6):12-17.

[271] 池丽旭,庄新田.我国投资者情绪对股票收益影响——基于面板数据的研究[J]. 管理评论,2011,23(6):41-48.

[272] 董梁,李心丹,茅宁.基于中国投资者行为偏差的DHS模型修正[J].复旦学报 (社会科学版),2004,5,69-76.

[273] 杜志维.不同市态下投资者情绪与股票收益关系的实证研究[D].广州:华南理 工大学,2010.

[274] 高大良,刘志峰,杨晓光.投资者情绪、平均相关性与股市收益[J].中国管理科 学,2015,2:10-20.

[275] 贺志芳,文凤华,黄创霞,杨晓光,郑石明.投资者情绪与时变风险补偿系数[J]. 管理科学学报,2017,12:29-38.

[276] 胡昌生,池阳春.投资者情绪、资产估值与股票市场波动[J].金融研究,2013,10: 181-193.

[277] 胡昌生,池阳春.投资者情绪与资产价格异常波动研究[M].武汉:武汉大学出版 社,2014.

[278] 胡昌生,陶铸.个体投资者情绪、网络自媒体效应与股票收益[J].预测,2017,3: 50-55.

[279] 黄创霞,温石刚,杨鑫,文凤华,杨晓光.个体投资者情绪与股票价格行为的互动 关系研究[J].中国管理科学,2020,3:191-200.

[280] 贾丽娜,扈文秀,章伟果.基金"拥挤交易"对A股股价泡沫的影响研究[J].运筹 与管理,2015,5:237-244.

[281] 蒋玉梅,王明照.投资者情绪与股票横截面收益的实证研究[J].经济管理,2009, 31(10):134-140.

[282] 蒋玉梅,王明照.投资者情绪与股指收益率:总体效益和横截面效应的实证研究 [J].南开管理评论,2010,3:150-160.

[283] 景乃权,陈新秀,叶庆祥,李绍杰.证券市场行为解释:BSV和DHS模型[J].经济

学家,2003,5:112-116.

[284] 孔令飞,刘轶.个人、机构投资者情绪与证券分析师的乐观偏差——来自中国A股市场的证据[J].南方经济,2016,6:66-81.

[285] 拉斯·特维德.逃不开的经济周期(珍藏版)[M].董裕平,译.北京:中信出版社,2012.

[286] 李昊洋,程小可,郑立东.投资者情绪对股价崩盘风险的影响研究[J].软科学,2017:98-102.

[287] 李潇潇,杨春鹏,姜伟.基于投资者情绪的行为资产定价模型[J].青岛大学学报(自然科学版),2008,21(4):95-98.

[288] 李潇潇,杨春鹏.基于投资者情绪的认知风险和认知收益[J].青岛大学学报(自然科学版),2009,22(2):67-70.

[289] 理查德·泰勒.行为金融学新进展(Ⅱ)[M].贺京同,译.北京:中国人民大学出版社,2014.

[290] 梁丽珍.投资者情绪影响因素的实证研究[J].统计与决策,2010,4:138-141.

[291] 林思涵,陈守东,刘洋.融资融券非对称交易与股票错误定价[J].管理科学,2020,2:157-168.

[292] 刘琳.从三因素模型看行为金融学[J].南方论丛,2003,3:40-44.

[293] 刘维奇,刘新新.个人和机构投资者情绪与股票收益[J].管理科学学报,2014,17(3):70-87.

[294] 刘晓星,张旭,顾笑贤,姚登宝.投资者行为如何影响股票市场流动性?[J].管理科学学报,2016,10:87-100.

[295] 陆静,裴饴军,吴琴琴.投资者情绪影响香港股票市场吗?[J].系统工程理论与实践,2017,37(1):80-90.

[296] 罗伯特·希勒.非理性繁荣(第三版)[M].李心丹,等译.北京:中国人民大学出版社,2016.

[297] 马倩,蒋俊锋.三因素模型、行为金融与股票横截面收益"异常"[J].科技管理研究,2005,3:120-122.

[298] 饶育蕾,盛虎.行为金融学[M].北京:机械工业出版社,2010.

[299] 史永东,程航.投资者情绪和资产定价异象[J].系统工程理论与实践,2019,8:1907-1916.

[300] 石勇,唐静,郭琨.社交媒体投资者关注、投资者情绪对中国股票市场的影响[J].中央财经大学学报,2017,7:45-53.

[301] 司登奎,李小林,江春,葛新宇.投资者情绪、股价与汇率变动的非线性联动效应研究[J].国际金融研究,2019,7:66-75.

[302] 宋军,吴冲锋.从有效市场假设到行为金融理论[J].世界经济,2001,10:74-80.

[303] 宋顺林,王彦超.投资者情绪如何影响股票定价?——基于IPO公司的实证研究[J].管理科学学报,2016,5:41-55.

[304] 宋泽芳,李元.基于投资者情绪的市场均值-方差关系研究[J].数理统计与管理,2015,6:1102-1110.

[305] 孙碧波.基于学习行为的噪声交易者情绪演化研究[D].上海:复旦大学,2005.

[306] 王健,庄新田.基于过度自信的资本市场委托代理关系[J].系统管理学报,2008,17(2):189-195.

[307] 王美今,孙建军.中国股市收益、收益波动与投资者情绪[J].经济研究,2004,10:

75 - 83.

[308] 文凤华,肖金利,黄创霞,陈晓红,杨晓光.投资者情绪特征对股票价格行为的影响研究[J].管理科学学报,2014,3:60 - 69.

[309] 吴世农,许年行.资产的理性定价模型和非理性定价模型的比较研究[J].经济研究,2004,4:105 - 116.

[310] 伍燕然,韩立岩.不完全理性、投资者情绪与封闭式基金之谜[J].经济研究,2007,42(3):117 - 129.

[311] 伍燕然,江婕,谢楠,王凯.公司治理、信息披露、投资者情绪与分析师盈利预测偏差[J].世界经济,2016,2:100 - 119.

[312] 肖洋,倪玉娟,方舟.股票价格、实体经济与货币政策研究[J].经济评论,2012,2:97 - 104.

[313] 谢军,杨春鹏.投资者情绪影响下资本资产定价的区制性[J].系统工程,2015,33(1):24 - 30.

[314] 谢军.情绪投资组合研究[D].广州:华南理工大学,2012.

[315] 熊虎,孟卫东,周孝华.基于BSV模型及其扩展的IPO价格形成机制[J].管理工程学报,2007,21(4):46 - 51.

[316] 熊熊,许克维,沈德华.投资者情绪与期货市场功能——基于沪深300股指期货的研究[J].系统工程理论与实践,2020,9:2252 - 2268.

[317] 宿成建.中国证券多因素及三因素定价模型实证研究[J].系统工程理论与实践,2006,8:17 - 26.

[318] 许海川,周炜星.情绪指数与市场收益:纳入中国波指(iVX)的分析[J].管理科学学报,2018,1:88 - 96.

[319] 许年行,洪涛,吴世农,徐信忠.信息传递模式、投资者心理偏差与股价"同涨同跌"现象[J].经济研究,2011,4:135 - 146.

[320] 许年行,江轩宇,伊志宏,徐信忠.分析师利益冲突、乐观偏差与股价崩盘风险[J].经济研究,2012,7:127 - 140.

[321] 闫伟,杨春鹏.不同市态阶段的股票收益-风险实证研究[J].当代财经,2011,12:54 - 63.

[322] 闫伟.基于投资者情绪的行为资产定价研究[D].广州:华南理工大学,2012.

[323] 杨春鹏,闫伟.单向与双向情绪下风险资产的认知价格及其投资策略[J].管理科学,2012,25(3):78 - 90.

[324] 杨春鹏.非理性金融[M].北京:科学出版社,2008.

[325] 杨青,周文龙.中美股市极端风险溢出效应:基于投资者情绪视角[J].上海金融,2019,7:1 - 10.

[326] 杨晓兰,沈翰彬,祝宇.本地偏好、投资者情绪与股票收益率:来自网络论坛的经验证据[J].金融研究,2016,12:143 - 158.

[327] 杨忻,陈展辉.中国股市三因子资产定价模型实证研究[J].数量经济技术经济研究,2003,12:137 - 141.

[328] 杨阳,万迪.不同市态下投资者情绪与股市收益、收益波动的异化现象[J].系统工程,2010,28(1):19 - 23.

[329] 易志高,龚辉锋,茅宁,潘小燕.分类思维、投资者情绪与股票价格联动[J].管理评论,2014,4:22 - 30.

[330] 易志高,茅宁.中国股市投资者情绪测量研究:CICSI的构建[J].金融研究,

2009,11:174-184.

[331] 游家兴,周瑜婷,肖珉.凯恩斯选美竞赛与分析师预测偏差行为[J].金融研究,2017,7:192-206.

[332] 俞红海,李心丹,耿子扬.投资者情绪、意见分歧与中国股市 IPO 之谜[J].管理科学学报,2015,3:78-89.

[333] 张静,王生年,吴春雷.会计稳健性、投资者情绪与资产误定价[J].中南财经政法大学学报,2018,1:24-32+72.

[334] 张乐,李好好.我国证券市场中的噪声交易研究——基于一个"机构噪声交易者-散户噪声交易者模型"的分析[J].中国管理科学,2008,16(S1):340-345.

[335] 张琦,李仁贵.塞勒与米勒关于投资者情绪的争论[J].金融评论,2017,6:47-59.

[336] 张强,杨淑娥.噪音交易、投资者情绪波动与股票收益[J].系统工程理论与实践,2009,29(3):40-47.

[337] 张强,杨淑娥.中国股市横截面收益特征与投资者情绪的实证研究[J].系统工程,2008,26(7):22-28.

[338] 张壬癸.基于情绪的消费资本资产定价模型[D].广州:华南理工大学,2013.

[339] 张维,翟晓鹏,邹高峰,熊熊.市场情绪、投资者关注与 IPO 破发[J].管理评论,2015,6:160-167.

[340] 张永杰,张维,金曦.理性、有限理性、噪音与资产价格[J].系统工程理论与实践,2009,29(12):111-117.

[341] 张峥,徐信忠.行为金融学研究综述[J].管理世界,2006,9:155-167.

[342] 郑鸣,倪玉娟,刘林.我国货币政策对股票价格的影响[J].经济管理,2010,11:7-15.

[343] 周孝华,陈鹏程.锁定制度、投资者情绪与 IPO 定价:基于承销商视角的理论与数值分析[J].管理工程学报,2017,2:84-90.

[344] 庄正欣,朱琴华.我国证券市场噪声交易问题分析[J].财贸研究,2006,3:84-88.

[345] 朱红兵,张兵,陈慰.投资者情绪、卖空限制与规模溢价效应研究[J].证券市场导报.2019,12:60-70.

后　记

本书作为国家社科基金后期资助项目（18FGL023）"基于投资者情绪和市场基础信息的动态行为资产定价研究"的主要成果，该成果在博士学位论文的基础上做了大量的拓展研究工作，在理论深度研究的基础上，进行了一定的实证研究工作。本书是我出版的第一本专著，借此书稿出版之际，记录下写给自己的后记，随着岁月的历练，此时的自己内心风平浪静，努力追忆过去的披荆斩棘、点滴印记，聊以慰藉，以表情怀。

德高为师，身正为范。我的硕士导师王仁曾教授，不仅把我领入学术、科研的殿堂，更是我的人生导师，他宛如一座灯塔，指引着我砥砺前行。王老师学术渊博、德行高尚、正直善良，每当我思想抛锚、开小差时，王老师高尚的人格、整洁的仪表、和蔼的态度、博大的胸怀犹如一种无形的力量，感染影响着我们，使得学生"亲其师，信其道"。人的一生，有几道旋转门。让我科研水平快速成长，从一个散兵游勇成为正规军的是我的博士导师杨春鹏教授。杨老师治学严谨、思维敏捷、思想前卫，将我带入了行为金融学这一学术前沿领域。感恩杨老师对我学术研究的系统化、正规化的训练，感谢老师给我们提供的每周小组讨论，拓宽了我的知识内涵和外延。从我的博士论文到本书稿的最终成形，凝聚了同门师兄妹、项目组成员的集体智慧。在此，衷心感谢房裕副教授、张壬癸副教授、高斌副教授、周丽云副教授、蔡创群硕士等在科学研究上的精诚合作。

自己是幸运的，每来到新的地方总会得到一些贵人的相助。感谢洛阳师范学院科研处张瑞玲处长在课题申报上的信任、支持与帮助，感谢新传学院李正学院长对本成果框架思路与内容写作上曾给予的指导与帮助，提出了很多建设性的意见和建议。感谢河南师范大学翟永会教授在科学研究上的支持与帮助。感谢全国哲学社会科学工作办公室领导及评审专家的大力支持和指导，感谢上海三联书店编辑李英的热情帮助、认真修改及最终完善。此外，感谢家人，让我安静地思索与写作，感谢在平行世界的母亲，培养了我坚毅的品质、勇敢向上的精神，感谢我的小女儿，陪伴着她成长的过程中看到了曾经的自己。

在本成果的科学研究过程中,得到了国家社科基金项目(20BJY191)、河南省高校科技创新人才支持计划项目(2020－cx－007)、河南省科技厅软科学项目(222400410097)、河南省高等学校青年骨干教师培养计划项目(2018GGJS132)的资助。虽然我们力图在该研究成果的框架思路、理论研究及应用实践上臻于至善,但由于笔者理论知识、精力能力上的局限,深知本书在理论模型与经验研究的衔接上,在应用实践的政策建议上还存在一些不足之处。书中疏漏之处,还望各位专家学者批评指正,提出宝贵意见,在此向各位同仁致以衷心的感谢。

图书在版编目(CIP)数据

基于投资者情绪和市场基础信息的行为资产定价研究/李进
芳著.—上海:上海三联书店,2022.7
ISBN 978-7-5426-7668-9

Ⅰ.①基… Ⅱ.①李… Ⅲ.①投资者-情绪-研究②资本市
场-资产评估-研究 Ⅳ.①F830.59②F830.9

中国版本图书馆 CIP 数据核字(2022)第 023655 号

基于投资者情绪和市场基础信息的行为资产定价研究

著　　者 / 李进芳

责任编辑 / 李　英
装帧设计 / 一本好书
监　　制 / 姚　军
责任校对 / 张大伟　王凌霄

出版发行 / 上海三联书店
　　　　　　(200030)中国上海市漕溪北路 331 号 A 座 6 楼
邮　　箱 / sdxsanlian@sina.com
邮购电话 / 021-22895540
印　　刷 / 上海惠敦印务科技有限公司

版　　次 / 2022 年 7 月第 1 版
印　　次 / 2022 年 7 月第 1 次印刷
开　　本 / 710mm×1000mm　1/16
字　　数 / 300 千字
印　　张 / 23.5
书　　号 / ISBN 978-7-5426-7668-9/F·858
定　　价 / 88.00 元

敬启读者,如发现本书有印装质量问题,请与印刷厂联系 021-63779028